テクストの擁護者たち

近代ヨーロッパにおける人文学の誕生

ANTHONY GRAFTON
アンソニー・グラフトン

ヒロ・ヒライ 監訳・解題
福西亮輔 訳

Defenders *of the* Text
The Traditions of Scholarship in an Age of Science, 1450-1800

勁草書房

DEFENDERS OF THE TEXT : The Traditions of
Scholarship in an Age of Science, 1450-1800
by Anthony Grafton

Japanese translation published by arrangement with
Harvard University Press through The English Agency (Japan)Ltd.

bibliotheca hermetica 叢書

テクストの擁護者たち

近代ヨーロッパにおける人文学の誕生

J・B・トラップに捧げる

bibliotheca hermetica 叢書の発刊によせて

ヒロ・ヒライ

従来、思想史・哲学史とよばれるジャンルでは特定のテクストの解釈に重点がおかれ、それぞれのテクストが成立する背景にあった「知のコスモス」の把握には必ずしも十分な関心がはらわれてこなかった。ある思想家を理解するためには、テクストを読みこむだけではなく、その背景にある歴史的な文脈(コンテクスト)を把握することが必須である。一方、歴史学では政治・経済・制度の研究が主流であったが、近年では文化的な側面もクローズ・アップされてきた。インテレクチュアル・ヒストリー(精神史)はその一歩先にあるものだ。そこでは、個々の思想家だけではなく、文学・芸術作品、さらには政治的な事象までもが研究の対象とされる。特徴的なのは、各作品や出来事が成立するさいの知的文脈の理解に大きな努力がはらわれることである。つまり、インテレクチュアル・ヒストリーとは歴史学と哲学のあいだに存在し、歴史学者の時間軸にたいする感性と哲学者のテクストのなかに入りこむ浸透力のふたつを同時に必要とするジャンルなのだ。

職業的専門家の出現により学問の細分化がおこなわれたのが近代ならば、それ以前の知的世界は多様な要素が複雑に絡みあっており、その探求にはおのずから分野横断的な視点が求められる。哲学、科学、宗教、文学、芸術といった各分野の枠内で論じられていた多様な主題が追求されなければならず、これらの主題はたがいに交錯しあい、密接に関連していたことが理解されるであろう。こうした時代の知的世界の研究にとってインテレクチュアル・ヒストリーの手法はうってつけといえる。

分野ごと、さらには対象となる文化圏ごとに縦割りにされがちな本邦の学問伝統においては、そのような方向性をもつ研究を発表する特別な場所の確立が真に望まれている。本叢書は、この要請に真摯にこたえようとするものである。研究者たちに発表の機会を提供するだけでなく、その成果を受けとるオーディエンスそのものを育てていくことも目的としている本叢書には、国内の研究者によるオリジナル作品とともに、海外の優れた研究書や重要な原典の翻訳がおさめられることになるだろう。

インテレクチュアル・ヒストリーを専門にあつかうインターネット・サイト『ヘルメスの図書館』bibliotheca hermetica（略称 BH）http://www.geocities.jp/bhermes001/ が一九九九年に開設されてから十余年が経過し、その活動をとおして世界各地に散らばる希望の種子たちが出会い結びつくことで大きな知的ネットワークが生まれた。そこから育ったものたちは成果を世に問う段階に達している。おりしも、新しい研究者の組織 Japanese Association for Renaissance Studies（JARS）が設立され、本邦における研究体制の基盤も整いつつある。本叢書の発刊は好機を得たといってよい。

天才カルダーノや放浪の医師パラケルスス、そして最後の万能人キルヒャーに代表される、あらゆる領域に手をそめ、優れた業績を残した人物やその作品世界を読み解くことは、分野横断的なインテレクチュアル・ヒストリーの独壇場である。本叢書が、この手法の豊かさと奥深さ、とくにその多様性をもってして、大いなる知の空間を表象する『ヘルメスの図書館』となることができれば幸いである。

目次

bibliotheca hermetica 叢書の発刊によせて　iii

凡例

一、本書はAnthony Grafton, *Defenders of the Text: The Traditions of Scholarship in an Age of Science, 1450-1800*（Cambridge MA: Harvard University Press, 1991）を底本とした。

一、原著の幾つかの章には細かい節への分割がないが、統一性と読者の便を考えてそれらを挿入した。同様に、各章の冒頭に要約もつけた。

一、引用においては、邦訳を参照した場合も、原典にかんがみて表記を微調整してある。

一、本書には、なじみの薄い膨大な数の人名が出てくる。読者の便を考えて、できるかぎり初出時に適宜な枕と欧語の綴り、生没年をつけた。ギリシア語の場合は、ラテン・アルファベット表記を採用した。おもな活動期だけがわかる場合にはfl.を、皇帝や王の在位はrg.で表した。

一、原著には文献一覧表がないことから、読者の便を考えて新たに作成した。また、原著のあとに出版された関連文献を［ ］で、邦訳書は＝で邦題と書誌情報を傍注や文献表に加えた。

序章　人文主義者たちを再考する

【要約】

序章では、ルネサンス期に隆盛をきわめた人文主義の伝統の歴史的な位置づけと役割について一般に広まっている誤解の原因が分析される。それによると、この誤解は一七世紀のベイコンやデカルトといった新科学の主導者たちが自分たちの企てを正当化するために採用したレトリックに起因している。後代の知識人たちは、彼らの言説に影響され、さらには現代の多くの歴史家たちも、その呪縛のもとにあると主張される。そして、こうした誤解に異議をとなえることが本書の目的だと宣言される。

つづいて、著者が博士論文の研究のためにアメリカから留学したロンドンのウォーバーグ研究所および史料探索のために出かけたヨーロッパ各地での体験談が語られる。ここで示される読書や発見、試行錯誤、そして冒険をとおして、読者はより身近に著者のことを感じられるだろう。こうした体験から若き日の著者は、ヨーロッパ各国の研究伝統の差異を理解するようになり、よりバランスのとれた視座を獲得したいと望むようになる。そして、アメリカ人の研究者に特有な研究対象との距離の問題を逆手にとって、離れたところから俯瞰的な展望をえるという独自の方法論を編みだしていく。

難解なテクストを解釈するさいに、学者たちは一連の背景・文脈のなかで作業をする。こうしたコンテクストを把握したうえで、提示された解釈を考察しないことには、歴史的に正当といえる評価は与えられない。本章の後半では、この主張を実践するテスト・ケースとして、文献学の歴史ではことに有名なベントリーの『ミル宛書簡』が分析の俎上にのせられる。一見して目的のはっきりしない著作の隠された意図が、ここに鮮やかに浮き彫りにされていくだろう。

はじめに

本書に収められた論考群は、それぞれ異なる機会に異なった読者に向けて書かれたが、すべてが同一の固定観念を批判している。それは、一六世紀の後半から一七世紀の初頭にかけて英国のフランシス・ベイコン（Francis Bacon, 1561-1626）やフランスのルネ・デカルト（René Descartes, 1596-1650）といった「新哲学」の主唱者たちによって喧伝されたものだ。彼らは、それ以前の西洋文化の歴史を貶めることで自分たちの企ての権威を高めようとした。彼らが発明した語り口は、論争を生むと同時に大きな影響力をおよぼすことになった。彼らは古典文化をたんなる文学のレベルに降格させ、古代ギリシア人たちは雄弁や機知に恵まれてはいても、自然を支配する力を人間に与えるような知識を生みだせなかったと論断した。また中世以来のスコラ学を不毛なものとして切り捨てもした。

新哲学の主唱者たちがさらに見下したのは、西洋の「知の歴史」（インテレクチュアル・ヒストリー）において彼らの直前にあったルネサンス期の人文主義の伝統だ。彼らは、自分たちのうけた贅沢で優雅な教育のなかでこの伝統に出会った。そして、人文主義者たちが野蛮なスコラ学者たちを自由学芸から追いはらい、知的・学問的な議論の水準をおしあげたことを認めはした。しかし、人文主義者たちは科学的な問題よりも文学的なものにかまけて、自分たちはおろか弟子たちの時間まで無駄にし、道徳と雄弁さばかりに気をとられて議論の厳密さを重視しなかったと断罪した。新哲学の主唱者たちにとっては、直接的に自然のはたらきに干渉することでその威力を発揮する「新科学」だけが、人類を確実な知に導いて人々の必要にこたえられる。そして、それはベイコンやデカルトだけが実現できるというのだ。(1)

新しい知の世界の予言者たちは、軽蔑のまなざしで先人たちの手法を見下している。彼らによれば、人文主義者たちは身のまわりの世界を探究するかわりに、他人のテクストを読解しようとした。この文献学的な手法は、他人がすでに議論したことに考察の範囲を限定してしまうので、必然的に不毛なものとなる。すりきれた古典から新しい知識をしぼりだすのは、ティーポットに入れたままの出がらしの茶葉から新しい紅茶をいれようとするようなものだと。ベイコンはいう——

古代の遺物はいらない。テクストからの引用も引証もいらない。討論も論争も異なる解釈もいらない。文献学的なものは、すべていらないのだ。(2)

そのほかの点で意見がどれほど違っていようが、解釈学の不毛さについて新科学の主唱者たちはほぼ見解が一致していた。(3)デカルトは、過去のテクストを研究することをあざ笑っている。そうした研究は、彼自身のものほど哲学的に厳密な方法をそなえていないため、著者たちの見解が相違していることしか示さないからだ。

フランスのパスカル（Blaise Pascal, 1623-1662）の主張によれば、テクストが読者に伝えられるのは、ありのままの事実か神学的な教義しかないという。どちらの場合も、それまでの解釈ではなく、テクストだけに依拠しなければならない。解釈は、テクストのもつ本来の意味を不明瞭にするだけだからだ。もちろん科学においては、読解ではなく論理に忠実でなければならない。(4)

イタリアのガリレオ（Galileo Galilei, 1564-1642）は解釈の問題に関心をもち、人文主義者やルネサンス期のプラトン主義者たちの作品を参考にしていた。しかしその彼でさえ、観察や計算ではなく、人文主義的な文献学の方法で自然という書物を読解しようとする人々を嘲笑した。ガリレオは、ケプラー宛の書簡で記している――

> こうした人々は、哲学というのが『アエネーイス』や『オデュッセイア』といった書物のようなものだと思っており、真理は世界や自然のなかにではなく、テクストの校合（この用語は彼らが使っているものです）にあると考えているのです。あなたもおかしいと思いますよね。(5)

こうした主張は一七世紀に非常に大きな影響力をもち、多くの傑出した知識人たちが数学や自然界をじかに探究することに没頭するようになった。多くの論争家たちの見解もこれに左右され、スコラ学にとって代わった人文主義の

（1）こういった議論でしばしば引用されるのが、ベイコンの『ノヴム・オルガヌム』第一巻アフォリスム六三―九八やデカルトの『方法序説』第一部だ。Cf. Francis Bacon, *Works* (London, 1879), II: 438-449.

（2）Bacon, *Novum organum, Parasceve ad historiam naturalem et experimentalem*, aphorism, 3, in *Works*, II: 505. ここにかぎらず、本書において翻訳者に言及しない場合は、すべて私自身の手による。

（3）こうした見解を共有するのは、科学者ばかりではなかった。一例として Walter Pagel, "The Position of Harvey and Van Helmont in the History of European Thought," *Journal of the History of Medicine and Allied Sciences* 13（1958）, 186-199 を参照。本書の第七章も参照。研究状況の評価は複雑で刻一刻と変化する最前線の報告であり、しばしば事実よりも執筆者の先入観に影響されていることを念頭におく必要がある。Françoise Waquet, *Le modèle français et l'Italie savante（1660-1750）*（Roma: Ecole française de Rome, 1989）を参照。

（4）Blaise Pascal, "Préface sur le *Traité du vide*," in *Œuvres complètes*, ed. Louis Lafuma（Paris: Seuil, 1963）, 230-231.

学問・教育は不毛さにおいて変わらないという考えをひろめた。そして古典語や古典学の支持者たちは意気消沈した。すたれて動脈硬化した神を信奉していたのだから自業自得というわけだ。一六五七年までには、イスマエル・ブリオー（Ismaël Boulliau, 1605–1694）のような練達した文献学者たちでさえも、優秀なグロノヴィウス（Jacob Gronovius, 1645–1716）に忠告されたように「文献批判と文献学の時代は過ぎさり、哲学と数学の時代がやってきた」と認めざるをえないと感じていた。一六六八年、イザーク・カゾボン（Isaac Casaubon, 1559–1614）の息子メリック（Meric Casaubon, 1599–1671）は回想している——

不幸の最初の一撃は、デカルトの哲学からもたらされた。それは若者たちの手から良書を奪い、その結果として彼らは、愚かで新奇さだけを求める者たちになってしまった。そして人々の目は「実験」に向けられた。いまや、あらゆる知識と知恵は「実験」という場に位置しているのだ。これら賢明な人々は、自分たちのことを「現実主義者」という人目をひく称号で呼んでいる。そうでない人々は、どのような学問で優秀であろうが、言葉ばかりの「理想主義者」として切りすてられるのだ［…］。(6)

デカルトの方法とベイコンの経験主義は、ある面ではしっくりこない組みあわせではあるが、ともに人文主義の没落を招いたとしてカゾボンはふたつを結びつけている。

一七世紀の後半には、リシャール・シモン（Richard Simon, 1638–1712）やリチャード・ベントリー（Richard Bentley, 1662–1742）といった人物が、人文主義的な手法で学問上の成果をあげていた。しかし現代の歴史家たちは、ベイコンやデカルトの発言もブリオーやカゾボンの嘆きも過去を正確に描写していると理解してきた。ルネサンス期の人文主義は、古典文芸の教養を再生し、文献学の手法を古代のテクストに適用することで西洋文化を刷新する試みであり、勢いはあったが一過性のものだったと考えたのだ。また彼らは、一六〇〇年以降になって「新科学」というホウキをもった新しい登場人物たちが、人文主義者たちを西洋における知の歴史の表舞台から一掃したという見解で一致した。さらに彼らは、フランス革命後にドイツで新しい解釈学や歴史方法論が勃興するまで、人文主義の学問は知的な深みや人心にうったえる力を回復することはなかったと主張した。このドイツで生まれた新たな学問は、時代の急激な変化から学び、過去をまったくの異国としてとらえるようになったのだと。

こうした見解が、西洋の文明や知の歴史のとらえ方を支配してきた。それは、R・マンドルーによる『人文主義から科学へ』といった博識な書物の中心となる主張を提供していた。さらに驚くことに、同じ見解はR・ボルガーによるいまなお標準的な『カロリング朝からルネサンス末期における古典期の遺産とその享受者たち』の感動的な結論部にも着想を与えている(7)。しかし、歴史方法論や科学史といった多様な分野における近年の研究は、こうした見解を揺り動かしてきている。

（5） Johannes Kepler, *Gesammelte Werke* (München: Beck, 1937-), XVI: 329. 以下 *GW* と略記。本書の第七章も参照。詳細な解説は Hans Blumenberg, *Die Lesbarkeit der Welt*, 2. ed. (Frankfurt: Suhrkamp, 1983) = H・ブルーメンベルク『世界の読解可能性』山本尤・伊藤秀一訳（法政大学出版局、二〇〇五年）; Paolo Rossi, *La scienza e la filosofia dei moderni* (Torino: Boringhieri, 1989), ch. 3-4.

（6） ブリオーの引用は Frans F. Blok, *Nicolaas Heinsius in dienst van Christina van Zweden* (Delft: Ursulapers, 1949), 111-112 に所収。カゾボンについては Meric Casaubon, *Epistolae*, in Isaac Casaubon, *Epistolae*, ed. T. Janson van Almeloveen (Rotterdam, 1709), 23-24, 17; Michael R. G. Spiller, "*Concerning Natural Experimental Philosophie*": *Meric Casaubon and the Royal Society* (Den Haag: Nijhoff, 1980), 146 を参照。

本書で扱うさまざまな事例は、西洋文化についての正統とされてきた歴史観にたいして明示的にも暗示的にも異議をとなえるものだ。第一に、人文主義は単一なものでもなければ、非実用的なものでもなかった。人文主義者たちは、きわめて広範なテクストや問題を扱っていた。彼らは多くの専門的な方法を考案したが、それらは革命的と考えられている一八世紀後半のドイツ文献学にも採用された。また人文主義者たちは古典の諸作品のうちに、弁論や叙事詩だけではなく軍事や政治にも応用できる実用的な教えを見出した。さらに彼らは、技術的あるいは文学的な目的にとっても、品格あるラテン語の雄弁術が柔軟で表現力ある道具だと考えつづけた。おもだった人文主義者たちの人物像はそれぞれ複雑であり、学問的な伝統もその土地や国によってさまざまであった。多種多様で困難をかかえていたにせよ、人文主義はルネサンスの終焉後すくなくとも二世紀のあいだ豊かで活気ある伝統でありつづけた。そして、イタリアやドイツの歴史家たちはずっと忘れなかったが、人文主義の諸学は一八世紀まで存続し、その歴史学と文献学の遺産はイタリアやドイツの啓蒙主義において決定的に重要な武器の一部となった。[8] 本書に収められた諸論考は、地理的・知的に新たな領域において人文主義がおくった後半生を検討し、その影響力が連綿とつづいていたことを示すだろう。

第二に、本書は人文主義者たちの手法がさまざまな意味で古典的であったことを示すだろう。彼らは、みずから再生させた古典作品のうちに叙事詩や道徳哲学、歴史方法論の模範を見出しただけではなく、テクストにたいする下等批評と歴史にたいする高等批評の見本となるものも発見した。N・スウェドローをはじめとする研究者たちが示したように、一六世紀から一七世紀の初頭にかけて再発見された古代のテクストと手法が体系的に利用されるようになったことで、「科学」は変質したのだ。[9] 人文主義の歴史は科学の歴史によく似ていることを、本書に収められた諸論考は示すだろう。古代の方法と模範に回帰しようとする体系だった努力によって、人文主義はみずからを変質させた。

実際のところ、科学者たちが古代の先人たちを歴史のゴミ箱に葬りさった後も、古典が築きあげた学問の基礎は活気を維持しつづけた。[10] イタリア・ルネサンスやドイツ啓蒙主義のなかで活躍した人文主義者たちが歴史学に革命をもたらしたという主張は、本書でたどることになる長期的な連続と錯綜した系譜にてらして再考される必要があるのだ。

もうひとつの点において、科学と人文主義の関係はベイコンやデカルトが示唆したものよりもずっと複雑であった。

---

(7) Robert Mandrou, *Des humanistes aux hommes de science* (*XVIe et XVIIe siecles*) (Paris: Seuil, 1973) = *From Humanism to Science, 1480–1700* (Harmonsworth: Penguin, 1973); Robert Bolger, *The Classical Heritage and Its Beneficiaries from the Carolingian Age to the End of the Renaissance* (Cambridge: Cambridge University Press, 1954).

(8) たとえば Eric W. Cochrane, *Tradition and Enlightenment in the Tuscan Academies, 1690–1800* (Chicago: University of Chicago Press, 1961), ch. 5; Franco Venturi, "History and Reform in the Middle of the Eighteenth Century," in *The Diversity of History: Essays in Honour of Sir Herbert Butterfield*, ed. John H. Elliott & Helmut G. Koenigsberger (Ithaca: Cornell University Press, 1970), 223–244; Jonathan B. Knudsen, *Justus Möser and the German Enlightenment* (Cambridge: Cambridge University Press, 1986); *Aufklärung und Geschichte*, ed. Hans E. Bödeker et al. (Göttingen: Vandenhoeck, 1986) を参照。

(9) Noel Swerdlow & Otto Neugebauer, *Mathematical Astronomy in Copernicus's* De Revolutionibus (Berlin: Springer, 1984), I: 48–54, 92–93, 182–190; Lynn S. Joy, *Gassendi the Atomist: Advocate of History in an Age of Science* (Cambridge: Cambridge University Press, 1987); Vivian Nutton, *John Caius and the Manuscripts of Galen* (Cambridge: Cambridge Philological Society, 1987); Peter R. Dear, *Mersenne and the Learning of the Schools* (Ithaca: Cornell University Press, 1988); Rossi (1989).

(10) 重要な論文 Vivian Nutton, "'Prisci dissectionum professores': Greek Texts and Renaissance Anatomists," in *The Uses of Greek and Latin: Historical Essays*, ed. Anna Carlotta Dionisotti et al. (London: The Warburg Institute, 1988), 111–126 は、私をはじめとする研究者たちがこの点を看過したと正しくも批判した。

人文主義者たちは、研究の領域を文芸の分野に限定しなかった。一四五〇年以降、彼らはしばしば科学的なテクストを分析し、一般読者だけではなく医学や天文学の専門家たちにとっても興味ぶかい成果を生みだした。科学者たちの方も、テクスト注解や文化史といった人文主義者たちの分野で鋭い洞察と独創性を秘めた著作をしばしば執筆した。端的にいえば、これらふたつの伝統は新哲学を喧伝する者たちが声高にさけんだように対立していたのではなく、むしろ共存し、しばしば協働していたのだ。そして、ときには人文主義者たちよりも科学者たちの方がテクストの読解にひいでていた。

無邪気な船出

以上のような人文主義の伝統についての見解は標準的なものではない。長く、ときに痛みをともなう旅路をへて、私はこの見解にたどりついた。その経緯を説明することは、いまあらましを述べた主張を明確にし、そうした議論をすすめるべき理由をあきらかにするかもしれない。

私は一九七三年七月の真夏日にロンドンに到着し、ルネサンス期フランスのもっとも著名な古典学者ヨセフス・スカリゲル（Josephus Scaliger, 1540-1609）についての博士論文にとりかかった。それまで私はシカゴ大学でルネサンス期の知の歴史や古典学、科学史の研鑽をつんでおり、英語やフランス語、ドイツ語で参考文献を読みあさっていた。そして、ルネサンス文化について頭に描いた地図のなかでスカリゲルがどこに位置しているか、その正確な座標を割りだしていた。古典テクストや暦の歴史についての彼の著作は、一六世紀から一七世紀にかけての「歴史学の革命」の一部分を形成していたのだ。つまり、彼の著作はより広範な歴史意識の発達と、史料を評価するための精緻な批判の規則をつくる努力を反映していたのだといえる。これには、ルイ・ル・ロワ（Louis Le Roy, c. 1510–1577）やジャン・ボダン（Jean Bodin, 1529/30–1596）といったスカリゲルよりも有名な同時代・同地域の知識人たちも夢中になっていた。この革命について、先行研究がボダンなどから構築したものよりもさらに厳密で詳細な説明をスカリゲルの著作から導出すること、それこそが自分の仕事だと私は考えた。

私の確信は不合理なものではなかったし、完全に間違っていたわけでもない。しかし誤った情報源に依拠していた。私の確信は、ルネサンス期のテクストやそれらが依拠した史料よりも、現代の歴史学者たちの叙述にもとづいていたのだ。英語圏の歴史家たちは、ルネサンス期の知の歴史における課題を非常にせまい範囲に限定してしまい、そこにあてはまるものだけが注目に値し、研究されるべきだと主張していた。そのような課題といえば、H・バロンがルネサンス初期のフィレンツェに生まれたと考えた市民的な人文主義、M・バクサンドールらが扱った人文主義と芸術との関係、そして歴史学の革命くらいのものであった[11]。それなりの学位論文を書こうとすれば、このような手堅くも目立つ海上標識につながれていなければならなかった。そうでなければ、骨董趣味という海図もない大海へと漂流するか、日の目をみないという浅瀬で難破することになるだろう。つまり、重要なテーマという規範から外れるテクストや問題に人生を無駄にするだろう。しかし私は、スカリゲルが私をそういった運命に追いこむことはないと考えた。彼の名はひろく世に知られるに値した。しかし、彼の著作は一世紀以上にもわたり研究されてこなかった。さらに彼

（11） Hans Baron, *The Crisis of the Early Italian Renaissance: Civic Humanism and Republican Liberty in an Age of Classicism and Tyranny*（Princeton: Princeton University Press, 1966）; Michael Baxandall, *Painting and Experience in Fifteenth Century Italy*（Oxford: Clarendon, 1977）＝M・バクサンドール『ルネサンス絵画の社会史』篠塚二三男訳（平凡社、一九八九年）などを参照。

は、私の世代にとって研究に値するとされた正統な課題にも直接つながると思えたのだ。

こうした考えに力づけられ、学究活動の重圧に押しつぶされることなく、ありがたいがわずかばかりのフルブライト奨学金によって浮力をえて、私は自分という頼りない小舟をこぎだした。舵を切った先は、ロンドン大学の古代史教授をつとめていた晩年のA・モミリアーノの研究室だ。シカゴ大学の師たちとフルブライト当局の双方が同意したふさわしい港は、そこだけだった。モミリアーノ教授の研究室は細長く、暗くてせまい場所で、一見してたがいに無関係なあらゆる主題にかんする書物がひしめいていた。私が訪問したのは、彼が夏の恒例としていたイタリア滞在に出発する直前であった。一時間ほどの行きあたりばったりの会話のなかで、彼は何度も私を驚かせ、私の計画を明確なものにする新しい展望を与えてくれた。

モミリアーノ教授は、アンジェロ・ポリツィアーノ（Angelo Poliziano, 1454-1494）の学術的な著作はたくさん読んだのかと尋ねた。この人物の名前を知っていたのは、それだけでわずかにせよ私の利点であった。私にとってポリツィアーノといえば、ラテン語やイタリア語のすぐれた詩人であり、メディチ家のロレンツォ（Lorenzo de' Medici, 1449-1492）の庇護をうけた人物であり、哲学者ピコ・デッラ・ミランドラ（Pico della Mirandola, 1463-1494）の友人であった。しかし、スカリゲルのような近代的な人物についての研究の出発点を、メディチ家やプラトン・アカデミーのフィレンツェにおくべき、あるいは研究の途上でフィレンツェに立ちどまるべきというのは聞いたこともなかった。

というのも、スカリゲルは一六世紀のフランス人で、オランダのライデン大学で活躍した。当時のオランダは共和政で商業がさかんであり、ライデン大学は進取の気性にあふれていた。それにたいしてルネサンス期のフィレンツェはつかみどころがなく、宮廷の優雅さや典礼魔術の世界は、たいていのアメリカ人の歴史家たちにとって興味というより、不快感をひき起こしたからだ(12)。幸いにも、モミリアーノ教授は私の無知には驚かず、手がかりを示してくれた。

ポリツィアーノから研究を開始するように助言してくれたのだ。さらに、彼の研究室のすぐ近くにあるウォーバーグ研究所の図書館で容易に研究をすすめられるともいってくれた。

七月がはじまってまもない時期に、私はあの飾り気のないモダンな建物に向かい、入館証を手に入れた。そして、ポリツィアーノによるラテン語の著作と現代イタリアの研究者たちによるポリツィアーノ研究がならぶ書架をみつけた。数日のうちに私は、彼の著作が分水嶺をなしていることを理解した。人文主義の古い修辞学的なスタイルと新しい専門的な文献学をわける古典学の歴史における分水嶺だ。一六世紀、そして二〇世紀の活字の字面で目はぼやけて、その夏は過ぎさった。そうするうちに、つぎのことが理解できた。スカリゲルの広範で歴史的な関心が彼の生まれ育ったフランスでつちかわれたのなら、彼は著作の細部において、当時のフランスの歴史家や文献学者たちだけではなく、ポリツィアーノの提示していた先例や、フランスやイタリアにおけるその翻案の方によりいっそう応答していたのだ。また、モミリアーノ教授の第一の提案が示した大きな文脈も理解した。現代の学問文化が重要視するスカリゲルという一個人だけを研究していてはならない。そうではなく、彼が属していた学問の伝統そのものを探求しなければならないのだ。それは一五世紀にはじまるが、そのルーツは遠くはるか古代にまでさかのぼり、ある意味では西洋における現代の学問にも生き残っている伝統だ。

アメリカの研究者たちは、ルネサンス期の人文主義者たちがテクスト読解のための新しい歴史的な手法を考案した

(12) その後こうした状況にも変化がおとずれた。たとえば John Monfasani, *George of Trebizond*（Leiden: Brill, 1976）; Michael J. B. Allen, *The Platonism of Marsilio Ficino*（Berkeley: University of California Press, 1984）; Arthur Field, *The Origins of the Platonic Academy of Florence*（Princeton: Princeton University Press, 1988）; James Hankins, *Plato in the Italian Renaissance*（Leiden: Brill, 1991）を参照。

ことを一九六〇年代から七〇年代にかけて知った。この手法ははじめ、「前人文主義者」と呼ばれる一四世紀の北イタリアの公証人や法律家たちの著作にあらわれた。そして、すこし後にペトラルカ（Francesco Petrarca, 1304-1374）において、ラテン語の古典文学を全体として再生させる体系的な努力へと発展した。さらに、それはイタリアのヴァッラ（Lorenzo Valla, c. 1407-1457）とオランダのエラスムス（Desiderius Erasmus, 1466?-1536）の著作において、宗教改革以前にひろく受容されていた信念や実践にたいする鋭い批判となって展開された。また、ボダンなどの一六世紀なかばのフランスの法律家たちは、歴史的に読解し思考するための一般則を生みだした。しかしやがて、古代人たちの知らなかった「新世界」が発見され、古代人たちが予想もしなかった「新哲学」が勃興したことによって、こうした人文主義者の試みは時代遅れのものとなった。

このように描写された人文主義はきわめて重要な運動にみえたが、それはせまい視野に限定されているようにも思えた。この見方によると、人文主義は古代ローマの文法学や修辞学の技巧を再生させようとしたのであって、西洋の知的な伝統を改革しようとしたのではなかった。人文主義が異議をとなえたのはテクストの誤りにたいしてであって、スコラ学の優越にたいしてではなかった。奇妙な対比だが、人文主義のなかでも現代の歴史家たちの注意をひいたのは、ヴァッラやエラスムス、ボダンといった古代史や原始キリスト教、近代の神学などの主題について一般的な結論を導きだせる数人だけであった。そのなかで論争的な主題だけが問題とされ、そこにいたるまでの長く困難な旅路は重要視されなかった。逆説的なことに、テクスト批判のような専門的な人文主義の諸学について高水準の修養をつんだ人々は、一般的な教訓をテクストから抽出するようなことはせず、革新的で耳目をあつめるようなことはずっとすくなかった。こちらがポリツィアーノの属していたと思われるグループだった。

ウォーバーグ研究所の図書館は、このような見方とはまったく異なる展望を与えてくれた。書棚にずらりとならんだイタリアの研究者たちの著書や論文によれば、人文主義者たちの歴史方法論は、世界についての新しい認識、伝統的な西洋哲学の方法にかかわる体系的で重要な選択肢を提示しているというのだ。人文主義者たちの理解では、知識とはなによりもまず、昔の人間たちが考え記述したことがらに関係するものであった。しかし、太古の思潮を理解できるかどうかはテクストの解釈にかかっている。解釈を与える者たちは、著者のもっていた不安や希望をかんがみ、同時にテクストの最初の読者たちの先入観と思いこみを考慮にいれて読解するのだ。スコラ学者たちはテクストを構造物として、つながりあう諸命題の体系として読む。技師が建物の荷重がかかっている部分の強度を試すように、彼らはその首尾一貫性を試すのだ。一方の人文主義者たちはテクストをくもった窓ガラスのように読む。適切な方法で扱えば、これらの窓ガラスは透明さを回復し、それらを書いた人物たちのことを教えてくれる。このようにして学者は、故人が生きていたときの姿を知るのだ。この種の知識を獲得しようとする真剣な努力が、近代の知的な活動を特徴づける最初のものとなった。さらにいえば、そのような知識はもっとも豊かで活気あるかたちで古代テクストの細部に秘められているのだ。人文主義者がある書物の一節を解釈するとき、その著者をとりまいていた環境を手がかりにするなら、彼はもっとも鮮明で明確なかたちで斬新な世界観を提示できる。そして、この試みの中心にいたポリツィアーノは、他の追随を許さない存在であった。

このポリツィアーノや彼の背景にたいするイタリア的な見解は、E・ガレンやV・ブランカといった哲学史・文学史の大家たちによる入門的な論考でみごとに示されていた(13)。さらに、S・ティンパナーロをはじめとする研究者たちは、ポリツィアーノの専門的な著作群を分析して刺激的な洞察を提供した。ポリツィアーノの精神の近代性は、基本的ではあるが難解な文献学上の問題にたいして彼が与えた解答のうちに驚くほど鮮やかにあらわれている。たとえばS・ティンパナーロによれば、ポリツィアーノは写本からえられる証拠を吟味するときには勘だのみではなく、厳密で歴史学的な推論によって解決すべきだと考えていた。そして、どんな場合でも後代になるほど写本の信頼性は落ちるとみていた。後代の写本の方が、それより古いものと比べて原型である古代の典拠からへだたっているからだ。幸運な場合には、現存する一写本がすべての写本の祖であることを証明できる。この原則だけがテクストを扱う学問の基礎となるべきだ。スカリゲルよりもずっと以前にポリツィアーノがテクスト批判に歴史学的な手法を採用するところまで到達していたという論証は、めまいがするくらい刺激的だった。S・ティンパナーロの分析は衝撃的で斬新なものだったが、ほかにも示唆にとむ一連の研究が存在した。C・ディオニソッティやJ・ダンストンによるすぐれた論文や単著は、伝統的なタイプの学者であったカルデリーニ（Domizio Calderini, 1446-1478）とポリツィアーノの関係について興味ぶかい結論をひきだしていた。K・クラウターやM・T・カゼッラは、ポリツィアーノがはげしく罵倒した旧態依然とした注釈家たちの「通常科学」normal scienceを根気づよく肥えた鑑識眼でもって細部まで記述した。そしてG・ブルニョーリやA・ペローザは、まるで『ローマ皇帝伝』の著者スエトニウス（Suetonius, c. 62/71-c. 130）のように隅々まで人文主義者たちの思考をたどり、彼らの歴史認識や結論の分析に新たな洞察をみせていた。これ以上はあげないが、ほかにも多くのすぐれた研究があった。(14)

私は、ずっとポリツィアーノのもとにとどまることもできた。あたかも作家D・ロッジによる小説『大英博物館が倒れる』の登場人物のように。(15)ヴィクトリア朝を舞台にした小説で、公衆衛生を研究していたが、先史時代における下水道についての序章の執筆からいっこうに抜けだせないでいる男だ。しかし、写本の調査でイタリアの研究者たちに対抗する力量を私がもっているかといえば、疑わしいものだった。そして、一九七〇年代の初頭からL・C・マルティネッリやV・フェーラ、R・リブオーリといった面々が探偵のような能力でもって編纂した書物を目のあたりにし、その疑いは確証へと変わった。(16)

いずれにせよ私は、最盛期のイタリアの学問がアルプス以北でどのような歩みをたどったのか詳しく調べてみたいと思っていた。そこでスカリゲル自身の著作を読むとともに、彼が典拠としたイタリアやフランスで出版された著作群を読みすすめた。私は、スカリゲルの蔵書や手稿が保管されているオランダのライデン大学に出向いた。その図書館では、注文した本の到着を知らせるベルが不規則だがほぼ一五分ごとに鳴るという幸せな数週間を過ごした。スカリゲルの刊本や書簡が所蔵されている場所はほかにもあり、私はそうした場所にも通いつめて常連になった。ライデン大学の陰鬱な魅力だけではなく、大英博物館がもつヴィクトリア朝のすりきれた優雅さにも、スイスのベルン市立図書館が与える啓蒙主義の明快な輝きにも、すっかりなじんだ。私はスカリゲルの著作を横丁の埃まみれの古書店で購入した。また、彼が古典テクストの扱いについて批判したことで誤りが判明して時代遅れとなった書物もあり、そうしたものについても山のように蔵書を積みあげていった。さらに一時的に彼の墓が開かれたときには、その遺骨に触れさえした。そうして私は、彼の仕事について執筆したのだ。(17)

(13) たとえば Eugenio Garin, "Le favole antiche," in idem, *Medioevo e Rinascimento: studi e ricerche* (Bari: Laterza, 1954/1980), 63-100: 63-84; Vittore Branca, *Poliziano e l'umanesimo della parola* (Torino: Einaudi, 1983) を参照。
(14) この出会いから生まれた私の研究成果の一端として、本書の第二章を参照。
(15) David Lodge, *The British Museum Is Falling Down* (New York: Holt, Rinehart and Winston, 1965) = D・ロッジ『大英博物館が倒れる』高儀進訳(白水社、一九八二年)を参照。
(16) 本書の第二章を参照。
(17) Anthony Grafton, *Joseph Scaliger: A Study in the History of Classical Scholarship*, I: *Textual Criticism and Exegesis* (Oxford: Clarendon, 1983) を参照。

しかし、ひとつの主題に集中しようとする努力も一冊の著作を書きあげる必要性も、私の関心を過度に単純化させることはなかった。実際、スカリゲルとその典拠をヨーロッパ各地に探究していたとき、どこの国でもウォーバーグ研究所で最初に遭遇したことに再会した。すなわち、人文主義的な学問の歴史について記述するさいに、あるひとつの国民国家の観点からの説明が前面に押しだされる点だ。それらの説明は、それぞれが着想と手法の点で別個のものであるが、たいていの場合は相補する結論を与える。

たとえば、オランダは歴史についての博識や聖書解釈・テクスト批判を探究する伝統をつちかい、それは同国の諸大学の誉れとなった。そして、これらの大学がヨーロッパ人文学の栄光そのものとなる時代を創出した。ドイツのルネサンス研究者たちは、一七世紀に入ってからもずっと古典テクストがとりわけ為政者や軍人たちにとって重要で実用的な価値をもっていたことを詳細に論証した。一六〇〇年以後も大学とアカデミーは古典教育をかたく守りとおしたが、不毛な反動の砦とはならず、社会の明確な要請にこたえる実践的な機関だったと彼らは論じたのだ。ほかのドイツの研究者たちは、一八世紀後半から一九世紀初頭にかけての人文主義を研究した。それはドイツの諸大学がヨーロッパの学問の第一線におどりでた時代だ。たしかにこのグループの大半は、クリスティアン・ゴットロープ・ハイネ（Christian Gottlob Heyne, 1729–1812）のような一八世紀の人文主義者とヴィルヘルム・フォン・フンボルト（Wilhelm von Humboldt, 1767–1835）のような一九世紀の歴史主義の雄たちには大きな溝があることも強調した。しかし彼らは、一八世紀の人文主義者たちが分野横断的な関心や歴史的な洞察をもっていたことも力説した。フランスの研究者たちは人文主義的な修辞学の伝統を好み、イエズス会の理論家や教師たちがいかに人文主義の弁論術を保持し、一七世紀という時代の要求にこたえるべく改良をほどこしていたかを詳細に示した。最後にアメリカの研究者たちは、私の出発点でもあったイタリアの歴史方法論の流れに疑いのまなざしを向けることで、学問の展開に力強い貢献をなした。彼らは、ルネサンス期のすべての人文主義者たちがいつも古典にたいして歴史的な方法を適用していたわけではなかったことを示した。私は、それをプリンストン大学で文学批評家たちと一緒に教鞭をとっていたときに学んだ。実際に人文主義者たちは、しばしば古代人の書物を寓意として読み、古代人たちを現実の歴史的な背景のなかに生きた人々として扱うのではなく、時間の流れとは無関係に永遠なる叡智を伝える媒体にしてしまっていた。彼らは、そうした態度の典型的な例を古代の新プラトン主義の伝統などに見出していたのだ(18)。

こうした食事はどれも栄養満点だが、すぐに消化しきれるものではなかった。どの伝統も、ほかの伝統にみられる欠損をおぎなうものだが、首尾一貫したひとつの説明へと集積していかないように思えた。というのも、ヨーロッパにおける知の歴史の記述では、一六世紀が三分の一も過ぎると人文主義はほとんど語られなくなるからだ。たしかに一般論は存在したが、学説史的な伝統にしばられていたり、国民国家的な先入観によって細切れにされていたり、あるいは学問分野の壁によって不自然に限定されてしまっていた。古典学の標準的な歴史記述は、手際よく各時代を目的論的に体系化したものになっていた。そのなかでは、それぞれの時代がひとつの国家に支配されていた。一五世紀はイタリア、一六世紀はフランス、一七世紀はオランダといったように。しかしこうした分類の手際のよさは、同時にうさん臭さを露呈させていた。だがそれがわかっても、それにかわる普遍的な説明を見出せるわけではなかった。なんといっても、人文主義者たちの学問の本質はなにかということ自体が激しい論争の的だったからだ。その方法は歴史的なものか、それとも寓意的なものか。その目的は実用的なものか、それとも理想主義的なものか。方法あるいは目的について、どちらの立場も豊富な史料にもとづいて説得力ある説明をすることが可能だった。くわえて、時代

(18) こうした学問の諸伝統について、くわしくは本書の第一章および第九章を参照。

区分でさえ不確かであった。アメリカの研究者たちは、一七世紀において人文主義の伝統は動脈硬化を起こして死に瀕していたと信じがちであった。しかし多くのヨーロッパの研究者たちは、人文主義の修辞学や学問は一八世紀でもなお生命力を保持していたと明示的にも暗示的にも論じていた。かりに人文主義が新哲学や新科学、さらには啓蒙主義にとってかわられたのではなく、それらと共存していたと認めるなら、たがいの関係はどのようなものだったのか。衝突なのか、協調なのか、それとも融合なのか。

これらの問題に解答を与えようとするとき、私はどれかひとつの国民国家の伝統にそった方法や関心を自分のものとして選びたくはなかった。そうしていたら、同世代の社会史家たちが追い求めていた「第二のアイデンティティ」と呼ばれるものを獲得したかもしれない。しかし、視野を限定している既存の文献は突破できない障壁を生みだしたのだから、私自身も同様な限界に直面することになっただろう。そこで私は、スカリゲルの生涯と著作についての研究とともに、初期近代ヨーロッパにおける人文主義的な学問の後半生について一連の個別研究を広角的にすすめようと決心した。この決断から生まれた諸論考では、アメリカ人の研究者たちに特有な問題を逆手にとろうと努力した。それは海をへだてた対岸との距離のことだ。そのおかげで細かい論点では無知とみなされるかもしれないが、離れたところからの展望を獲得できるかもしれない。むしろ、それは利点になるだろう。そこで本書では、私が出会ったさまざまな研究伝統を並列し、可能であれば結びつけ、ときには対照させる。そして、この方法をまだほとんど研究されていない広範な史料に適用する。そこで示されるのは、著作のなかで論じられた内容についても、それに触れた読者たちについても、これまで考えられたよりもずっと後代まで人文主義者たちが知的な影響力をもちつづけた点だ。

学問とその歴史――ベントリーの『ミル宛書簡』の宛先

本書に収められた諸論考は、扱うテーマこそ多岐にわたっているが、方法のみならず主張においても一致している。人文学は、哲学的あるいは科学的な著作と比べて複雑さという点でもけっして劣らないし、それらと同じく豊かでしなやかな解釈の技術を必要とする。学者たちは、難解なテクストを一連の「背景・文脈」(コンテクスト)のなかで解釈する。個人的な必要性や状況、職業的な慣習や所属、連綿とつづく知的・技術的な伝統、近年の論争、これらすべてが学者たちの方法をかたちづくり、結論を決定づけるのに寄与する。学者たちはみずからの志向や妄念、関心や鈍感さに囚われている。驚くほど近代的にみえる議論も、いまでは忘れられ見向きもされない問題を扱っていたり、理解しがたく見慣れない前提にしたがっていたりする。現代の学術論文にも部外者は気づかない暗喩や引用による表面下での画策がまったくないとはいえないが、どんなに高度に専門的で近代的にみえたとしても、初期近代の人文学の著作は現代の作品のようにスラスラと読めないのだ。

分析対象となる著作を、先行する時代あるいは同時代の多くのテクストと体系的に比較してこそ、現代の読者は過去の学者がもちいていた専門的な言語に精通することができる。そうしなければ、斬新なものと既存のもの、オリジナルなものと伝統的なものを区別できないのだ。また、当の著作が同時代や後世の学者たちにどのような反応を起こさせたのか、それを注意ぶかく観察することによってのみ、現代の読者は個人的あるいは専門的な論争がもっていた本来の目的を発見できる。そうした要因のそれぞれにしかるべき注意をはらう研究のみが、人文学が生みだした複雑な学問上の成果にたいして正当といえる歴史的な評価を与えられるのだ。

こうした原則は自明であって、いまさらとりたてて強調すべきことではないかもしれない。しかし、古い学問の専門的な内容について著作を執筆した研究者たちにさえ、こうした原則がまったく見落とされてきた一例がある。文献学的にみて重要な作品のなかでも、英国のリチャード・ベントリーによる『ミル宛書簡』*Epistola ad Millium*（一六九一年）ほど最適なものはないだろう。彼は、セント・ポール主席司祭をへてウスター主教となっていたスティリングフリート（Edward Stillingfleet, 1635–1699）の家で司祭と教師をつとめていたときに、このラテン語の短い論考を執筆した。その議論は、六世紀にアンティオキアのヨハネス・マラーラス（Johannes Malalas, c. 490–c. 570）によって書かれた世界年代記のギリシア語テクストからはじまる。しかし、ベントリーの関心の照準はビザンツ世界ではなかった。彼は、マラーラスが台なしにしてしまった古代ギリシア文学がもっていた歴史的な意味を探求しようとした。そして、マラーラスとその同類の著者たちが間違って引用した多くの断片から古典ギリシア語を再構築しようと試みた。動機が不明瞭で、内容が難解であったにもかかわらず、『ミル宛書簡』はヨーロッパ中でベントリーの名声を高めた。当時のギリシア学者たちが好んだビザンツ世界の辞書編纂者や古典注釈者たちを驚くほど詳細に調査していたことも、『ミル宛書簡』からうかがえる。たとえば、メリック・カゾボンが「現存する人文学のもっとも偉大な宝」だと評した『名辞集』*Lexicon* の編者アレクサンドリアのヘシュキオス（Hesychios, 5c AD）などだ。[19] さらにベントリーがほかの誰よりも完璧にギリシア詩の韻律を理解していたこともわかる。いかにも彼らしく自信たっぷりに、スカリゲルやグロティウス（Hugo Grotius, 1583–1645）たちがおかした誤りを指摘している。[20]

現代の研究者たちは『ミル宛書簡』について叙述し、称賛とともに復刻もしてきた。彼らはベントリーのレトリックを好んだ。とりわけ人気があったのは、ベントリー自身がトリニティ学寮の同僚たちに呼びかけるように、マラーラスに向けて彼が居眠りをしたり、注意力が散漫になったりするのをとがめるように話しかける一節であった。また研究者たちは、細心の注意をはらって、ベントリーだけが跳びこえ、ほかの者たちは尻込みをし、つまずいてしまった障害物を数えあげて解説した。彼がみごとに復元してみせた欠損した原文のことだ[21]。

それとは対照的に、『ミル宛書簡』全体をまとめあげている大きな意図や一貫した主題となると、研究者たちはとたんに寡黙になった。たいていは『ミル宛書簡』を不揃いな寄せ集めとみなし、マラーラスのテクストという縦糸でゆるやかに結びつけられているだけだとした。まるで、かつて科学史家たちがニュートン（Isaac Newton, 1642-1727）の『光学』につけられた「疑問集」を扱ったのと同様な見方だ。すなわち、議論や方法についての素朴な作法から逸脱した、まったく斬新で革新的な傑作だとみなし、当時の文脈や学問の慣習に規定されている作品とは考えなかったのだ。これらの点は、すくなくとも部分的な問題をはらんでいる。

『ミル宛書簡』を礼賛した初期の読者たちはこぞって、ベントリーが批判したソフォクレス（Sophocles, c. 496-406

（19）Meric Casaubon, "On Learning," in Spiller（1980）, 214.

（20）ベントリーや彼の『ミル宛書簡』については Richard C. Jebb, *Bentley*（London: Macmillan, 1882）がいまなお最良の解説だ。背景については Joseph M. Levine, *Humanism and History: Origins of Modern English Historiography*（Ithaca: Cornell University Press, 1987）を参照。

（21）『ミル宛書簡』の復刻版 *Epistola ad Joannem Millium*（Toronto: University of Toronto Press, 1962）に収められたG・P・グールドの序論を参照。Leighton D. Reynolds & Nigel G. Wilson, *Scribes and Scholars: A Guide to the Translation of Greek and Latin Literature*, 2. ed.（Oxford: Clarendon, 1974）, 166-170 = L・D・レイノルズ、N・G・ウィルスン『古典の継承者たち：ギリシア語・ラテン語テクストの伝承にみる文化史』西村賀子・吉武純夫訳（国文社、一九九六年）; C. O. Brink, *English Classical Scholarship: Historical Reflections on Bentley, Porson, and Housman*（Cambridge: Clarke, 1986）, 41-49 も参照。

BC）に帰される断片に目を向けた。ここで古代ギリシアの悲劇作家は、いくぶんアッティカ悲劇の文体をもちいて一神教的な信念を表明している——

まことに神は唯一である。
一なる神が天と、広大な大地と
灰色の大海と、力強い風をつくられた。
しかし実のところ、死すべきわれわれは誤りをおかしている。
苦悩を慰むものとして
石や青銅で神々の像を建てて
金や象牙で細工をくわえる。
そして犠牲やむだな祝祭でこれらを崇め、
自分が敬虔なことをしていると思いこんでいるのだ。(22)

ベントリーは溢れるような熱意と細心の注意をはらって、この面白みのない小片を精査し、異教徒ではなくキリスト教徒の著作家たちだけがこの断片を引用したことを指摘した。そして、プルタルコス（Plutarchos, c. 46-120）、ポルフュリオス（Porphyrios, 234-c. 305）、ストバイオス（Stobaeos, 5c AD）といった博識で注意ぶかい古代ギリシア人たちが、このように目立つテクストをどうして見逃したのかと疑問を投げかけた。ギリシア悲劇にはみられない言語上の特徴をこの断片はもっていた。しかし、文体よりなにより内容こそが偽作性を示していた。ソフォクレスの悲劇は、異教社会の宗教儀礼で中心的な役割をはたしていた。それが異教の慣習や多神教にたいする批判をふくむなど、ありえないことだった――「どうして、劇が上演されるまさに祭日に、祭日と厳粛な劇にたいして侮蔑を投げかけるほどソフォクレスは大胆になれたのだろうか」[23]。こうして、ときに輝かしい文芸教育をうけたギリシア教父たちが宝石とみなしたソフォクレスのテクストは、たった一人の近代人によって捏造品であることが暴かれてしまった。

現代のベントリー研究者たちは、こうした点を強調した。しかし、さらに歩をすすめて歴史学的にきわめて重要な論点に到達することはなかった。すなわち、偽ソフォクレスにたいするベントリーの批判は、さまざまな背景とは無関係で特異なものではなく、偶発的なものでもなかったという点だ。古今をつうじてキリスト教徒たちは、偽ソフォクレスのほかにも異教に由来するとされる文献を引用し、一部の賢明なギリシア人たちが多神教と偶像崇拝をしりぞけたと証明しようとした。ベントリーはそれらの文献をまとめて痛烈に批判しており、偽ソフォクレスにたいする批判もその一端をなしていると考えられる。彼はオルフェウスに帰されていた詩行を嘲笑し、そこから深遠な教えの解釈を導きだしたとする当時の学者たちを「カバラ主義者たちの愚かな戯言にもとづいている」と嘲笑した[24]。また、「これまでシビュラに帰されてきた託宣を、太古の巫女でノアの娘とされる人物による正真正銘の神がかった言葉として崇拝するみごとな思慮をもった人々」を容赦なくあざけってもいる[25]。このようにして彼は、一神教についての異

(22) ソフォクレス断片 1126, ed. Pearson. 教父的な典拠と文脈については *Fragments from Hellenistic Jewish Authors*, I: *Historians*, ed. Carl R. Holladay (Chico: Scholars Press, 1983), 279, 318-319, 335 を参照。書誌情報も有益だ。さらに先行研究については Jacob Freudenthal, *Alexander Polyhistor* (Breslau, 1875), 166-169 を参照。

(23) Bentley, *Epistola*, ed. Gould, 42-44.

(24) Bentley, *Epistola*, 31-32.

(25) Bentley, *Epistola*, 35.

教徒による最初の証言であり、キリスト到来についての最初の異教の予言とされた『シビュラの託宣』に恐るべき銃口を向けた。あきらかにベントリーは、偽ソフォクレスの断片を疑っただけではなく、さらなる一歩を踏みだしていた。キリスト教徒たちは、ギリシアの賢人たちが自分たちと同じ見解であることを示すために古代のテクストを多くもちだしていた。ベントリーは、この疑わしい武器庫をまるごと破壊しようとしたのだ。偽ソフォクレスにたいする批判は、照準を定めた一斉射撃のはじまりでしかなかった。

尊敬する人物が思慮ある反論をいち早くおこなったときも、ベントリーは批判の銃を手放さなかった。このような態度はつねに、ある著者が一見して単純明快な理論を確信していた証拠だ。オクスフォード大学の天文学教授エドワード・バーナード（Edward Bernard, 1638-1697）は、ベントリーに頼まれて『ミル宛書簡』の校正刷りに目をとおした。彼は、ベントリーの鋭利な議論が人を気落ちさせるどころか衝撃的でさえあると感じた。そして「われらがユスティノス（Justinos, c. 100-165 AD）をはじめとしてキリストについて語った人たち」が信心ぶかく引用した断片を、「悲劇作家ソフォクレスにはふさわしくない」と退けるよりも、むしろ「華麗な韻脚」を修正するよう促した。ベントリーは論調の厳しさをやわらげることに同意した。しかし、丁重にだがきっぱりと結論の修正を拒絶した。最後には、たしかにそんな譲歩など無用だとバーナード自身も考えるにいたった。[26]

バーナードとベントリーの往復書簡は荘重で詳細にわたり、つねに礼儀正しいものだった。それは学問的な言説の手本でありつづけ、いまでも多くの若手論客に有益だろう。しかし二人のやりとりは、重要な論点についてベントリーの立場を変えさせるにはいたらなかった。むしろ補遺において、彼はみずからの見解を補強する新たな証拠を集積したのだ。ある書簡と追記のなかで、ベントリーは最良の言語学上の証拠を提示している。「死すべきわれわれは誤りをおかしている」という偽ソフォクレスの表現と七十人訳聖書の『詩篇』第九五篇第一〇節との酷似だ。[27] こうしてこの往復書簡は、ベントリーのもともとの議論が依拠していた基礎を強化しただけではなく、彼の議論を先鋭化させることになったのだ。

ベントリーによれば、偽ソフォクレス断片に言及したギリシア教父たちは、直接あるいは間接的にアブデラのヘカタイオス（Hecataeos, 4c BC）に帰される疑わしい典拠からそれを引用していた。しかし、いまでは散逸してしまったこの著作を、偉大な学者ビュブロスのヘレンニオス・フィロン（Herennios Philon, c. 64-141）と近代のすぐれた学者スカリゲルが、ユダヤ人あるいは無批判なユダヤ礼賛者による偽作だと非難したのは正しかった。偽ヘカタイオスとシビュラの第三託宣の作者は、ともに「同じ学派で教育をうけた」ユダヤ人で、捏造された論拠からギリシアの賢人たちが一神教論者だったと示そうとしたのだ。ベントリーはこう結論した。[28]

ベントリーの往復書簡にてらしてみれば、もはや彼の『ミル宛書簡』は専門的な議論をたんに無造作に羅列したものとは思えなくなる。それは確固とした神学的・歴史学的な立場をとっていたのだ。さらに『ミル宛書簡』は、一六世紀から一七世紀にかけての知の歴史により大きな背景をもっている。一五八〇年代から九〇年代にかけて、偉大なギリシア学者であるスカリゲルとカゾボンは、ユダヤ教徒やキリスト教徒たちによる偽作を暴露することに夢中にな

(26) Richard Bentley, *Correspondence*, ed. Christopher Wordsworth (London, 1842; repr. Hildesheim: Olms, 1977), I: 13. J・M・レヴァインからの私信によると、未公刊書簡が示しているように、バーナードはベントリーに自身の見解を却下されて傷ついていた。それでも両人のあいだに保たれている礼儀正しさは注目に値する。

(27) Bentley, *Correspondence*, I: 23; *Epistola*, 144. A・C・ピアソンはこの類似を「決定的」と考えたが、奇妙にもベントリーがすでに補遺でこれに言及していたことを見落として、十分な証拠をあげなかったと彼を批判している。

(28) Bentley, *Correspondence*, I: 17; *Epistola*, 145. オリゲネス『ケルソス反駁』第一巻第一五章も参照。

っていた。ベントリーはそれを知っていた。だから、この二人が韻律についておかした誤りを自信と喜びをもって指摘しつつも、彼は分析の方向や内容において二人と同じ側に立っていたのだ。韻律についての場合とは異なり、この領域では古代の先駆者へレンニウス・フィロンとともにスカリゲルとカゾボンを権威として引用している。ベントリーは、偽ヘカタイオスについての自分の分析がもうひとつのユダヤ文献である偽アリステアス（Ps.-Aristeas, 2c BC）について過去におこなわれたものに似ていると考えた。そして、「スカリゲルを筆頭に多くの偉大な学者たちが、この作品を偽作だと証明した」と主張する。[29] こうして彼は意識的に、連綿とつづく伝統の連鎖をなすものとして自作を提示したのだ。だから、彼の『ミル宛書簡』は人文主義の伝統を捨てさったのではなく、ある面ではそれを継承していた。

もちろん背景には、技術的・知的な側面のほかに、個人的・社会的なものもある。こうした偽作への批判は、ベントリーが聖職禄をえていた王政復古時代の英国国教会では切迫した意味をもっていた。一六四〇年代以降、ケンブリッジのプラトン主義者ヘンリー・モア（Henry More, 1614-1687）やその庇護者アン・コンウェイ（Anne Conway, 1631-1679）は、フィレンツェのプラトン主義の伝統を復活させようとし、異教徒たちがキリスト教徒たちとは異なるが説得力ある一神教的な啓示をうけていたと主張した。彼らは英国の清教徒たちとの対立からこうした議論を展開し、古典文化がキリスト教徒たちにとって有用であることを証明しようとしたのだ。しかし彼らは、古典の研究を熱心に擁護するうちに当代の洗練された古典学者たちが到達した結論を無視するか、あるいは否定してしまった。古典期における一神教的な信仰とキリスト教との類似を強調しすぎたのだ。さらに、彼らが信頼できると考えた『ヘルメス文書』や『シビュラの託宣』といった文献も、偽作であることが暴かれてしまった。[30]

英国の革命が終息してすぐに、テオフィルス・ゲイル（Theophilus Gale, 1628-1678）やスティリングフリートといった正統派の聖職者たちは、大部な論争書を執筆した。その批判の矛先は、プラトン主義者たちがみせる「過度の寛容」であった。一六六三年にスティリングフリートが出版した『聖なる諸起源』*Origines sacrae* によれば、「異教徒たちが記した歴史書は古き時代を物語っているというが、まったく信用ならない」。人類初期の歴史については、旧約聖書だけが信頼できる典拠であり、ユダヤの著作家たちだけが信用にたる証言者なのだ。そして、異教徒たちは無知な愚者であり、一神教をとなえた賢人ではなかったというのだ[31]。またゲイルは、自分よりもはるかに学識あるフランスの神学者サミュエル・ボシャール（Samuel Bochart, 1599-1667）を気が遠くなるほど長く引用しながら、つぎのように主張する。古代の文化や神話で妥当にみえるものも、実際は不十分で派生的なものであった。それらはユダヤ人による聖書の歴史と神学の色あせた反映であり、ギリシア人たちが借用して台無しにしてしまったものなのだ[32]。

（29）Bentley, *Correspondence*, I: 17; *Epistola*, 145. 本書の第六章も参照。
（30）Rosalie L. Colie, *Light and Enlightenment: A Study of the Cambridge Platonists and the Dutch Arminians* (Cambridge: Cambridge University Press, 1957); Gunnar Aspelin, *Ralph Cudworth's Interpretation of Greek Philosophy* (Göteborg: Elander, 1943); Don Cameron Allen, *Mysteriously Meant: The Rediscovery of Pagan Symbolism and Allegorical Interpretation in the Renaissance* (Baltimore: Johns Hopkins Press, 1970); Daniel P. Walker, *The Ancient Theology: Studies in Christian Platonism from the Fifteenth to the Eighteenth Century* (London: Duckworth, 1972) = D・P・ウォーカー『古代神学：十五―十八世紀のキリスト教プラトン主義研究』榎本武文訳（平凡社、一九九四年）; Simeon K. Heninger Jr. *Touches of Sweet Harmony: Pythagorean Cosmology and Renaissance Poetics* (San Marino: Huntington Library, 1974) = S・K・ヘニンガー『天球の音楽：ピュタゴラス宇宙論とルネサンス詩学』山田耕士他訳（平凡社、一九九四年）を参照。
（31）Edward Stillingfleet, *Origines sacrae* (London, 1701), 1, 6, 70.
（32）Theophilus Gale, *The Court of the Gentiles* (Oxford, 1669).

こうした批判は、「古代神学」prisca theologia の信奉者たちのうちでもっとも博識な人物の反論を呼んだ。ケンブリッジの学寮長で、ゲイルやスティリングフリートよりはるかに独創性ある学識をそなえたラルフ・カドワース（Ralph Cudworth, 1617–1688）だ。一六七八年の『宇宙の真なる知的体系』*True Intellectual System of the Universe* で、彼は読者の関心をひきつけながらプラトン主義的な伝統を擁護するのに多くの紙幅をさいた。この大著は、ゲイルとスティリングフリートが否定した歴史的な見解をふたたび主張しただけではなく、これらの批判者たちが触れなかった部分にまで踏みこんで古代の賢者たちの文学性と哲学を高く評価する論陣をはった。それによれば、伝わっているテクストが後代のものでも、いくぶん真正の要素をふくんでいるはずだ。さもなければ、その時代の人々がただちに見抜いて暴露していたであろう。このように主張しつつ、カドワースは『ヘルメス文書』などの有名な偽作をたくみに擁護した。さらに危ういことに、ギリシア人たちが一神教的な信仰をいだいていたという証拠を古典の文学作品から収集した。こうして彼は、厳密な文献批判という外見を非歴史的な主張と手際よく結びつけたのだ。一〇年後にベントリーが攻撃することになる偽ソフォクレスの断片については、とくに際立っていた。カドワースは断片から三行を引用していう――

この詩行もおそらくキリスト教的だといえる。この詩人の執筆した悲劇の多くが散逸してしまい、現存しているものには見出せないが、その真否については疑いを抱けない。多くの古代の教父たちが、異教徒たちを論駁する著作で引用しているからだ。とくに殉教者ユスティノス、アテナゴラス、アレクサンドリアのクレメンス、エウセビオス、キュリロス、そしてテオドレトスといった人々だ。なかでもクレメンスは、古代異教徒の歴史家ヘカタイオスが同様のことを証言していると伝えている。(33)

カドワースは、冒頭で「現存しているものには見出せない」と認めることで、きわめて手際よく潜在的な敵対者たちの武装解除に成功している。しかし彼が不運だったのは、学識をもってしても勝利できず、先制的な批判で脅しても撃退できない敵に出会ったことだった。ベントリーは、カドワースの著作のなかに偽ソフォクレス断片そのものとそれを有害なものにする主張の両方を見出した。そして『ミル宛書簡』のなかで、偽ソフォクレスやその一味だけではなく、『真なる知的体系』についても批判的な分析を展開する。

しかし『真なる知的体系』とその著者カドワースは、ベントリーにとって唯一の標的ではなかった。その背後にはさらに厄介なモアが控えていたのだ。モアもまた、異教の啓示の重要性や純粋性を擁護する論陣をはっていた。しかし、綿密さにおいてはカドワースにおよばず、すぐに見出せる証拠に飛びついただけだった。旧約聖書の『創世記』第一章から第三章に数秘学的な解釈をほどこした自著『カバラ的類推』*Conjectura cabbalistica*（一六五三年）について、アン・コンウェイ宛の書簡で記している――

カバラにおける諸概念はほとんど私自身によるものですが、自己弁明としてできることはしています。自分の頭から生みだしたことが教父たちと矛盾しないようにし、古代の哲学者や教父たちの権威にうったえることで、私の発想にたいする憎悪を和らげようとしているのです。(34)

(33) Ralph Cudworth, *The True Intellectual System of the Universe* (London, 1678), 363.

(34) *Conway Letters*, ed. Marjorie H. Nicolson (New Haven: Yale University Press, 1930), 83. モアによるカバラの利用については Brian P. Copenhaver, "Jewish Theologies of Space in the Scientific Revolution: Henry More, Joseph Raphson, Isaac Newton and Their Predecessors," *Annals of Science* 37 (1980), 489-548 が詳細な研究となっている。

カドワースよりもずっと以前に、モアはカバラ主義とオルフェウス教を混同していた。これらは、ベントリーがとくに忌まわしく感じた潮流だ。聖書のうちに「ピュタゴラス主義的な数の神秘」を見出すという自説を補強するために、真作であれ偽作であれ、太古のものであれ後代のものであれ、モアは古代のテクストを恣意的に利用した。しかしそれは、スティリングフリートたちが創出しつつあった王政復古の秩序を知的な側面から脅かすものだった。[35]王政復古派の人々が歴史学と文献学を利用したのは、キリスト教の比類のなさや聖書の内容の堅固さを証明するためであり、あらゆるテクストと神の教えを混淆するためではなかった。彼らは、スピノザが啓示をお払い箱にしたのと同じくらい、モアが歴史的なものと非歴史的なものの境界を破壊したことを嫌った。そして、カドワースよりもモアの方がさらに容赦できないと感じたのだった。[36]

おそらくスティリングフリートとベントリーは、教会や学問にかんする自分たちの計画にとってモアが学問的にも政治的にも脅威になると考えていた。モアは著書のなかで熱狂主義を批判し、そうした一派をおさえこむために治安判事の介入を求めた。そして「愛の家族」Familia caritatis 派の予言者H・Nことハインリヒ・ニクラエス（Heinrich Niclaes, c. 1501-c. 1580）のような霊性主義者を罵倒してもいる。モアは、この人物を「たんなる偽預言者で、聖書に依拠して主張する内容や解釈は常軌を逸したものだ」と評した。[37]しかし、そのモア自身が、学問的なみせかけをもつ魔術や霊的治療に手をだし、夢でさまざまな幽霊と出会い、宇宙には天使とダイモンが複数の階層をなして存在していると考えていた。[38]たしかに、彼はデカルトと討論し、その教えを世にひろめて新科学がとなえる無限宇宙をつくりだす手助けをした。しかし、つぎのような話を熱心に収集してもいたのだ――

ヨークシャー地方の町シェフィールドで、殺された少年の霊が二〇回ちかく、とある男の前に姿をあらわした。

自分を殺した男に復讐をとげるためだ［…］。ほかにもまだある。ある女性はなんらかの事情で魔法にかけられ、［憑きもの？］ネコと寝たという。ウサギのように前足と後足が切断された雌ネコだ［…］。半月たって彼女はネコの足を生みおとし、一緒に寝ているネコについて不平をもらした。周囲の人々は驚いたが、彼女の服のなかをみたときには、ネコは消えていた［…］[39]。

一六八〇年代までにモアは、熱狂主義の敵というより、むしろ一人の熱狂主義者のようになっていたようだ。彼がとなえる宇宙は、ベントリーが有名なボイル講演できわめて明快に解説することになるニュートンの宇宙に置換されるだろう。そして、モアの党派は国教会から追放されなければならない運命にあった。すくなくとも彼らは、異教文化や過去を研究することの価値をも主張していたスティリングフリートの党派から区別されなければならなかった。かくして過去を無秩序に混淆して濫用することへの批判は、現在にたいする鋭く実用的な含意があったのだ[40]。

（35）*Conway Letters*, 82.

（36）*Philosophy, Religion and Science in England, 1640-1700*, ed. Richard W. F. Kroll et al.（Cambridge: Cambridge University Press, 1992）に収められたS・ハットンやJ・M・レヴァインによる論考、R・クロルによる序論を参照。Michael Hunter, "Ancients, Moderns, Philologists, and Scientists," *Annals of Science* 39（1982）, 187-192 も重要な論考だ。

（37）*Conway Letters*, 304.

（38）Serge Hutin, *Henry More: essai sur les doctrines théosophiques chez les Platoniciens de Cambridge*（Hildesheim: Olms, 1966）; Daniel P. Walker, *Il concetto di spirito o anima in Henry More e Ralph Cudworth*（Napoli: Bibliopolis, 1986）.

（39）*Conway Letters*, 294.

ベントリーはスティリングフリートの主張を継承して、輝かしい新兵器でもって新旧の危険な論敵にたちむかった。彼が人文主義の伝統につらなる磨きのかかった文献批判を採用したのは、古典の真作を偽作から選別するためだけではなく、神学の配線修理をして庇護者である国教会を喜ばせるためでもあった。彼は『ミル宛書簡』を神学者ミル（John Mill, c. 1645–1707）に宛てて執筆したが、モアやカドワースに向けても書いていたのだ。ベントリーの志向や信念は、あきらかにスティリングフリートのものに似ていた。そして、彼の敵の選び方は国教会にたいして自分の価値を証明するのに間違いなく役立ち、昇進を獲得することにつながった。だが、それは学者としての経歴における昇進ではなかった。著作の論調と方向性を決定づけるうえで、目先の教会論争がベントリーのなかで大きな比重をしめていたのだ。この著作はある意味、さらなる後ろ盾をえるための企てであった。それは歴史神学をめぐる論争における一手であると同時に、聖職者間の政治的なかけひきにおける一手でもあった。個人的なことと社会的なこと、先入観と文献学、学問の伝統と破壊的な革新がわかちがたいほど密接にベントリーの小著には織りこまれているのだ。[41]

以上の分析は、もうひとつの側面をあきらかにしている点で非常に意味ぶかい。すなわちベントリーの志向や見解は、くだけた形式のボイル講義や僭主ファラリス（Phalaris, c. 570–554 BC）についてのパンフレットに劣らず、攻撃的なまでに高度に技術的な『ミル宛書簡』にも表明されているという点だ。そして、この専門的で無骨な『ミル宛書簡』がまた、講演やパンフレットという一般に開かれた文脈でベントリーが提示した重要な主張の起源に光を投げかけている。たとえば彼は、ボイル講義のなかで宇宙を古代ローマの詩人ウェルギリウス（Vergilius, 70–19 BC）の『アエネーイス』に比した。両者のうちに理性をそなえた創造者の手が働いている痕跡をみてとったからだ。ベントリーは、自然をひとつのテクストのように読めると示唆したつもりはなかったし、自然というテクストを他のテクスト群に依拠して解釈できると主張したわけでもなかった。むしろ彼は、モアを批判するさらなる機会をとらえつつ、つぎのことを主張した。聖書の記述を気にしないで、われわれは世界の複数性といった自然哲学の手ごわい問題を考察してよいのだ。なぜなら、聖書の記述は哲学者にたいして——

> 自分が望むだけ多くの世界があり、そこに多くの生物が住んでいると想定する［ことを禁じてはいない］。たしかにモーセが天地創造について語ったなかには、ほかの惑星の人間に言及している箇所はない。聖なる歴史家モーセが地上の動物の起源だけを語ったのは明白だ。なるほど神による天使の創造について、彼はなんら説明していない。しかし、それにつづく五書では、彼はしばしば「神の天使たち」に言及するのだ(42)。

あらゆるテクストのなかでもっとも権威のある聖書でさえ、すべての知識を内包しているわけではないという主張

（40） Margaret C. Jacob, "John Toland and the Newtonian Ideology," *Journal of the Warburg and Courtauld Institutes* 32（1969）, 307-331.

（41） ベントリーの思想については近年すぐれた研究があるが、どのくらい一七世紀後半の伝統に根ざしたものか、どのくらい啓蒙主義を先取りしているかといった点について異論がある。Reynolds & Wilson（1974）, 166-170; Lionel Gossman, *Medievalism and the Ideologies of the Enlightenment*（Baltimore: Johns Hopkins Press, 1968）, 223-228; Sebastiano Timpanaro, *La genesi del metodo del Lachmann*, 2. ed.（Padova: Liviana, 1985）, 13-16 = *The Genesis of Lechmann's Method*（Chicago: University of Chicago Press, 2005）; Joseph M. Levine, *The Battle of the Books: History and Literature in the Augustan Age*（Ithaca: Cornell University Press, 1994）を参照。Carlo Borghero, *La certezza e la storia: Cartesianesimo, Pirronismo e conoscenza storica*（Milano: FrancoAngeli, 1983）はより広範にヨーロッパ的な背景をとらえている。

（42） Isaac Newton, *Papers and Letters on Natural Philosophy*, ed. I. Bernard Cohen（Cambridge MA: Harvard University Press, 1958）, 358 に再録。

に、ベントリーの歴史感覚と自然についての理解が集約されている。ここで彼は、新科学だけではなく、それより古い人文主義的な伝統にも立脚している。彼は『ミル宛書簡』のなかで、人文主義の伝統をみずからのものとし、それに改良をくわえてカバラや「古代神学」を批判した。ほかの場合と同様、ここでも学問の歴史を知の歴史の全体から切り離してしまっては意味のある考察はできない。それは、知の歴史の総体にとって悩ましいほどに複雑ではあるが、有機的な一部をなしているのだ。この単純な教訓は、本書のなかで議論される事例から再三にわたって確認されるだろう。

最後に

以下につづく九つの章では、ここまで素描してきた分野横断的な手法が、さまざまな角度から多様な史料に適用されるだろう。これらを結びつける究極的なものは、思いがけないこと、逆説的なことにたいする関心だ。といっても、これは英国流のコモン・センスの信奉者ベントリーにはあてはまらないが。ともかく、人文主義者たちの作品には奇妙で反直観的でさえある要素や効果がみられることが、第三章と第八章をはじめとする各所で示されるだろう。第三章は、歴史的な文献批判における基本則を考案したのが初期近代の偽作者であったことを論じる。第五章と第六章では、カゾボンによる『ヘルメス文書』の解体は初期近代ヨーロッパにおける歴史批判の傑出した勝利の一例だが、多くの歴史家たちが主張してきたほどには近代的でも体系的でもなかったことを示す。第八章は、学術愛好家ラ・ペイレール（Isaac de La Peyrère, 1596–1676）に焦点をあてる。彼は、スカリゲルとサルマシウス（Claude Saumaise, 1588–1653）がなしとげた真の発見を誤解して濫用したが、結果として次世代の専門家たちの学問を準備することになった。

こうした点を強調すると読者諸氏は驚くかもしれない。しかし、これらの点はこれまで論じてきた文脈にうまく適合するのだ。人文主義の伝統を研究するためには、学識や叡智を味わうだけではなく、ナイーヴさや愚かさを礼賛する余裕をもつべきなのだ。

第一章　古代のテクストとルネサンスの読者たち

【要約】

第一章は、一五世紀のイタリアでグイデッティとマッサーリという二人の人文主義者がおこなった論争で幕をあける。争点となったのは、古典にたいする考え方、あるいは人文学の目的そのものだ。われわれ読者にとって古典とはなんだろうか。なんのために古典テクストを読むのだろうか。論争をたどるなかで、ふたつの対照的な立場が浮かびあがる。テクストを歴史的な文脈に位置づけて読む姿勢と、テクストを背景から切りはなして時空をこえた模範として現在の自分たちに役立てようとする姿勢だ。

しかし実際のところ、このふたつの立場はそれほど単純に対極化されるわけではなく、その関係はずっと錯綜したものだった。一人の読者のなかで、対立し矛盾すると思われた態度が奇妙なかたちで共存していることもあった。それはどうして可能だったのか。第一章では、ポリツィアーノ、エラスムス、ボダン、スカリゲル、ベイコンといった本書で頻繁に言及されるルネサンス期のさまざまな人物やそのテクストをめぐりながら、古典にたいする人文主義者たちの複雑な態度が丹念にあとづけられていく。

最後に、このふたつの態度の相克がけっして西洋に特有な現象でないことを示すために、清朝中国の文人たちの古典にたいする態度が参照される。この対比から描きだされるのは、読書におけるふたつの態度の緊張が文化や言語の相違をこえた、人類にとって普遍的な問題だったことだろう。

はじめに

一四六五年の秋、二人の人文主義者たちが論争をおこなった。論者の一人はロレンツォ・グイデッティ（Lorenzo Guidetti, 15c AD）といい、フィレンツェ大学でもっとも名高い修辞学者ランディーノ（Cristoforo Landino, 1424-1498）の弟子であり友人であった。もう一人のブオナッコルソ・マッサーリ（Buonaccorso Massari, 15c AD）は、ルッカの町のジョヴァンニ・ピエトロ（Giovanni Pietro, 15c AD）という知名度のやや劣る学者の門弟であった。論争をはじめたとき、マッサーリはもちろん友好的にふるまいつつも、胸のうちでは論敵の背中にナイフを突き刺したいと思っていた。裏表のあるのが、じつにこの知識人らしいところだ。彼は、ランディーノがこの年からつぎの年にかけての学期で古代ローマの哲学者キケロ（Cicero, 106–43 BC）の『書簡集』を講義すると耳にし、九月一四日にグイデッティ宛に書簡を書いている——

私は熱心な学生です。ランディーノ教授がキケロの第一書簡についてどう解説されるか、それを聞けるのがとても楽しみです。私見では、こみいった歴史の問題のせいで、これほど難しい作品を扱える人物はそういないでしょう。[1]

グイデッティは礼儀ただしく答えている。それによれば、ランディーノは「詩学と修辞学の指針」について一連の講義をしたばかりであり、これらの指針を解説するさいにキケロの書簡をもちいたのだろう。しかしグイデッティは、書簡が歴史についての問題を提起しているという点を重要とは思わなかったようだ――

書簡の執筆ですぐれた文体や優美さを求める者が、なぜそんなことに苦心しなくてはならないのかわかりません。私がもっとも関心をもっているのは、どんな文体や構成、どんな「華やかさ」や「荘厳さ」を採用するべきなのかということです。この点において、ランディーノ教授の教えは私の考えを肯定してくれています。(2)

この人文主義者にとっては、キケロの時代におけるローマの歴史の詳細よりも、こうしたことの方がはるかに注目に値するものだった。彼には、歴史の細部は「それが起きた当時でさえ、およそ誰も知りえないようなもの」であり、「重要な知のかたちを熱心に探究する精神よりも、むしろ衒学的でつまらぬ精神の領分であるように思える」のだった。(3)

マッサーリはグイデッティの率直な返答に感謝したが、歴史の問題を蒸し返した。そして、グイデッティが書簡の注目点としてあげた修辞学の専門用語も、気ままで曖昧なものだと退けた――

どのようにして、あるいはどんな言葉や比喩で「精華」とか「節度」とかいったものを組みたてるというのでしょうか。私にはわからないし、満足のいく説明を見たことも聞いたこともありません。(4)

また、キケロの書簡は彼が切りぬけてきたローマ革命のさまざまな出来事があちこちに顔をのぞかせており、ローマ共和政史のしっかりした素養がない者には理解できないとマッサーリは主張した。そして、おたがいの手法の違いを際立たせようとして彼は、ランディーノのようにテクストを解説することをグイデッティに頼んだ――

以下の文の意味を教えていただきたいのです。「元老院は宗教上の口実を是としていますが、その理由は宗教ではなく、悪意と、あの王のばらまき工作への反感にあります[5]」。

これにたいするグイデッティの答えは、前ほど穏やかなものではなかった。彼は、「書簡でおこなわれている議論を十分に明確にする」ためには歴史についての知識が最小限必要なことを認めたが、細部の探求それ自体が目的になってしまってはならないとした――

というのも、よい教師がある一節に解釈を与えようとするとき、目的とするのは生徒たちが雄弁に語れ、高潔な生活をおくれるようにすることです。もし意味が不明瞭で、こうした目的にあわない一節がでてきても、それがすぐに解釈可能な場合は、教師が説明することに私も賛成します。もしその意味がただちに明白ではなく、教師

（1）マッサーリの一四六五年九月一四日付グイデッティ宛書簡。Roberto Cardini, *La critica del Landino*（Firenze: Sansoni, 1973）, 267. 二人の往復書簡についてはCardini（1973）, 39-41を参照。論争についてはCardini（1973）, 41-62のみごとな分析を参照。私の叙述も全般的にこれにしたがった。

（2）グイデッティの九月一八日付マッサーリ宛書簡。Cardini（1973）, 268.

（3）Cardini（1973）, 268.

（4）マッサーリの九月二六日付グイデッティ宛書簡。Cardini（1973）, 270.

（5）Cardini（1973）, 271. キケロ『縁者・友人宛書簡集』第一書第一書簡［一二書簡］第一節、『キケロー選集　一五』高橋宏幸他訳（岩波書店、二〇〇二年）、三〇頁。

が解釈できなくても、私はそれを怠慢とは思いません。しかし、もし重箱の隅をつつくようなことにこだわり、解釈のために時間と労苦を費やすならば、私は彼を衒学者と呼ぶでしょう。(6)

そしてマッサーリが問題とした一節について、グイデッティはつづける――

私の考えでは、ここでの教師の責務は第一に、「古代人たちが元老院でなにか公的な決定をするときには、かならず神々にうかがいをたてた」点を歴史から示すことなのです。もし神々が自分たちの行為に反対しているとわかった場合、それは［キケロのテクストの冒頭の二語で］「宗教によって」禁じられているとされました。また、上級の学生たちには、別の説明を与えてもよいかもしれません。ひとつは自然にしたがった決定、もうひとつは人間の手による決定です［…］。しかし、もし誰かが「どのような種類」の宗教が元老院では語られていたのかと不満げにしつこく尋ねるとき、答えを知っている場合には答えましょう。もし知らなかったら、知らないことは認めますが、それでも教師のつとめをはたせなかったのではないかと悩むことはないでしょう［…］。そのあとで、それぞれの言葉の意味にもどります。そして説明するのです。元老院とはなにか、その言葉の由来はどこにあるのか、ローマにおいて誰がそれを設立したのか、誰がその権限を拡充したのか、国家においてその重要性と権威がいかに大きなものだったのか、元老院には何種類の議員たちがいたのか［…］。そして「宗教」religio の定義を扱い、その語が「結びつける」religare からきているのか、それとも「追放する」relegare からなのか、あるいは「あつめる」relegere からなのかということも扱うことになるでしょう。同様にして「口実」calumnia についても扱うことになります。(7)

マッサーリは、こんな無駄口にはまったく満足できなかった。彼は悲しげにいう――

私がお願いしたのはこの一節の解釈であって、注釈家の責務や教師の役目を説明することではないのです。私も古代ローマの著作家マクロビウス（Macrobius, 5c AD）やウァレリウス・マクシムス（Valerius Maximus, 1c AD）、アウルス・ゲリウス（Aulus Gellius, c. 125–c. 180）、そしてキケロの『占いについて』を読みました。しかしキケロがこの書簡でなにをいおうとしていたか、よくわからないのです。どうか「宗教上の口実」religionis calumniam という言葉について説明してください。religio が「追放する」religare に由来するのか、「あつめる」relegere に由来するのかなどということは、それほど気にしてはいないのです。(8)

つまりマッサーリにとって、ある一節を解釈するさいに必要なのは、その一節が著者と当時の読者にとってどういう意味をもっていたかを一句ごとに解読していくことであった。一方、グイデッティにとって解釈者の仕事とは、各単語について自分の時代の研究者たちにとって有益であるような一般的な情報を集積していくことであった。

文壇の二人の論客による紙上での対決はよくある話だが、上述のやりとりは平凡なものではなく、それ以上の含意がある。この論争は、古典学における異なるふたつの考え方の衝突を示しているのだ。グイデッティは、そしておそらく彼の師ランディーノも、学問の目的を教育的なものだと考えていた。すなわち、古典的なラテン語を書くことができ、礼節をそなえた若者を育てることだ。教師は生徒たちに修辞分析の道具をさずけ、ラテン語と古代ローマにつ

（6）グイデッティの一〇月二五日付マッサーリ宛書簡。Cardini（1973）, 273–274.
（7）Cardini（1973）, 274.
（8）マッサーリの一〇月三一日付グイデッティ宛書簡。Cardini（1973）, 279.

いての基礎知識を、浅いかもしれないが幅ひろく与える。そのように教育されれば、生徒たちは道徳と文芸の教えの要点をテクストから導出できるようになるだろう。テクストはいかなる時間と空間も超越している。それは個人の経験とは独立した理想的な教材であり、倫理的あるいは文学的な教育の中核をなすのだ。

一方、マッサーリは学問の目的を学術的・科学的なものと考えていた。それは、古代文化の詳細について正確な知識を提供し、古代の史料が提示する問題を解決するための洗練された技術を伝えることだ。学者はテクストから専門的な問題にたいする独創的な解答を抽出できなければならない。この場合、テクストとは特定の時代や著者、読者、そして背景の堆積物なのだ。

グイデッティはテクストを古典としてとらえていた。古典は現代において模倣するのに理想的な対象であり、そこに疑問をさしはさむ余地はない。一方、マッサーリはテクストをよみがえることのない過去の人間による産物であり、そのまま理解するのは難しいと考えた。一五世紀の学校でもちいられた解説書は、グイデッティの見解をあらわす理想的な媒体だ。そのなかには換言や修辞分析、そして基本的な語彙と歴史上の細目がつめこまれている。逆に、マッサーリの見解をあらわす理想例は、特定のテクストにたいして一五世紀末に書かれるようになった注釈書や学術的な単著だ。そこでは、あるひとつの問題を解決するために一連の引用が整然と配置されている。(9)

二人の論点ははっきりしており、立場も明確にわかれていた。この論争は理解しやすさという点でよい事例だ。しかし、これはルネサンス期に固有なものでもないし、特異なものでもなかった。もし画家ラファエロ（Raffaello Sanzio, 1483-1520）がもっと長生きし、ヴァティカン宮殿の「署名の間」にもうひとつの壁画を手がけていたら、威厳のある人文主義者たちが解釈学の学堂でテクストをいかに読むかを論じあっている姿を描いたかもしれない。画面中央では、マキャヴェッリ（Niccolò Macchiavelli, 1469-1527）が政治生活を改革する唯一の方法はたえず古代ローマの歴史家たちを顧みることだと主張し、それにグイッチャルディーニ（Francesco Guicciardini, 1483-1540）が「ローマ人たちを引用してばかりいるのはとんでもない」と応えている情景を想像できるかもしれない。[10] その左側には、中世後期にピエール・ベルシュイール（Pierre Bersuire, c. 1290-1362）が著した『教訓版オウィディウス』を出版し、その改訂版までつくったリヨンの町の人文主義者たちがおり、もう一人のリヨンの人文主義者ラブレー（François Rabelais, c. 1494-1553）が彼らを非難している。[11] 彼は、『ガルガンチュア物語』を「正真正銘の寄生人間」たるドミニコ会士の寓話作家ラウィニウス（Petrus Lavinius, 1473-1524?）にたいする批判ではじめたのだった。画面右側には、ライデンの卓越した学者であったユストゥス・リプシウス（Justus Lipsius, 1547-1606）とヨセフス・スカリゲルがいる。リプシウスは、今日の政治家にとって古代の史料をじかに研究することは道徳から軍事にいたるまですべてにおいて理想的な訓練となるだろうと主張している。一方のスカリゲルは、自分の生徒たちにむかって、リプシウスは「政治の教師ではないし、統治にかんして何事もなしとげていない。これらについて衒学者は無力なのだ」と説いている。[12] こうし

（9） 本書の第二章および引用文献を参照。

（10） マキャヴェッリについては、彼のリウィウス論の序文を参照。グイッチャルディーニは *Ricordi* C 110, in *Opere*, ed. Vittorio de Caprariis (Milano: Riccardi, 1953), 120 を参照。Cf. Mario Domandi, *Maxims and Reflections of a Renaissance Statesman* (Philadelphia: University of Pennsylvania Press, 1965), 69.

（11） Ann Moss, *Ovid in Renaissance France: A Survey of the Latin Editions of Ovid and Commentaries Printed in France before 1600* (London: The Warburg Institute, 1982), 23-36. 寓意的な読解にたいするラブレーの批判は、彼自身によるラウィニウスの寓意の使用にてらして解釈すべきだ。Cf. David Quint, *Origin and Originality in Renaissance Literature: Versions of the Source* (New Haven: Yale University Press, 1983), 170.

て、われわれはイタリアのフィレンツェからオランダのライデンまで、そして政治学から詩学まで往来してきたが、同様に相矛盾する格言と手法にさらに出会うことになる。一連の人文主義者たちは、古代の世界を再生させようとした。それが今日においてもつ意味は彼らにとって明白で、その理解の可能性については疑問視しなかった。しかし別の人文主義者たちは、古代のテクストをそれらが成立した時代におき直そうとした。過去の再構築は困難で、たとえ成功しても、古代の経験や教えが今日の問題にたいして大きな意味をもたないと判明することもあると考えていた。

古代のテクストと歴史的な読解

現代の研究者たちによる豊かな成果の蓄積は、古代のテクストを歴史の見地から読解することについて多くの点を教えてくれる。一世紀近く前のR・サッバディーニやP・ド・ノラク、そして近年の一連の研究者たちは、ルネサンス期の人文主義者たちが古代のテクストを「体験」する新しい方法を生みだしたことを示した。(13) 人文主義者たちは、古代人たちを自分たちとは異なる世界の住人とみなし、そこに近づくために今日であれば「歴史文献学」と呼ばれる方法を考案したのだ。ペトラルカは古代ローマの歴史家リウィウス（Livius, 64/59 BC–17 AD）のテクストを収集・校合し、その作業について模範的な著作を執筆した。また、ヴァッラは偽書『コンスタンティヌスの寄進状』*Donatio Constantini* を歴史的な見地から精査した。さらに彼は、ラテン語にはローマ史についての情報が豊富に保存されており、ローマ史を読解する真のカギとなるとして、ラテン語そのものを包括的な吟味の対象とした。そして、ポリツィアーノは「派生テクストの除外」eliminatio codicum descriptorum の原理を考案し、エラスムスは「より難しい読みは、より可能性がある」lectio difficilior potior という原則を適用した。このように近年の研究は輝かしい称賛をう

けた偉人たちに焦点をあて、こうした人文主義的な文献学の勝利を扱ってきた。(14)

もちろん、すべての人文主義者が金メダルを獲得したわけではない。ポリツィアーノやスカリゲルといった堂々とそびえたつ氷山から目を転じ、水中に頭をいれて水面下にひろがる人文主義的な学問の巨大さを調べようとすれば、これらの英雄たちがいかに例外であったかを知るだろう。たとえば歴史家M・ズィッヒェルやM・ローリーによる研

---

(12) リプシウスについては Gerhard Oestreich, *Neostoicism and the Early Modern State* (Cambridge: Cambridge University Press, 1982)［および *Justus Lipsius and Natural Philosophy*, ed. Hiro Hirai & Jan Papy (Brussels: Royal Academy of Belgium, 2011)］を参照。スカリゲルの見解は Justus Scaliger, *Scaligerana* (Köln, 1695), 245 にもあるが、一貫しているわけではない。彼が一六〇六年にプランタン書店から出版したカエサルの『ガリア戦記』の校訂版によせられた無署名の序文は、じつはリプシウスによるものだ。そこで彼は、すぐれた学者とはテクストの欠陥をあら探しする者ではなく、政治的な教訓を求める者だと主張している。*C. Iulii Caesaris quae extant ex emendatione Ios. Scaligeri* (Leiden, 1635), sig. ** r.

(13) Pierre de Nolhac, *Pétrarque et l'humanisme*, 2. ed. (Paris: Champion, 1907); Remigio Sabbadini, *Il metodo degli umanisti* (Firenze: Le Monnier, 1922); Berthold L. Ullman, *The Humanism of Coluccio Salutati* (Padova: Antenore, 1963); Roberto Weiss, *The Renaissance Discovery of Classical Antiquity* (Oxford: Blackwell, 1969); Giuseppe Billanovich, "Petrarch and the Textual Tradition of Livy," *Journal of the Warburg and Courtauld Institutes* 14 (1951), 137-208; Timpanaro (1985); Silvia Rizzo, *Il lessico filologico degli umanisti* (Roma: Storia e letteratura, 1973).

(14) Reynolds & Wilson (1974) = レイノルズ、ウィルスン（一九九六年）; Peter Burke, *The Renaissance Sense of the Past* (New York: Arnold, 1969); Donald R. Kelley, *Foundations of Modern Historical Scholarship* (New York: Columbia University Press, 1970); Jerry H. Bentley, *Humanists and Holy Writ: New Testament Scholarship in the Renaissance* (Princeton: Princeton University Press, 1983); L・ヴァッラ『「コンスタンティヌスの寄進状」を論ず』高橋薫訳（水声社、二〇一四年）を参照。

究は、大アルドゥス・マヌティウス（Aldus Manutius, 1449–1515）と彼のもとで働いた編者たちによる写本のとり扱いがポリツィアーノのそれに遠くおよばなかったことを示した。この名高いアルドゥス書店の創造性ゆたかな編者たちはギリシア詩選集の詩行を修正して、「私のために杯をあげよ、ただ君の瞳で」という部分を「私のために杯をあげよ、ただ君の唇で」にしようとした。[15] また、古代ギリシアの悲劇詩人アイスキュロス（Aeschylos, c. 525–456 BC）の『アガメムノーン』の冒頭では、「子どもたち」paidôn という語を「足」podôn と読み違えた。これでは、第一コロス歌唱部でメネラーオスとアガメムノーンが全面戦争にいきりたつ様子をあらわした素晴らしい直喩も、「足にひどい痛みを感じつつ、巣のうえ高く輪をえがいて飛びまわる猛禽のように」となってしまう。M・ムンド＝ドプシが示したように、この誤訳によって幾人かの編者や翻訳者たちは一五五二年の印刷版でギリシア語の原文が訂正されてからも、足の痛みに苦しむ猛禽という奇怪なイメージをもちつづけた。[16]

しかし、必要以上に批判的になるべきではないだろう。L・パニッツァはその洗練された論考で、古代ローマの哲学者セネカ（Seneca, c. 4–65 AD）の第一書簡がルネサンス期イタリアで受容される過程を扱った。一連の人文主義者たちを描きつつ、彼らの背後にひろがる歴史的な文脈やラテン語の文体を分析した。さらにJ・ダンストンとS・ティンパナーロという二人の先駆者たちによる成果は、近年の研究によって正しかったと裏づけられた。ほとんど無名の人文主義者ヴォルスコ（Anotonio Volsco, 15c AD）が古代ローマの詩人プロペルティウス（Propertius, c. 50/45–15 BC）による難解な詩行を説明しようと試みたことを、D・コッピーニは扱った。一九世紀末ドイツの注釈家ロートシュタイン（Max Rothstein, 1859–1940）は、この先駆者の成果を知らずに同様の研究をおこなったわけだ。またJ・クレイは、古代ギリシアの哲学用語のための辞書の編纂においてポリツィアーノといった頭脳明晰な人物たちを悩ませていた難題を、ドイツのギリシア学者ヒエロニムス・ヴォルフ（Hieronymus Wolf, 1516–1580）がみごとに解説していることを示した。C・ディオニソッティは探偵のような技量を発揮したすぐれた研究で、フランドルのギリシア学者ストラゼーレ（Jan Strazeele, ?-1559）を発掘した。この人物は一五四〇年ごろのパリで、ギリシアの歴史家ポリュビオス（Polybios, c. 200-118 BC）による晦渋なテクストにおける言語学的な難所や政治的な教えにたいして洞察にみちた手引を学生たちに与えていた。(17)

人文主義者たちが成功をおさめたのは、個々の章句の解釈だけにとどまらなかった。ルネサンス期になされたアイスキュロスの研究とテクスト編纂にかんして、ふたつの書物が最近になって出版された。それらは細部では異なる点

（15） Martin Lowry, *The World of Aldus Manutius: Business and Scholarship in Renaissance Venice* (Ithaca: Cornell University Press, 1979), 238. Martin Sicherl, *Griechische Erstausgaben des Aldus Manutius: Druckvorlagen, Stellenwert, kultureller Hintergrund* (Paderborn: Schöningh, 1997) も参照。

（16） Monique Mund-Dopchie, *La survie d'Eschyle à la Renaissance* (Louvain: Peeters, 1984), 8, 96-97.

（17） Letizia A. Panizza, "Textual Interpretation in Italy, 1350–1450: Seneca's Letter I to Lucilius," *Journal of the Warburg and Courtauld Institutes* 46 (1983), 40–62; Sebastiano Timpanaro, "Atlas cum compare gibbo," *Rinascimento* 2 (1951), 311–318; John Dunston, "Studies in Domizio Calderini," *Italia medioevale e umanistica* 11 (1968), 71–150; Donatella Coppini, "Filologi del Quattrocento al lavoro su due passi di Properzio," *Rinascimento* 16 (1976), 219–229: 219–221; Jill Kraye, "Cicero, Stoicism and Textual Criticism: Poliziano on *katorthôma*," *Rinascimento* 23 (1983), 79–110; Anna Carlotta Dionisotti, "Polybius and the Royal Professor," in *Tria Corda: scritti in onore di Arnaldo Momigliano*, ed. Emilio Gabba (Como: Edizioni New Press, 1983), 179–199; Antonietta Porro, "Pier Vettori editore di testi greci: la *Poetica* di Aristotele," *Italia medioevale e umanistica* 26 (1983), 307–358; John F. D'Amico, *Theory and Practice in Renaissance Textual Criticism* (Berkeley: University of California Press, 1988).

が多いが、一致するところもある。フィレンツェの人文主義者のピエロ・ヴェットーリ（Piero Vettori, 1499-1585）とパリのアンリ・エティエンヌ（Henri Estienne, 1528/32-1598）が並行してテクスト編纂における基本的な問題を解決し、彼らの解答はいまでも生きているという点だ。またヴェットーリとエティエンヌはテクスト編纂に有名な例外則をもうけたが、これについてE・J・ケニーが影響力ある『古典テクスト：印刷本の時代におけるテクスト編纂の諸相』ですでに記述している。[18]

さらに、人文主義者たちは特定のテクストにまつわる問題を解決しただけではなく、テクスト分析の全体に有効な方法を開発した。たとえば一五六〇年代にボダンは、古代と後代の歴史家の叙述の信憑性を判断する規則をつくり出版した。そうした規則の存在こそが、まったく新しい論点の誕生を告げている。古代史は古代の歴史家たちの著作のなかにそのまま見出されるのではなく、再構築されなければならないのだ。ボダンの採用した基準は、彼の仕事全体と同様に斬新なものにみえる。彼は、理想的な歴史家を「飽くことなく現場を探究する者というよりは、淡々と記録にあたるような冷めた者だ」と考え、つぎのようにいう[19]――

他人からの伝聞だけに依拠して、公文書をみたこともない［…］、そのような輩の語ることなど認めるに値しない。だからすぐれた著作家は、自著に権威を与えるために公文書から史料を収集したと主張するのだ。[20]

古代の歴史家たちを著作家というよりも学者として評価しているという点で、ボダンはどちらかといえば、歴史を概して「人生の教師」magistra vitae, つまり「弁論家の仕事」opus oratorium ととらえた同時代の批評家たちよりも、一九世紀ドイツの学者たちに近いようにみえる。[21]

こうして、ボダンの近代性を強調したい誘惑にかられるが、踏みとどまらなければならない。第三章でみるように、彼は歴史家による史料の扱い方がきわめて重要だと信じたが、それは生来の先見の明によるというよりも、ルネサンス期のある著作家の作品に触れることで確信するにいたったものなのだ。ヴィテルボのジョヴァンニ・ナンニ、あるいはアンニウス（Annio da Viterbo, c. 1432-1502）は一四九八年に『古代論』を刊行した。これはベロッソスやマネトー、メタステネスと呼ばれる人々の手による歴史書の集成として学界に提出された。しかし実際は、古代の諸国の歴史を補填する一連の偽作をあつめたものであった。そのなかでアンニウスは歴史を批判するための規則を論じたが、それは古代ギリシアの歴史家ヘロドトス（Herodotos, c. 484-c. 425 BC）やトゥキュディデス（Thucydides, c. 460-c. 395 BC）の著作よりも自著の方が斬新さにおいてすぐれていることを示そうとしたからであった。そこでアンニウスは、幾つかの原理を解説している。メタステネスは、「風聞や憶見」auditus et opinio を情報源としていた従来の歴史家

（18）Mund-Dopchie（1984）, ch. 5; Jan A. Gruys, *The Early Printed Editions (1518-1664) of Aeschylus: A Chapter in the History of Classical Scholarship*（Nieuwkoop: De Graaf, 1981）, 77-96. 後者の解説は的確だ。Edward John Kenny, *The Classical Text: Aspects of Editing in the Age of the Printed Book*（Berkeley: California University Press, 1974）も参照。

（19）Julian H. Franklin, *Jean Bodin and the Sixteenth-Century Revolution in the Methodology of Law and History*（New York: Columbia University Press, 1963）, 140-141.

（20）Jean Bodin, *Methodus ad facilem historiarum cognitionem*（Paris, 1572）, ch. 4, 60.

（21）ボダンは、おおむね人間性や歴史の叙述について紋切型の理解を踏襲していた。George H. Nadel, "Philosophy of History before Historicism," *History and Theory* 3（1964）, 291-315; Reinhart Koselleck, "Historia magistra vitae: Über die Auflösung des Topos im Horizont neuzeitlich bewegter Geschichte," in idem, *Vergangene Zukunft: Zur Semantik geschichtlicher Zeiten*（Frankfurt: Suhrkamp, 1984）, 38-66; Eckhard Kessler, "Das rhetorische Modell der Historiographie," in *Formen der Geschichtsschreibung*, ed. Reinhart Koselleck et al.（München: Deutscher Taschenbuch, 1982）, 37-85 を参照。

たちに耳を貸してはならないと読者たちに警告した。そして、「公に認められた信頼」publica et probata fidesを獲得した年代記を著したメタステネスのような古代の神官たちだけにしたがうべきだと主張した。またアンニウスは、メタステネスへの注釈でさらに明確な指針を近代の読者に示している。神官たちによる年代史は、公的な記録にもとづいているので信用に値するのだ――

そのむかし、神官たちは出来事やその日付を「公的に記録する人々」notariiであったのだ。そのときに起きたことを記録するにせよ、さらに古い出来事の記録を写したにせよ。[22]

最良の歴史家は風聞ではなく公文書の調査によって仕事をするという考え方は、古典に由来するものではない。端的にいって、それを明確に述べたのは一六世紀の歴史学者ボダンではなく、一五世紀の偽作者アンニウスであった。そして、この規則は内容よりもそれを一般化したこと自体が独創的であった。なぜなら、歴史家B・グネが示したように、内容そのものは教会論争の文書で長らく採用されていた批判則を再公式化したものにすぎないからだ。[23]

しかしながら、ルネサンス期における読書術の斬新さを過小評価するのは間違いだろう。アンニウスやボダンの場合のように、一般則の提出そのものが大胆な革新であった。たしかに、ルネサンス期の読者たちは先例がないある種の歴史意識をもちはじめていた。人文主義者たちは、いかなる古典的なテクストも一個人の知性による産物ではなく、有機的につながった文化や歴史の総体に連なる一部分であることを認識していた。そこで彼らは、著者とされる人物が知りえなかった語彙や概念が使用されていたり、この人物が知りえなかった出来事が言及されていたりする場合には、そうしたテクストすべてを真正の古典から排除しようとした。もちろん人文主義者たちも、誤りをおかすことや批判のなかに個人的な先入観や宗教的な偏見を混入させてしまうことはあった。しかし同時に、偽アリステアスの書簡や『十二族長の遺言』、そして『ヘルメス文書』といった長きにわたって揺るぎない地位を保ち、疑われることのなかった作品について、それらが太古のものだという主張を完膚なきまでに粉砕したのも事実だ。[24] そうするなかで、彼らは古典の先例を基礎にしつつ、文書の外的な形式や内的な首尾一貫性、そして語彙をたしかめる一般則をはじめて確立した。いってみれば、人文主義者たちは礎石をすえたのだ。そして「新哲学」からの挑戦をうけて刺激された後代の学者たちが、そのうえに古文書学や原典批判といったバロック建築をたてたのだ。[25]

人文主義者たちは同時に、自分たちの研究している真正の古典が古代の思想や文学の系譜のなかにどう位置づけられるのか、はっきりと示そうとした。ある場合には、それを簡単かつ直接的におこなっている。たとえば、『ギリシア詩人集成』を編纂したアンリ・エティエンヌは、太古の大詩人オルフェウスやムサイオスに帰される作品を集成の冒頭ではなく末尾においた。[26] 一方で、みずからの歴史意識をより野心的に表現しようとする人文主義者たちもいた。たとえば英国の哲学者フランシス・ベイコンは、太古からつづく人間文化の歴史について「文学史」literary history

---

(22) *Commentaria fratris Ioannis Annii Viterbensis... super opera diversorum auctorum de antiquitatibus loquentium confecta* (Roma, 1498).

(23) Bernard Guenée, *Histoire et culture historique dans l'Occident médiéval* (Paris: Flammarion, 1980), 133–140.

(24) Joseph M. Levine, "Reginald Pecock and Lorenzo Valla on the Donation of Constantine," *Studies in the Renaissance* 20 (1973), 118–143; Wolfram Setz, *Lorenzo Vallas Schrift gegen die Konstantinische Schenkung* (Tübingen: Niemeyer, 1975); Jürgen-Christian H. Lebram, "Ein Streit um die Hebräische Bibel und die Septuaginta," in *Leiden University in the Seventeenth Century*, ed. Theodor H. Lunsingh Scheurleer (Leiden: Brill, 1975), 21–63: 37; Henk Jan de Jonge, "Die Patriarchentestamente von Roger Bacon bis Richard Simon," in *Studies on the Testaments of the Twelve Patriarchs*, ed. Marinus de Jonge (Leiden: Brill, 1975), 3–42 を参照。本書の第五章および第六章も参照。

という新たな語り方を生みだそうとした。これは偉大な著作家たちや彼らの見解を扱うだけではなく、各学芸の発展の原因を説明したものとならねばならない――

文学史にふくまれるべきはなにか。それぞれの地域や民族の性質。それは諸学問に向いているのかどうか。各時代の特殊性。それは諸学問にとって有害だったのか、望ましかったのか。宗教間の対立や混交。各律法が好ましかったのか否か。そして最後に、ある個人が傑出した徳と能力をそなえているとき、それは文芸の発展にとってどのような役割をはたしたのか。

つまりベイコンの主張によれば、彼の歴史は論理的な分析をこえ、各時代の統一性を直観的に把握するところまで到達すべきものであった。史料をじかに精査することによって、「まるで死者の呪文を使ったかのように、各時代の文学精神を召喚する」のだ[27]。歴史家E・ハッシンガーやU・ムーラックが示したように、この計画の輪郭はペトラルカやエラスムスといった先行する学者たちによって描かれていた。そして、スコットランドの詩人ジョン・バークレー（John Barclay, 1582-1621）をはじめとする一七世紀の思想家たちの著作で、ベイコン以上に精緻な展開をとげることになったのだ[28]。さらに、それは一八世紀後半まで文化史の見本として存続し、ベイコンは人類文化の「文学史」の権威として言及されつづけた。この伝統のもとに、ドイツの文献学者ハイネは、そのすぐれた論文で「プトレマイオス朝の精神」とそれを形成した地理や風土、政治的な状況を再構成した[29]。つまり、人文主義の文献学には現代の古典学者や歴史家たちが注目をしてきただけの理由があったのだ。人文主義者たちは古典史料にある隙間を埋め、シミを消すだけではなく、古典を読解する作業そのものの本質を再考したのだ。

同時に、文学を中心とする別の側面でも研究者たちの理解がひろがった。人文主義者たちは古代のテクストを近代の読者にとってじかに役立つ意味のあるものにしたが、そうした彼らの手法に新たな光が投げかけられたのだ。歴史家J・セズネックやD・アレンの秀逸な研究は、数世代にわたるルネサンス期の学者たちを活写している。そこで扱われているのは、厄介な異教の特徴やテクストの明白な過ちを隠そうとして、古代や中世、そして近代の材料を混ぜあわせて巨大なウェディング・ケーキのようにテクストのまわりに解釈を飾りつけた人物たちであった。I・マイエルやA・レヴァインたちは、ポリツィアーノでさえビザンツ末期の自然哲学的な寓意がホメロス（Homeros, 9c/12c

---

(25) Arnaldo Momigliano, "Ancient History and the Antiquarian," *Journal of the Warburg and Courtauld Institutes* 13 (1950), 285-315; Edzo H. Waterbolk, "Reacties op het historisch pyrrhonisme," *Bijdragen voor de Geschiedenis der Nederlanden* 15 (1960), 81-102; Hendrik J. Erasmus, *The Origins of Rome in Historiography from Petrarch to Perizonius* (Assen: Van Gorcum, 1962); Fritz Wagner, *Die Anfänge der modernen Geschichtswissenschaft im 17. Jahrhundert* (München: Beck, 1979); Wolfgang Hardtwig, "Die Verwissenschaftlichung der Geschichtsschreibung und die Ästhetisierung der Darstellung," in Koselleck (1982), 147-191; Andreas Krauss, "Grundzüge barocker Geschichtsschreibung," in *Bayerische Geschichtswissenschaft in drei Jahrhunderten* (München: Beck, 1979), 11-33; *Historische Kritik in der Theologie*, ed. Georg Schwaiger (Göttingen: Vandenhoeck, 1980) を参照。

(26) 本書の第五章を参照。

(27) Francis Bacon, *De augmentis scientiarum*, 2.4, in *The Works of Lord Bacon* (London, 1879), II: 317.

(28) Erich Hassinger, *Empirisch-rationaler Historismus* (Bern: Francke, 1978). さらにこれを Ulrich Muhlack, "Empirisch-rationaler Historismus," *Historische Zeitschrift* 232 (1981), 605-616 が修正し拡張している。

(29) Johan J. Rambach, "Entwurf der künftig auszuarbeitenden Litterairhistorie," in *Versuch einer pragmatischen Litterairhistorie* (Halle, 1770), 182-183. 一八世紀におけるハイネをはじめとする人文主義的な伝統の継承者たちについては、本書の第九章を参照。

BC）を読解するカギだと考えたことを示した。またA・モスの研究によれば、数世代にわたる寓意家たちは、古代ローマの詩人オウィディウス（Ovidius, 43 BC-17/18 AD）がキリスト教と矛盾しないと信じた。そして、彼の『変身物語』を多様な読者に新鮮で示唆ぶかいものとする手法の近代化に貢献した。フィレンツェの哲学者マルシリオ・フィチーノ（Marsilio Ficino, 1433-1499）は古代の新プラトン主義者たちによるプラトンの読解や誤読をみずからの解釈と融合させたが、M・アレンは彼の方法について精妙で意味ぶかい分析をした。M・マリンやD・クイントは、寓意をもちいた古今の読解法がルネサンス期における詩人たちの執筆法に与えた影響をたどった。(30)

近年の研究成果によれば、それまで考えられていたよりもずっと長く寓意的な解釈は存続し、多くの分野に影響を与えた。ベイコンは、みずからの革新的で近代的な自然哲学の後ろ盾を古代の神話に見出せると信じたが、C・レンミやP・ロッシをはじめとする人々は、彼がそう考えるにいたった過程を分析した。(31) 人々の反発を呼びおこすような諸理論に当たり障りのない外套を着せようとして、ベイコンが日和見主義的な態度で神話を利用したとも考えられるだろう。しかし彼は、やがてその企てに夢中になってしまった。晩年のベイコンは、熟慮をかさねて「なにがしかの神秘が古代の詩人たちの神話に潜んでいる」と述べている。(32) 一六〇九年の著作『古代人の知恵』*De sapientia veterum* における寓意は、枯渇してしまった鉱山のなかで鉱石を探そうする最後の冒険を意味しているのではないのだ。一世紀後のニュートンでさえ、みずからの理論の原型が牧神パンの笛についての古代の神話にあると考えた。(33)

寓意をのぞけば、古典主義の諸形式はあまり知られていない。しかし、模倣の手本としていまなお使用にたえる古典を選びだそうとして、人文主義者たちはさまざまな努力をかさねた。この領域については、以前ならM・クロルによる研究があったし、近年ではJ・ダミーコ、M・フュマロリ、W・キュールマンらのものがある。スコラ神学やマキャヴェッリの政治理論といった一見して非古代的な主題においても、古代の手本を探そうとした人文主義者たちの目前には広範な可能性がひろがっていたことが、これらの研究によって理解されつつある。同時に、たいていの人文主義者の文体は、キケロやセネカにたいする技巧的な嗜好というよりは、もっと幅ひろい政治や文化的な選択によって決定されていたことがわかってきた[34]。

人文主義者たちの学問の進展と彼らの「模倣」imitatio の多様性について近年の研究が多くをあきらかにしてきたが、説明のつかないこともある。つまり、ある一群の学者たちが、どうして一見して相反する前提と方法を採用した

（30） Jean Seznec, *The Survival of the Pagan Gods* (New York: Panthenon, 1953) = J・セズネック『神々は死なず：ルネサンス芸術における異教神』高田勇訳（美術出版社、一九七七年）; Allen (1970); Ida Maïer, "Une page inédite de Politien: la note du Vat. lat. 3617 sur Démétrius Triclinius, commentateur d'Homère," *Bibliothèque d'Humanisme et Renaissance* 16 (1954), 7-17; Alice Levine [Rubinstein], "The Notes to Poliziano's *Iliad*," *Italia medioevale e umanistica* 25 (1982), 205-239; Moss (1982), 44-53; Michael J. B. Allen, *Marsilio Ficino and the Phaedran Charioteer* (Berkeley: University of California Press, 1981); idem (1984); Michael Murrin, *The Veil of Allegory: Some Notes toward a Theory of Allegorical Rhetoric in the English Renaissance* (Chicago: University of Chicago Press, 1969); idem, *The Allegorical Epic: Essays in its Rise and Decline* (Chicago: University of Chicago Press, 1980); Quint (1983).

（31） Charles W. Lemmi, *The Classic Deities in Bacon: A Study in Mythological Symbolism* (Baltimore: Johns Hopkins Press, 1933); Paolo Rossi, *Francis Bacon: From Magic to Science* (Chicago: University of Chicago Press, 1968), ch. 3 = P・ロッシ『魔術から科学へ』前田達郎訳（みすず書房、一九九九年）を参照。

（32） Bacon, *De augmentis*, 2.13, in *Works*, II: 323.

（33） James E. McGuire & Piyo M. Rattansi, "Newton and the 'Pipes of Pan'," *Notes and Records of the Royal Society of London* 21 (1966), 108-143; Walker (1972), ch. 6-7 = ウォーカー（一九九四年）を参照。

のかという問題だ。実際、私が人文主義の特徴としたふたつの手法のうち、現代の研究者たちはどちらか片方だけにとびつく傾向がある。たとえば歴史家Ｅ・ガレンは、人文主義の運動とは古代の先達たちとの直接的で歴史的な接触をはかることにその本質があるとした。彼は有名な論文で、人文主義者たちの学問における非歴史的な要素の系譜を強調しすぎたとしてＪ・セズネックを徹底して批判している。(35) 一方で、フィレンツェの人文主義を研究したＲ・カルディーニは、ガレンの主張をほとんど逆転させた。彼によれば、人文主義者ランディーノが採用した寓意的かつ修辞的な解釈のみが、古典を近代の著作家たちにとって使用可能なものにした。それとは対照的に、マッサーリやポリツィアーノといった人々の新しい歴史文献学は、歴史上の過去を現代の要求や問題から切り離すことになったという。(36)

多くの研究者たちにとって、Ｅ・ガレンの強調した思潮が新しくて重要だと認めるのは難しくないようだ。彼をはじめとする批評家や歴史家たちは、上述した画家ラファエロが描いたかもしれない作品よりもずっと興味ぶかい情景を提案している。そこでは、英雄的な人文主義者たちの一団が巨大な窓の結露を一生懸命にぬぐい、そのむこうに古代の世界が「かつてのままの姿で」出現する。あるいは、すくなくとも画家マンテーニャ（Andrea Mantegna, c. 1431-1506）が考古学的な細部や遠近感に注意をはらって描写したように出現する。しかし、こうした情景も諸典拠にてらして確認してみれば問題が生じてくるだろう。

多くの二次文献を読むと人文主義者たちが厳密に歴史的な手法を採用していることを期待してしまうが、そうした人物は実際にはすくなかった。古代ギリシアの風刺作家ルキアノス（Lucianos, 125-180）の場合のように、人文主義者たちにとっての古典は、われわれが古典だと考えるものとは必ずしも一致しない。また、ギリシア人やローマ人たちの初期や後期の作品を、古典期のものに劣らないと認識する努力もときにはなされた。だから、古代ローマの修辞家クインティリアヌス（Quintilianus, c. 35-c. 100）や詩人スタティウス（Statius, c. 45-c. 96）についての講義の冒頭で、ポリツィアーノは古典期のものとは「異なっている作品すべてを、劣っていると片づけるべきではない」と主張した(37)。そして、前章で触れたサルマシウスに宛てた有名な書簡のなかでスカリゲルは、ギリシア文学史を四季に分割してヘレニズム時代の詩をそれ以前の作品とは明確に区別したが、「夏がおとろえて秋になったのではない」と明言して劣っているとしなかった(38)。

しかし、こうした主張は稀であった。とても鋭敏な歴史感覚をもった思想家であっても、数ある古典のなかの特定の著作を名作とみなす傾向にあり、そういう作品においてギリシア語やラテン語、ときにはギリシアやローマの思想が独自の高みまで達したのだとした。たとえばアンドレア・アルチャーティ（Andrea Alciati, 1492-1550）は、四世紀

（34） Morris W. Croll, *Style, Rhetoric and Rhythm*（Princeton: Princeton University Press, 1966）; John D'Amico, "The Progress of Renaissance Latin Prose: The Case of Apuleianism," *Renaissance Quarterly* 37（1984）, 351-392; Marc Fumaroli, *L'Age de l'éloquence*（Genève: Droz, 1980）; Wilhelm Kühlmann, *Gelehrtenrepublik und Fürstenstaat: Entwicklung und Kritik des deutschen Späthumanismus in der Literatur des Barockzeitalters*（Tübingen: Niemeyer, 1982）.

（35） Garin（1954/1980）, 63-100.

（36） Cardini（1973）, 62-65. この区別を横断する意欲的な事例研究として Eugene F. Rice, Jr., "Humanist Aristotelianism in France: Jacques Lefèvre d'Etaples and His Circle," in *Humanism in France at the End of the Middle Ages and in the Early Renaissance*, ed. Anthony H. T. Levi（Manchester: Manchester University Press, 1970）, 132-149 があり、私の議論はこれに多くを負っている。

（37） Angelo Poliziano, "Oratio super Fabio Quintiliano et Statii Sylvis," in *Prosatori latini del Quattrocento*, ed. Eugenio Garin（Milano: Riccardi, 1952）, 878. ここではタキトゥスの『弁論家についての対話』第一八章第三節が引きあいに出されている。Cf. Quint（1983）, 223-224 n. 15.

に成立した『ローマ皇帝群像』*Scriptores historiae Augustae* のような古代末期の著作に精通していることを大きな誇りとしていた。そうした文献に親しんでいたからこそ、五二九年の『ユスティニアヌス法典』*Codex Justinianus* の末尾三巻に、近代で最初の注釈をつけることができたのだ。彼は、同時代人たちが「過去の出来事」に無知なことを嘆いたが、同時に自分の精通していた古代末期の史料が大多数の学者たちにとっては、うんざりするような代物だったことも認めていた。いってみれば、それは文学的な衰退の紛れもない証だったからだ。「これらの法典でも、その文体は必ずしも正確だとはいえない。当時はラテン語の優美さが衰えはじめていたからだ」。つまり、後代のものは重要で「すくなからず有用」non parva ... utilitas でもあるが、どんな意味においても、それ以前のものより優秀だというわけではないのだ(39)。

歴史と寓意

先ほど想像した解釈学の学堂から高貴な大理石像たちがおりてきて、輪になって古代のテクストを精査したとしてみよう。多くの人文主義者たちが、それを揺るぎない古典であり、歴史上の記録として読んだに違いない。じつはマッサーリをグイデッティから、グイッチャルディーニをマキャヴェッリから区別する境界線が存在するが、多くのルネサンス期の知識人たちはその両側に足をかけて立っていた。冷静沈着さとかなりの大胆さが必要とされるそうしたバランスの妙技に、多くの知識人たちが挑んでいたのだ。

フランシス・ベイコンの場合を考えてみよう。彼が歴史家と寓意家の二役を演じていたことはすでにみた。『古代人の知恵について』のたくみな序文のなかで、彼は両立しえない二役を結びつけようとした。そしてキケロを引用しつつ、「夢解釈者のようにストア派の諸見解を太古の詩人たちに帰した」クリュシッポス（Chrysippos, c. 279–c. 206 BC）の寓意を嘲笑した。また、古代ギリシアの新プラトン主義者プロクロス（Proclos, 412–485）やユリアノス（Julianos, c. 331/32–363）を引用しながら、神話作者たちはあきらかに不条理な点を物語に挿入することで、深遠な意味をあらわそうとしたとも主張した。そうした不条理は、「まるで大きな泣き声のように遠くからでもたちどころに寓話の意味を知らしめる」のだ。だがベイコンは、「先人を崇拝することに夢中になって」captus veneratione prisci seculi 自分自身を欺いているのかもしれないと認めていた。そして、古代の詩人たちは神話を創作したのではなく、伝聞しただけであり、神話というものは哲学者たちによる思索の結果を「無教養な人々」に教えるためにつくられたに違いないとした。まるでハムレットのような独白で、ベイコンは自分が採用した寓意的な見方の歴史的な妥当性は証明できないと告白するが、その正しさも強調する——

> 太古の叡智は偉大であったか、幸運であったかのいずれかだ。こうした表現や比喩が意識的に考案されたなら、それは偉大だ。とても異なる見解をもっていた人々が、［結果的に］こうした価値について考える材料や刺激を

（38）スカリゲルのユリウス暦一六〇七年一一月二〇日付サルマシウス宛書簡。Scaliger, *Epistolae*, ed. Daniel Heinsius (Leiden, 1627), ep. 247, 530. この影響力ある時代区分は有機的な類比にもとづいており、衰退があることを必然的に含意し、晩成を擁護したことと矛盾する。Walther Rehm, *Der Untergang Roms im abendländischen Denken* (Leipzig: Dieterich'sche Verlagsbuchhandlung, 1930), 76, 112, 154, 162; Rudolf Pfeiffer, *Die klassische Philologie von Petrarca bis Mommsen* (München: Beck, 1982), 150–151; J. H. Meter, *The Literary Theories of Daniel Heinsius* (Assen: Van Gorcum, 1984), 21 を参照。

（39）Andrea Alciati, ep. ded., in *In tres libros posteriores Codicis Iustiniani annotatiunculae* (1513); *Le lettere di Andrea Alciato giureconsulto*, ed. Gian L. Barni (Firenze: Le Monnier, 1953), 219–220.

与えたのなら、それは幸運だ。どちらの場合でも、ともかく有益であるかぎり、私の作品は成功だと考えよう。古代か自然のいずれかに光をあてることになるからだ。(40)

あまり明確とはいえないが、同様に意味ぶかい証言がほかにもある。ポリツィアーノの場合を考えてみよう。彼の解釈者としての実践は、一四八〇年から八一年にかけての古代ローマの詩人スタティウスの『森』*Silvae* についての講義から十分に観察できる。この講義録の入念な校訂版は、近年L・C・マルティネッリの手によって出版された。ポリツィアーノの著作についての最近の研究から、人々は純粋な歴史文献学を厳格に提唱する彼の姿を想像するかもしれないが、この講義録でのポリツィアーノはそれとはほど遠い存在であった。たしかに、彼はテクストを隅々まで精査しており、ギリシア語による未公刊の文献をもちいて暗喩ひとつひとつを説明し、いつもながらの熱心さで先行する注釈者カルデリーニ（Domizio Calderini, 1446–1478）による数々の誤りを指弾している。そして、「道に思いがけない溝があることを旅人たちに教えるように、私は学者たちにカルデリーニの過ちを教えるのだ」と公言している。(41)スタティウスが古代ローマの詩人ルカヌス（Lucanus, 39–65）の未亡人ポッラ・アルゲンタリア（Polla Argentaria, 1c AD）と結婚した史実を示すために、ポリツィアーノは夢中になって骨にとびつく猟犬のようにテクストを分解して吟味していく。ある一節でスタティウスは、ポッラのことを「妻たちのなかでも類まれ」rarissima uxorum だと形容している。それについてポリツィアーノは、つぎのように注解する――

これらの言葉をひとつずつ嗅ぎわけるのだ。別の男の妻にしては、二人があまりにも親密なことが明確になるだろう。スタティウスは「妻たちのなかでも類まれ」だといっている。「女たち」ではなく「妻たち」だ。これは亡き夫との思い出を大切にしながら、同時に現在の夫を心から愛しているからだ。「われわれが偶然にも今日を考えたときに」Cum hunc forte diem consideraremus とあるが、「偶然に」という副詞と「われわれ」という複数形こそが、ある種の親密さを暗示している［…］。ある書簡のなかでスタティウスは、妻のことをクラウディアと呼んでいるが、それは気にしなくてよい[42]。

末尾のいい加減な一文からわかるように、ポリツィアーノの主張は間違っていた。しかし、その背後にある姿勢には歴史的な見地がはっきりと確認できる。彼は、スタティウスを古代ローマの詩人マルティアリス（Martialis, 40–102/104）やルカヌスと同じ伝統にある歴史上の人物だと考えた。そして、この見方をスタティウスの著作の重要な特徴を説明するために利用した。そうした特徴にはなによりもまず、皇帝ドミティアヌス（Domitianus, 51–96）への見苦しいまでの世辞があげられる。みずからを神と同一視するような庇護者をもつ詩人には、こうした世辞も必要なことであったとポリツィアーノは説明した[43]。

（40） Bacon, *De sapientia veterum*, praefatio, in *Works*, II: 704. Cf. Lemmi（1933）, 41–45; Lisa Jardine, *Francis Bacon: Discovery and the Art of Discourse*（Cambridge: Cambridge University Press, 1974）, 192–193 n. 2.

（41） Carlo Dionisotti, “Calderini, Poliziano e altri,” *Italia medioevale e umanistica* 11（1968）, 151–185.

（42） Angelo Poliziano, *Commento inedito alle* Selve *di Stazio*, ed. Lucia Cesarini Martinelli（Firenze: Sansoni, 1978）, 7; Lucia Cesarini Martinelli, “In margine al commento di Angelo Poliziano alle *Selve* di Stazio,” *Interpres* 1（1978）, 96–145; eadem, “Un ritrovamento polizianesco: il fascicolo perduto del commento alle *Selve* di Stazio,” *Rinascimento* 22（1982）, 183–212. ポリツィアーノは直接に論じていないが、この「考えた」consideraremus は解釈とテクストの問題を生みだす。

しかし、ポリツィアーノの注解の大部分は歴史的というより、修辞的といった方がよい。彼の関心は『森』の歴史的な諸点のほかに、その文学ジャンルにも向けられていた。さらに重要なことに、彼はそれらを人為による歴史的な産物とは考えず、正しい諸原理の完璧な説明ととらえた。そして『森』の第二章第一節の分析で「慰め」consolatioとはどうあるべきか説明するために、古代ギリシアのメナンドロス（Menandros, c. 342-290 BC）をはじめとする「他のほぼすべての弁論家たち」の教えを引用している――

挽歌は死者の気質や家族、教育、学識、研究、行為などを讃えるべきだが、明確な順序にしたがうことはない。そのため、悲嘆のあまり歌う者が題材を統べることができなくなったようにみえるのだ。夭折した死者の場合は、その死はあまりにも早過ぎ、親族や友人から希望を奪い、非凡な人であった［…］ことをふまえて感情を表出すべきだ。(44)

現代の校訂版にして五頁以上にわたってポリツィアーノは書きつづけ、スタティウスの「慰め」が感嘆や反復から誇張や共感にいたるまで、弁論における言葉の技や修辞を考えられるかぎり採用していることを示そうとした。(45)たしかに、この分析はひとつの歴史観から出発していた。スタティウスは意識的にジャンルの慣習にしたがって書いており、弁論上のあらゆる技を展開しているというものだ。しかし結局のところ、ポリツィアーノはスタティウスの詩を歴史上の著作家による一作品から、追悼や慰めを表現するさいに現代の著作家すべてが見習うべき時間の流れを超越した理想像に高めてしまった。そして、「詩神《ムーサイ》たちに捧げられるとても素晴らしい花々でできた花冠」だと要約している。

ベイコンとポリツィアーノの組みあわせはたしかに意外だが、特異なケースではなかった。周知のようにペトラルカと人文主義者サルターティ（Coluccio Salutati, 1331-1406）も、古代の著作家たちがおかれた環境に潜入するために、文献学的な調査と特筆に値する想像力を結びつけた。しかし彼らは同時に、古代の詩歌を寓意的に解釈することに同じくらい強力な信念をもっていた[46]。一六世紀末になってもなお、とても厳格で学識をそなえた文献学者たちが、幾つかの扉をあけるのに寓意のカギを利用した。本書の第五章でみるように、カゾボンは『ヘルメス文書』の作者がユダヤ人たちよりもずっと明確にキリスト教の真理についての特別な啓示を授かることができたという考えを激しく否定した。しかし彼は、敬愛していたアイスキュロスの敬虔さと真面目さを強調するため、古代人たちが「本性からくる直観によって」一神教の真理に気づいていた証拠を「神々」gods ではなく「御神」God といった言葉の端々から見出そうとした[47]。

さらに驚くべきは、カゾボンの友人であり文通相手であったスカリゲルの事例だ。たしかに彼は、異教徒たちの文献にキリスト教の寓意を読みこまなかったし、かつての師であり旧友ジャン・ドラ（Jean Dorat, 1508-1588）を「ホメ

（43） Poliziano, *Commento*, 51.

（44） Poliziano, *Commento*, 430-431.

（45） Poliziano, *Commento*, 431-437.

（46） De Nolhac（1907）, I: 123-161; Victoria Kahn, "The Figure of the Reader in Petrarch's *Secretum*," *PMLA* 100（1985）, 154-166; Alfred von Martin, *Coluccio Salutati's Traktat* Vom Tyrannen（Berlin: Rothschild, 1913）, 77-98; Ullman（1963）, 21-26, 95-97; Ronald G. Witt, *Hercules at the Crossroads: The Life, Works, and Thoughts of Coluccio Salutati*（Durham NC: Duke University Press, 1983）, ch. 8.

（47） Mund-Dopchie（1984）, 377-378.

ロスのなかに聖書まるごとを探していた」と辛辣に批判もした。[48] しかしその彼でさえも、古代の寓意的な手法に誘惑されていた。ハイデルベルクの神学者パレウス（David Pareus, 1548–1622）は、神話を証拠にして異教徒たちは偽りにみちていると主張し、最晩年にあったスカリゲルに異議をとなえた。それに応えてスカリゲルは、古代の神話学者エウヘメロス（Euhemeros, 4c BC）やウァロ（Varro, 116–27 BC）と同様に、神話とは哲学的な学説をヴェールに包みながら説明したものではなく、史実が混乱して語られたものだとした。彼の考えによれば、神話のなかに事実を見出すには、常識さえあれば十分だった——「というのも、ヘラクレスが存在したことと、無数の頭が再生しつづけるヒュドラが存在しないことは、どちらも同じくらい明確だからだ」。

そしてスカリゲルは、「とても独創的で優美な作品」opus sane ingeniosissimum et elegantissimum とされた古代ギリシアの神話学者アポロドロス（Apollodoros, 180–? BC）による手引書を、幾世代にもわたって編纂された「一種の年代記」certum chronicon とみなした。[49] つまり、寓意の諸原理への批判は、その当事者においてさえ、寓意の使用そのものを駆逐したわけではなかったのだ。一七世紀末になっても、哲学者ル・クレルク（Jean Le Clerc, 1657–1736）は、解釈学やテクスト批判についての素晴らしい手引書『批判術』*Ars critica* において古典の非歴史的な読解を痛烈に批判しつつも、寓意を渉猟しながら自身の考案を近代化しようとした。[50]

たしかに、幾人かのルネサンス期の知識人たちは、唯一の正確な解釈をテクストに与えるのではなく、もっともらしい解釈すべてを収集することが自分の仕事だと考えた。古代ローマのアプレイウス（Apuleius, c. 125–c. 180）やスエトニウス、プロペルティウスの重要な注釈家であったフィリッポ・ベロアルド（Filippo Beroaldo, 1453–1505）は、聖ヒエロニムス（Hieronymus, c. 347–420）を権威にしてこうした立場を表明している。すくなくとも彼は、問題を意識することなく、一見して矛盾した方法をもちいてテクストを読むことができたのだ。[51]

しかしこうした単純な説明は、テクスト解釈における精神分裂病の事例を説明しつくすものではない。エラスムスほど歴史的な方法を好んだ人物はいなかった。たしかに、彼は『教訓版オウィディウス』を「愚かでひどい」作品だと嘲笑している。[52]「オウィディウスの著作にみられる神話すべてをキリスト教的に翻案、いや、むしろ歪めてしまっている」と断罪している。また、セネカがキリスト教徒だったと考えた初期の「無能な」注釈家たちを罵倒する。[53] し

---

(48) Scaliger, *Scaligerana*, 37. Cf. Geneviève Demerson, "Dorat, commentateur d'Homère," in *Etudes seiziémistes offertes à V.-L. Saulnier* (Genève: Droz, 1980), 223-234; Philippe Ford, "Conrad Gesner et le fabuleux manteau," *Bibliothèque d'Humanisme et Renaissance* 47 (1985), 305-320.

(49) Scaliger, *Elenchus utriusque orationis chronologicae D. Davidis Parei* (Leiden, 1607), 80-81. エウヘメロス主義は、神話に隠されている失われた真理を哲学的な厳密さよりも現実的な妥当性という近代的な考えで置換しようとする。それは、スカリゲルが退けた寓意の伝統や神学的な解釈の一部だった。

(50) Jean Le Clerc, *Ars critica*, 4. ed. (Amsterdam, 1712), I: 304-305 では、セネカの世界霊魂をキリスト教的な霊魂と混同したとしてグロティウスを論駁する。*Ars critica*, I: 288-290 では、ホメロスが天文学に精通していたことを見落としたとして古代人たちを批判する。前者では歴史的な距離を強調し、後者ではそれを除去しようとしている。どちらも解釈学や高等批評と下等批評にとって最初の大きな指針となっている［セネカの世界霊魂の理論については Hiro Hirai, "Justus Lipsius on the World-Soul between Roman Cosmic Theology and Renaissance *Prisca Theologia*," in Hirai & Papy (2011), 63-79 を参照］。

(51) 本書の第二章注29を参照。Cf. Konrad Krautter, *Philologische Methode und humanistische Existenz* (München: Fink, 1971); Maria Teresa Casella, "Il metodo dei commentatori umanistici esemplato sul Beroaldo," *Studi medievali* ser. 3, 16 (1975), 627-701; Coppini (1976), 221-229.

(52) Erasmus, *Opus epistolarum*, ed. Percy S. Allen et al. (Oxford: Clarendon, 1906-1958), III: 328. Moss (1982); *Collected Works of Erasmus* (Toronto: University of Toronto Press, 1982), VI: 23-24 に引用がある。

かしそのエラスムスも、古代のテクストや神話を扱いながら、しばしば寓意をもちいている。一五〇三年の『キリスト教兵士提要』*Enchiridion* における警告によれば――

君が書簡にしつこく拘泥するなら、神聖なる聖書も大きな実りをもたらすことはないが、ホメロスやウェルギリウスの詩がまったく寓意的なものだと理解すれば、そうした詩がきわめて有益になることもある。(54)

エラスムスはつづけて尋ねる――

旧約聖書の『列王記』や『士師記』を読んだとき、そしてリウィウスの歴史書を読んだとき、どちらの場合も寓意に気づかなければ、ふたつにどんな違いがあるというのか。(55)

さらにエラスムスは、たとえ字義どおりの意味をねじ曲げても、ある文脈においては寓意をもちいて読むべきだという立場を一度は表明していた。一五一二年の『学習計画について』*De ratione studii* で、彼はいかに古典テクストを教えるべきかを読者に教示している。キリスト教徒の見地からは最悪な詩行をウェルギリウスの著作から例として採用しているので、この選択が意図的であったのは疑えない。ウェルギリウスの『牧歌』第二歌の冒頭に「牧人コリュドンは美少年アレクシスに夢中だった」Formosum pastor Corydon ardebat Alexim とあるが、エラスムスはつぎのように注解している――

若者たちに害を与えかねないことが生じても、もし教師が賢明なら、彼らの徳性を傷つけないばかりか、彼らに役立つこともある。若者たちに注意を喚起したり、彼らの思考をさらに高みへと導くことになるからだ。教師が

『牧歌』第二歌について講義をするときには、適切な導入とともに生徒たちの心を準備し、さらに強化させるのだ。そして、つぎのようにいうべきだ。似た者同士でなければ友情は成立しない。類似は双方の敬愛をはぐくみ、相違は憎悪と不和を生む。類似したところが大きく、純粋で、確固としたものになればなるほど、友情は親密なものとなる。これこそが、多くの偉大な格言の眼目なのだ――「招かなくても善は善のもとに集まる」「似たものには似たもの」「ひとは対等のものに満足する」「自分に似た妻を探せ」［…］[56]。

対照的に、ロムルスとレムスやカインとアベルといった邪悪な関係の例は、真の友情の力を痛感させるだろう。ナルキッソスの神話は、愛する者と愛される者の類似が決定的な役割をはたしたことを示すかもしれない。プラトンの語る二柱のウェヌスは、聖愛と俗愛を区別するために言及されたものだろう。問題の牧歌は、「田舎者」rusticus のコリュドンと「都会人」urbanus のアレクシスの弱すぎる絆の道徳的なイメージとして解釈できる[57]。そして、エラスムスは結論する――「教師がこうした前置きをすれば、無垢な心をもつ学生たちには、なにも悪いことは起きないのではないか[58]」。

(53) Panizza (1983), 59-60.
(54) Erasmus, *Enchiridion militis Christiani*, in *Ausgewählte Werke*, ed. Hajo & Annemarie Holborn (München: Beck, 1933/1964), 32.
(55) Erasmus, *Enchiridion*, 71.
(56) Erasmus, *De ratione studii*, in *Opera Omnia* (Amsterdam: North Holland Publishing, 1971), I-2: 139-140.
(57) Erasmus, *De ratione studii*, 140-142.
(58) Erasmus, *De ratione studii*, 142. 彼がこれを他の手本となるべき説明として扱っている点に注意。

たしかにエラスムスは正しかった。学生たちは格言や例話の洪水に飲まれてしまい、ウェルギリウスの描いた熱情がキリスト教徒には容認できない類のものだと気づかなかったろう。ここでエラスムスは通常とは異なる役割を演じていた。海神プロテウスではなく、盗賊プロクルステスだ。つまり彼は、完全な典拠から不完全にみえるすべてを切り落としてしまった多くの学者たちと同類であったのだ。

W・キュールマンらの近年の研究によれば、人文主義者のもっていた理想と方法における二組の指向性にある溝を埋める努力が一六世紀末には真面目に追求されていた。とりわけ、マルク＝アントワーヌ・ミュレ（Marc-Antoine Muret, 1526-1585）とその賢明なる弟子であり剽窃者リプシウスは、学者というものは自分のおかれた状況と酷似する重要な古代の局面を選んで研究と模倣をすべきだと主張した。この考えは、すぐによく知られるようになった。[59] たとえば、古代ローマの歴史家タキトゥス（Tacitus, 56-117）を詳細に研究する価値があるのは、彼の文体や知性によるのではなく、一六世紀末の学者たちが生きていた反乱と抑圧がおりなす世界に特別な光をもたらすからなのだ。一五八一年の有名な序文で、リプシウスは記している――

タキトゥスが提示するのは、派手やかな戦争や勝利ではない。これらの記述は読者を喜ばせるためだけにある。反乱、護民官の演説、土地所有や穀物にかんする法律などでもない。これらは今日のわれわれにはまったく関係のないものだ。そうではなく、王や為政者たち、そして、いわばわれわれの人生劇場をみるのだ！　ある一節では法にたちむかう為政者がおり、別の箇所では為政者にたちむかう臣民たちもいる。自由を破壊した計略と自由をとり戻そうとする試みが不首尾に終わったのも目にすることになる。暴君が権力の座から引きずり降ろされるさまや、権力を濫用する者は権力に欺かれるさまについて読むことになる。そして自由がとり戻されれば、諸悪もまた戻ってくる。混沌、抗争、貪欲、掠奪。そして共同体のためではなく、共同体から富を搾取する。おお、なんと偉大で有用な作家だろう！　統治者たちはタキトゥスを必携の書とすべきだ。[60]

「模倣」を歴史主義のうちに確立しようとする試みで、リプシウスはみずからの能力に自負をいだき、その成功を誇りにしていた。人文主義者ウォウェリウス（Johannes Woverius, 1576–1636）宛の書簡で、自分の生涯は古典の研究を実践的な目的に役だてようと奮闘しつづけることにほかならないと述べている。編者・注釈家としての絶頂期にいた彼は、一五八四年の『不惑について』*De constantia*と八九年の『政治学』*Politica*という体系的な手引書を出版した。議論の佳境となる一節で、「この時代に私は、文献学を哲学に転換することで文芸についての学問を真の叡智にとって有益なものにかえた最初にして唯一の者なのだ」とみずからの野心を披瀝している。[61] 彼の説得力ある計画が歴

（59）Kühlmann (1982); Peter Burke, "Tacitism," in *Tacitus*, ed. Thomas Alan Dorey (London: Routledge, 1969), 149–171; John H. M. Salmon, "Cicero and Tacitus in Sixteenth-Century France," *American Historical Review* 85 (1980), 307–331; Michael Stolleis, *Arcana imperii und Ratio status: Bemerkungen zur politischen Theorie des frühen 17. Jahrhunderts* (Göttingen: Vandenhoeck & Ruprecht, 1980); Harm Wansink, *Politieke wetenschappen aan de Leidse universiteit, 1575–1650* (Utrecht: HES, 1981).

（60）Lipsius, *Ad Annales Corn. Taciti liber commentarius sive notae* (Antwerpen, 1581), ep. ded. Cf. Piet H. Schrijvers, "Justus Lipsius: Grandeur en misère van het pragmatisme," in *Voordrachten Faculteitendag 1980*, ed. M. F. Fresco (Leiden: Rijksuniversiteit te Leiden, 1981), 43–54: 43–44.

（61）リプシウスの一六〇三年一一月三日付ウォウェリウス宛書簡。Lipsius, *Epistolarum selectarum centuria quarta miscellanea postuma* (Antwerpen, 1611), ep. 84, 70.

史学や政治学に革命をもたらし、大学人のみならず政治家たちにも感銘を与え、軍事から医学にいたる領域で模倣者たちを生みだしたとしても驚くにはあたらない[62]。

しかし、この書簡そのものは解釈の問題を提起する。リプシウスが文献学の哲学への転換を語るとき、セネカの第一〇八書簡を引用している場面に読者は出会うことになる。その書簡でセネカ自身は、正反対の過程を記述している。彼の時代における哲学の文献学への退化だ。彼は、これを「生きるためではなく、論争するために人々を訓練している」教師たちと「賢慮ではなく、狡知をえるために教師のもとにやってくる」生徒たちの責任にしている（第一〇八書簡第二三節）。そして、そもそもの問題は古典の悪しき解釈であり、文献学的な研究の隆盛がもたらした当然の帰結だと論断している——

ウェルギリウスを研究する未来の文法家は、「時は逃げ、とり戻すことはできない」fugit inreparabile tempus という比類ない詩行を読んでも、「用心せねば。急がないと、とり残される。時の流れはすばやく、私たちを前へと駆りたてる［…］」と心に刻まない。ウェルギリウスが時の流れの速さを描写するときは、いつもきまって「逃げる」fugio という動詞を使用したというにとどまるのだ[63]。

セネカが賛同するのは、テクストに教訓的なメッセージを読みとる建設的な「哲学」の解釈者だ。それに対峙するのは、詩人の言葉づかいのみに注目する受け身な「文法学」の解釈者であった。セネカに依拠した書簡によれば、リプシウスの哲学的な文献学は先人たちの方法とは正反対で矛盾することが明白となる。歴史的に根拠をもつ読解にたいする彼の態度は、表面的なものだったのだ。

たしかにリプシウスは、セネカと同様につぎのような主張をした。テクストを選ぶときに当代の読者は自分の基準を優先する。テクストの細部よりも時代の実用的な要請が優先され、作品の書かれた元の背景（コンテクスト）よりも作品の読まれる時代の背景（コンテクスト）が優先されるのだ。これらの主張は、スカリゲルのような鼻柱のつよい文献学者たちの怒りをかうことを織りこみずみであった。実際にスカリゲルは、自分が所蔵していたリプシウスの著作を批判的な書きこみでみたしている。(64)

しかしリプシウスの主張は、有用性が研究対象の選択で唯一の基準ならば、古典よりも当代の歴史や紀行文を優先すべきだという意見に反撃できなかった。(65) そして、フランスの哲学者モンテーニュ（Michel de Montaigne, 1533-1592）のような懐疑主義者たちによる次第に洗練されてきた批判をはねかえす力もなかった。彼らは、古典テクストや古代

---

(62) Oestreich (1982): *The Medical Renaissance of the Sixteenth Century*, ed. Andrew Wear et al. (Cambridge: Cambridge University Press, 1985).

(63) セネカ『書簡集』第一〇八書簡第二四節。ウェルギリウス『農耕詩』第三歌第二八四行も参照。リプシウスは『セネカ著作集』（アントウェルペン、一六〇五年）を編集し、この書簡について熱く論じた——「人々は異なる目的と精神で著述家を読解するが、われわれは哲学者のそれであたるべきだと［セネカは］示す。それにしたがおう。文献学者たちよ、読んで聞くがよい」(633)。リプシウスは当時の誰よりも、ローマ・ストア主義の歴史的な特徴を把握していた。Cf. Henry Ettinghausen, *Francisco de Quevedo and the Neostoic Movement* (Oxford: Oxford University Press, 1972). 彼の手法の折衷主義的な基盤については Günter Abel, *Stoizismus und frühe Neuzeit: Zur Entstehungsgeschichte modernen Denkens im Felde von Ethik und Politik* (Berlin: de Gruyter, 1978), ch. 4 を参照。

(64) Anthony Grafton, "Rhetoric, Philology and Egyptomania in the 1570s: J. J. Scaliger's Invective against M. Guilandinus's Papyrus," *Journal of the Warburg and Courtauld Institutes* 42 (1979), 167–194: 193–194.

(65) Horst Dreitzel, "Die Entwicklung der Historie zur Wissenschaft," *Zeitschrift für historische Forschung* 3 (1981), 257–284.

の状況がどれほど当代のそれに似ていても、十分な説明を与えたり、模倣すべき手本にしたりできないと主張した――

どんな事件もどんな形態も他のものとまったく同じではないように、何事も他のものとまったく異なるということはない。自然の配合は絶妙なのだ。われわれの顔がたがいに違うなら、人間を動物から区別できないだろうし、たがいに似ているなら、人と人との区別ができないだろう。すべての事物はなんらかの類似によって結びついているが、どれも不揃いだ。だから、経験に由来する比較はつねに誤りが多くて不完全なのだ。それにもかかわらず、人はなんらかの方法で比較をして事物を結びつける。こうして幾分かまげた、無理な、あるいは偏った解釈をすれば、法律はどんな事件にも適合するようになり、そして役立つのだ(66)。

このような見解が幅をきかせてくるにつれ、古代人の擁護者たちでさえ古典の絶対的な価値を信頼しなくなり、新哲学や新科学のもっと有用なテクストが知のマーケットから古い学問を追いはらうのは必至となった。もちろん一七世紀においても、人文主義者たちが実践していた読解法が厳密な学問や厳格な古典主義へと手直しされながら存続したのは事実だ。しかし、生き残るために全面的な変容を余儀なくされた。それをここで論じることはできないが、いずれにしても読解の問題は一時的にせよ、西洋文化の中心から除外されてしまったのだ。

ここまで述べてきた緊張や矛盾について、従来の研究には説得力ある説明が見出せない。しかし、この奇妙なゲームの動向を支配する、いまでは失われた知的ルールを再発見するための糸口は与えてくれた。これらの研究では、人文主義における修辞学の役割が重要なテーマであった(67)。幾つかの矛盾は、人文主義的な読者がある修辞形式の実践家でもあったと考えれば解決する。人文主義者たちが、すぐれた修辞家のように特定の目的と特定の聴衆のために解釈をおこなったと考えてみよう。そうすれば、彼らの多くが専門的な著作を書くときには歴史的あるいは文献学的な読解をし、注解を執筆したり学生たちを教育したりするときには寓意的な読解をしていたと推論できるだろう。本章の冒頭で触れたマッサーリとグイデッティの論争ではないが、こうして幾つかあるようにみえた矛盾もある程度まで説明がつくかもしれない。

さらに人文主義者たちの解釈法を調べてみれば、歴史的な読解も模倣のための寓意的な読解も、道具として修辞学に依存していることがわかる。エラスムスは、聖書を読むときにつぎの点を問うよう学生たちに命じている――

> ［キリストは］いかにして生まれたのか、どのように育てられ、どのように成長し、どのように両親や親類たちにたいして振舞い、どのように福音を説くという使命に着手するようになったのか。

エラスムスは、修辞家が著作を執筆するときの指針を読解のさいに問うべき課題へと転換させている。[68] ヴァッラも『コンスタンティヌスの寄進状』にたいする批判で、同じことをさらに劇的に展開している。[69] 方法の基盤が共通して

---

(66) モンテーニュ『エセー』第三巻第一三章、『随想録』関根秀雄訳（国書刊行会、二〇一四年）、一二三一頁。Cf. Ian Maclean, "The Place of Interpretation: Montaigne and Humanist Jurists on Words, Intention and Meaning," in *Neo-Latin and the Vernacular in Renaissance France*, ed. Grahame Castor & Terence Cave (Oxford: Clarendon, 1984), 252–272.

(67) Hanna H. Gray, "Renaissance Humanism: The Pursuit of Eloquence," in *Renaissance Essays*, ed. Paul O. Kristeller & Philip P. Wiener (New York: Harper, 1968), 199–216.

(68) Erasmus, *Methodus* (1516), in *Ausgewählte Werke*, ed. Holborn, 157; James M. Weiss, "Ecclesiastes and Erasmus: The Mirror and the Image," *Archiv für Reformationsgeschichte* 65 (1974), 83–108: 101–104.

いたとすると、ルネサンスの人文主義者たちにとって歴史的な読解も修辞的な読解も、現代人の目にうつるほど異なるものではなかったのだろう。

歴史的な読解と非歴史的な読解

歴史的な読解は、すくなくともひとつの中心的な狙いを非歴史的な読解と共有していた点に留意しなくてはならない。そして、それもまた修辞的なものだった。もっとも熟達した人文主義者たちでさえ、古代の文献からえられた知見を自著で利用したいと望んでいた。[70] ポリツィアーノは、学者として発見した新たな神話や史実、さまざまな解釈を自身のラテン詩や書簡にとりこむことに大きな喜びを見出していた。彼は、いかめしい専門書のなかでもそうしたと自慢している。一五六〇年代や七〇年代にスカリゲルがラテン古語を復元したのも、たんにそれが面前にあったからだけではなく、ギリシア悲劇の新訳のための道具として利用しようとしたためだった。こうした事実はどれも、上述したエラスムスがウェルギリウスの『牧歌』を解釈するさいに考案したことを説明するものではない。しかしそれらのおかげで、彼の戦略は非難されるものであったとしても、奇異なものとはうつらなくなる。これらすべては、つぎのことを示している。人文主義者たちは古典を利用したり、それを他者が使えるようにしたりする必要性に迫られたが、それは彼らに古典を研究する動機だけではなく、解釈の枠組みを変える機会も与えたのだ。教育法や韻律、そして論争といった歴史研究をおしすすめる要因が、しばしば創意に富んだ寓意を刺激することにもなったのだ。

しかし、まだ幾つもの謎が残っている。歴史家E・ガレンが正しくも教えているように、人文主義とは「文化的な伝統を歴史的な批判で理解することをとおして、あらゆる方向にひらかれた人間の意識を形成すること」を意味した。

またM・マリンが、「寓意的な修辞が古代の世界やルネサンスにもたらした興奮」を想起するように促しているのも正しい[71]。

ペトラルカの対話篇『わが秘密』*Secretum* の第二巻では、主人公のフランチェスコが対話の相手である聖アウグスティヌスに、ウェルギリウスの二組の寓意を提示している。最初の寓意は、アウグスティヌスも単純に真実だと認めている——「みごとに君は、雲間に隠れた真実を探しあてた」。しかし第二の寓意は、真正な哲学も誤った解釈をされることがあるように、より複雑で曖昧にうけとられた——

> 詩的な言説に秘められた意味には感心するが、君はそれに精通しているようだ。この叙述をするときにウェルギリウス自身がこう考えたにしろ、あるいはこうした考察とはおよそ無縁で、これらの詩句によってただ大海の嵐を描写しようとしたにすぎないにしろ、とにかく君が怒りの衝動や知性による統御について述べたことは、なかなかたくみで適切だと思う[72]。

---

(69) Gray (1968), 213-214; Vincenzo de Caprio, "Retorica e ideologia nella *Declamatio* di Lorenzo Valla sulla donazione di Costantino," *Paragone* 29 (1978), 36-56; Glenn W. Most, "Rhetorik und Hermeneutik: Zur Konstitution der Neuzeitlichkeit," *Antike und Abendland* 30 (1984), 62-79.

(70) Grafton (1983), ch. 1, 4.

(71) Eugenio Garin, *L'educazione umanistica in Italia* (Bari: Laterza, 1953), 7; Murrin (1969), 53.

(72) Francesco Petrarca, *Secretum*, in *Opere*, ed. Giovanni Ponte (Milano: Mursia, 1968), 504, 522 = ペトラルカ『わが秘密』近藤恒一訳（岩波文庫、一九九六年）、一五一頁 ; Kahn (1985).

それから二〇〇年以上たった一五八七年にボダンが著した『七賢人の対話』*Colloquium Heptaplomeres* の第三巻では、さまざまな宗教の代弁者たちが、全体としては多様な色合いを揃えた解釈のパレットを形成している様子が描かれている――

セナムス「ふたつの木とヘビの寓意がずっと気がかりでならないのです」。

サロモ「それはギリシアやラテン世界の注釈家たちも知らなかったことです。幾人かのヘブライ人たちがこの寓意の隠された意味をあきらかにしました。しかし、それも神の計らいによるもので、神が人間の精神を照らすことがなかったなら、彼らがどんなに骨をおっても徒労に終わったことでしょう」。

フレデリクス「私には聖書の字義どおりの意味を寓意に帰してしまうのは危険だと思えます。それでは歴史がまるごと神話のなかに雲散霧消してしまうでしょう」。

オクタウィウス「ではフレデリクスさん、あなたはヘビが女性と話していたというのですか？　ヘビと女性はひどく憎みあっており、ヘビがちょっと視界に入っただけでも女性は流産してしまうことがあります。また人々の雑踏のなかでも、ヘビは仇を討つために一人の女性を見出だすでしょう。ですから、『文字は殺し、聖霊は生命を与える』というのはもっともなことです」。

サロモ「しばしば聖書には、民にたいして人口と財産の調査がおこなわれたとか、各部族が指導者を迎えいれたとか、そういう純然とした歴史的な記述があります。しかし、そうした記述でも寓意が隠されている場合もあるのです［…］」。(73)

ルネサンス期における読解の歴史をしっかりと把握するためには、いかなる場合でもE・ガレンとM・マリンの方法を結合しなければならないだろう。そうすることで、ペトラルカの『わが秘密』第二巻やボダンの『七賢人の対話』第三巻を十分に理解できるようになる。読解の歴史は、ルネサンス期における古典学や解釈学、そして文学について従来なされている話からすれば、夢にも思わなかった謎にみちた物語になるだろう。

本章を閉じるにあたり、手短に描写から分析へ、すくなくとも問題提起へと移行することにしよう。異なる方向への忠誠心と相反する諸前提にもかかわらず、人文主義者たちが大胆に解釈や再解釈を遂行する能力をもっていたことをどう説明できるだろうか。私は提出できる答えをもっていないが、示唆にとむであろう大きな問いを提起してみよう。ここまで分析してきた歴史的・非歴史的といった方向性の違いは、ルネサンス期の人文主義に固有なものではなく、すべての人文主義の運動に共通する特徴なのだろうか。ここでいう「人文主義の運動」とは、鑑となる古典テクストのなかに具現化されていると目される遠くはなれた黄金時代にもどることで社会や文化を革新するあらゆる試みを指している。

最近のドイツやアメリカの研究が示したことだが、近代の職業的な文献学の創始者である一七五〇年から一八五〇年にかけてドイツで活躍した学者たちは、テクストを歴史的な見地から読むと同時に歴史を超越した古典として扱おうとしていた。文献学者のヴォルフ（Friedrich August Wolf, 1759-1824）が一七九五年に出版した『ホメロス序説』*Prolegomena ad Homerum* は、ドイツ学派による最初の本格的な研究成果であった。彼はホメロスの叙事詩にある欠損を指摘し、そこから根底に横たわる古い層へと切りこんでいくことに成功した。しかし破壊者ヴォルフも、結局はホメロスにたいする感嘆の念を抑えられず、その叙事詩の芸術的な統一性と整合性を熱烈に讃えた。それこそが、

(73) Bodin, *Colloquium Heptaplomeres* (Schwerin, 1857; repr. Hildesheim: Olms, 1970), 76.

彼の研究によって幻想だと暴かれたものであったのに――

しかし、この吟遊詩人その人が歴史に矛盾しているようだ。読者の感覚も反証となっている［…］。詩のなかのほとんどすべてが同じ精神、同じ習慣、同じ思考法や話法を認めているようだ。注意ぶかく丹念に読みこめば、鋭敏にそれを感じることができる［…］。(74)

すくなくとも一九世紀のなかばまで、ヴォルフの弟子たちは古代ギリシアやローマの古典を完成された模範として称賛しながらも、各作品の構成要素の不自然なつなぎ目に注目して解剖し、それぞれの典拠にまで到達しようとした。(75)ここで、時間的・空間的にとはいわないまでも文化的に遠く離れてはいるが、奇妙に類似する事例をあげてみよう。儒教における古典研究を刷新しようという試みが、一七世紀から一八世紀にかけて中国の長江下流域で発展した。そこで、ルネサンス期を特徴づけているものと同じ現象に出会うことになる。(76)西洋の人文主義者たちと同じく清朝の学者たちは、当時なお研究されつづけていた一連の古典そのものにたち戻ろうとしたが、従来の方法はあまり意味がなく、実りすくないと考えた。なるほど、科挙の受験者たちが儒教の古典について技巧をこらした論説を捻出するために利用した「八股文」という形式があったが、清朝の文献学者たちはそれを典拠と向きあう新しく本格的な方法と置換したのだ。(77)彼らはテクストを校合し、考古学や碑銘を研究した。なかには、テクストの誤りを訂正すること自体がとても知的な天命だと考えていた者もいた――

君は私にいった。テクストの校合は、君の人生における大きな情熱となっている。米をふるいにかけるときのような几帳面さで、テクストを選りわける。

たったひとつの正しい意味をつきとめるのは、船一杯の真珠をえるよりも素晴らしい。
ひとつの疑問をはらすのは、バケツの底が抜けることにも似ている(78)。

これらの文献学者たちは反発にあった。学祖であった顧炎武（Ku Yen-wu, 1613-1682）は、「君の学識がひろまればひろまるほど、君の奇癖もふかまるだろう」と警告をうけた(79)。彼らの研究が、千年以上にわたり真作とみなされてきた古典の真正性に疑問を投げかけたときも、彼らは執拗に探究をつづけた。結局のところ彼らの多くは、きわめて高貴で倫理的な理想につき動かされてテクストの技術的な細部を追求し、誤りを厳しく捜索しているのだと感じていた。そして、もっとも厳格な学問だけが古典の理解を可能とし、古典だけが時間と空間を超越したメッセージを伝えられ

（74） Friedrich A. Wolf, *Prolegomena to Homer*（1795）, tr. Anthony Grafton et al.（Princeton: Princeton University Press, 1985）, 210. その序論も参照。本書の第九章も参照のこと。

（75） Anthony Grafton, "Polyhistor into *Philolog*: Notes on the Transformation of German Classical Scholarship, 1780-1850," *History of Universities* 3（1983 [1984]）, 159-192.

（76） Benjamin A. Elman, *From Philosophy to Philology: Intellectual and Social Aspects of Change in Late Imperial China*（Cambridge MA: Harvard University's Council on East Asian Studies, 1984）＝Ｂ・Ａ・エルマン『哲学から文献学へ：後期帝政中国における社会と知の変動』馬淵昌也他訳（知泉書館、二〇一五年）。

（77） David S. Nivison, "Protest against Conventions and Conventions of Protest," in *Confucianism and Chinese Civilization*, ed. Arthur F. Wright（Stanford: Stanford University Press, 1975）, 227-251.

（78） Yuan Md. Elman（1984）, 200 から引用。

（79） 帰荘（Kuei Chuang, 17c）の一六六八年付の顧炎武宛書簡。Elman（1984）, 30.

ると信じつづけたのだ(80)。

研究者B・エルマンの感銘ぶかい著作にあるように、長江下流域の学問はさまざまな道筋をとおって進展をとげていくことになった。その多様さはルネサンス期のイタリアにも劣っていなかった。われわれの観点にとって印象ぶかいのは、清朝の学者たちも道徳上の目的が学問的な手段によっては達成されないと感じるにいたった点だ。彼らは、この知的苦境の哀感をモンテーニュに劣らず感動的な表現で述べている。たとえば一八世紀の書誌学者である章学誠（Hsüeh-ch'eng, 1738-1801）は、歴史上の距離を埋めようとする試みが生みだす認識論的な難しさに説得力ある解答を与えられないと率直に認めている。そして、ふたりの人間がそっくりなことなど本質的にありえないと論じる――「もちろん各人がそれぞれの人生を生きており、ひとの人生は他人のものとは異なっている。人生における経験でさえ同一のものはないのだ(81)」。

したがって章学誠によれば、もっとも熟達した文学者でさえ、誰かほかの者が書いたテクストを完璧に習得してしまうことはできない。唐代の作者不詳の作品を読んで、その文体から徐々に作者を特定するにいたった蕭穎士（Hsiao Ying-shih, 8c AD）の言葉を引用しながら、彼は注釈をくわえる――

蕭穎士は、美文について眼識をもつ人物だったといわれる。しかし言葉というものは心に根ざすものであり、心と顔は別物なのだ。彼でさえ、作品に目を通してただちに、それを書いたのが李白だと結論をくだせたわけではなかった。だから、われわれはこれを「真の理解」と呼ぶことはできない(82)。

そして章学誠は、リプシウスやミュレのような力強さでつぎのように主張する。かの学者が成功したのも、当時の現実的な要請にあうような考えや事実を古典から抽出していたからであり、そうしなければうまくいかなかったはずだ。

初期近代の運動と近代の運動、そして東洋の運動と西洋の運動を結びつけるかのような類似は、はたして偶然の産物なのだろうか。あるいは、それらに共通する文化的なメカニズムが存在する証拠なのだろうか。中世とルネサンス期は、それぞれどのように古代人たちを読解していたのか。そして、読解というあまりに私的な経験に政治や制度的な仕組みがどのように影響したのか。研究が進展して、より完全に知ることができるようにならないかぎり、これらの疑問に答えられないだろう。[83] しかし私は、もうひとつ別の問いを提起することで本章を閉じようと思う。われわれ自身も、テクストを歴史的な見地から解釈することとテクストを古典として現在もなお通用するものにすることを同時に試みてきたのだが、本書の読者たちはこの「人文主義」のどこかに矛盾を感じるとして、それがどんな矛盾だと考えるのだろうか。

(80) Thomas C. Bartlett, *Ku Yen-wu's Thought in the Mid-Seventeenth-Century Context*, Ph. D. diss. (Princeton University, 1985) は、清朝の学問がもっていた市民的な人文主義の側面をうまく描きだしている。

(81) David S. Nivison, *The Life and Thought of Chang Hsüeh-ch'eng (1738-1801)* (Stanford: Stanford University Press, 1966), 176-177 に引用がある。Cf. Ian Maclean, "Montaigne, Cardano: The Reading of Subtlety, the Subtlety of Reading," *French Studies* 37 (1983), 143-156.

(82) Nivison (1966), 178.

(83) Cf. Ulrich Muhlack, "Klassische Philologie zwischen Humanismus und Neuhumanismus," in *Wissenschaften im Zeitalter der Aufklärung*, ed. Rudolf Vierhaus (Göttingen: Vandenhoeck, 1985), 93-119.

第二章　ポリツィアーノの新しい学問とその背景

【要約】

第二章の主人公は、一五世紀イタリアの文化の都フィレンツェで活躍した人文主義者ポリツィアーノだ。彼は文献学に革命をもたらしたとされるが、それはどのようなものだったのだろうか。この疑問を解明するために、古典研究におけるふたつの側面に焦点があてられる。

まずは、古典テクストの注解をめぐる問題だ。それまで一般的だった逐語式の注解スタイルが一五世紀後半より、どのように変化していったのか。また、ポリツィアーノが提案した手法は他の人々のものとどこが異なっていたのだろうか。彼の手法を先人や同時代人の手法と比較分析することで、彼の革新性があきらかにされる。ポイントとなるのは典拠の使用法だ。

つづいて、ギリシア語の典拠からの借用・翻案の問題がとりあげられる。古代ローマの詩人や作家たちはギリシア文学に親しみ、しばしばそれらを手本としていた。そのため、ラテン文学を読み解くためには、ギリシア文学を知らなくてはならない。ここでは、ギリシア語に精通したポリツィアーノが典拠の研究でみせた傑出した才覚が、同時代人カルデリーニとの比較によって鮮やかに示される。

しかし、ポリツィアーノはなぜこうした革新を文献学の分野にもたらしたのだろうか。最後に、庇護者メディチ家との関係がその背景として考察される。そこから透けてみえてくるのは、ポリツィアーノが古典研究の役割にたいして抱いていた考え方こそが、彼を文献学の刷新に突きうごかしたということだ。彼の革新性を理解するためには、その文脈・背景（コンテクスト）を把握する必要があるのだ。

はじめに

気ままな旅行者でパピルス写本の愛好家でもあったリヨンの大司教クロード・ベリエーヴル（Claude Bellièvre, 1487-1557）は、どれくらいの期間かは定かではないが、一五一三年から二一年のあいだローマに滞在していた。数ある名所のなかにヴァティカン図書館を見出し、彼は古代ローマの詩人ウェルギリウスの古写本を注意ぶかく吟味することになる――

私はヴァティカン図書館で、非常に古いウェルギリウスの写本を目にした。ポリツィアーノが閲覧したと『雑録』*Miscellanea* の第七七章のなかで自慢しているものだ。彼は多くの証拠から、「ウィルギリウス」Virgilius と綴られるのが常だが、そうではなく「ウェルギリウス」Vergilius と e を使用するべきだとした。数ある根拠のなかでも、とくにウェルギリウスの古写本がとりあげられている。そこでは全体をとおして「ウェルギリウス」の綴りには e が使われていた。この写本は誰もが触れることのできるものではないが、私もこれを注意ぶかく吟味して記憶に値する幾つかの点に気づいた。近年の幾人かの著述家たちは、すべてについて雄弁であろうとするために、たとえば「第一巻了」Explicit liber primus などというのは乱れたラテン語の用法だと主張する。私としては、この古写本を信用できるとしたポリツィアーノをはじめとする優秀な人々に同意したいと思う。彼らは「第一巻了」というのは適切なラテン語の表現だと考えた。というのも、この写本の各巻の末尾に、はっきりとした文字でそのように書かれているからだ。この写本はすべてが大文字で書かれており、いたるところに挿絵がある。原文の状態については、私ができるかぎり正確に描写したとおりだ。(1)

ベリエーヴルは古文書学や正書法にまつわる細部にまで関心をいだき、写本の所在や外観についても注意ぶかく描写しており、ポリツィアーノの著作も正確に引用している。こうした関心のあり方や習慣はどれも新しいものであった。そしてベリエーヴルはこれらの作法をひとつの近代的な源泉から学んでいた。上記の引用で言及されているポリツィアーノの『雑録』だ。現存しているこの著作の写しには、彼の手による入念なメモが残されている。(2)

ベリエーヴルが法学者ディプロウァタキウス(Thomas Diplovatacius, 1468-1541)という人物と面識があったかはわからない。もしあったなら、おそらく彼らは交友をふかめていただろう。ともに法律家であり古物愛好家であったし、人文主義と法学の伝統に知的な出発点をもっていたからだ。しかし、ほかにも彼らを結びつけるものがある。ベリエーヴルのメモと同様に、ディプロウァタキウスの主著『著名な法学者たちについて』*De claris juris consultis* もポリツィアーノの著作に直接的な影響をうけたものだった。ポリツィアーノの書簡集に親しむことがなければ、ディプロウァタキウスは古代の法学者たちの生涯や著作を復元できなかったであろう。有名なヤーコポ・モデスティ・ダ・プラト(Jacopo Modesti da Prato, 1463-1530)に宛てた彼の書簡はとりわけ重要だ。これは『ローマ法大全』*Corpus juris civilis* の一部である『学説彙纂』*Digesta* にたいする『フィレンツェ目録』*Index Florentinus* からの知見を要約していた。(3) さらに、ポリツィアーノの『雑録』からの情報なしには、『学説彙纂』そのものの変遷を再構成することもできなかっただろう。[4] たしかにポリツィアーノのラテン語は手を焼くものであったが、それでもなおディプロウァタキウスは彼の著作を熱心に探しまわっていたのだ。[5]

これらの事例は、ポリツィアーノが文献学の方法に革命をもたらしたことを示している。そして、他の事例がそれを裏づける。というのも、テクストと典拠の批判において上記のような作業がなされている作品をそれ以前には見出すことはできないからだ。本章ではこの革命の経緯を、おもに『雑録』を参照しながら素描してみたい。また同時に、ポリツィアーノの著作と先人たちの著作を多少なりとも詳しく比較することで、この革命の背景をうかびあがらせたいと思う。

（1） Claude Bellièvre, *Souvenirs de voyages en Italie et en Orient, notes historiques, pièces de vers*, ed. Charles Perrat（Genève: Droz, 1956）, 4-5.「了」explicit の議論は、ヴァッラが一四四一年に執筆した『ラテン語の優雅さについて』*Elegantiae linguae latinae* の第三巻第四一章を指しているのかもしれない。ヴァティカン図書館の構成については Jeanne Bignami Odier & José Ruysschaert, *La Bibliothèque Vaticane de Sixte IV à Pie XI*（Vatican: Biblioteca apostolica vaticana, 1973）, 22 を参照。

（2） ピアポント・モーガン Pierpont Morgan 図書館蔵 E22B。ベリエーヴルについては Charles Perrat, "Les humanistes amateurs de papyrus," *Bibliothèque de l'Ecole des Chartes* 109（1951）, 173-192 を参照。

（3） Thomas Diplovatacius, *De claris iuris consultis*, ed. Hermann Kantorowicz et al.（Berlin: de Gruyter, 1919）.

（4） Diplovatacius, *De claris iuris consultis*, 33, 335-336.

（5） Diplovatacius, *De claris iuris consultis*, 135, 336. Cf. Mario Ascheri, *Saggi sul Diplovatazio*（Milano: Giuffrè, 1971）, 110-116.

逐語式注解とポリツィアーノの『雑録』

一四六〇年から八〇年ごろまでは、人文主義者たちが研究成果を記録し伝える手段といえば相場が決まっていた。一行ごとに、ときには一語ごとに古典テクストに注釈をくわえるというものだ。はじめは大学での講義のために注釈がつくられ、多くが「再録」recollectae、すなわち学生のとったノートのかたちで現在まで伝わっている。一四七〇年代になると、そのような注釈に講義のあとで手をくわえ、単独あるいは原典をそえて出版することがしだいに一般的になっていった。[6]

こうした逐行あるいは逐語式の注釈には好都合な点がいろいろあった。ひとつにはそれが伝統的であったことだ。名のとおった著作家の作品であれば、一行ごとに注がほどこされている古注がたくさん存在していた。セルウィウス（Servius, 4c AD）によるウェルギリウス注解、ドナトゥス（Donatus, 4c AD）による劇作家テレンティウス（Terentius, 195/185–159 BC）の注解、ポルフュリオン（Porphyrion, 3c AD）や偽アクロ（Ps.-Acro, ?–?）による詩人ホラティウス（Horatius, 65–8 BC）の注解、そして詩人ユウェナリス（Juvenalis, 1c–2c AD）や風刺作家ペルシウス（Persius, 34–62 AD）にたいする小注解などだ。これら古代の作品が、初期の人文主義者たちによる注解の出発点であった。

人文主義者たちは、ほとんど古代の先人たちの言葉をくり返すだけで、彼らからうけた多大な恩恵については口をつぐむばかりだった。ウェルギリウスに注解をくわえた最初の人文主義者ポンポニオ・レト（Pomponio Leto, 1428–1498）は、古注家セルウィウスによって加筆されたテクストに大きく依存していた。同様に、オウィディウスの呪詛詩『イービス』*Ibis* に注解をくわえた最初の人文主義者デ・ティリンボッキ（Gaspare de' Tirimbocchi, 1439–1493）も、残存する古注にたよるところが大きかった。[7]

古注あるいは古注をよそおった注解がない場合でも、似たような形式や方法による後代のものが存在していることもあった。たとえば、「アラヌス」（Alanus, 12c AD）という匿名家の手による『ヘレンニウスに与える修辞学』*Rhetorica ad Herennium* への注解だ。ギリシア学者ヴェローナのグァリーノ（Guarino da Verona, 1374–1460）は講義のなかで、それを周到にわがものとして利用した。[8] さらに、古注の存在しないテクストに注解をほどこそうとした人文主義者たちにとっても、他の作品の古注は文体や手法についての模範となっていた。比較的たやすく手に入ると同時に、古典を模倣した中世末期の托鉢修道士たちの文体とは一線を画すものだったのだ。[9]

逐語式には、ほかにも利点があった。この形式の注解は、どうしても対象となるテクストと同程度か、それよりも大部のものとなる。いいかえれば、注解者はかなりの紙幅を埋めることができた。読者が期待しているのは、各語句

（6） Sabbadini（1922）, 42–45; Krautter（1971）; Casella（1975）.

（7） Vladimiro Zabughin, *Vergilio nel Rinascimento italiano da Dante a Torquato Tasso*（Bologna: Zanichelli, 1921）, I, 188, 192; *Scholia in P. Ovidi Nasonis Ibin*, ed. Antonio La Penna（Firenze: La Nuova Italia, 1959）, xxxix-xl.

（8） Harry Caplan, *Of Eloquence: Studies in Ancient and Mediaeval Rhetoric*（Ithaca: Cornell University Press, 1970）, 247–270.

（9） 托鉢修道士の古典主義については Beryl Smalley, *English Friars and Antiquity in the Early Fourteenth Century*（Oxford: Blackwell, 1960）; John B. Friedman, *Orpheus in the Middle Ages*（Cambridge MA: Harvard University Press, 1970）, ch. 4 を参照。ルネサンス期における中世末期の学問の受容は Manfred Beller, *Philemon und Baucis in der europäischen Literatur*（Heidelberg: Winter, 1967）, 48–49; Maurizio Bonicatti, *Studi sull'umanesimo: secoli XIV-XVI*（Firenze: La Nuova Italia, 1969）, 255–260; Joseph Engels, "Les commentaires d'Ovide au XVIe siècle," *Vivarium* 12（1974）, 3–13 を参照。

について語源、複合語の形成、意味のニュアンスなど広範にわたる脱線や余談であった。さらに、問題となる一節にその単語が登場したときには、修辞学の見地による正当化も期待されていた。多くの脱線はテクストからさらに遠ざかり、神話や地理、古遺物、そして科学にまつわることにまで話がおよんだ。こうして、古代の著作家にたいする注解であればそのほとんどが、古代の言語や文学と文化への入門書にもなっていたのだ。つまるところ注解というものは、教育のための非常にしなやかな道具であった。ここでも人文主義者たちは古代の模範にしたがっていた。とくに上述のセルウィウスは、ウェルギリウス注解をとおして、およそ考えられるかぎりの主題について多くの情報を伝えようとしていた(10)。

逐語式の注解は学生にとっても魅力的なものだった。注解者たちは難しいと思われる単語すべてに注釈をつける必要を感じており、たいした学力もないか、まったく教育をうけていない学生でさえもテクストが理解できるようにするのが普通であった。同時に、教師の話す速度に筆記がついていける学生たちにとっても、このうえなく貴重な財産となった(11)。彼ら自身が学生に教える側になった場合でも、師の注解にもとづいて講義をすればよく、わざわざ教材を準備する必要がなかった。学生たちがこの種の講義を求めたのは驚くべきことではない。仕事のいっさいを師におしつけようとしない学生がいるだろうか。たとえば、古典語教師マルティーノ・フィレティコ（Martino Filetico, 1430-1490）という人物は、こうした形式の注解をいやいやながら書いている――

そのころ［一四六八年から七三年ごろ］は、幾人かの非常に学識ある人々による教育によって、若者たちはほとんどすべての単語に定義が与えられることを求め、そうでないと耳も貸さないようになってしまった［…］。それゆえ私も、この習慣にしたがわなければならなかった(12)。

逐語式の人気はながらく維持された。ポリツィアーノ自身も聴講者たちが求める余談にこたえながら、さまざまな形態を講義で採用していた。[13] しかし、もっとも荒唐無稽な産物があらわれたのは一四八九年になってからだ。文法学者ニッコロ・ペロッティ（Niccolò Perotti, 1429–1480）の著作『豊穣の角』*Cornucopiae* では、フォリオ版で一〇〇〇欄もが、詩人マルティアリス（Martialis, 40–102/104）のひとつの著作を解説するために費やされた。

（10） すぐれた概説が Bolgar（1954）にある。古代・中世の注解の伝統については Bruno Sandkühler, *Die frühen Dantekommentare und ihr Verhältnis zur mittelalterlichen Kommentartradition*（München: Hueber, 1967）, 13–24 を参照。

（11） Arthur John Dunston, "A Student's Notes of Lectures by Giulio Pomponio Leto," *Antichton* 1（1967）, 86–94: 90 が示している学生ノートからは現実的な問題がうかがえる。「師ポンポニオ・レトのために私がこれらを書きとめるのはいいことでしょう。おお、不死の神々よ、あなた方が私に速記者の腕を与えて、師が講義で再検討したユリウス・カエサルの諸部分についていくことを可能にしてくれていたら、非常なむずがゆさからの解放という安寧を与えてくれたでしょう。それはあなた方にとっても重要なことではないでしょうか」。すくなくとも写本の一系統においては、このような状況でとられたノートから多くの注解が派生しているので、テクスト伝承史も複雑で奇妙なものとなることがある。ふたつの事例の入念な研究として Edward L. Bassett et al., "Silius Italicus," *Catalogus translationum et commentariorum* 3（1976）, 341–398: 373–387 を参照。

（12） 友人ジョヴァンニ・コロンナ（Giovanni Colonna, 15c AD）宛書簡。Giovanni Mercati, "Tre dettati universitari dell'umanista Martino Filetico sopra Persio, Giovenale, ed Orazio," in *Classical and Mediaeval Studies in Honor of Edward Kennard Rand*, ed. Lesslie Webber Jones（New York: Jones, 1938）, 221–230: 228 n. 46; Carlo Dionisotti, "'Lavinia venit litora': polemica virgiliana di M. Filetico," *Italia medioevale e umanistica* 1（1958）, 283–315: 307 に引用されている。

（13） 入門的な講義として Angelo Poliziano, *La commedia antica e l'Andria di Terenzio: appunti inediti*, ed. Rosetta Lattanzi Roselli（Firenze: Sansoni, 1973）を参照。高度な講義としては Angelo Poliziano, *Commento inedito all'epistola ovidiana di Saffo a Faone*, ed. Elisabetta Lazzeri（Firenze: Sansoni, 1971）を参照。

しかし逐語式には長所だけではなく、短所もあった。複雑で興味ぶかい問題にも単純で退屈な問題にも、注解者はすべて等しくとり組まなければならなかった。また、多くの人文主義者たちによる短尺の注釈のように、類義語をただ列挙するのに時間と紙幅を費やすのも単調で骨のおれる仕事だった。[14] なによりも不都合だったのは、激しい文筆競争の時代にあって、注釈という形式では著作家が目立てなかったことだ。というのも、人文主義者たちによる注解の最大の特徴は、たがいが似かよっている点であった。とくに印刷された形態、いわゆる「モドゥス・モデルヌス」modus modernus が普及するようになってからは、注解はどれも見分けがつかないようになっていた。微小な活字で印刷された注解の大波が、大きなローマン体の活字で組まれた本文の小島にあらゆる方向から激しく打ちよせていた。[15] 数ある脱線から筆者の専門分野に議論が特化していくことがあっても、他の似たような注解の群から抜きんでるようなものが生まれてくることにはならなかった。そうした脱線は、末梢な語句注釈の山に埋もれしまっていたからだ。

自身の注解を印刷させた最初の一人であるドミツィオ・カルデリーニ（Domizio Calderini, 1446-1478）は、注解の伝統から離れていった最初の人物でもあった。彼は一四七五年に、新たな手段をみつけたと考えるにいたった。彼は「これからはそれほど注解にかかわるべきではないだろう」と考え、ギリシア語からの翻訳や別種の著作に専心しようとした――

それを私は『考察』*Observationes* と名づけた。三巻からなり、第一巻ではプリニウスから章句を三〇〇個ほど引いて解説をくわえている。第二巻では詩人たちを解釈するにあたって他者が見落としたすべてに言及している。第三巻ではキケロやクインティリアヌス、リウィウスなどの散文作家から問題点を収集して所見を述べている。[16]

これがそれ以降の新しい形式になった。学者によって学者のために書かれた書物であり、難解で興味ぶかい問題を選択して扱うのだ。カルデリーニは『考察』第三巻のための素材から幾つかの注釈しか出版しなかったが、すぐさま彼の形式は大規模で洗練されたかたちで同種の著作によって継承されることになった。ヴェネツィアの歴史家サベリコ（Marco Antonio Sabellico, 1436-1506）の『プリニウス注解』*Annotationes in Plinium*（一四八八年完成、一五〇三年出版）、ボローニャの文学者フィリッポ・ベロアルドの『百注解』*Annotationes centum*（一四八八年）、そしてポリツィアーノの『雑録』（一四八九年）などだ。したがって、ポリツィアーノの著作は近代的なのかもしれないが、すでに確立されたジャンルに属していた。そうした意味で、彼の『雑録』は直近の過去と断絶しているものではなかった。

とはいえ、上辺だけではなく内実をよく観察すれば、類似よりも差異の方が著しい。カルデリーニは、自分の『考察』が世にでまわっている注釈よりも興味ぶかく、役立つものだと明言していたわけではなかった。実際のところ、この著作はそのほとんどが彼本人とそれまでに公刊された彼の著作を宣伝するためのものであった。カルデリーニは、過去の自分の作品からながながと引用していた[17]。サベリコもまた、プリニウスの『博物誌』について書いた注釈から幾つかを選んで出版したが、作品全体への注解よりも選集の方が望ましいと考えたわけではなかった[18]。そしてベロアルドでさえ、自分の『百注解』が網羅的でなく秩序を欠いていることについて弁明している——

（14） La Penna (1975), xlvii, n. 6; Ermolao Barbaro, *Castigationes Plinianae et in Pomponium Melam*, ed. Giovanni Pozzi (Padova: Antenore, 1973-1979), I: cxlix-cl.

（15） Konrad Haebler, *The Study of Incunabula*, tr. Lucy E. Osborne (New York: The Grolier Club, 1933), 91.

（16） Domizio Calderini, "Epilogus et *prosphônêsis* de observationibus," in Dionisotti (1968), 167. こことつぎの段落は Dionisotti (1958) に多くを負っている。Cf. Barbaro, *Castigationes Plinianae*, I, cxii-clxviii; Paolo Cortesi, *De hominibus doctis dialogus*, ed. Maria Teresa Graziosi (Roma: Bonacci, 1973), 54.

実際、この注解を著すにあたり私はけっして内容を秩序づけようとしなかった。筆のおもむくままに執筆したのだ［…］。あきらかに早産で、受胎してから出産するまで一カ月と経っていなかった。[19]

これとは対照的にポリツィアーノは、まさに無秩序こそが自著に魅力を与えるものだと主張した。ローマの著作家アウルス・ゲリウス、教父アレクサンドリアのクレメンス（Clemens, c. 150–c. 215）、そして修辞家アエリアヌス（Aelianus, c. 175–c. 235）から入念に引用しつつ、『雑録』で扱われている主題群の多様性を自慢している。彼にいわせれば、多様性は「嫌悪感を追放する者」fastidii expultrix なのだ。[20] 先人たちとは異なり、ポリツィアーノは新たなジャンルの価値をはっきりと認識していた。彼はそれを古代における「古物雑録」の復活だと考えていた。こうして、彼は注解の伝統とはきっぱりと手を切ることになった。

ポリツィアーノはまた、『雑録』で採用された形式よりも手法の方がさらに斬新なものだと主張した。なによりもまず、典拠の質と量に新たな重心をおいていた。そして、序言からさっそく先人たちの手法を批判し、みずからの手法を斬新で模範的なものとして提示した。まぎれもない古代の著作家の手による真正な作品からのみ、引用をおこなうのだと主張したのだ――

ひまな人々が余計な考えをめぐらして、「私がクズからさまざまな結論を導出した」とか、「文法家の域を出ていない」とか、「はじめからプリニウスを手本にしている」などと思わないようにしなければならない。そこで、古代人たちにかぎり、尊敬すべき著作家たちの名前を冒頭に列挙した。私は彼らから借用し、彼らによって私の結論は正当化されるのだ。ほかの人たちが言及していても、作品自体は散逸してしまった人物については記さな

かった。その一方で、私自身が作品を手にすることができたもの、私が逍遥してきた書物の著者については記述した。(21)

同時にポリツィアーノは、先人たちが典拠を誤用していると論じた。『雑録』第一巻第七五章では、オウィディウスの『イービス』へのカルデリーニによる注解が適切でない例としてあげられている。そして彼は、数多くの深遠な典拠にもとづいているというカルデリーニの主張を軽蔑のまなざしで論駁している——

カルデリーニはオウィディウスの『イービス』を詳説した。冒頭から神話学者アポロドロス、悲劇作家リュコフロン（Lycophron, 3c BC）、旅行家パウサニアス（Pausanias, c. 110–180 AD）、地理学者ストラボン、詩人アポロニオス（Apollonios, 3c BC）といった古代ギリシアやローマの著作家たちからオウィディウスは題材をとってきた

---

(17) Domizio Calderini, "Ex tertio libro observationum," in *Lampas sive fax artium liberalium* (Frankfurt, 1602), I: 316.「ギリシアの著作家たちにとってハルパストルムとはなにか、『森の書簡』第四巻への長い注釈で私は説明している。また、それについて（私見では）これまで看過されてきた多くのことを教えている。それらを読みたいと欲する者は、その注解をみるがいい」。また *Lampas*, I: 314 では「私の『ユウェナリス注解』から少々くり返そう」ともいう。

(18) Marco Antonio Sabellico, *Annotationes in Plinium* (Venezia, 1503), 124–125.

(19) Filippo Beroaldo, *Annotationes centus*, GKW4113 (Bologna, 1488), f. aii v. ベロアルドは自身の経験だけではなく、アウルス・ゲリウス『アッティカの夜』序文第一〇節の反響も記していた。

(20) Luigi Ruberto, "Studi sul Poliziano filologo," *Rivista di filologia e di istruzione classica* 12 (1884), 212–260: 235–237.

(21) Poliziano, *Miscellanea*, Praefatio, in *Opera* (Basel, 1553), 216. プリニウス『博物誌』序文第二一節。

と主張した。この注解でカルデリーニは中身のない馬鹿げたことばかり捏造し、それらを自分の都合のいいように即興で編集した。そこから明白になったのは、彼が常軌を逸していたか、誰かがいうように、心と舌があまりにもかけ離れていて心が舌を制御できなかったということだ。(22)

ある詩行についてのカルデリーニの議論を解剖することで、ポリツィアーノはこの激しい批判を裏づけた。カルデリーニは『イービス』の第五六九行をつぎのように読んでいた――

そして、おしゃべり者アゲノルが騎行中に、のどを押しつぶされたとき(23)

Utque loquax in equo est elisus guttur Agenor.

カルデリーニによれば、「落馬したアゲノルは、手が自分の口に突き刺さって息絶えた」のだ。(24)ポリツィアーノは、この説明がカルデリーニによる空想の産物だと批判した。事実、この行は校訂されなければならない――

そして、おしゃべり者がカエデの木馬のなかで、のどを押しつぶされたとき

Utque loquax in equo est elisus guttur acerno.

ポリツィアーノは、ホメロスや叙事詩人トリュフィオドロス（Tryphiodoros, 3/4c AD）から引用しながら、木馬のなかに隠れてトロイアに入城したギリシア人の一人アンティクロスの死をこの一行は示していると説明した。オデュッセウスは、木馬のなかに隠れていることを発見されるのを防ごうとしてアンティクロスを絞め殺したのだ。(25)この挿話の教訓は明解だった。説明を捏造するカルデリーニの手法は、混乱と間違いしか生み出さない。

先人たちによる典拠の誤用と捏造への非難は目新しいことではなかった。カルデリーニ自身もまさにそれと同じことをしていた。クインティリアヌスへの注解のなかで、人文主義者ヴァッラはキケロの『スカウルス弁護』*Pro Scauro* を引用した。これについてカルデリーニは記している――

たしかに私も、スカウルス（Scaurus, 1c BC）の裁判にキケロが立ち会ったと、作家ウァレリウス・マクシムスと文法学者アスコニウス・ペディアヌス（Asconius Pedianus, c. 9 BC–c. 76 AD）の著作で読んだことがある。ヴァッラは、キケロがスカウルスを弁護したといい、その弁論からこれらの言辞を引用したと主張している。しかし私はそのような話は聞いたこともない。そういう弁論は存在しないと思う。ヴァッラはキケロの作品にそれを見出したのではなく、どこかの卑しい文法家の考えをオウム返ししただけだ。(26)

もしかしたら、ポリツィアーノも同様なことを主張したかもしれない。しかしふたつの点で両者の立場は異なっていた。批判そのものが正しいか、そしてその批判がみずからの実践と矛盾しないかという二点だ。実際、カルデリー

(22) Poliziano, *Opera*, ch. 75, 285.
(23) Hain 12138 (Venezia, 1474), f. 409 v.
(24) Domizio Calderini, *Commentarioli in Ibyn Ovidii*, Hain 4242 (Roma, 1474), f. 25 r.
(25) ポリツィアーノが使っているのは『オデュッセイア』第四巻第二八五行以下とトリュフィオドロスの『トロイの陥落』第四七六行以下だ。Cf. La Penna (1975), 153-154 & xlviii.
(26) Calderini, *Lampas*, I: 316-317. ヴァッラは注解のなかで、クインティリアヌスの『弁論家の教育』*Institutio oratoria* 第一巻第五章第八節における引用を『スカウルス弁護』からのものだと同定していた。Proctor 4865 (Venezia, 1494), f. 104 r を参照。

ニの批判は正しくない。というのも、ヴァッラはセビリアのイシドルス（Isidorus de Sevilla, c. 560-636）の『語源録』*Etymologiae* という信頼にたる典拠から引用していたからだ。[27] また、カルデリーニ自身に言及されたアスコニウス・ペディアヌスが、キケロは「スカウルスを弁護するための」演説をしたとはっきり述べていた。さらに重要なのは、カルデリーニによるヴァッラへの批判が彼自身の実践と整合性がとれないことだ。なぜなら彼は、『考察』の次節でギリシアの抒情詩人であるケオス島のシモニデス（Simonides, c. 556-468 BC）の名前をあげずに「あるギリシア人の著作家の作品で」apud Graecum scriptorem 読んだと熱っぽく自慢していた。[28] 参照や引用の仕方がずさんな者は、他人の脚注の誤りを正す資格はないし、明瞭かつ正確な引用について個人的な理想を守りとおすことはできないだろう。

ポリツィアーノが典拠の使用法について新しい基準を採用したことは、前世代の方法との断絶を意味していた。前世代までの手法は書斎ではなく、教室でつくられたものだった。彼らは、典拠から正確で完全な引用をする習慣を身につけることはなかった。対象となるテクストが提示する多岐にわたる論題を包括的に講義しなければならず、そうした正確さに到達できなかったのだ。とくにギリシア語の長い引用は珍しかった。多くの学生はギリシア語を理解できなかったし、印刷所もそれに対応できなかった。そのかわりに、しばしば曖昧な換言をおこない、引用した典拠の提示も不正確になったのだ。さらには、読解の対象であるテクストからさかのぼって説明を新たにつくりだす「逆成」もしばしばあった。つまり「不当な推論によってテクストから誤った情報が導出されることもあった」のだ。[29]

この世代の人々が浩瀚な注釈の編纂をやめ、正確な覚書の集成に転向したとき、彼らの講義の特徴となっていた悪習をひとつ捨てることになった。二者択一的な問題にたいして、選択しないで両論を併記するのをやめたのだ。それはヘレニズム時代から連綿と講義というものを特徴づけていた腹だたしい習慣であった。[30] それにたいして、問題をきっぱりと解決できると顕示することは新方式の目玉だった。しかし不幸にも、不正確な引用や不当な逆成といった習慣が消えさることはなかった。誠実であろうとした上述のペロッティでさえ、たとえばLuと引用した著者名を略号化し、結果として記述を不明瞭にしてしまった。さらに多くの場合、よく知られた著作からの一行ではなく、ローマの歴史家フェストゥス（Festus, 4c AD）や文法家ノニウス・マルケルス（Nonius Marcellus, 4/5c AD）の著作で保存されている貴重な断片を引用した場合でさえも、直接に引いたものなのか、あるいは孫引きなのか読者に知らせなかった。ときには、標準的な著作からの詩行の引用でさえ孫引きしていた。[31]研究者J・ダンストンやS・ティンパナーロによれば、カルデリーニはローマの劇作家プラウトゥス（Plautus, c. 254-184 BC）の著作をじかに知っているような書きぶりをしたが、実際は間接的にしか知らなかった。[32]ペロッティの時代には多くの者が不誠実な引用をした。たと

（27）イシドルス『語源録』第一九巻第二三章第五節を参照。
（28）Calderini, *Lampas*, I: 317.
（29）William G. Rutherfold, *Scholia Aristophanica*（New York: MacMillan, 1905）, III: 387.
（30）この伝統の興味ぶかい擁護について、ベロアルドのプロペルティウス注解 Propertius, ed. Beroaldo, Proctor 5029（Venezia, 1491）, sig. 1 r では、「聖ヒエロニムスがいうように、注解者の仕事とは注意ぶかい読者がさまざまな説明を読んで、どれが正しいか判断できるように多くの見解を示すことだ。まるで正しい両替人が偽金を拒否し、真正で確かなものをうけとるようなものだ」とされる。『リフィヌス反駁』*Contra Rufinum* の第一巻第一六章で、聖ヒエロニムスは師の文法学者ドナトゥスに言及しながら、この習慣を当時の標準的な古典教育だと擁護している。
（31）Revilo P. Oliver, "New Fragments' of Latin Authors in Perotti's *Cornucopiae*," *Transactions of the American Philological Association* 78（1947）, 376-424: 390-393, 405-406, 411, 412-424.
（32）Dunston（1968）, 144-149; Sebastiano Timpanaro, "Noterelle su Domizio Calderini e Pietro Giordani," in *Tra Latino e Volgare*, ed. Gabriella Bernardoni Trezzini et al.（Padova: Antenore, 1974）, II: 709-716: 709-712.

えばポンポニオ・レトは講義で、ローマの著作家エンニウス（Ennius, c. 239–c. 169 BC）の完全なテクストを所有していると公言した。[33] また、ペロッティの正当な批判をはねつけるために、カルデリーニは上述の詩人マルティアリスについての覚書を偽造した。さらにひどいのは、彼はマリウス・ルスティクスなる架空のローマ人を捏造し、その人物から歴史家スエトニウスの青年期について好ましくない知見をえたと主張したのだ。[34]

ポリツィアーノの実践はきわめて異なっていた。典拠を列挙するだけではなく、断片を間接的に引用するときは、その旨をつげて媒介となった史料をきちんと記述した。たとえば『雑録』の第一巻第九一章で、古代ギリシアの喜劇詩人エウポリス（Eupolis, c. 446–411 BC）の詩行を引用したとき、つぎのように記している――

私は詩人エウポリスの詩行を原典から引用できなかった。彼の著作は散逸してしまったからだ。しかし、ひとつには弁論家アリスティデス（Aristides, 117–181 AD）にたいするきわめて正確な注解者から、もうひとつには小プリニウス（Plinius Secundus, 61–c. 112）の書簡から拾うことができた。[35]

先人の実践にたいするポリツィアーノの批判は、形式だけ伝統的なものだった。それは先人たちの場合とは異なり、他に抜きんでて名声をかちえようという願望からだけではなく、一般的であった引用の作法を改善しようという真の欲求から生じていた。

ポリツィアーノの典拠の使用法は、その性質においても先人たちのものとは異なっていた。彼こそが歴史学的な手法によって典拠を比較し、評価した最初の人物だったのだ。それは今日なお通用しているものだ。彼の典拠は、瑣末なものもふくめ多くの問題を投げかけていた。たとえば、歴史あるいは神話の詳細について、たがいに矛盾する古代の史料に出くわすのも稀ではなかった。そのような場合の解決策ははっきりしていた。つまり、もっとも信頼できる史料にしたがうのが唯一の自然な方法である。そして多くの場合、もっとも信頼できる史料とは最古のものであった。これがポリツィアーノの採用した手法だ。一例をあげるならば、彼は叙事詩『イリアス』の登場人物アキレスやパトロクロスの年齢について、ギリシアの悲劇作家アイスキュロスやローマの詩人スタティウスではなく、ホメロスその人の証言を採用した。(36)

ただ、これだけなら新しいことはなにもない。ペトラルカも『偉人列伝』*De viris illustribus* の編纂にあたり、相反する証言を与える古代の典拠に出会っていた。(37) また、サルターティとレオナルド・ブルーニ(Leonardo Bruni, c. 1370-1444)も古代ローマ共和政史における食い違いを発見していた。(38) さらに、歴史家フラヴィオ・ビオンド(Flavio Biondo, 1392-1463)は建築の用途について古代の著作家たちが見解を異にしていることに気づいた。(39) これらの人文主

---

(33) Dunston (1967), 91-92.

(34) Dunston (1968), 134-137 は Remigio Sabbadini, *Classici e umanisti da codici Ambrosiani* (Firenze: Olschki, 1933), 59-62; Giorgio Brugnoli, "La *praefatio in Suetonium* del Poliziano," *Giornale italiano di filologia* 10 (1957), 211-220; Alessandro Perosa, "Due lettere di Domizio Calderini," *Rinascimento* ser. 2, 13 (1973), 3-20: 6, 13-15 の見解を訂正し補強している。

(35) Poliziano, *Opera*, 304.

(36) Poliziano, *Opera*, 263. セネカ『道徳書簡集』第八八書簡第六節も参照。

(37) ペトラルカは「類似や信頼度が大きく、それらによって[信頼度が]最大になるような」典拠にしたがうと主張した。Francesco Petrarca, *Prose*, ed. Guido Martellotti et al. (Milano: Riccardi, 1955), 220. また彼は『後世宛書簡』で、相反する史料に出会ったときは「真実に近いと思われるものや複数の著作家たちが引用して権威あるもの」(*Prose*, 6) にしたがうと述べている。

(38) Von Martin (1913), 77-98; Ullman (1963), 95-99; Arnaldo Momigliano, "Polybius' Reappearance in Western Europe," in *Polybe* (Genève: Fondation Hardt, 1974), 345-372: 356-357.

義者たちはみな、矛盾を解消することが可能だと思っていた。より信頼できる典拠、あるいはそれに依拠している典拠を正しいとみなしたのだ。テクストによって異なる記述がみられるのは、ひとつには筆写での間違いに起因しており、この場合は校訂できる。そしてもうひとつは、あまり信頼できない著作家が先入観や記憶力の悪さによって間違いをおかした場合だ。(40)

しかしポリツィアーノは、新たな洞察に到達した。記述の一致している典拠群でさえも、問題をはらんでいるというのだ。たとえば、ある点で記述が一致しているA、B、Cという三つの典拠があるとしよう。もしBとCが完全にAに依拠しているなら、BとCはAの重要度を増大させると理解すべきだろうか。ポリツィアーノはそれを否定した。一致している典拠群を精査して、完全にほかの典拠を継承しているのなら、同一とみなして検討の対象から外すべきなのだ。こうして典拠を系譜づけ、ほかの典拠の情報源となっているものだけに注意をはらうのが調査の基本となった。

ポリツィアーノがこの原則をはっきり述べているのは、『雑録』の第一巻第三九章だ。ローマの詩人アウソニウス(Ausonius, c. 310–c. 395)の詩にでてくる謎を解説する一節だ。アウソニウスは『警句集』*Epigramata* の第一四歌第七四行で「カドモスの黒い娘たち」Cadmi nigellas filias という表現をもちいた。ポリツィアーノは、それがアルファベットの文字を指していると解説する——

というのも、カドモスこそがフェニキアからギリシアへと文字をもたらした最初の人物だったからだ。(41)

ローマ文字はギリシア文字に由来しているのだから、アウソニウスがそれを「カドモスの娘たち」と表現したのは的外れではなかったはずだ。ポリツィアーノは、アルファベットを導入したのがギリシア神話におけるフェニキアの王子カドモスだったと示すために歴史家ヘロドトスを典拠として引用した。そして、ほかにも同様なことを述べた古代の著作家たちがいると認めた。しかし彼は、どれもヘロドトスをくり返したにすぎないと断言した。派生的な証言とわかるものは、検討の対象から外すべきだ――

プリニウスの『博物誌』第七巻第五六章をはじめ、カドモスが文字をギリシアにもたらしたとした人々（『スーダ辞典』*Suda* の「文字」grammata の項目や歴史家タキトゥスの『年代記』第一一巻第一四章）は多くいたが、私はそれらを省略した。というのも、彼らは一様にヘロドトスの言葉を想起させるので、彼らのテクストを典拠であるヘロドトスへさし戻せば十分だと考えたのだ。古代人たちの証言はよくとりあげられているが、私見ではそれほど重要視してはならない。(42)

派生的な証言を除外するというのは、今日ではさして斬新なものとは思われない。しかし、当時の歴史的な背景を

(39) Dorothy M. Robathan, "Flavio Biondo's *Roma Instaurata*," *Mediaevalia et Humanistica n.s.* 1 (1970), 203-216: 204.

(40) 人文主義者たちは間違いを古代の著作家たちよりも、中世の筆記者たちのせいにする傾向にあった。たとえば、サルターティはウァレリウス・マクシムスとリウィウスに矛盾を発見したが、「人々は遠大な知識をもつウァレリウスがそのような不精な間違いするわけがなく、むしろ彼のテクストが損傷していると考えた」と結論した。Cf. Coluccio Salutati, *Il trattato De tyranno e lettere scelte*, ed. Francesco Ercole (Bologna: Zanichelli, 1942), 15. もちろん例外もあった。リウィウスが系譜づけにおいて誤りをおかしたことをヴァッラが示したのは有名だ。Cf. Erasmus (1962), 28-29.

(41) Poliziano, *Opera*, 259.

(42) Poliziano, *Opera*, 259. 末尾の文は、小プリニウス『書簡集』第二巻第一一章第五節の「人の意見は数えることはできても、量ることはできない」を換言したものだ。

かんがみれば、それはきわめて独創的であった。先述のベロアルドも、『百注解』第九九章でアウソニウスの謎について同様な答えに到達していた。そして、カドモスと文字について情報源となった史料を引用している——

アウソニウスは文字のことを「カドモスの娘たち」と呼んでいる。カドモスは文字の考案者だといわれているからだ。プリニウスは『博物誌』第七巻において、カドモスが一六の文字をフェニキアからギリシアへもたらしたと述べている。それゆえ古代ギリシア人たちは、ヘロドトスの第五巻にしたがって、文字のことを「フェニキアのもの」と呼んだのだ。この著作家は、イオニアの文字によく似た「カドモスの文字」がアポロン神殿の祭壇に刻まれているのを目撃したとも述べている。さらに、ギリシア人たちが未開の状態にあったとき、カドモスが文字を考案したとタキトゥスも断言している。(43)

ベロアルドはまったくといっていいほど、典拠のあいだの依存関係に関心をはらっていない。彼にとって、プリニウスはあきらかにヘロドトスと同じくらい信頼できるし、タキトゥスもヘロドトスと同様に信用できるのであった。問題となっている事柄についてはみな一致していたので、一緒に引用したのだ。ほかの説明を省いているのは、それが「派生的」だったからではなく、無関係に思われたからであった。

ポリツィアーノは、別の観点から典拠の信頼性の問題全体を考えていた。ベロアルドとは異なり、彼はもはや証言を見境なくあつめることはしない。そうではなく、証言を分別して学者たちが目を配らなければならない数をしぼっていた。この典拠批判の新しい手法によって文献学に革命的な転換をもたらすことができたのだ。(44)

新しい歴史学的な手法

研究者E・J・ケニーが示したように、ポリツィアーノが文献学の方法にもたらした革新でもっとも決定的だったのが、テクスト批判を歴史学的な研究として扱った点だ。[45] 古典の新しい写本や印刷本の一節に欠損を発見した場合、彼は憶測で訂正をしようとはしなかった。より古い史料、すなわち最古の写本に回帰したのだ。彼は、そうした写本も間違いをふくむことは承知していたが、古代の著作家たちが本当に書いたことにより近い、現存する史料なのだと主張した。後代のものほど、テクストは複製をくり返す過程で古代の原型から遠く離れてしまう。それぞれの読みがいかに正しく思われようとも、憶測によって校訂しようとしてきた結果でしかないのだ。憶測による読解は魅力的なこともあるが、歴史学の見地からは正しくないし、テクスト批判にとっては古い写本の間違いの方がましなのだ。なぜなら、より古い写本における間違いはすくなくとも——

われわれが復元しなければならない正しい読みのなんらかの痕跡をはっきりと保存しているからだ。しかし新し

---

(43) Beroaldo, *Annotationes centum*, sig. hi v.

(44) 先人や同時代人たちがポリツィアーノにまさっている事例は幾つもある。とくに推測の問題の場合だ。しかし私見のかぎりでは、こうした事例もここで述べた一般則を崩すものではない。

(45) Edward John Kenney, *The Classical Text: Aspects of Editing in the Age of the Printed Book* (Berkeley: California University Press, 1974), 5-6; Gino Funaioli, *Studi di letteratura antica* (Bologna: Zanichelli, 1946), I: 284.

い写本では、そうした痕跡を不誠実な筆記者たちがすっかり削除してしまっている(46)。

ポリツィアーノは『雑録』でこの方法を一貫して採用している。たとえば、ウェルギリウスの流布本で『アエネーイス』第八歌第四〇二行が「鉄や溶けた合金でつくられうるもの」Quod fieri ferro, liquidove potestur electro というありえない韻律のかたちをしているのをみつけた。ローマ古写本を参照しつつ、つぎのように記している――

この古写本は、ヴァティカンの中枢にある図書館におさめられている。きわめて古く、大文字で書かれている。しかし、そこに「されうる」potestur という語は見出されない。記されているのは、もっとよく使われる「できる」potest という語だ(47)。

また、スエトニウスの流布本で『皇帝クラウディウス伝』第三四節に意味をなしていない「装飾または罠、その他の類似するものが動作しない場合」si aut ornatum, aut pegma, vel quid tale aliud parum cessisset という一節があるのをみつけた。しかし、彼のみるところ「真正かつ完全な写本」veri integrique codices では、「装飾または」aut ornatum ではなく「自動機械」automaton であり、これを採用すれば問題なく意味がとおるようになった。すなわち、闘技場で「自動機械や罠、その他の類似するものがうまく動作しなかった場合」、皇帝クラウディウスは職人たちを闘技場で［剣闘士のように］闘わせたとなるのだ。

さらに、ポリツィアーノは自分が依拠した写本の古さを特定するようにしていた――

聖ドミニコ図書館のボローニャ写本、あるいは聖マルコ図書館のフィレンツェ写本をみよ［…］。どちらも古いものだ。しかし、いま私のもとには、そのどちらよりもさらに古い別の写本がある［…］。これらすべてにおいて［自動機械という］後者の読みになっているのがわかるだろう[48]。

研究者S・リッツォが丹念に収集したように、こうしたポリツィアーノによる写本群の明確な記述や評価は豊富であり、ルネサンス期に彼の著作を読んだ人々もそれらを観察することができた。それらは彼の注釈や校合の作業から生まれた巨大な氷山の一角をなしているにすぎないが、どれをとってみても細部への目配りと厳密さを欠いているものはない[49]。

ポリツィアーノの新しい方法は、先人たちのいかなる作業も超越するものであった。たとえばベロアルドは、ほぼ憶測にたよっていた。写本を記述するときでさえ、とても曖昧な仕方でしか示していない。ここでは例として、上述したローマの詩人ユウェナリスの詩行について彼がどのような写本読解を提案しているかみてみよう――

この詩句［『風刺詩集』*Satires* 第二歌第一四一行］は「秘薬箱をもった太ったリュデーもなんの役にもたたない」

（46）Poliziano, *Opera*, 271.
（47）Poliziano, *Opera*, 282.
（48）Poliziano, *Opera*, 307.
（49）Rizzo（1973）, 147-164. ポリツィアーノの校合についてはRiccardo Ribuoli, *La collazione polizianea del Codice Bembino di Terenzio*（Roma: Storia e letteratura, 1981）を参照。彼のライヴァルであったフォンツィオ（Bartolomeo Fonzio, 1445-1513）の作品についてはVincenzo Fera, "Il primo testo critico di Valerio Flacco," *Giornale italiano di filologia* n.s. 10（1979）, 230-254を参照。

Turgida nec prodest condita pyxide Lyde と読むべきだ。ここで、「秘められた」condita は奪格で「小箱」pyxide にかかって［「秘薬箱」condita pyxide になって］いるのだ。つい最近、私は非常に古い写本のなかでこのように記されているのを発見した。しばらく前にポリツィアーノが私にいったのだが、忠実さにおいて非のうちどころのない［別の］写本において、同じように書かれていたのを彼は見出した。(50)

つぎに後者の写本をポリツィアーノがどう記述しているかみてみよう——

私は、ロンバルド書体で書かれた古写本［における『風刺詩集』第七歌第五二行］で同じ「悪癖」cacoethes という読みがなされているのを発見した。この写本は、私の研究のためにフランチェスコ・ガッディ（Francesco Gaddi, 15c AD）が供してくれたものだ。この写本の別の行では、「秘薬箱をもった太ったリュデーもなんの役にもたたない」Turgida nec prodest condita pyxide Lyde となっていた。(51)

ポリツィアーノの記述には、写本の所有者の名前や書体の種類がふくまれていた。ベロアルドの引用は、彼にしては珍しく正確なものだが、どちらの情報も記していない。

多くの場合、新しい写本よりも古い写本の方が信頼に値する。単純に「より古い」からであり、著者とのあいだに介在するものが減少するからだ。しかしポリツィアーノは、テクストの伝承をより複雑かつ決定的な方法で分析した。系譜学的な手法を幾つかの写本に適用し、ある現存する写本がその他すべての原型であること証明したのだ。そして、テクストを確立するさいに原型となる現存の写本だけを使用すべきだと彼は主張した。

研究者S・ティンパナーロが示したように、キケロの『縁者・友人宛書簡集』の写本が例としてあげられる。(52) ポリツィアーノの手元には写本がふたつあり、ひとつは九世紀のヴェルチェッリ Vercelli 写本（Laur. 49,9 = M）、もうひとつは一四世紀の写本（Laur. 49,7 = P）だ（彼は後者をペトラルカの手によるものと考えたが、それは誤っていた）。さらに彼は、その数はわからないが、ごく新しい写本も参考にしている。『雑録』の第一巻第二五章で示されたのは、一四世紀の写本がすべての新しい写本群の原型となっていることだった。この写本は製本の間違いによって折丁が入れかわって乱丁が生じているが、物理的な損傷によるものではないにもかかわらず、新しい写本群にも同様な乱丁がある。またポリツィアーノは、証拠をあげてはいないが、一四世紀の写本が九世紀の写本を丸写ししたものだとも主張した。そして、後者がすべての源泉となっているのだから、これだけをテクストの基準とすべきだと結論づけた——

私はキケロの『縁者・友人宛書簡集』の非常に古い写本を入手し、さらに別の写本も手にいれた。後者は、ペトラルカが書き写したものだという人々もいる。ここでは説明を省略するが、一方が他方から筆写されたという多くの証拠がある。しかし後者の写本は、不注意な製本者によって綴じられたようだ［…］。あきらかに乱丁があるのだ。振られた数字からそれがわかる［…］。この写本はメディチ家の公文書館におさめられている。いまのところ私がいえるのは、あたかも泉や水源のように、すべての現存する写本群がこの写本から派生してきたということだ。これらの写本ではどれもテクストが、同じように馬鹿らしく間違った順番でならんでいる。ここで私

（50）Beroaldo, *Annotationes centum*, sig. [bvi r].

（51）Poliziano, *Opera*, 263. ヴァティカン図書館ラテン手稿 3286, s. xi も参照。Cf. Rizzo（1973）, 124-125.

（52）Timpanaro（1963）, 4-6; Giuseppe Kirner, "Contributo alla critica del testo delle *Epistolae ad Familiares* di Cicerone（l. IX-XVI）," *Studi italiani di filologia classica* 9（1901）, 369-433: 400-406.

はそれを正しい順番にならべかえ、いわば「復元」しなければならない。[53]

二番目の事例は、東ローマ皇帝ユスティニアヌス一世（Justinianus, c. 482-565）による『ローマ法大全』を構成する『学説彙纂』*Digesta* あるいは『法典』*Pandectae* だ。ここでは、現存する原型を特定するためにポリツィアーノは別の方法を採用した。庇護者であったメディチ家のロレンツォのおかげで『学説彙纂』の有名なフィレンツェ写本を校合する許しをえた彼は、序文における削除や追加に気づいた。それは「筆記者や写字生というよりも、ある考えをもった編者によってなされた」ように思われた。[54] さらに彼は、スエトニウスの『皇帝ネロ伝』第五二節のなかに皇帝ネロ（Nero, 37-68）の著作の草稿についての記述をみつけた。皇帝みずからの手でさまざまな添削がされているという。そこからポリツィアーノはまるで小説のように、高名かつ絢爛たるフィレンツェ写本こそが皇帝ユスティニアヌスとその廷臣たちが最初に書いた手稿に間違いないと類推した。[55] そして、この写本が原型なのだから、それに依拠して『学説彙纂』のテクストは校訂されるべきだと結論した。たとえば『雑録』第一巻第四一章によると、「拡散された」diffusum という流布本の読みを「延期された」diffissum というフィレンツェ写本の読みを採用することで、意味がとおるようになった——

> 十二表法の命じるところによれば、判事、もしくは訴訟当事者たちのどちらかが病により出廷できないときは、開廷日は延期されるべきだ。
>
> Et ideo etiam lex xii. tabularum, si iudex vel alteruter ex litigatoribus morbo sontico impediatur, iubet diem iudicii esse diffissum.[56]

さらに『雑録』第一巻第七八章で、ポリツィアーノは『学説彙纂』第一巻第一六条第一二項についてのフィレンツェ写本の読みを詳細に調べている――

裁判権が与えられている代表者に、判事を任命する権利がある。

Legatus mandata sibi iurisdictione iudicis dandi ius habet.

幾つかの流布本は、これを「権利はない」ius non habet と読んでいる。どちらの読みも『ローマ法大全』を構成する他の法典に類似する記述があるので支持することは可能だった。中世イタリアの法学者アクルシウス（Franciscus Accursius, 1225-1293）も双方の読みを検討し、それぞれから派生する法的な問題について議論していた。[57] しかし、ポリツィアーノはこれをまったく問題視しなかった。問題などありえないのだ。もし原型となる写本の読みが文法的にも、法学的にも意味をなすならば、それが正しいに違いない。後世の写本に異なる読みがあっても、それは筆写者や法学者がくわえた変更にほかならない――

（53） Poliziano, *Opera*, 246-247.

（54） Poliziano, *Opera*, 260.

（55） Vincenzo Fera, *Una ignota expositio Suetoni del Poliziano*（Messina: Centro di studi umanistici, 1983）, 224.

（56） Poliziano, *Opera*, 261.『学説彙纂』第二巻第一一条第二項第三則も参照。

（57） Cf. Hans Erich Troje, *Graeca leguntur: Die Aneignung des byzantinischen Rechts und die Entstehung eines humanistischen Corpus iuris civilis in der Jurisprudenz des 16. Jahrhunderts*（Köln: Böhlau, 1971）, 21-22.

『法典』のフィレンツェ写本は、私が原型と信じているものだが、そこには否定語はみあたらない。だから、すこし誇張かもしれないが、フィレンツェの法学者アクルシウスは誤りのある写本を手にして、あれこれ頭を悩ませていたのだ。(58)

原型から「筆写された写本群」codices descripti を考慮から外すことは、中世法学そのものの否定につながるようにみえるが、先行するヴァッラもベロアルドも中世の法学者たちを批判していたので新奇なことではなかった。(59) しかし、批判の基礎になっているポリツィアーノの手法は先例のないものだった。

もしポリツィアーノが『雑録』の第二巻を完成させて公刊していたら、彼の系譜学的な方法の斬新さは、さらに明確になったかもしれない。第二巻第一章は、原型が失われている場合でも、現存する写本群を精査すれば原型についてなにか見出せるのではないかと提案している。この章は、キケロの『神々の本性について』*De natura deorum* 第二巻の第一六―八六章と第八六―一五六章の入れかわりを見出して訂正している。問題の箇所は、ほぼ同じ長さだった。そこからポリツィアーノは、『縁者・友人宛書簡集』の場合と同様な現象が起きていると推測した。つまり、製本時の手違いで原型である写本に乱丁が生じたのだ――

私はだいたい一一頁（つまり執筆中に手もとにあったテクストで一一頁分）もめくる必要がなかった。そこからはっきりわかるのは、先述した書簡集の場合と同じ手違いが起こっていることだ。すなわち、製本者によって乱丁が生じたのだ。(60)

またポリツィアーノは第二巻第二章で、ローマの詩人ウァレリウス・フラクス（Valerius Flaccus, ?–c. 90 AD）の叙事詩『アルゴナウティカ』*Argonautica* について、ある写本が他の写本群の原型だと証明した。すべての写本に複数の箇所で乱丁があり、そのどれもが五〇行あるいは五〇の倍数行の長さだった。ポリツィアーノが原型と考えた写本の一頁は片面で二五行、両面で五〇行からなり、問題となる部分はまさに乱丁が生じている箇所だった。後世の筆記者たちは、それを眼にしたままの順で写したのだ。なかでも、フィレンツェの人文主義者ニッコロ・ニッコリ（Niccolò de' Niccoli, 1364-1437）でさえ同じ間違いをおかしていたのは、ポリツィアーノには驚きであった[61]。このような数学的ともいえる精密さに写本の校訂で再会できるのは、一九世紀を待たなければならない。『雑録』第二巻は後世の発見を先取りしている点で注目に値するが、ルネサンス期には公刊されなかった。しかし『雑録』第二巻を手稿で読めた人々にとって、ポリツィアーノの方法の斬新さは明白であった。

知識の裏づけをもとに古い写本に依拠することは、ポリツィアーノもよく知る学問的な伝統のなかに先蹤があった。新しい写本の誤りを正すために古代ローマの著作家アウルス・ゲリウスもしばしば、より古い写本を参照していた。キケロの第五演説『ウェレース弾劾』*In Verrem* の一節について、ある読みを擁護するさいに「疑う余地のない確か

（58） Poliziano, *Opera*, 287.

（59） Myron P. Gilmore, "The Renaissance Conception of the Lessons of History," in *Facets of the Renaissance*, ed. William H. Werkmeister, 2. ed.（New York: Harper, 1963）, 73-102: 92-95; Kelley（1970）, 39-43; Beroaldo, *Annotationes centum*, sig. [hiii r]:「アクルシウスによって誤って記述された法律家たちのこのような見解は六〇〇もある」。

（60） Angelo Poliziano, *Miscellaneorum centuria secunda*, ed. Vittore Branca & Manlio Pastore Stocchi（Firenze: Alinari, 1972）, IV: 5.

（61） Poliziano, *Miscellanerorum centuria secunda*, IV: 7.

な写しのなかに」そう書かれているし、「キケロの秘書ティロ（Tiro, ?-4 BC）による細心の研究成果でもある」からだと理由づけている。さらにアウルス・ゲリウスは歴史家クラウディウス・クァドリガリウス（Claudius Quadrigarius, 1c BC）の年代記で、「顔の」facies という見慣れない古い属格形が筆記者たちによって新しい綴りである faciei に置換されていると論じた。彼によれば、最古の写本には facies という古い読みがあるが、「崩れた写本」では facies が消されて faciei が書きこまれていたというのだ。このように彼は、新しい写本よりも古い写本の方が信頼に足るとしており、それがポリツィアーノの主要な手本となった。

ペトラルカ以降のルネサンス期の人文主義者たちは、古写本を探し、筆写して校合した。なかには、写本の系譜を研究する者もでてきた。ヴェローナのグァリーノの友人であったジョヴァンニ・ラモラ（Giovanni Lamola, c. 1405-c. 1449）は、一四二八年にキケロの修辞学書をおさめた写本の校合をはじめた。写本はそれより七年前にローディ大聖堂の文書庫で発見されたもので、キケロの『弁論家について』*De oratore*,『弁論家』*Orator*, そして『ブルートゥス宛書簡』*Brutus* の全文がおさめられていた。『弁論家について』と『弁論家』はそれまで損傷したテクストしか伝わっていなかったし、『ブルートゥス宛書簡』にいたってはまったく知られていなかった。[62] これらすべての著作が、人文主義者たちの修辞学にとって欠かせないものであった。この発見はただちに注目をあつめた。英国にいたポッジョ・ブラッチョリーニ（Poggio Bracciolini, 1380-1459）も一年と経たないうちにこの新発見を知ったし、発見されたテクストの写しはすぐに流布するようになった。しかし、ローディ写本は人文主義者たちが「ロンバルド書体」と呼ぶ書体で書かれており、その馴染みのない小文字は判読しづらいものであった。そこで筆写のさいに、オリジナルからではなく、他の人文主義者の手による写しから引き写された。結果として、転写ミスや憶測による校訂も避けられず、すぐに原文がひどく損なわれたテクストが流布するようになった。[63] そこで、ラモラはオリジナルに回帰する必要性を主張した。グァリーノ宛の書簡にいわく、「より古いテクストにもとづいて、作品全体を復元した」という。ローディ写本はその見慣れぬ書体からして、非常に古いものであることが彼にはわかっていた。「古さの極致、崇敬の極みであって、巷の模倣品とは異なる」summae quidem venerationis et antiquitatis non vulgaris effigies と評した。さらに重要なのは、この発見はその数年前に各所で話題となったこと、そして所収されていた著作には完全な写本は知られていなかったことだ。ラモラは当時の人文主義者たちと同様に、ローディ写本こそが他の写本群の原型に違いないと理解し、「かの正確な写本からテクストが写され、それが今日ひろく受容された」と主張した。こうして彼は、テクストを校訂するなら、この写本にてらしながら校合をしなければならないと判断するにいたった。ローディ写本にある間違いは保存や研究に値するとさえ主張したのだ。後世の筆記者たちによる憶測よりは、このように古い写本の間違いの方が好ましかったのだ――

また私は、間違いをふくむ箇所であっても、すべてを古いままの姿で提示することに労をさいた。というのも、当代の勤勉な同輩たちとともに賢くなるよりは、この古写本とともに間違いをおかした方がよいからだ。(64)

ポリツィアーノよりも一世代前のジョルジョ・メルラ（Giorgio Merula, 1430-1494）は、多作な校訂家であり注釈家であった。自身が編集した一四七二年刊のプラウトゥス著作集のなかで、プラウトゥス喜劇の現存写本は一二ほどあるが、そのすべてがひとつの写本に由来していると指摘した――

(62) Remigio Sabbadini, *Storia e critica di testi latini*, 2. ed.（Padova: Antenore, 1971）, 77-108.
(63) Giorgio Pasquali, *Storia della tradizione e critica del testo*, 2. ed.（Firenze: Le Monnier, 1952）, 61-63.
(64) ラモラの一四二八年五月三一日付グァリーノ宛書簡。Cf. Sabbadini（1971）, 106; Rizzo（1973）, 175-177.

すべての現存する写本群が、原型となる一写本に由来している。そのような写本がただひとつだけあったのだ。[65]

メルラのいう原型は、一一世紀のオルシーニ写本（Vat. lat. 3870）であった。この写本は、哲学者ニコラウス・クザーヌス（Nicolaus Cusanus, 1401-1464）によって、一四二九年にローマにもたらされた。この写本は、ローディ写本と同様に、この写本は人文主義者たちのあいだで話題となった。所収されている一六本の喜劇のうち、一二本はそれまで知られていなかったからだ。この写本もまた、他の写本群の原型としてひろく知られるようになった。直接にオルシーニ写本を利用できなかったメルラは、その写しをたがいに校合して読みを再構築することで満足するしかなかった。[66]テクスト伝承についての知識に依拠したわけではないが、写本群は系譜づけることができ、残りの写本の原型となる現存する一写本にもとづいてテクストの校訂をすべきだと彼も理解していた。

しかしポリツィアーノは、写本群をどのように調べるべきかを示し、それぞれの写本同士にどのような関係があるのかを発見した。そして場合によっては、そのような調査によって知られていなかった原型を同定できることを示した。彼はいつもそうした調査をおこなわなくてはならないと主張した。原型を同定できないときでも、「憶測による校訂は、復元できるなかでもっとも古いテクスト伝承の段階からはじめなくてはならない」と強調した。[67]そして、テクスト伝承の歴史について彼が語ったことは、みずから使用する写本を正確に同定し、正しく評価することによって裏打ちされていた。ポリツィアーノの系譜学的な手法は、ラモラやメルラの単発的な洞察をはるかに凌駕していた。実際、古典テクストを校訂するさいに現代の学者たちが今日なお使用している指針と同じものに到達していたのだ。

厳密さと完全さを追求するポリツィアーノは、その情熱によって先人たちを凌駕することになった。彼はそうした情熱にかきたてられて多くのテクストの伝承を研究し、後世の写本群が現存する古い一写本に由来している多くの実例に出会ったのだ。写本はどれも同等に扱うのではなく、天秤にかけて比較しなくてはならないし、派生的なものは検討の対象から外すべきであった。典拠の系譜学的な批判をカドモスの神話に適用したポリツィアーノは、典拠についての一般則のうちの個別な事例として写本の伝承をとらえるようになったのだ。それ以前の学者たちは、彼が一般に有効だと考えた批判の原理を公式化するところまで遠くおよばなかった。

ポリツィアーノは系譜学的な手法を、写本だけではなく文学作品そのものにも適用した。彼はおもに古代ローマの詩人たちに関心をもっていたが、さまざまな仕方で彼らがギリシアの源泉に依拠していることに気づいた。そこから、古代ギリシアの文学に精通した批判者のみがラテン文学を満足に扱えるだろうと主張したのだ。

まずなにより、古代ローマ人たちはラテン語に適当な言葉が存在しない場合、しばしば音訳や他の方法でギリシア語を使用していた。表現したい感情の機微をラテン語にできないときや韻律があわないときは、ギリシア語の形容詞や普通名詞を採用したのだ。また、ヘレニズム期の牧歌から羊飼いやニンフのギリシア名を借用し、ギリシア神話から神々や英雄などの名前を継承していた。もとのギリシア語を知っている者だけが、正しい語形を知りえたのだ。

ポリツィアーノは、ラテン語のテクストのなかで崩れてしまったギリシア語の単語を数多く訂正した。そして、恣意的な校訂の誘惑から真正の単語を守ったのだ。こうして彼は、古代ローマの抒情詩人カトゥルス（Catullus, c. 84-54 BC）による『恋愛歌集』*Carmina* の第九八歌第四行の「履物・カルバティナス」crepidas... carbatinas という表現

（65）メルラ編による一四七二年ヴェネツィア版『プラウトゥス著作集』への序言。Cf. Rizzo (1973), 314.
（66）Sabbadini (1971), 241-257; Cesare Questa, *Per la storia del testo di Plauto nell'umanesimo*, 1: *La recensio di Poggio Bracciolini* (Roma: Ateneo, 1968), 7-21; Rizzo (1973), 314-315.
（67）Reynolds & Wilson (1974), 128 = レイノルズ、ウィルスン（一九九六年）、二一九頁。

を校訂した者を『雑録』第一巻第二章で批判した。校訂者は「カルバティナス」carbatinasという単語を「ケルコピュタス」Cercopytasとか「コプロティナス」Coprotinasといった架空の無意味なものに置換してしまっていた。「カルバティナス」carbatinasとは、じつは哲学者アリストテレス（Aristoteles, 384-322 BC）や風刺作家ルキアノスがもちいたギリシア語の「田舎風の靴《カルバティネー》」karbatinêの音訳にすぎなかった。好機をつかむ才覚にすぐれたポリツィアーノは、自分の主張を支持してくれるギリシアの典拠をあげた。そしてつぎのようにいう――

> 信頼性を傷つけたり、減じたりできないギリシア語の権威たちの、いわば貯蔵室のような倉庫を構築することからはじめよう。これを利用すれば、テクストの読みは無傷のまま保存されるし、解釈の霧は消散するのだ。[68]

別の章でもポリツィアーノは、無名の敵を相手どって批判を投げつけた。カトゥルスの恋愛詩の第六六歌の最終第九四行について、すべての写本は「オアリオン」Oarionと読んでいたのにもかかわらず、「アオリオン」Aorionに校訂してしまったからだ。[69] 多くのギリシア語の典拠を引用しながら、彼は「オアリオン」Oarionは「オリオン」という名前を示すものとして問題のないギリシア語の綴りであることを証明した。カトゥルスはそれを音訳しただけだったのだ――

> カトゥルスによってアレクサンドリアの詩人カリマコス（Callimachos, 310/305-240 BC）の詩から翻案された哀歌では、「オリオン」ではなく「オアリオン」と書かれている。この語形は間違いではないのに、ある人々が無分別にもこの語を攻撃している。だから私は、あらゆる労苦をはらって愚か者のひねくれた厚かましさに対抗しなければならない。典拠としてカリマコスまで援用しなくてはならない。彼の『讃歌集』におけるディアナ（アル

テミス）への讃歌は現存しており、そのなかで彼はつぎのようにうたっている——

オトス、またオリオンが妻問いにも幸あるものにはあらざりき

oude gar Ôtos
oude men Ôariôn agathon gamon emnêsteusan(70)

これと同様な用法を医師で詩人のニカンドロス（Nikandros, 2c BC）も『有毒生物誌』で採用している——

ボイオティアのオリオンに禍々しい最期を企んで

Boiôtoi teuchousa kakon moron Ôariôni(71)

さらに詩人ピンダロス（Pindaros, 522/18–442/38 BC）は『イストミア祝勝歌集』で——

というのも彼は、オリオンの体格に恵まれてはいなかった

ou gar phusin Ôariôneian elachen(72)

---

(68) Poliziano, *Opera*, 228.
(69) Cf. *Michaelis Marulli Carmina*, ed. Alessandro Perosa (Zürich: In aedibus Thesauri mundi, 1951), 59, 185.
(70) カリマコス『讃歌集』第三歌第二六四—二六五行、『世界名詩集大成 1』松平千秋訳（平凡社、一九六〇年）、一〇六頁。
(71) ニカンドロス『有毒生物誌』第一五行、『ギリシア教訓叙事詩集』伊藤照夫訳（京都大学学術出版会、二〇〇七年）、九五頁。

また別のところでも——

そして山住まいのプレイアデスから離れずにオリオンがついて来ることになりそうだ

oreian Peleiadôn mê têlothi Ôariôna neisthai[73]

とうたっている。テッサロニキの学者エウスタティオス（Eustathios, c. 1115–1195/96）は『オデュッセイア』第五巻第二七四行への注解で、「親しく歓談する」para to oarizein ところから「オリオン」と名づけられたと論じている。だから、正確な読みは「アオリオン」ではなく「オアリオン」なのだ[74]。

ラテン語のテクストにある崩れたギリシア語を復元すること自体は、斬新なことではなかった。たとえば、ヴェローナのグァリーノが得意としたのは、ギリシア語の単語や一節が抜け落ちているラテン語テクストの欠損を埋めること、そして中世の筆記者たちがギリシア語を写し間違えて生みだした無意味な綴りを訂正することだった[75]。カルデリーニも、ポリツィアーノと同じくらい明確に「われわれは［知らずに］ギリシア語を受容して使用している」と主張した[76]。そして、スエトニウスが『皇帝ネロ伝』で使っている「歌曲」nomon というギリシア語の意味を理解できなかったが、プリニウスの『博物誌』第七巻第二四章にある「メリクス」Melicus という名前を復元したりした[77]。さらにベロアルドも、アウソニウスの風変わりな警句にある「海でとれた染料」kusthon とか「薬味」koston といったギリシア語を復元した。そして、ローマの弁論作家アプレイウスの『黄金のロバ』第一巻第二三章における「ヘカレ」Hecale というギリシア語の名前を復元したりした[78]。

ポリツィアーノが斬新だったのは、彼がギリシア語を完璧に体得していたことだ。ベロアルドやカルデリーニも、ラテン語のテクストにみられるギリシア語を解説しているが、どちらかといえば理解できる言葉を説明したり、出所を確定できる史料から解説を引用したりすることが多かった。成果はポリツィアーノと同じでも、方法における違いは明白だった。

ギリシア神話の老女ヘカレについて、ベロアルドはプリニウスの『博物誌』やプルタルコスの『テセウス王伝』*Theseus* から知見をえた。ポリツィアーノも、その一節についてプリニウスとプルタルコスの記述を知っていたが、さらに多様な著作から関連する箇所を引用した。詩人スタティウスの作品やローマの詩歌集『プリアペイア』*Priapea*、『スーダ辞典』、詩人カリマコスの讃歌の古写本に添付された無名氏によるギリシア語の警句、そしてカリマコスの『讃歌集』におけるアポロン讃歌への古注といったものだ。そして、こうした史料を狩人テセウスや老女ヘカレの物語を解説するためだけではなく、カリマコスの詩『ヘカレ』がどのようなもので、なぜそれを著したのかを示す

（72）ピンダロス『イストミア祝勝歌集』第三・四歌第四九行、『祝勝歌集・断片選』内田次信訳（京都大学学術出版会、二〇〇一年）、三三五頁。

（73）ピンダロス『ネメア祝勝歌集』第二歌第一一―一二行、『祝勝歌集・断片選』、二三九頁。

（74）Poliziano, *Opera*, 282.

（75）Sabbadini (1922), 58; Hans Baron, *From Petrarch to Leonardo Bruni* (Chicago: University of Chicago Press, 1968), 203-207, 212-213.

（76）Calderini, *Lampas*, I: 315:「幾つかのギリシア語の単語は、［そうとは知らずに］われわれに使用されている。ラテン語の同義語が存在しなかった場合に、優雅さや音韻のなじみ、必要性から採用されたと理解すべきだ」。

（77）Calderini, *Lampas*, I: 315, 317.

（78）Calderini, *Lampas*, I: 252（268 の表記ミス）: 235.

ために利用した。カリマコスの批判者たちは、彼が長尺の詩を書けないと主張していた。この詩は、そうした攻撃にたいするカリマコスの応答だったのだ[79]。ポリツィアーノにとって、ギリシア語とラテン語の比較研究は、両方の言語に光を投げかけるものであった。それは失われた作品の部分的な再構成にもつながる可能性をはらんでいた。

しかし、古代ローマ人たちは語句や名前を借用しただけにとどまらなかった。彼らはながながとした詩節や、ときには詩歌全体を翻訳・翻案していた。テクスト批判の方法を確立するために、ポリツィアーノはこの事実を利用した。彼は、カトゥルスの恋愛詩の第六六歌がカリマコスの詩『ベレニケの髪』の翻訳であることを見出した。カトゥルス自身がその直前の第六五歌の第一六行で言及していたからだ。当時入手できたテクストでは、どれも第六六歌第四八行が意味をなさないし、韻律も合わなかった。たとえば、「おお、ユピテルよ、槍はすべて滅ぶがよい」Iupiter ut Telorum omne genus pereat や「おお、ユピテルよ、星々はすべて滅ぶがよい」Iupiter ut coelitum omne pereat といったものだ。そして、カリマコスの詩歌そのものも失われていた。しかしポリツィアーノは、詩人ロドスのアポロニオスの作品への注釈に、この箇所からの引用をみつけた。ラテン語のテクストの第四八行に対応する箇所では、製鉄を生業としていたことで知られ、ハサミ職人として名高かったカリュベスの民を指して、「カリュベスの民が滅びんことを」Chalubôn hôs apoloito genos となっていたのだ。「カリュベスの」Chalybon という耳慣れない語を写し間違えて、「槍の」Telorum や「星々の」coelitum となったに違いないとポリツィアーノは気づいた。カトゥルスは音を写しただけだったのだ。元のラテン語は「おお、ユピテルよ、カリュベスの民はすべて滅ぶがよい」Iupiter ut Chalybon omne genus pereat と読むべきだったのだ[80]。

『雑録』の第一巻第二七章で、ポリツィアーノはキケロの『縁者・友人宛書簡集』第七巻第六章第一節にある難解な一行の解説をした。これがもともと韻文であり、さらに古代ギリシアの悲劇作家エウリピデス（Euripides, c. 480–

406 BC）の『王女メディア』の第二一四行以下を翻訳したものだと気づいた。ポリツィアーノは、ローマの著作家エンニウスが『王女メディア』のラテン語による翻案を書いたことを知っていたので、問題の数行がエンニウスの作品の断片だと看破できたのだ。この出所の特定こそが、初期ラテン語詩の再構成という学問のはじまりを告げるものとなった。(81)

解釈の新しい手法

ポリツィアーノの比較による手法のもっとも顕著な成果は、テクスト批判の分野ではなく、解釈の分野にもたらされた。彼は、古代ローマの詩人たちの多くが内容の面でも文体の面でもギリシアのものを手本としていたと主張した最初の人文主義者であった。だから、あるべき解釈とは、古代ローマの詩人たちが借用していたギリシアの哲学理論や神話をつきとめ、ギリシアから導入された比喩や文法構造を特定することから出発しなくてはならなかった。たとえば、ポリツィアーノは『雑録』の第一巻第二六章で、オウィディウスの『祭暦』*Fasti* の第一歌第三五七―三五八行がギリシア詞華集にみられる警句（エピグラム）を翻訳したものだと指摘した。オウィディウスはギリシア

(79) Poliziano, *Opera*, 246.
(80) Poliziano, *Opera*, 282. ウェルギリウス『アエネーイス』第八歌第四二〇―二一行、岡道夫・高橋宏幸訳（京都大学学術出版会、二〇〇一年）、三七二頁――「カリュベス族の鉄塊が、岩石をきしませれば」。
(81) Poliziano, *Opera*, 248–249. Cf. *The Tragedies of Ennius*, ed. Henry David Jocelyn (Cambridge: Cambridge University Press, 1967), 118–119, 347.

語を「できるかぎり逐語的に」quam potuit ad unguem に翻訳したが、原語の微妙なニュアンスを摑めなかった。ポリツィアーノによれば、「このローマの詩人は、いってみれば海のむこうの魅力をとらえきれなかったのだ」[82]。しかし彼は、オウィディウスを「もっとも天賦の才に恵まれた詩人」poeta ingeniosissimus と考えていた。また、修辞家クインティリアヌスが『弁論家の教育』*Institutio oratoria* の第四巻第一章第七七節で、オウィディウスの文体を「豊かな」あるいは「東方的な」lascivus と評したことも知っていた。そこでポリツィアーノは、みずから比較した結果にもとづいて、つぎのような機知にとんだ評価をくだすことになった。オウィディウスはギリシアの手本に匹敵できなかったが、それは能力の欠如からではなく、ラテン語の文体そのものが彼の才能に逆らっていたのだ——

これは「ラテン語という」言語の欠陥だが、それは語彙が不足しているからというよりも、言葉遊びの余地をあまり残していないためだ[83]。

ほかの箇所でポリツィアーノは、借用語の研究を知識の借用の研究に結びつけた。みずから発見したのか、あるいは友人の哲学者ランディーノから聞いたのか、彼は古代ローマの詩人ペルシウスがプラトンの対話篇『アルキビアデス第一』を手本として風刺詩の第四歌を書いたと知った。ランディーノは気づいたことを述べただけだったが、この問題はポリツィアーノにとって詩作における関心の的となった。ペルシウスは自分の詩歌に哲学的な主張をこめようとして、そのすべてをプラトンの対話篇から導出したというのだ——

正義と不正について、そして自己知についてソクラテスがアルキビアデスと交わしたという議論を、この対話篇からペルシウスが学んだのは明白だ。

ポリツィアーノによれば、「汝自身とともにあれ」tecum habitaという言葉でペルシウスの詩は結ばれているが、これはプラトンの対話篇を要約したものでもあった――

> 対話篇の注解者プロクロスがいうように、ここでプラトンが念頭においたものが、みずからを知れと万人に警告したデルフォイ神殿の格言なら、ペルシウスが「汝自身とともにあれ」tecum habitaといったとき、この対話篇の意味をはっきりと理解していたようにみえないだろうか。(84)

またポリツィアーノは、ペルシウスが対話篇の特定の箇所を暗示しているとも指摘した。(85) 暗喩を多用したペルシウスは難解な詩人であり、中世の読者たちはその風刺詩をどう理解するべきか途方にくれて奇妙な解釈を考えだしていた。ペルシウスは、噂好きや暴食家、誓いを守れなかった司教や修道院長といった「放蕩者たち」leccatoresを批判したとされたのだ。(86) だがポリツィアーノの解説のおかげで、ペルシウスの詩は作者の意図どおりに読めるようになっ

---

(82) Poliziano, *Opera*, 247–248.

(83) Poliziano, *Opera*, 248.

(84) Poliziano, *Opera*, 229–230. Cf. Proclus, *Commentary on the First Alcibiades of Plato*, ed. Leendert G. Westerink (Amsterdam: North-Holland Publishing, 1954), 6.11, 19.11–15. ランディーノが同じ知見をどう使ったかについては、Cardini (1973), 173 n. を参照。

(85) Poliziano, *Opera*, 230:「プラトンでは「クレイニアスとデイノマケーの愛しき子」となっていることから、同様に「私はデイノマケーの［子］だ」となる」。ペルシウス『風刺詩』第四歌第二〇行とプラトン『アルキビアデス第一』105D も参照。

(86) Bernhard Bischoff, "Living with the Satirists," in *Classical Influences on European Culture, A.D. 500–1500*, ed. Robert Ralph Bolgar (Cambridge: Cambridge University Press, 1971), 83–94.

た。

しかし、ラテン詩が手本としてギリシア詩に多くを負っていると指摘したのは、ポリツィアーノが最初の人物ではない。古代ローマの詩人たちが主張しているのも、特定の種類の詩をはじめて書いたことではなく、ギリシア語の文体や形式をはじめてラテン語に導入した点であった[87]。ローマの著作家アウルス・ゲリウスは、ラテン語詩の一節と、その翻案の手本となったギリシア語の原文とを比較した。たとえば、ウェルギリウスが農耕詩家テオクリトス（Theocritos, 3c BC）やホメロスの作品の一節をラテン語に翻案したものとギリシア語の原文とを比べ、かなりの分量が省略されている点を指摘し、それは必要なことだったと論じた。逐語訳ではぎこちなく、詩的効果も損なわれてしまっただろう。だから、選択して翻訳するというウェルギリウスの方法は、彼以降のローマの詩人たちの手本となるべきものだったのだという。『アッティカの夜』の第九巻第九章によれば——

> 胸をうつ表現をギリシア語の詩歌から翻訳するときや手本にして書くときは、一字一句を正確に訳すべきではない。というのも、不自然で無理がある強引な翻訳は、もとの魅力の多くを失ってしまうからだ。ウェルギリウスが詩人たちの一節を選択して翻訳をしたのは正しい判断であり、腕ききの技だったといえる。彼は、ホメロス、ヘシオドス（Hesiodos, fl. c. 700 BC）、アポロニオス、パルテニオス（Parthenios, ?-14 AD）、カリマコス、テオクリトスといった詩人たちを扱った[88]。

同様な記述や議論は、ほかの作品にもある。たとえば、ウェルギリウスとホメロスが詳細に比較されているローマの著作家マクロビウスの主著『サトゥルナリア』*Saturnalia* やセルウィウスのウェルギリウス注解などだ[89]。

こうしたテクストはポリツィアーノ以前にも、さまざまな中世やルネサンス期の学者たちに注目されていた。一四世紀の英国の町ダラムの司教ド・ベリー（Richard de Bury, 1287–1345）はアウルス・ゲリウスとマクロビウスを読んでいた。[90] だから、彼が有名な『フィロビブロン』*Philobiblon* でつぎのように主張していても驚くにはあたらない——

ウェルギリウスはラテン世界の詩人たちの首領ともいうべきだが、テオクリトスやルクレティウス（Lucretius, c. 99–c. 55 BC）、そしてホメロスから盗み、その力を借りなかったなら、いったい彼一人でなにをなしえただろうか。パルテニオスやピンダロスの作品を何度も読みかえしていなかったら、なにをなしえただろうか。彼らの雄弁をウェルギリウスはけっして模倣できないのだ。[91]

ギリシア文学に精通した者でなければラテン文学を正しく理解できないというのは、一五世紀の人文主義者たちの常套句であった。[92]

（87） Felix Jacoby, "Zur Entstehung der römischen Elegie," *Rheinisches Museum für Philologie* n.s. 60（1905）, 38–105: 38 n. 1.

（88） アウルス・ゲリウス『アッティカの夜』第九巻第九章第一—三節。

（89） マクロビウスの『サトゥルナリア』第五巻第二—二二章と Pierre Paul Courcelle, *Late Latin Writers and Their Greek Sources*, tr. Harry E. Wedeck（Cambridge MA: Harvard University Press, 1969）, 13–26 を参照。

（90） Remigio Sabbadini, *Le scoperte dei codici latini e greci nei secoli XIV e XV*（Firenze: Sansoni, 1914）, 9 n. 40. ド・ベリーが知っていたのは序言と第一巻から第七巻までだ。

（91） Richard de Bury, *Philobiblon*, ed. Ernst C. Thomas（Oxford: Blackwell, 1960）, 110–111＝リチャード・ド・ベリー『フィロビブロン：書物への愛』古田暁訳（講談社学術文庫、一九八九年）、九六頁は、おそらくマクロビウスの『サトゥルナリア』第五巻第一七章を参考にしている。

さらにカルデリーニもギリシアとラテンの比較に細心の注意をはらい、大きな労力をかたむけた。たとえば、ローマの詩人プロペルティウスの作品への短い注釈で、新しくて興味ぶかい研究成果を一度ならず披瀝している。彼の指摘によれば、プロペルティウスの『エレギア詩集』第一巻第二〇歌はある程度まで、テオクリトスによる農耕詩の第八歌を下敷きにしているという――

ここでの彼のおもな狙いは、若さの神ヒュラスの物語についてテオクリトスを手本として翻案することであった。(93) ギリシアの詩人や古典注釈者、歴史家たちの著作を幅ひろく渉猟した結果、カルデリーニはプロペルティウスの神話や地理についての暗喩を解明することができた。たとえば、『エレギア詩集』の第三巻第二一歌における「テセウス王の道の長い腕」Theseae brachia longa viae という表現を、つぎのように正しく解釈している――

プロペルティウスが意図しているのは、ギリシア語で「長い足」makra teichē あるいは makra skelē と呼ばれる長い壁のことだ。その壁はアテネの市から港町ペイライエウスまで伸びていた。歴史家トゥキュディデスの著作で詳述されているものだ。(94)

またカルデリーニは、プロペルティウスが有名な神話のさまざまな異説を利用していることにも気づいた。『エレギア詩集』の第一巻第一三歌では、川の神エニペウスがテッサリア地方の神と記されている。カルデリーニによれば、ほかの古代の著作家たちはエニペウスをテッサリア地方ではなくエリス地方の神としているというが、この指摘も正しかった。(95)

しかし、いくら新たな史料をもちいていても、カルデリーニの注釈はポリツィアーノのものとは大きな違いを露呈している。ポリツィアーノの判断力や思慮ぶかさ、体系性がカルデリーニには欠けていた。『エレギア詩集』第四巻第一歌でプロペルティウスは、みずからのことを「ローマのカリマコス」と呼んでいた。だがこの表現は外見ほど単純ではない。ローマの詩人がギリシアの詩人をみずからの手本と呼ぶとき、主題や韻律を学んだことを意味しているのだろうが、同時に革新性や学識、精妙さにおいて自分は彼にならぶと主張している可能性が高い(96)。しかしカルデリーニは、プロペルティウスの言葉をまったく文字どおりに理解できるとした。プロペルティウスはカリマコスからじかに翻案したに違いないと考えたのだ——

彼はローマのカリマコスと自称している。というのも、ギリシアの詩人カリマコスの作品をラテン詩にしたからだ(97)。

(92) たとえばバッティスタ・グァリーニ(Battista Guarini, 1538–1612)によるマヌエル・クリュソロラス(Manuel Chrysoloras, c. 1355–1415)の評価を参照。Cf. Remigio Sabbadini, *La scuola e gli studi di Guarino Guarini Veronese* (Catania: Galati, 1896), 219.

(93) Calderini, *Elucubratio in quaedam Propertii loca quae difficiliora videantur*, Proctor 6949 (Brescia, 1476), sig. [c6 r]. プロペルティウス『エレギア詩集』第一巻第二〇歌も参照。

(94) Calderini, *Elucubratio*, sig. [c6 r]. トゥキュディデス『戦史』第一巻第一〇七章第一節と第一〇八章第三節。

(95) Calderini, *Elucubratio*, sig. [c5 r]:「プロペルティウスはストラボンと意見を異にしている。後者は少女に好かれた神エニペウスを[古代ギリシアの町]ピサにおいているが、前者はテッサリア地方においている」。ストラボン『地理書』第八巻第三章第三二節と第九巻第五章第六節を参照。

(96) David O. Ross, *Backgrounds to Augustan Poetry: Gallus, Elegy and Rome* (Cambridge: Cambridge University Press, 1975).

(97) Calderini, *Elucubratio*, sig. [d5 v-d6 r].

この解釈が適切ではない場合がすくなくともひとつある。『エレギア詩集』第一巻第二歌でプロペルティウスは、自分の恋する狩猟の女神キュンティアを「いのち」vita と呼んでいる。これについて、カルデリーニはつぎのようにいう——

この言葉はカリマコスからとられたものだ。プロペルティウスはカリマコスを手本と仰いでいた。そのカリマコスも恋の相手をおおげさに讃え、この言葉「いのち」にあたるギリシア語「ゾエー」zōē と呼んだ。(98)

カルデリーニの議論は、たしかに支持をいくらか獲得したようだ。というのも、彼に言及していないが、ベロアルドが一四八七年に刊行したプロペルティウス注解で、この議論をくり返したからだ。彼もまた、プロペルティウスがカリマコスのことを手本、つまり「原型」archetypon としたと論じた。そして、『エレギア詩集』第一巻第二歌での「いのち」の用法も、カリマコスの模倣だと記した。(99)

カルデリーニとベロアルドの注釈はポリツィアーノを刺激し、『雑録』の第一巻第八〇章における素晴らしい反論が生まれた。『エレギア詩集』第一巻第二歌についてのカルデリーニの読みと解釈にたいして、彼は徹底的な反論をくわえたのだ。それによれば、カリマコスが恋愛詩を書いたという証拠はまったくない。「いのち」zōē が愛情をしめす言葉として使用されている恋愛詩となると皆無だ——

私にとって驚きなのは、プロペルティウスはカリマコスを手本にして多くのことをいったとカルデリーニと彼の追従者たちが主張したことだ。詩人カリマコスの作品は、わずかな讃歌をのぞいてはなんら伝わっていず、恋愛をとり扱かったものは皆無だというのに。(100)

この応酬でポリツィアーノは勝利をおさめた。カルデリーニは自論の後ろ盾となる証言をなにも引用していなかった。たしかに、ローマの詩人ユウェナリスを注解していた彼は、「いのち」という語が愛情表現にもなることを知っていた。しかし、カリマコスがそうした意味でこの言葉を使ったという考えは、間違いなく彼自身が案出したものだった。

ポリツィアーノの反論は、その文脈において考えてみると、さらに重要な意味をもっていることがわかる。ここで彼はカルデリーニを批判するだけではなく、プロペルティウスを読解するためにギリシア詩を正しく利用する方法を示したのだ。『エレギア詩集』の第四巻第九歌でプロペルティウスは、盲目の予言者ティレシアスが沐浴中の女神パラスに出会ったという神話をほのめかしている。この神話を解説するためにポリツィアーノは、ほかの史料とともにカリマコスがパラス沐浴について書いた詩全体のテクストをはじめて出版し、逐語訳もした。(101) つまり、このアレクサンドリアの詩人カリマコスの作品は、ローマの詩人プロペルティウスがおこなった神話への暗喩の解明に利用できるかもしれなかった。ただし対応が明確なところ以外は、逐語的に詳説することはできない。この『雑録』第一巻第八

(98) Calderini, *Elucubratio*, sig. c2 v.
(99) 『エレギア詩集』第四巻第一歌第六四行について Propertius, ed. Beroaldo, sig. [svi v]:「彼はローマのカリマコスと自称する。カリマコスはギリシアの哀歌詩人であり、ローマ人であるプロペルティウスは彼を真似し、執筆時の手本としたからだ」。『エレギア詩集』第一巻第二歌第一行について Propertius, ed. Beroaldo, sig. Iii r:「これは恋人を［ゾエー］つまり「いのち」と呼ぶカリマコスの真似だ」。
(100) Poliziano, *Opera*, 289.
(101) Poliziano, *Opera*, 288-295. Cf. *Callimachus*, ed. Rudolf Pfeiffer (Oxford: Clarendon, 1953), II: lxvii.

〇章でポリツィアーノは、テクスト解釈で比較をもちいる利点だけではなく、その限界もきちんと認識していたことを示した。また彼は、さまざまなローマの詩人たちがギリシア語の典拠を異なる方法で使用したことを理解していた。解釈者は比較をおこなうときに、作詩法の違いを考慮にいれなくてはいけないのだ。たしかに、カルデリーニはギリシア語の史料をひろく渉猟し、ラテン詩のニュアンスにも敏感であったが、詩学における暗喩や翻案の体系的な研究ではポリツィアーノに対抗できなかった。

現代の学者たちも、ラテン詩の研究ではギリシア語の史料や模範を探すことから出発する。模範が発見できた場合は、ポリツィアーノよりもはるかに詳細に、それをラテン詩と比較する。われわれが知りたいのは、エンニウスがエウリピデスを翻訳するときに変更をくわえたことだけではない。それがどんな変更だったのか、なにが目的だったのかも知りたいのだ。しかし、比較が不十分だったとポリツィアーノを責めるのは、歴史学の見地からは誤りであろう。結局のところ、彼が比較したのは利用できた古代の模範や典拠の範囲内でしかなかった。ここでは、むしろ彼の比較の手法についても、写本研究と同様な観点からとらえるべきだろう。彼こそが、今日なお採用されている手法を確立した直系の先祖なのだ。

背景

ポリツィアーノがおもな研究分野として選んだのは、写本とギリシア語の典拠のふたつであった。この選択は、特定の歴史的かつ伝記的な状況に関連していた。一四八〇年以降、彼とメディチ家は疎遠になりつつあった。庇護者との関係をなんとかつなぎとめるために、彼は自分の学問の斬新さと、先人たちと比べても疑いなく優秀であることを証明しなくてはならなかった。正確さと詳細さについての新しい基準を意識的に採用することで、彼はそれを可能にした。同時に、稀覯な史料をたえず参照して、それらを利用させてくれた友人たちに公の場で感謝をのべた。それは、再三にわたって庇護者ロレンツォに称賛をおくることにつながった。ロレンツォは、「ありがたくも学者たちのために」と写本や古銭や碑銘を吟味するための便宜をはかってくれたのだ[102]。

最終的にポリツィアーノのおかれた状況が、難解で錯綜した問題を研究する決心をうながした。古代世界の研究を市民生活とはまったく無関係のものとし、ひと握りのエリートのみが厳密さをそなえた研究が実行できるとすることで、ポリツィアーノはフィレンツェにおける古典研究の伝統から離れていった。

フィレンツェの初期人文主義者たちが古代世界を研究したのは、よき人間、よき市民になるためだった。彼らは、自分たちの時代にしっかりとした共和制を樹立するために古代の経験を再構成しようとした[103]。それとは対照的に、ポリツィアーノがつよく主張したのは、過去を理解しようとするさいに関係する証拠は些細なものでも検討の対象とすることだった。確固たる文献的な裏づけがない過去についての思いこみは排除しなくてはならないのだ。彼は、カルタゴの町の司教であった聖キュプリアヌス（Cyprianus, ?–258）による「真理の支えがない習慣は、誤信が生き長らえているだけだ」という一節を引用した。この言葉はもともと、教会の伝統と教義を刷新するために発せられたものだった[104]。ポリツィアーノにおける純粋な古典テクストへの欲求と清廉なキリスト教への欲求という劇的な結合は、彼の手法を文献学だけではなく道徳の面からも際立たせる。それは古典研究がもっていた道徳的な目的を、よい行動を刺

(102) Poliziano, *Opera*, 261.
(103) Baron (1966); idem, *In Search of Florentine Civic Humanism* (Princeton: Princeton University Press, 1988).

激するということから、それらの行動を強化するという方向に変化させた。

しかしポリツィアーノは、こうした究極的な目的を明確にしなかった。つねづね彼が主張した準備の徹底は、よき市民となるための時間の余裕など与えなかった。さらに彼は、古代の著作をそれが生まれた時代の文脈におくさいに、その著作がもちえた同時代的な価値をすべて捨象してしまった。中世の学者たちはペルシウスの風刺詩を誤読することで、自分たちの時代なりの価値を見出していた。ポリツィアーノによる歴史学的な読解は、これらの風刺が修道士たちの悪行や同時代的な諸問題とはまったく関係ないことを明示した。こうして道徳的な役割を排除することで、古典研究はプラトン主義者たちの優雅な戯言に劣らないくらいメディチ家の庇護にふさわしいものへと変容したのだ。[105]

ポリツィアーノの手法は、ただちに成功をおさめたわけではなかった。友人マントゥアヌス（Baptista Mantuanus, 1447–1516）が書いた「ウェルギリウス」の綴りについての論文をみて、彼がどんな反応をしたかを高所から見物できたなら興味ぶかいことだったろう。マントゥアヌスによれば、「ウェルギリウス」Vergilius という綴りは正しいはずがなかった。たしかにローマ写本や碑銘にある綴りだが、それらは決定的な証拠ではない。どうしてたった三つの古写本の証言が、幾千もの新しい証言に優先されるというのだ。[106]

ポリツィアーノの友人であり、文通相手でもあったベロアルドは、ポリツィアーノの没後も一一年ほど長生きしたが、友人が到達した洞察を理解することはなかった。彼は几帳面に典拠を再現せず、一箇所ならずプラトンの著作を曲解してしまった。[107] さらに、つねに写本を参照しているとはいえなかったし、写本の読みを示すさいも出所を明確に告げなかった。[108] ポリツィアーノの弟子ピエトロ・クリニート（Pietro Crinito, 1475–1507）でさえ、師からそれほど多くを学ばなかったようだ。彼の『栄えある学問について』*De honesta disciplina* で採用されている方法は、写本やギリシア語の典拠の分析よりも、古代のラテン文法家たちの研究にもとづくものだった。[109]

しかしポリツィアーノの新しい手法は、同時代人たちの無理解にたえて生き残った。一六世紀なかばまでには、ヨーロッパ中の学者たちがそれを採用するようになった。ラテン語とギリシア語の比較は、とくにフランスで盛んになった。フィレンツェやローマの学者たちは、写本の体系的な校訂に傾注した。(110) かつてポリツィアーノだけが示した比類のない知見が、本章の冒頭でふれたベリエーヴルやディプロウァタキウスといった多くの学者たちの著作にみられるようになった。

---

(104) Poliziano, *Opera*, 315 で聖キュプリアヌスの『書簡集』第七四書簡第九節を引用している。Cf. Gerhard Ladner, *The Idea of Reform: Its Impact on Christian Thought and Action in the Age of the Fathers* (Cambridge MA: Harvard University Press, 1959), 136-139.

(105) Carlo Dionisotti, *Geografia e storia della letteratura italiana* (Torino: Einaudi, 1967), 154-155; Field (1989).

(106) Ettore Bolisani, "Vergilius o Virgilius? L'opinione di un dotto umanista," *Atti dell'Istituto Veneto di Scienze, Lettere ed Arti*, classe di scienze morali e lettere, 117 (1958-1959), 131-141.

(107) Michael Baxandall & Erich H. Gombrich, "Beroaldus on Francia," *Journal of the Warburg and Courtauld Institutes* 25 (1962), 113-115; Eugenio Garin, "Note in margine all'opera di Filippo Beroaldo il Vecchio," in Bernardoni Trezzini et al. (1974), II: 439-441.

(108) Krautter (1971), 129-133.

(109) Pietro Crinito, *De honesta disciplina*, ed. Carlo Angeleri (Roma: Bocca, 1955). Cf. Mario Santoro, "La polemica Poliziano-Merula," *Giornale italiano di filologia* 5 (1952), 212-233; Dionisotti (1968), 183-185; Laura Perotto Sali, "L'opuscolo inedito di Giorgio Merula contro i *Miscellanea* di Angelo Poliziano," *Interpres* 1 (1978), 146-183; Vincenzo Fera, "Polemiche filologiche intorno allo Svetonio di Beroaldo," in *The Uses of Greek and Latin: Historical Essays*, ed. Anna Carlotta Dionisotti et al. (London: The Warburg Institute, 1988), 71-87.

(110) Grafton (1983), I: ch. 2-3.

ポリツィアーノの方法がどのような道筋で伝搬したのか、正確なところはわからない。彼につづく世代のなかで誰が、それを伝授したのかもはっきりしていない。しかし、ひとつだけ要点を示せるかもしれない。ポリツィアーノは、『雑録』のほかにも多くの著作で自分の手法を明確に記述し、実例とともに示していた。より専門的な講義でも、写本やラテン文学におけるギリシア語の典拠にしばしば言及していた[111]。写本の校合にふれた著作では有名な文書にとり組み、正確な校合と体系的な校訂の必要性をくり返し主張していた[112]。さらに、幾つかの著作は収集したギリシア文献の対応する箇所の比較をふくんでいた[113]。すくなくともフィレンツェにおいて、彼の教えの記憶や研究成果の目にみえる反映が、なんらかの影響をおよぼしたのは間違いなかった[114]。

なかでも、ポリツィアーノの『書簡集』は注目に値する。それはイタリア人文主義の円熟期の素晴らしさを、どの著作よりも鮮明に伝えている。彼の革新的な方法は、これらの書簡にも貫かれていた。彼はメディチ家のピエロ（Piero de' Medici, 1472-1503）宛の書簡で、フィレンツェの起源についての新理論の根拠となった史料が信頼にたるものだと自慢している[115]。また、ポンポニオ・レトによる碑文の写しについては、ある固有名詞の綴りを疑問視している[116]。『法典』のフィレンツェ写本を扱い、皇帝ユスティニアヌス以前のローマ法についての研究に着手したところもあった[117]。そして、自分自身の手によるギリシア語の韻律表現の入門編をウェルギリウスのものと比較しているところもあった[118]。この『書簡集』は専門的な『雑録』よりもずっと読解しやすく、たびたびポリツィアーノの著作集におさめられ、ときには単独でも再刊された。こうした著作の影響がすべて明確にされてはじめて、彼の革命がどのように新しい文献学を生みだしたのか理解できるであろう[119]。

(111) とりわけ Cesarini Martinelli (1978) を参照。

(112) Alessandro Perosa, *Mostra del Poliziano* (Firenze: Sansoni, 1955), 13-92.

(113) Antonio M. Adorisio & Albio C. Cassio, "Un nuovo incunabolo postillato da Angelo Poliziano," *Italia medioevale e umanistica* 16 (1973), 263-287: 278-281, 284, 286.

(114) フィレンツェのピエロ・ヴェットーリ (Piero Vettori, 1499-1585) の場合については Grafton (1983), ch. 2; Perosa (1955), 27-28.

(115) ポリツィアーノ『書簡集』第一巻第二書簡メディチ家のピエロ宛。*Opera*, 3 = Angelo Poliziano, *Letters*, ed. Shane Butler (Cambridge MA, Harvard University Press, 2006), I: 9-17. Cf. Nicolai Rubinstein, "Il Poliziano e la questione delle origini di Firenze," in *Il Poliziano e il suo tempo* (Firenze: Sansoni, 1957), 101-110.

(116) ポリツィアーノ『書簡集』第一巻第一六書簡ポンポニオ・レト宛。*Opera*, 10-11 = Butler, I: 50-55.

(117) Troje (1971), 18-20.

(118) ポリツィアーノ『書簡集』第一巻第二〇書簡ヴァリーニ宛。*Opera*, 13-14 = Butler, I: 62-69. 彼の「暗喩法」ars allusiva については Alessandro Perosa, "Febris: A Poetic Myth Created by Poliziano," *Journal of the Warburg and Courtauld Institutes* 9 (1946), 74-95 を参照。

(119) 古典的な事例研究については Eugenio Garin, "*Endelecheia e Entelecheia* nelle discussioni umanistiche," *Atene e Roma* ser. 3, 5 (1937), 177-187 を参照。

第三章　捏造の伝統と伝統の捏造——ヴィテルボのアンニウス

【要約】

第三章では、ヴィテルボのアンニウスの名で知られる一五世紀イタリアのドミニコ会士に目が向けられる。この人物は、史料を評価して信頼性の高いテクストを選択する文献学の一般則を確立した。しかし驚くべきことに、彼は稀代の贋作者としても知られている。

アンニウスは、旧約聖書の記述と各国の歴史をつなぐ「普遍史」を標榜した野心的な一大奇書『古代論』を執筆した。そこでは、古代の諸王朝についての大小さまざまなテクストが編纂され、注解がほどこされている。だが、これらのテクストのほとんどが、アンニウス自身による改変・捏造だったのだ。この悩ましい事実のせいで、彼には多様な評価が与えられている。たんなる贋作者なのか、近代文献学の草分けなのか。中世人なのか、近代人なのか。これらの疑問に答えることが本章の目的となる。

はじめに、ルイス・キャロルの小説『不思議の国のアリス』に登場する怪しげな四則演算「野心、嘲笑、虚飾、目くらまし」というキーワードのもとに、『古代論』を特徴づけるアンニウスの姿勢や手法が描きだされていく。そうすることで、彼がテクスト批判の一般則を公式化した背景・文脈もあきらかになるだろう。

つづいて、一六世紀なかばの七人の人文主義者たちが、どのように『古代論』にたいして反応したのかが分析される。彼らの態度は七人七様で、一見してとても複雑だ。しかし、これらの態度を丹念にたどることで、史料批判が重視されるようになった時代的な背景、そしてアンニウスが後世に与えた影響がうかびあがってくるだろう。

はじめに

ヨセフス・スカリゲルは、長く実り多い人生でふたつの超自然的な存在に出会っている。ひとつは馬にまたがる黒人で、友人たちと沼地のそばを馬でとおりかかったときに遭遇したものだった。もうひとつは本で読んだだけだったが、魚の体と人間の声をもつ「オアンネス」Oannesという怪物だ。「技芸」との出会いが「生命」との出会いよりもずっと強烈なことが、ルネサンス期にはしばしばあった。黒人の方はスカリゲルを沼地へと誘いこもうとしたが、失敗して姿を消した。これはスカリゲルに悪魔とそのすべての所業にたいする軽蔑の念をいだかせた――「私の父は悪魔を恐れなかった。だから私も恐れない。私は悪魔よりも厄介な人間なのだ」[1]。

他方、スカリゲルが書物のなかで出会ったオアンネスは、大洋から出現してきて人類に技芸と学問を教えた。悪魔が人間を誘惑するというのは、ルネサンス人たちにとって珍しいことではなかったが、魚類が文化を創造するというのは一六世紀にあっても常軌を逸していた。

人類に文明をもたらした魚の記述は、紀元前三世紀の初頭にベロッソス（Berossos, 3c BC）が記したバビロニア史

（1） Scaliger, *Scaligerana*, 123.

の冒頭にある。ベル神殿の神官ベロッソスは、正真正銘のバビロニアの記録文書をひきながら、セレウコス朝の王アンティオコス一世ソテル（Antiochos I Soter, rg. 281-261 BC）のためにギリシア語で著述した。ベロッソスをはじめ、エジプト人マネトー（Manetho, 3c BC）や多くのユダヤ人をふくむオリエントの歴史家たちは、バビロニアやイスラエル、エジプトがギリシアよりも古く、深遠な叡智をもっていたことを示すために文書や碑文を利用した。戦場で敗北した仕返しに記述の世界で復讐をはたしたのだ。ユダヤ教徒やキリスト教徒の著作家たちは、ベロッソスの『バビロニア誌』をうち捨てずに保存した。ゲオルギオス・シュンケロス（Georgios Syncellos, ?-c. 810）の未公刊の世界年代記は、そうしたもののひとつであった。そこで語られるベロッソスと魚のような生きものにスカリゲルが出会ったのは、一六〇二年か三年であった(2)。

この出会いでもっとも注目すべきは、スカリゲルの反応だ。よきカルヴァン主義者として彼は、バビロニアの神々を忌むべきものだと考えた。さらにバビロニアは国家が悠久なことを鼻にかけているがそれも空想にすぎないとした。またすぐれた学者として彼は、「ベロッソス」が信頼できない名であることを知っていた。弟子のジョン・セルデン（John Selden, 1584-1654）も指摘しているように、スカリゲルより一〇〇年前にはつぎのように書かれていた――「（襟を正していうが）悲劇風の装いでカルデア人の神官ベロッソスが登場した」。

じつはベロッソスに帰され、一六世紀のベストセラーとなってヨーロッパ各国の古代史を歪めてしまった偽書が存在した(3)。スカリゲルは、その偽ベロッソスを痛烈に批判した一人だ。だが彼は、狂気じみた偽作として片づけてしまっても問題ないものに、ただならない関心をはらった。最初にオアンネスの物語について書きとめたときは、同じ魚が別の文脈では「オエス」Oesと呼ばれていることを記述し、アッシリアの初期キリスト教徒の著作家タティアノス（Tatianos, c. 180-c. 120）の証言をもとにしてベロッソスについても注をくわえた(4)。しかし一六〇六年に刊行される『年代宝典』*Thesaurus temporum* という世界史についての大著を執筆するにあたり、ベロッソスについてなるべく多くの記述を収録し、できるかぎり正確に年代を特定した。そして、それまで知られていなかったテクストを収集することで大きな貢献をしたと誇らしげに語った。[5]

スカリゲルの親友カゾボンは、同じ年代記の写本についての記述のなかで「オアンネスというある種の生物は非常に珍しい性質をもっている」と控えめに指摘していた。[6] しかし、スカリゲルはそうはせず、むしろみずから発見して

（2）ベロッソスについては *Die Fragmente der griechischen Historiker*, ed. Felix Jacoby（Berlin: Weidmann, 1923-1958）, 680F1; Mayer Burstein, *The* Babyloniaca *of Berussus*（Malibu: Undena, 1978）の近代語訳と注釈を参照。一般的な背景は Samuel K. Eddy, *The King Is Dead: Studies in the Near Eastern Resistance to Hellenism, 334-31 B.C.*（Lincoln: University of Nebraska Press, 1961）を参照。

（3）John Selden, *The Reverse... of the English Janus*（London, 1683）は Aneurin L. Owen, *The Famous Druids: A Survey of Three Centuries of English Literature on the Druids*（Oxford: Clarendon, 1962）, 36 に引用がある。

（4）ライデン大学図書館蔵 MS Seal. 10, f. 2r. フォティオス『図書館』cod. 279 とエウセビオス『福音の備え』第一〇巻第一一章第八節に所収のタティアノス『ギリシア人たちへの演説』第三六節 = *Die Fragmente der griechischen Historiker*, 680T2 からヘラディオス（Helladios, fl. 382-403）を引用している。

（5）Scaliger, *Notae in Graeca Eusebii*, in *Thesaurus temporum*, 2. ed.（Amsterdam, 1658）, 407-408.

（6）ボードリアン図書館蔵 MS Casaubon 32, f. 52v. ライデン大学図書館蔵 MS Scal. 10 にある覚書の記述の日付と重要性については Georgius Syncellius, *Ecloga chronographica*, ed. Alden A. Mosshammer（Leipzig: Teubner, 1984）では議論されていない。Cf. Anthony Grafton, "Protestant versus Prophet: Isaac Casaubon on Hermes Trismegistus," *Journal of the Warburg and Courtauld Institutes* 46（1983）, 78-93: 93.

出版したマネトーの作品と同様にこのベロッソスの作品を擁護して、まぎれもないオリエントの史書だと主張した。たしかに冒頭部は寓話について記述しているようだが、正真正銘の古代につらなるものとして傾聴に値し、古代人による史実の叙述にきちんとつながっているものだと。さらに、ハイデルベルクの神学者パレウスに異を唱えられたスカリゲルは、自分の主張を論争の的となる仮説に発展させ、異教徒たちの説話は神話のかたちで史実に覆いかぶさっているとした。(7) こうして彼が保存して擁護したのは、近代ヨーロッパにまで伝わってきた古代オリエントの最初のまとまった真正作であった。この作品は西洋の伝統とはあまりに縁がうすく、解釈できるようになるには二百年以上をへて、楔形文字による記録が発見され解読されるのを待たなければならなかった。

スカリゲルの先見の明をどう説明したらよいだろうか。その時代にあっては当たり前の偏見を振りはらい、この古代オリエントの断片が理解できないにしても、その真正さにおいては疑う余地がないと判断できたのはなぜだったのだろうか。一九六〇年代の歴史研究の豊かな成果が、ひとつの解答を与えてくれる。ペトラルカやヴァッラをはじめとするルネサンス初期の人文主義者たちは、数多くの中世の偽作を精査して退けた。オーストリアを皇帝裁判権の管外におくとしたユリウス・カエサル（Julius Caesar, 100-44 BC）に帰された勅許状や、西ローマ帝国の支配権を教皇に与える皇帝コンスタンティヌス一世（Constantinus I, c. 272-337）に帰された寄進状といったテクストだ。こうした文書群は、作者とされる実在の人物とは異なる言葉づかいを採用したり、定評ある歴史家が記載している事実を無視したり、関連する歴史上の登場人物の信念や意図の記述とも矛盾したりしていた。(8)

つづくスペインのメルチョル・カノ（Melchor Cano, 1509?-1560）やフランスのジャン・ボダンといった一六世紀なかばの神学者や法学者たちの前には、大きな権威を誇るきわめて広範な文書群が立ちはだかっていた。同時に、一連の宗教的・政治的な問題までもが切迫したものになっていた。したがって彼らは、先人たちよりはるかに先へと前進した。偽作を排除して正典を確立するだけではなく、真正な部分の典拠についても精査しなければならなかったのだ。それぞれは正しくてもバラバラであった初期の人文主義者たちの洞察を整理して、カノやボダンは過去についての証言を選択し読解する一般則をつくりあげようとした。史料の評価において、経験的な事例研究を重ねるのではなく、普遍的に使用できる原則を定めたのだ。

さらにその一般則を幅ひろいテクスト群に適用することで、アンリ・エティエンヌやスカリゲル、カゾボンといった後続の学者たちは、古典作品から偽作や偽典を一掃できた。彼らがはっきりさせたのは、ホメロスが偽ディクテュス（Ps.-Dictys, ?-?）や偽ダレース（Ps.-Dares, ?-?）に帰されるラテン語による偽作に先立つこと、そしてエジプトのヘルメス・トリスメギストス神に依拠したと考えられていたプラトンが、じつはヘルメスに先立つことであった。さらにヒツジ飼いを聴衆に詩作したヘシオドスが、アレクサンドリアの文法家たちを聴衆にしたムサイオス（Musaeos, 6c AD）に先立つのであった。

つぎのようなイメージを思い浮かべて欲しい。ギリシア語やラテン語で著述された真正作と偽作たちが、ならんで座って「ルネサンス」駅までいく列車に乗っている。するといかめしい顔つきの人文主義者たちが乗りこんできて検札をし、偽作たちの大群を窓や扉から追いはらってしまうのだ。もちろん彼らの行く先は「忘却」、歴史と人文主義がすべての正典を支配している解体工場だ。偽作はすべて、そこに追いやられてしまう。(9)

（7）Scaliger, *Notae in Graeca Eusebii*, 408. スカリゲルのエウヘメロス主義については本書の第一章を参照。

（8）Petrarca, *Seniles*, 15.5, in *Opera* (Basel, 1554), II: 1055–1058; Burke (1969), 50–54. ヴァッラの著作のテクストと議論についてはSetz (1975) を参照。Wolfgang Speyer, *Die literarische Fälschung im heidnischen und christlichen Altertum* (München: Beck, 1971), 99–102 も権威あるすぐれた研究だ。

こうした見方によれば、人文主義者たちの方法は新しくて近代的なものであった。ルネサンスから二世紀以上たったのち、ドイツ人のヴァーゲンフェルト(Friedrich Wagenfeld, 1810-1846)はポルトガルで失われてしまった謎の写本に依拠すると主張しつつ、古代フェニキア遺物についてのギリシア語の記述を捏造した。碑文学者でオリエント学者のグローテフェント(Georg Friedrich Grotefend, 1775-1853)は、それを鵜呑みにしてしまった。しかし、別の学者ミュラー(Karl Otfried Müller, 1797-1840)はその偽作性を見破った。彼は、見せかけの真正性を払拭するために人文主義者たちの試金石をそのまま採用した。ヴァーゲンフェルトが言及する偽フィロンは、ギリシア教父エウセビオス(Eusebios, 260/65-339/40)の著作に収録されている偽フィロンに帰される断片を読み誤り(印刷本の誤植まで丁寧に再現している!)、ありそうもない大小さまざまな文法や構文の間違いをおかしている。ミュラーによれば「小辞の使用にも不適切なところがかなりある」。さらに、実際のビュブロスのヘレンニオス・フィロンは無神論者だったのに、そこでは神々を信じているようだ。ミュラーがルネサンス期の人文主義者たちと異なるのは、芸術作品としての偽作に共鳴をおぼえたという点だけだ。彼は、偽作者ヴァーゲンフェルトの知性と想像力を「古代ギリシア・オリエント史書の精神」をとらえた素晴らしい才能と称賛した。しかし、ほかの点では人文主義の流儀をくり返したにすぎない。(10)

幸運なことに近年の研究も、直線的に目的地にむかう説明に魅力的な脇道を提供してくれる。歴史家J・レヴァインらは、近代において古典テクストや古遺物の正典をさだめる過程では、新たな方法を確立するよりも世代ごとの知見を単純に蓄積する方がより有益なことを示した(11)。また、偽作の暴露における人文主義者たちと近代の文献学者たちの違いを強調した研究者たちもいる。たとえば、『ヘルメス文書』の偽作性を証明したカゾボンは、人文主義的な文献学に多くの「近代的」な貢献をした人物として知られている。しかし彼は、ある伝統的なドグマをもっていたからこそ、それができたのだ。『ヘルメス文書』の成立年代とされてきた太古の昔には、これほど純粋で明晰かつ神学的にも整合性ある書物を執筆できる異教徒はいなかったと考えたのだ[12]。歴史はときに、ドグマをひっくり返すのではなく強化する方向にはたらく。

しかし、これらの新しい研究の趨勢でもっとも魅力的なものは、ドイツの歴史家W・ゲーツによる洗練された二論文によって示された。それによれば、従来の研究者たちは古代人たちの電車の旅を説明するさいに、ドミニコ会士ヴィテルボのアンニウス（Annio da Viterbo, c. 1432–1502）という重要かつ決定的な経由地をうっかり見落としてしまっていた。この人物は一五世紀末にベロッソスの偽作を捏造したが、テクストそのものだけではなく、テクスト選択のための妥当な一般則までつくりあげたのだという。そしてそれこそが、史料の選択と評価について後世の体系的な考察が生まれる素地になったのだ。一六世紀なかばの理論家たちのなかには、上述のカノのようにアンニウスとそのすべての作品を退けた者もいたが、ボダンのように認めた者もいた。どちらの立場にせよ、誰もがアンニウスの提起した課題に応えようとして読解の理論を練りあげていったのだ。こうして一人の偽作者が、まさに過去の歴史家たちの

（9）Burke（1969）; Myron P. Gilmore, *Humanists and Jurists: Six Studies in the Renaissance*（Cambridge MA: Harvard University Press, 1963）; Franklin（1963）; Kelley（1970）などを参照。

（10）Karl O. Müller, *Kleine deutsche Schriften*（Breslau, 1837/1847）, I: 445–452.

（11）Joseph M. Levine, *Dr. Woodward's Shield: History, Science and Satire in Augustan England*（Ithaca: Cornell University Press, 1977）.

（12）Grafton（1983）; Glyndwr J. R. Parry, "Puritanism, Science, and Capitalism: William Harrison and the Rejection of Hermes Trismegistus," *History of Science* 22（1984）, 245–270.

著作を批判的に読解する近代的な最初の理論家として出現した。これは魅惑的な逆説であり、石のように冷たい心をもった読者だけが拒絶できるものだろう。[13] ベロッソスは実在したとスカリゲルが主張できたとしても、その鑑識眼は彼自身が軽蔑する偽ベロッソスの創作者に負っていたところが大きいのだ。

本章ではアンニウスの著作を分析し、それにたいする一六世紀なかばの反応を調べることで、歴史的・文献学的な方法の発展にアンニウスがはたした役割を検討したい。そうするなかで「知ることができるすべてとその他のことについて」de omni re scibili et quibusdam aliis 私自身の無知をできるかぎり明確にし、古典時代の歴史（真作はもちろん偽作もふくまれる）にたいする近代の反応は、W・ゲーツの説明よりもずっと紆余曲折のある複雑な展開であったことを示したい。

古代と近代の謎

一四九八年にローマの出版業者エウカリウス・ジルバー（Eucharius Silber, fl. c. 1500）は、アンニウスの『古代論についての多様な著作家たちの諸作品への注解』*Commentaria super opera diversorum auctorum de antiquitatibus loquentium* を刊行した。この格調たかい書物には、アルキロコス（Archilochos, c. 680–c. 645 BC）、ベロッソス、マネトーといった実在したギリシア語の著作家たちの「原典」とされるものが収められていた。しかしそれだけではなく、紀元前三〇〇年頃にインドについて著述したギリシア人メガステネス（Megasthenes, c. 350–290 BC）の音が転訛した名メタステネス Metasthenes といった架空の著作家や、大カトー（Cato, 234–149 BC）やファビウス・ピクトル（Fabius Pictor, fl. c. 200 BC）、プロペルティウス（Propertius, 50/45–c. 15 BC）といったローマ貴族の原典もふくまれていた（プロペルティウスのテクストだけは真作であった）。これらのテクストは手際よく抜粋されて荘重なゴシック体の活字で版組され、アンニウス自身によってほどこされた豊富な注解のあいだに配置されている。古典や聖書のような立派な印象を与えるもので、外見だけではなく中身も包括的で説得力ある普遍史とうけとられた(14)。ここでは聖書の描く歴史から、古代の神話、中世のトロイ伝説までが、ひとつのタペストリーとして紡ぎあげられている。大洪水以前の世界に住んでいたとされる巨人族のなかで敬虔な心をもっていた唯一の人ノアは、セムやハム、ヤフェトの父だけではなく、ほかの巨人族たちの父にもなった。そしてノアの息子たちもまた、きわめて多彩な民族神話のなかにうまく溶けこんでおり、ベロッソスはその系図を確立していた。アンニウスが助け舟を出してくわえた注釈によれば、「後代の法律家たちはこれを手本にして血族関係を説明するために樹形図を採用したのだ(15)」。古代ローマの歴史家タキトゥスがゲ

（13） Werner Goez, "Die Anfänge der historischen Methoden-Reflexion im italienischen Humanismus," in *Geschichte in der Gegenwart*, ed. Ernst Heinen & Hans Joachim Schoeps（Paderborn: Schöningh, 1972）, 3-21; idem, "Die Anfänge der historischen Methoden-Reflexion in der italienischen Renaissance und ihre Aufnahme in der Geschichtsschreibung des deutschen Humanismus," *Archiv für Kulturgeschichte* 56（1974）, 25-48. また Walter E. Stephens, Jr., "The Etruscans and the Ancient Theology in Annius of Viterbo," in *Umanesimo a Roma nel Quattrocento*, ed. Paolo Brezzi et al.（Roma: Istituto di Studi Romani, 1984a）, 309-322; idem, "*De historia gigantum*: Theological Anthropology before Rabelais," *Traditio* 40（1984b）, 43-89: 70-89 も参照。

（14） Johannes Annius, *Commentaria... super opera diversorum auctorum de antiquitatibus loquentium conficta*（Roma, 1498）. この版については、大英博物館の揺籃本目録 IV, 118-119 の記述がわかりやすい。私はテクストとして初版を使用したが、一五五二年のアントウェルペン版はすぐれた編集で索引もあり、簡便性のためにこの版の頁番号で引用箇所を特定した。

（15） Annius, *Commentaria*, 59.

ルマン人たちの祖としたトゥイスコン、スペインの伝説でイベリアの創建者とされたヘラクレス、レオナルド・ブルーニ以来トスカーナ地方の人文主義者たちが近代イタリア都市国家の非ローマ的な真祖とみなしたエトルリア人たち、ガリアとブリタニアで学識あるドルイド教団を創設したドリュイウス、これらすべてが豊かで混沌とした普遍史のなかで各々しかるべき場所を占めている。なかにはきわどい話もあり、たとえばユダヤ教のラビの伝統に由来する話で、ハムはどうやってノアの性器にさわり、呪文をとなえて不能にしたのかを語っている。こうした話題がまた娯楽にもなっており、さもなければ無味乾燥でうんざりする退屈な書物になっていただろう。(16)

アンニウスはいたるところで工夫をこらして叙述を活気あるものにし、その試みには枚挙の暇がない。偽ファビウス・ピクトルによる初期ローマ史には手際よく解説がくわえられ、肉づけがされている。冒頭では、カトリック教徒のスペイン王たちをモーセやダヴィデのような「勇敢さ、勝利、品行方正さ、寛恕、思慮ぶかさ、謙譲、敬虔、気配り」の持ち主だと讃えている。(17)あるいは、二人のアルメニア人修道士を自分の情報源だとしたり、ノアは「アラム語では」サレ Sale と呼ばれていたというアルメニアの口承に言及したりして、ヒエログリフ愛好家たちや有名な『ポリフィロ狂恋夢』*Hypnerotomachia Poliphili* の読者たちの時代であるルネサンス期にふさわしいエキゾチックさも醸しだしている。(18)

そしてなにより作品の内容は、人類史における想像上の時代区分を強調していた。アンニウスのおもな情報源のひとつは、古代ローマのユダヤ人歴史家ヨセフス（Flavius Josephus, 37–c. 100）による『ユダヤ古代誌』であり、そこからいろいろ剽窃している。(19)ヨセフスと同様に、彼はノアと古代王国について新たな仔細をくわえている。これは聖書そのものには記述されておらず、聖書時代つまり聖書が描く太古の人類史に豊かな一頁を与えることになった。たとえば、ドイツの宗教改革家マルティン・ルター（Martin Luther, 1483–1546）は自著『世界の年代の計算』*Supputa-*

tio annorum mundi の読者に向かって、今日では忘れさられてしまった出来事が自身の年代記の「空隙」vacua spatia を埋めていることを念頭におくように呼びかけている。聖書時代には、聖書で言及されているもの以外にも多くの王と国が栄えた。イスラエルの族長たちの多くは非常に長寿で、かわるがわる生きたのではなく、時代が重なる場合もあった[20]。アンニウスが提供しているのは細部まで豊かに描かれた舞台であり、ルターはその舞台を前に古代イスラエル人たちが演じるドラマをみるのを好んだといえよう。ときに間違いや矛盾がテクストに見出されたとしても、ルターがアンニウスのことを聖書以外ではもっとも重要な典拠とみなしたのは驚くことではない。また、年代記学者サモテウス（Johannes Lucidus Samotheus, fl. c. 1535）は、諸民族の起源についてのモーセの説明をベロッソスが拡充したものを迷わず擁護したが、それは不思議なことではない――

> ［モーセが『創世記』第一〇章で教えているよりも］多く［の諸民族の父祖たち］をベロッソスは記している。なぜならカルデア人ベロッソスは、過去に存した王国や諸民族の父祖の数と同じだけの統治者たちを記述しているからだ。モーセが書き残しているのは、異なる言語をもつ統治者たちだけだったのだ［…］[21]。

---

(16) Annius, *Commentaria*, 80. 呪術は幻影のかたちをとっている。

(17) Annius, *Commentaria*, ep. ded.

(18) Annius, *Commentaria*, 76-77.

(19) ヨセフスについては Franz Blatt (ed.), *The Latin Josephus* (Copenhagen: Munksgaard, 1958), I: 13-15.

(20) Martin Luther, *Supputatio annorum mundi*, in *Werke*, WA 53 (1920), 33-34, 36, 26-27.

(21) Johannes Lucidus Samotheus, *Opusculum de emendationibus temporum*, 2. ed. (Venezia, 1546), 2.3, 19 r.

サモテウスの説明によれば、その違いはヘブライ語とカルデア語というモーセとベロッソスが使用した言語の相違からきているという。いずれにせよカルデア語については、ラテン語への翻訳者のおかげですでに変容してしまっているのだが。とにかく、全体としてベロッソスのとりあげた題材は相当な量で、それらはモーセのものと似ており、古代の歴史家たちのなかでも傑出した存在になっている。ギョーム・ポステル（Guillaume Postel, 1510–1581）は、ベロッソスが悪評をかった理由をつぎのように説明している——

彼は聖書と似かよった説明を後世に残しているが、神聖なことがらに理解のない者たちがそれを蔑んで嘲笑した。まさにその才能から、ほかの著作家の誰よりも好まれて称賛されるべきであったのに。[22]

一五世紀末のヴァティカンから英国王ジェイムズ一世（James I, 1566–1625）治下のロンドンや神聖ローマ皇帝ルドルフ二世（Rudolph II, 1552–1612）治下のプラハといった端から端まで、ルネサンス期のヨーロッパにはエジプトにたいする熱狂がひろまっていた。ヒエログリフ収集家、エンブレム作家、歴史画家たちの多くはこれに影響をうけていた。アンニウスは文明の起源としてのエジプトやオシリス神の壮大な旅と偉業のことをたえず強調したが、それはこのエジプト熱につよく訴えかけたものだった。[23]また彼は、聖書時代のオリエントやトロイと一五世紀のヨーロッパ諸国との結びつきを強調しているが、これは大胆な思弁に開拓すべき豊饒な地平を与えた。人文主義者たちは古代ギリシアやローマの歴史に格別の地位を与えていたが、辺境のノヴゴロド公国から南イタリアのナポリ王国にいたるまで、ありとあらゆる都市と国家が、それに匹敵あるいは優越する古代史を手に入れる必要を感じていた。スペインの町トレドからドイツの町トリーアにいたるまで各地の学者たちが、われ先にとアンニウスにつづいて不思議の国につながるウサギの巣穴にとびこんでいったのも当然だった。アンニウスは、自分の生地ヴィテルボを世界文明の揺籃の地であり、オシリス神が技芸を教え、文字を書き残した場所だとして最上の褒美を与えている。また彼は、庇護者であるボルジア家の出身地であったスペイン、そしてエジプトの名声にも寄与した。だがそれだけではなく、フランスや英国、ドイツ、ヴィテルボ以外のイタリアにも贈り物をしなければならなかった。

　こうしてアンニウスは、一六世紀初頭に夢想された歴史絵巻のどこにでも顔を出すことになった。だが、彼の作品を一般向けにしようとする人々の関心は、いたって凡庸な変容を生んだこともたしかだ。(24) 一五一〇年にジョフロワ・

（22） Guillaume Postel, *De Etruriae regionis originibus, institutis, religione et moribus*, ed. Giovanni Cipriani（Roma: Consiglio nazionale delle ricerche, 1986）, ch. 43, 173.

（23） 全般的には Erik Iversen, *The Myth of Egypt and Its Hieroglyphs in European Tradition*（Copenhagen: Gad, 1961）; Allen（1970）, ch. 5; Rudolf Wittkower, *Allegory and the Migration of Symbols*（London: Thames and Hudson, 1977）, 113-128 = R・ウィトカウワー『アレゴリーとシンボル』（平凡社、一九九一年）を参照。

（24） ヴィテルボについては Roberto Weiss, "An Unknown Epigraphic Tract by Annius of Viterbo," in *Italian Studies Presented to E. R. Vincent*, ed. Charles Peter Brand et al.（Cambridge: Heffer, 1962a）, 101-120. スペインは Robert B. Tate, *Ensayos sobre la historiografia peninsular del siglo* XV（Madrid: Gredos, 1970）, 13-32; idem, "Mythology in Spanish Historiography of the Middle Ages and Renaissance," *Hispanic Review* 22（1954）, 1-18. フランスは Robert E. Asher, "Myth, Legend and History in Renaissance France," *Studi francesi* 39（1969）, 409-419. 英国は Owen（1962）; Thomas D. Kendrick, *British Antiquity*（London: Barnes and Noble, 1950）. ドイツは Frank Borchardt, *German Antiquity in Renaissance Myth*（Baltimore: Johns Hopkins Press, 1970）. イタリアは Eric W. Cochrane, *Historians and Historiography in the Italian Renaissance*（Chicago: University of Chicago Press, 1981）, 432-435; Giovanni Cipriani, *Il mito etrusco nel Rinascimento fiorentino*（Firenze: Olschki, 1980）. また Stephens（1984a）&（1984b）は、一六世紀にアンニウスの考えが普及し再解釈されるなかでうけた変容を強調している。

トリー（Geoffroy Tory, c. 1480–1533）は、アンニウスの注釈なしのテクスト（注釈のない版というのが、すでに注目すべき変化を示している）をパリの民衆のために印刷するよう貪欲な読者たちに迫られたと不平を述べている。プリンストン大学の図書館に所蔵されている一冊は、この読者たちの要求の片鱗をみせてくれる。それは出版されてすぐに、ロンドンのロバート・ニコルソン（Robert Nicolson, fl. 1510）という人物に購入された。彼は、古代ブリテン史がとりあげられている箇所すべてに入念に下線を引いている。同時に、彼自身か他人かわからないが、ノアの去勢のくだりにも余白に目立つしるしをつけている。(25)

ごく最近まで、熱心な研究者たちは機会あるごとに、アンニウスにかかった偽造の嫌疑をはらそうとしてきた。彼はアルメニアで保存されていた古代文書の正真正銘の伝達者であるとか、あるいはこちらの方がまだありそうな話だが、彼自身が別の贋作者にだまされた被害者だというのだ。しかし過去二〇年で研究は大きく進展した。イタリアの学者たちは未公刊のアンニウスの著作を探しだして出版し、その過程で彼が注解をくわえただけではなく、古代のテクストそのものを捏造したことを証明したのだ。歴史家E・フマガッリは、アンニウスが自分の出版した偽カトーを初期の書簡のなかで引用しているのを示した。終わりまで引用しているわけではないが、はっきりそれと確認できるものだという。(26) 一四九一年から九二年にかけての作品『ヴィテルボ史梗概』は、彼がすでに偽ファビウス・ピクトルについて執筆にとりかかっていたことを示している。サビニの女たちのうけた凌辱を叙述するくだりで、彼はこのように書いている——

ファビウス・ピクトルによれば、女性たちの凌辱という不埒な犯罪が起ったのは、この都市創建の四カ月後、九月初日の一一日前［八月二二日］のことであった。(27)

ここでアンニウスは、プルタルコスの『ロムルス伝』のなかの二箇所の記述を融合させている。彼が『ロムルス伝』で読んだのは、都市創建が五月初日の一一日前、つまり四月二一日ということ（第一二章第一節）と、ファビウス・ピクトルは凌辱を都市創建の四カ月後としていることだった（第一四章第一節）。プルタルコスのテクストの文脈では、ふたつの記述の関係は明確ではないが、これらを結びつけてアンニウスはおぞましい事件に正確さを付与したのだ。偽の正確さかもしれないが、みごとであった。しかし、のちに彼はこの作戦を再考している。おそらく、プルタルコスのテクストに八月一八日という事件の正確な日付があることに気づいたからだ。この日付がファビウス・ピクトル自身によることも十分に可能性がある。そこで彼は、自分が出版するファビウス・ピクトルには凌辱が都市創建の四カ月後に起きたとだけ語らせ、創建の日付にかんする議論は彼が捏造した別の著作家である偽センプロニウスに綿密におこなわせることにした。[28] このような作戦は、アンニウスが英国の文人ウォルポール（Horace Walpole,

（25）現プリンストン大学図書館蔵 Ex. 2613.1510. 扉には「ロンドンの人ロバート・ニコルソンの所蔵本（パリ、一五一〇年刊）」と書きこまれている。
（26）Edoardo Fumagalli, "Un falso tardo-quattrocentesco: la pseudo-Catone di Annio da Viterbo," in *Vestigia: studi in onore di Giuseppe Billanovich*, ed. Rino Avesani et al.（Roma: Stora e Letteretura, 1984）, I: 337-360 はすぐれた事例研究だ。
（27）Annius, *Viterbiae historiae epitoma*, in *Annio da Viterbo: documenti e ricerche*, ed. Giovanni Baffioni（Roma: Consiglio nazionale delle ricerche, 1981）, I: 130-131 は有用な解説つきだ。アンニウスの典拠を指摘してはいるが、その操作をすべて解読しているわけではない。
（28）Annius, *Commentaria*, 432: ファビウス・ピクトル、サビニの女たちについて；577: センプロニウス、ローマ創建の日付とホロスコープについて。

1717–1797）よりも、偽作詩人チャタートン（Thomas Chatterton, 1752–1770）に似ていたことを教える。彼は無実でもなければ、被害者でもない。意識的に首尾一貫した偽作をつくりだす芸術家だったのだ。

もちろんアンニウスはその場しのぎの贋作者ではなく、きわめて真面目な人物であった。ルネサンス期のドミニコ会士にとって最高の役職をふたつ所持し、その奇跡のような魂の救済は『聖人行伝』*Acta sanctorum* に記述がある。そして、チェーザレ・ボルジア（Cesare Borgia, 1475–1507）の手で毒殺された。彼の作品は教皇の目にもとまり、スペインから財政的・人的な援助もうけたようだ。さらには「教皇庁付神学者」magister sacri palatii の肩書きまで獲得している。(29) しかしそこで問題となるのが、ルネサンス盛期の学問・技芸が生みだしたアンニウスの傑作をどう評価したらよいのかという点だ。

ここでも近年になって議論が白熱している。上述のW・ゲーツが強調するのは、アンニウスの手法の近代性であり、偽作の正しさを証明しようとして展開した議論が理論的に洗練されている点だ。別の研究者B・グネは、アンニウスの批判技術に近代的な偉業ではなく、中世の史的な手法の頂点をみようとした。中世の学者たちは、反目する修道会間での特権や聖遺物の争奪に決着をつけるために史的な証拠を提出しなければならなかった。アンニウスは、彼らが採用してきた規則を一般化したにすぎないというのだ。さらに歴史家B・スモーリーは、アンニウスのはるか以前に中世の一偽作者が偽ベロッソスをつくりだし、キリスト磔刑のさいに日蝕が起きたと記述させていることを発見した。そうしたことも、アンニウスが巧妙につくりあげた料理のなかに伝統の味つけが感じられることを示している。(30)

野心

アンニウスの特製シチューの下地となる風味には、ほかのどんな言葉より「野心」という語が似つかわしい。自身も述べているように、彼はヘラクレス的な冒険の旅に出発したのだ――

神学者の任務とは、真理を探究して発見し、たしかめて明示する。そして、できるかぎり解説して教え、伝えることだ。

アンニウスは、修辞で飾られていたり虚言にまみれていたりしない「ありのままの真理」nuda veritas を示すことを目的にかかげた。さらに彼は、この真理は人類史におけるあらゆる事象や意義ぶかい技芸や学問の創造、そしてすべての民族の起源をふくむものだとも主張した。百科全書的なひとつの歴史に社会と文化の起源を包含させる努力について考えようとすると、教父たちの世界に呼びもどされる。ユリウス・アフリカヌス（Julius Africanus, c. 160-c.

(29) アンニウスの生涯については Roberto Weiss, "Traccia per una biografia di Annio da Viterbo," *Italia Medioevale e Umanistica* 5 (1962b), 425-441 を参照。

(30) Guenée (1980), 133-140. また Smalley (1960), 233-235, 360-361 によると、「ラスベリー」Lathbury という人物がアテナイの歴史家「ウェロソス」Verosus の第三巻第一章を引用している。この偽作者は、アテナイ人たちがベロッソスの天文学に敬意をいだいていたという大プリニウスによる『博物誌』第七巻第一二三章での証言を無視した。天文学と同様、年代学についてもなにも述べていない。

240）やエウセビオス、セビリアのイシドルスたちも、包括的な記録の著述を試みた。彼らと同様、アンニウスも自身の主義や理想をもった編者であった。しかし、彼が解明しようとした真理は包括的ではあるが、論争を呼ぶものでもあった。それは人類史の中心からギリシア文化を追放し、近代ヨーロッパをじかに聖書時代のオリエントに結びつけようとするものだったのだ。(31)

細部だけではなく全体の枠組みにも、アンニウスの野心を読みとることができる。とくに、彼の時代の実践と制度にたいして古代の原型を偽造したときはそうだ。彼は傑出した神学者として、論争が起こっていた多くの問題について持論をもっていた。たとえば「公営質屋」monte di pietà の合法性や自由意志、星辰が歴史に与える影響といった諸点だ。(32) 星辰と歴史の関係について、アンニウスは当時の最新の実践を支持する文言を自分の偽造した古代テクストに滑りこませている。歴史家C・ヴァゾーリによれば、一四八〇年にアンニウスはトルコ軍の南イタリアの町オトラントへの上陸に反応しているという。新約聖書の『ヨハネ黙示録』と星辰の啓示にもとづいた予言を事後に捏造し、イスラム教徒たちの時代は終焉をむかえ、キリスト教徒たちの勝利が近づいていると主張したのだ。この見解の根拠として彼は、一般論としては神と地上界との媒介者としての星辰の役割について、個別論としてはトルコの勝利におけるしし宮の役割をとりあげて議論を展開した。こうした予言は一五世紀末、有名な予言者サヴォナローラ（Girolamo Savonarola, 1451-1498）の説教やジョヴァンニ・メルクリオ（Giovanni Mercurio, 1450-?）のような人たちの奇妙な街頭での扇動によってイタリア中に蔓延していた。詳細においても基礎となる諸前提においても、これらの予言はただならないものだった。約二〇年後、アンニウスは『古代論』において時間をさかのぼって、かつての自分の立場を擁護している。彼は、ノアが大洪水の起こることを七八年前に「星辰から」ex astris 予見したとベロッソスに語らせた。彼の注釈は、ほかの巨人族にも星辰をもとに大洪水を予言させている。「さらに有能なタルムード学者たち」

の見解を引用し、ノアは巨人であるだけではなく優秀な天文学者でもあったと主張している。そうすることで彼は、自分の実践した占星術をたんに由緒正しいだけではなく、大洪水以前の伝統に由来するとしたのだ。その古さは、占星術的な予言が父祖たちの太古の叡智に列することを意味し、学問の歴史において羨望の的になるものであった。(33)

嘲笑

アンニウスは、古代人たちのテクストを自分の新しい正典で置換するために、捏造した著作家たちの古代性と純粋さを証明しなければならなかった。それと同時に、論敵が誤りをおかしている可能性も示さなければならなかった。そうでない場合も散見されるが、機会あるごとにそれらをくり返している。また、古代ギリシア人たちの虚言を非難することもあった。たとえば、捏造したクセノフォンの『曖昧なことについて』*De equivocis* への注釈では――

ベロッソスは『古代論』の第五巻でつぎのように記している――「[バビロニアの] ニノス王治世の四年目、巨人族のトゥイスコンはゲルマン人たちに、サモテスはケルト人たちに、トバルはケルト・イベリア人たちに文字と

---

(31) Annius, *Commentaria*, praefatio.

(32) Edoardo Fumagalli, "Aneddoti della vita di Annio da Viterbo O.P.," *Archivum Fratrum Praedicatorum* 50 (1980), 167-199 & 52 (1982), 197-218; Vittorino Meneghin, *Bernardino da Feltre e i monti di pietà* (Vicenza: LIEF, 1974), 545-550; *Giovanni Rucellai ed il suo Zibaldone*, I: "*Il Zibaldone quaresimale*," ed. Alessandro Perosa et al. (London: The Warburg Institute, 1960), 164-170, 179-180.

(33) Cesare Vasoli, *I miti e gli astri* (Napoli: Guida, 1977), ch. 1. Annius, *Commentaria*, 48-52: ベロッソスのテクストとその注釈。

律法の手ほどきをした」[…]。だから、ギリシア人たちにさかのぼること千年以上前に、イベリア人、サモテス人、トゥイスコン人たちは間違いなく文字と哲学を手にしていたのだ。それは『魔術論』でアリストテレスが、そしてセノンが正しくも証言しているとおりだ。また、ウソつきのエフォロスや夢想家ディオゲネス・ラエルティオスが同じことを想像したが、証明はしていない(34)。

アンニウスは罵詈雑言のつくり手として人もうらやむ才能をもっており、しばしばそれを奔放に使っている。彼にとって古代ギリシアとは、まずもって「偽りのギリシア」Graecia mendaxであった。ギリシア人たちは巨人族の太古の教えを守らずに、空虚で軽々しい新奇なものをつくりだした。実際、それはあらゆる罪という罪にまみれた恥ずべき教えだったというわけだ――

古代には、ギリシアとペロポネソス半島は「アイギアレア」Aegialea,すなわち「雌ヤギ」Hircinaと呼ばれた。これらの地域は多くのヤギを産出し、その住民は汚らしく悪臭を放ち、まるでヤギのようであったからだ(35)。別のところでは控えめにではあるが、内面の頽廃をあらわす目にみえる指標としてギリシア人たちの無能さ加減をもちだしている――

ギリシア人たちは対立しあい争いあっているが、それは驚くことではない。彼らの哲学と歴史は抗争によって完全に荒廃したものになっている(36)。

この毒舌と主張の結びつきがテクストにも注釈にも、威圧的あるいは脅迫的な調子さえ与えることになった。しかしそれが数十年後、カトリック教徒のイタリアだけではなく、新教徒と清教徒たちのアルプス以北の国々においても、アンニウスや彼が捏造した著作家たちが抵抗なく受容される助けとなった。ルターはアリストテレスの全著作と聖書をくらべて、闇と光のようなものだと考えたが、その彼がギリシアの歴史家ヘロドトスとその仲間よりもアンニウスの捏造したベロッソスを好んだのは当然なことだったのだ。

虚飾

しかし、われわれの分析にとって重要なのはアンニウスの姿勢というより手法だ。彼の道具はいたって簡素だ。彼は「レスボスのミュルシロス」による歴史を捏造しようとしたとき、ラテン語訳が出版されたばかりのハリカルナッソスのディオニュシオス（Dionysios Halicarnassos, c. 60–c. 7 BC）による非常に豊かなローマ史の第一巻から素材を抜きだした。そのさい彼は内容が似かよっていることを認めている——

ディオニュシオスの著作の第一巻を読んだ者は、ミュルシロスも同じようなものだと思うかもしれないが〔…〕。

（34） Annius, *Commentaria*, 15.
（35） Annius, *Commentaria*, 493: カトーへの注釈。
（36） Annius, *Commentaria*, 238: メタステネスへの注釈。全般については Eugene N. Tigerstedt, "Ioannes Annius and *Graecia Mendax*," in *Classical, Mediaeval and Renaissance Studies in Honor of Berthold Louis Ullman*, ed. Charles Henderson, Jr. (Roma: Storia e Letteratura, 1964), II: 293–310 を参照。

しかし手際よく説明している――

エノトリウスのイタリア到着の時代をのぞいて、ディオニュシオスは第一巻において一貫してミュルシロスにしたがっているのだ。

さらにアンニウスは、これでも納得しない読者にむかって、話にけりをつけようとする――「いずれにしろ、そのことはどちらも私の注釈によって明白になるだろう」[37]。そして、ベロッソスのゲルマニアについての記述を創作したときは、歴史家タキトゥスからトゥイスコンについての記述を借用して話のつづきを楽しそうに語っている[38]。またアンニウスは、ある史料で読んだことを、まったく異なる場所に移しかえている。オシリス神が自分の遠征について銘を記した柱石のことをシチリアのディオドロス（Diodoros Sikeliotes, 60-30 BC）が書いていれば、アンニウスはオシリス神がヴィテルボの町に残したという碑文を偽造し、さらにそれとよく似たバビロニアの王ニノスの碑文を自作の偽クセノフォンに記述させる[39]。もちろんこれは、本物の歴史家クセノフォン（Xenophon, c. 430-354 BC）ではなく、同名の別人だった。

アンニウスの挽き臼でひかれた材料の多くは、ユダヤ・キリスト教の伝統の古さと優位を証明するための証拠を収集した偉大なユダヤ教徒やキリスト教徒の著作家たちであった。筆頭にあげられるのは上述のヨセフスやエウセビオスで、アンニウスはベロッソスやマネトーの名をそこからとってきた。彼は、ギリシアの神話学者エウヘメロスに由来する、古典的な神話を史実の焼き直しとみなす手法を懐刀としていた。すでに異教徒やキリスト教徒たちの一群は、それが解釈の万能ナイフとなることを証明していた。アンニウスはそうした先人たちから、いかに偉人たちが偉業をなしとげて神々となったかを学びとったのだ[40]。

アンニウスの操作は、ときに小手先の技という水準をこえて芸術の領域に達していた。近代の諸国家の前史を聖書に結びつける作業は困難であり、古代の史料は彼を干上がった見知らぬ土地に放りだしてしまった。そこで彼は、語源学こそが部族や都市の名前を解明するカギを与え、失われた創建者の名前をあきらかにすると考えた。この場合、テクストと注釈者は密接に連携することになる——

マンカレウスの時代に、ルグドゥスがケルト人たちを支配しており、その地方と民の呼称は彼の名前からとられた［とベロッソスはいう］。［アンニウスによれば］その名があかしているように、ルグドゥスはルグドゥヌム地方に住む者だった。(41)

アンニウスの年下世代でもっとも優秀な彼の批判者ベアトゥス・レナヌス（Beatus Rhenanus, 1485-1547）は嫌悪感をいだき、つぎのように叫んだ——

いつでも必要にせまられると、彼はこうした王たちをつくりだした［…］。しかしルグドゥヌムは、ルグドゥス

---

(37) Annius, *Commentaria*, 453.
(38) Borchardt (1970), 89-91.
(39) ディオドロス『歴史叢書』第一巻第二〇章第一節と第二七章第三—六節。Annius, *Commentaria*, 12: ニノスの碑についてのクセノフォンの見解。
(40) Allen (1970); Otto Gruppe, *Geschichte der klassischen Mythologie und Religionsgeschichte* (Leipzig: Teubner, 1921), 29-31; Seznec (1953), ch. 1 = セズネック（一九七七年）、第一章を参照。
(41) Annius, *Commentaria*, 188.

に由来するのではない。「ドゥヌム」dunum は「町」をあらわす接尾辞で、ドイツ語の berg や burg のようなものだ。[42]

しかし、こうした留保は稀だ。あきらかに別の古代の史料であるイシドルスの『語源録』の精読からヒントをえたアンニウスの方法は、全体として説得力のあるものだった。それは想像を極端におしすすめた場合にも失われていない。たとえば彼は、「武具がまだ発明されておらず、そのかわりに野獣の皮で全身を覆っていたので」、ヘラクレスの名はエジプト語の「皮で覆われた」her とヘブライ語の「すべて」col からきていると主張した。[43] このように、語源学が権威を与えるのだ。

一部の研究者たちは、アンニウスの奇抜な報告がすべて彼の天性の知恵から生まれてきたものだと考えたが、それは間違いかもしれない。彼はときに他人の過ちを独創的に利用している。たとえば、シチリアのディオドロスは『歴史叢書』第五巻で、「ガリア人たちがドルイドと呼ぶ」賢者たちに言及している。イタリアの人文主義者ポッジョ・ブラッチョリーニは、当の項目を「彼らがサロニダ族と呼ぶ人々」quos vocant Saronidas と表現している。[44] まさにこの極上の砂でできた危うい土台にたつ解釈から、アンニウスは未開のケルト人たちに文字を教えた叡智ある王サロンを捏造したのだ。

ときには、当時は読まれなくなっていたが、アンニウスにとっては古典でありつづけた典拠からじかに情報をえている場合もある。現代の学問が解決できていない問題はつぎのものだ。アンニウスは古代世界に生きた八人のホメロスの物語をとりあげている。最後のホメロスはアルキロコスの同時代人で、オリンピック大会で優勝し、ギリシア文字の改革者となったという。問題は、なぜアンニウスはこの話をアルキロコスに語らせることにしたのかという点だ。

アルキロコスは学者というよりも詩人であり、評判はかんばしくなかった。誰が学者然としたアルキロコスのことを聞いたことがあるだろうか。

しかし答えは簡単だ。ホメロスの生きた年代にまつわる多様な見解を収集したヘレニズム時代の無名の学者がいた。彼は、当時の標準的な表現で「アリスタルコス（Aristarchos, c. 310–c. 229 BC）のまわりの人々」hoi peri Aristarchon とか「エラトステネス（Eratosthenes, c. 276–c. 195 BC）のまわりの人々」hoi peri Eratosthenen という具合に、それぞれの見解をあげていった。この hoi peri という表現は、「誰それにかんするもの」や「誰それの学派の」という意味をもつ。後代のギリシア語ではしばしば、文法上の技法として固有名詞が前置詞「〜について」peri をともなうときに冠詞 hoi がつけられていた。ここでは、この点が重要だ。

さらにこの学者は、「ほかの者たちはホメロスをアルキロコスの時代の人であると推定した」と最後に述べている。彼の編集したリストは、タティアノスの『ギリシア人たちへの演説』（紀元後一五〇年ごろ成立）やその二世紀後のエウセビオスの『年代記』に再録された。そのさいに末尾の記述は、「ほかの者たちはアルキロコスのころに（位置づ

（42） Beatus Rhenanus, *Rerum Germanicarum libri tres*, 2. ed.（Basel, 1551）, 191.

（43） Annius, *Commentaria*, 518–519: カトーへの注釈。また興味ぶかいことに Gaspar Barreiros, *Censura in quendam auctorem qui sub falsa inscriptione Berosi Chaldaei circunfertur*（Roma, 1565）, 71 が、その議論を粉砕している。

（44） Owen（1962）, 37 は翻訳の印刷版を使用している。ディオドロス『歴史叢書』第五巻第二一章第二節を参照。プリンストン大学図書館にあるポッジョの翻訳の非常に古い写本 Garrett 105, f. 144 r は、私が引用したかたちのテクストをすでに伝えている。J・プレストンが親切にも知らせてくれたA・C・デ・ラ・マーレの見解によれば、この写本はトルテッリ（Giovami Tortelli, 1400–1466）のサークルで作成され、ポッジョ自身による索引がついている。

けた）」heteroi kata Archilochon と短縮された。[45]

問題は、聖ヒエロニムスがエウセビオスの著作をラテン語に翻訳したときに起こった。彼は「アリスタルコスのまわりの人々」を「アリスタルコス」に、「エラトステネスのまわりの人々」を「エラトステネス」に翻訳していった。それは理にかなったことだった。しかし聖ヒエロニムスは、末尾の「ほかの者たちはアルキロコスのころに」の部分がくり返しを避けるための工夫だと勘違いした。そして「アルキロコス」は年代をあらわす指標ではなく、見解の主唱者であると読み違えてしまったのだ。[46] この場合では、アンニウスの間違いは彼自身によるものではなく、その起源は四世紀後半から五世紀にまでさかのぼるものだった。当時は、聖ヒエロニムスのようなキリスト教徒の学者たちが古典の遺産をとりあげ、学のないその追随者たちが異教徒の哲学者ヒュパティア（Hypatia, 350/70-415）をとりあげるという劇的な時代だったのだ。

聖書の叙述にある穴を埋め、色彩をそえようというアンニウスの努力は、ひろい意味でも学問的な伝統にふかく根ざしたものだといえる。ユダヤの学者たちは、「アガダー」aggadot を考えだすのに数世紀を費やした。「アガダー」とは、ハムにたいするノアの呪いのように旧約聖書の登場人物たちの伝記を完全なものにし、彼らの行為や意図を明確にする補足的な挿話だ。もちろん中世後期の托鉢修道士たちも、新約聖書の登場人物やお気に入りの聖人たちに同様なことをしていた。当時のドミニコ会士たちは、聖ヒエロニムスが礼儀正しさに欠ける修道院長を断崖まで追いつめ、命が惜しければ修道院を彼に捧げることをせまる物語を伝記に挿入した。アンニウスのすぐ後の時代、スイスの町ベルンのドミニコ会士たちは処女マリア像を滴るニスで装飾した。マリア像が涙をながし、神聖な力を帯びていることを示そうとしたのだ。さらに唇に伝声管までさしこんで、口から予言や命令まで発することができるようにした。[47] もっとも神聖な記録文書を完全なものにしようとする真剣な虚飾は、一四九八年にはありふれたものになっていた。

アンニウスによる捏造は、彼をたんなる中世人にも近代人にもしないのだ。ここでは、古典的・教父的な要素と中世的なもの、民衆的な要素と学術的なもの、そしてキリスト教的な要素と非キリスト教的なものが混ざりあっている。それはきわめて味の濃い複雑なシチューになっているため、しばしば本来の具材や薬味がわからなくなってしまうほどだ。

目くらまし

偽作者の例にもれずアンニウスも、史料の欠損やテクストの矛盾、あからさまな文体の時代錯誤に目が向かないようにして、読者の信頼をつなぎとめなければならなかった。たとえば、メタステネスの断片は古代ギリシアの歴史書の片鱗であるはずなのに、アレクサンドロス大王（Alexandros, 356-323 BC）が「ギリシア人たちに［世界の］支配権

(45) タティアノス『ローマ人たちへの演説』第三一節：アレクサンドリアのクレメンス『ストロマテイス』第一巻第一一七章：シュンケロスにおけるエウセビオス断片 211 M。

(46) Jerome K. Fotheringham, *The Bodleian Manuscript of Jerome's Version of the Chronicle of Eusebius* (Oxford: Clarendon, 1905), 108:「～とアルキロコスは計算しているのだが」。同様な誤りがアルメニア語版にもある。八人のホメロスのオリンピック大会での勝利と魔術や医学、絵画や彫刻の業績は別として、彼らの起源は簡単に説明できる。ヒエロニムスはホメロスの年代について七つの可能性をあげている。これがエウヘメロス主義によって、異なる時代に生きた八人のホメロスに変容したのだ。

(47) Eugene F. Rice, Jr., *St. Jerome in the Renaissance* (Baltimore: Johns Hopkins University Press, 1985); Michael Baxandall, *The Limewood Sculptors of Renaissance Germany* (New Haven: Yale University Press, 1980).

を与えた」transtulit imperium in Graecosという後代のキリスト教世界で発展した概念が混入している[48]。

アンニウスはさまざまな手段を採用しているが、その幾つかは古代や中世の偽作者たちに流布しているものだった。たとえば、確認する気も起こさせない遠い時代の史料や信用せざるをえない異国の史料から知見をえたという主張だ。英国史家として知られるモンマスのジェフリー（Geoffrey of Monmouth, c. 1100–1155）は、オクスフォードの助祭長ウォルターに手渡された「ブリテンの言葉で書かれたきわめて古い書物」から、古代ローマのブルートゥス（Brutus, 85–42 BC）らについての記述をとり入れたと主張した。一方、アンニウスもアルメニアの同僚からテクストを借用し、ユダヤ人の友人からヘブライ語やアラム語について助言をもらったとした。それは「タルムード学者のサムエル」という身元不詳の人物で、「アレマヌス」Alemannusという語はスキタイ語の「川」aleと「マヌス」Mannusという人名に由来すると教えたという[49]。

しかし、アンニウスは中世の偽作者たちよりも論争的で高慢であった。学問が発達した時代に口承伝統を擁護しようとした人たちと同様に、彼は自分のテクストに正当性を与える根拠を用意する必要にせまられた。さらに生来の学者である彼は、古代ギリシアの歴史家たちを補完するだけではなく、彼らにとって代わろうとした。そしてそのために、信頼性の高い史料を選択する一連の規則を自作の偽造テクストや注釈にうまく組みこんだ。彼の偽メタステネスは明言する――

年代記について書こうとする者は、風聞や憶見に依拠してはならない。もしギリシア人たちのように憶測で書けば、自分や他人を騙すことになるだろうし、誤りのために人生を無駄にすることになるだろう。しかし、もしふたつの王国の年代記だけにしたがい、その他のものを伝説として排除するなら誤りは避けられる。これらふたつの年代記は日付や統治していた王、固有名がしっかり記されていて、王たちの治世が素晴らしかったのと同様に、その記述も明確で偽りのないものだ。しかし、その王たちについて書いた者なら誰でもよいのではなく、ベロッソスのような王国の神官で、疑う余地のない公的な年代記を記した者だけを信用すべきだ。このカルデア人は、太古の年代記にもとづいてアッシリア全史を詳述した。われわれペルシア人がしたがうのは、とりわけて彼、あるいは彼だけなのだ。(50)

アンニウスの注解は、古代の神官たちを「出来事や時代の公証人」publici notarii rerum gestarum et temporumと記している。彼らの記録は、近代の公文書館におさめられた公証人の文書と同じくらい信頼できるというわけだ。彼が生みだした他の著作家たちもこの言葉に言及し、くり返しとりあげて強調している。いってみれば、相互に権威を支えあう虚言の網が、ネバネバとくっつくクモの巣のように張りめぐらされているのだ。読者がミュルシロスやベロッソス、フィロンと読みすすめていくと、アッシリアやペルシア、ギリシア、そしてローマという四つの帝国がそれぞれ神官階級をもっており、それぞれ宗教的な年代記を生みだしていたと知ることになる。それらの文書にもとづいた歴史だけが信頼に足るものなのだ。ある歴史家が信頼のおける人物だとしても、権威ある記録文書を引用している部分だけ信用できるのだ。(51)たとえば、実在した古代人で偽作者でもあったギリシア人クテシアス(Ktesias, 5c BC)

---

(48) Annius, *Commentaria*, 246.

(49) ジェフリーについては Geoffrey Gordon, *The Discipline of Letters* (Oxford: Clarendon, 1946), 35-58 を参照。Alemannus についてはAnnius, *Commentaria*, 125 を参照。

(50) Annius, *Commentaria*, 239.

は、「ペルシア史については受容されるが、アッシリア史については排除される」。ペルシア史の叙述はペルシアの古文書館（もちろん実際はアンニウスが捏造したものだが）から導出したものだが、アッシリア史についてはクテシアスが創作したものだったからだ[52]。

この原理は、アンニウスの作品のなかでもとくに研究者たちの注目をあつめてきた。「出来事の記録」res gestaeと個人が筆をとった「記述」historiaを区別しようとする先見的な試みのようにみえるからだ。またこれは、初期の人文主義者たちが経験的に個々の事例ごとにおこなってきた実践を一般的な理論で置換しようという努力を示すものでもある。しかしそれは同時に、驚くほど伝統的な性質ももっている。先述のB・グネの指摘によれば、一四〇〇年ごろにサン・ドニ教会の修道士たちとノートルダム司教座聖堂の参事会員たちが論争をおこなった。所有権にかんする火急の問題だった。そのさい、双方が歴史的な証拠を提出して吟味しあっている。サン・ドニ側の論者の一人は、自陣を支持してくれる『フランス大年代記』が優先されるべきだと主張した。「公文書館」に保管されている「公認」の歴史だというのだ。新しい人文主義者とは、魅力的な雅俗混交体のラテン語を身につけて生まれ変わった古い教会法学者のことだったのだろうかと疑ってしまう[53]。

研究者W・スティーヴンスが詳述したように、ここでもアンニウスは専門家しか読まなくなった、かつての古典を参考にしている[54]。ユダヤ人の歴史家でローマへの反逆者であったヨセフスは晩年、ユダヤ人たちを中傷した文法家アピオン（Apion, c. 20s BC-c. 45/48 AD）に反論する二巻からなる論争書を執筆している。そのなかで彼は、ギリシア文明の新しさとユダヤ文明の古さを何度も強調した。この点を明確にするため、引用したユダヤとオリエントのテクストが個人的な憶測に依拠したものではなく、神官たちが記録した公文書にもとづいていると主張している――

ここで、われわれユダヤ人についてはいうまでもなく、エジプト人やカルデア人、そしてフェニキア人たちは、きわめて古くて由緒ある伝統に根ざした歴史記録をもっている。これらの民族が住んでいた場所は気候風土が腐敗をまねくこともあまりないし、彼ら自身も歴史上の経験が記憶から消えないように注意しているからだ。それどころか、きわめて有能な学者たちがきちんと公的な記録のなかにそれらを保存しているのだ。しかしギリシア世界においては、過去の出来事の記憶は消しさられてしまっている（『アピオン論駁』第一巻第二章）。

ヨセフスはほかにも、真のベロッソスを「もっとも古い文書にしたがっている」（第一巻第一三〇章）とし、テュロスの民を「公的文書」を入念にのこしたとして讃えている（第一巻第一〇七章）。またエジプト人たちは、文書の管理を神官に任せたことで称賛をうけている（第一巻第二八章）。『アピオン論駁』は東ゴート王国につかえたカッシオドロス（Cassiodoros, c. 485–c. 585）の時代からラテン語版が手に入るようになっており、中世ではあまり読まれることがなかったとしても、アンニウスはこれを活用した。そして、偽メタステネス注釈のなかで自己流ではあるが、ヨセ

(51) Annius, *Commentaria*, 460: ミュルシロス；75–76: ベロッソス；281: フィロン。
(52) Annius, *Commentaria*, 244: メタステネスへの注釈。
(53) Guenée (1980), 133–140.
(54) Stephens (1984a) & (1984b). ヨセフスについては John R. Bartlett, *Jews in the Hellenistic World: Josephus, Aristeas, the Sibylline Oracles, Eupolemus* (Cambridge: Cambridge University Press, 1985), 86–89 を参照。Bartlett (1985), 171–176 では『アピオン論駁』第一巻第二章の翻訳を注釈つきで読むことができる。アンニウスにおけるヨセフスの重要性については Melchor Cano, *L'autorità della storia profana*, tr. Albano Biodi (Torino: Giappichelli, 1973), xxxviii を参照。

フスがなにを情報源としていたか示している。アンニウスの説明はこうだ。ギリシア語アルファベットの起源についてギリシア人たちの見解に反論するさいに、「主張にたしかな根拠をもたせようとして、ヨセフスはメタステネスの規則を使ったのだ」。(55)

アンニウスは、きわめて広範にわたっている点で抜きんでているが、古代の学問を再利用するのは文書集成によくみられることだった。彼は偽センプロニウスの著作のなかで、ローマ建設の年代をめぐって占星術師フィルマヌス(Lucius Tarrutius Firmanus, fl. c. 86 BC)をはじめとする人々の見解を列挙している。かなり前に発表されたが、いまなお有用なO・ダニエルソンの論文によれば、アンニウスはこれらの年代を古代ローマの編纂家ソリヌス(Solinus, 3c AD)から採用した。(56)そして「エラトステネスによる万能の規則」Eratosthenis invicta regulaが、自分の(あるいは偽センプロニウスの)好みであると主張した。O・ダニエルソンは、これを「典型的なアンニウスの表現」としている。

しかし実際のところアンニウスは、人文主義者ビラゴ(Lampugnino Birago, ?-1472)がラテン語訳したハリカルナッソスのディオニュシオスによる『ローマ古代誌』にこの表現を見出したのだ。この著作でディオニュシオスは、ギリシアの天文学者エラトステネスの「年表」canonesが信用に値することを他所で証明したと主張している。ギリシア語のcanonesをラテン語に翻訳するさいに、ビラゴは「表」tabulaeや「ブロック」laterculiではなく「規則」regulaeを訳語として選んだ。それがアンニウスを誤解へと導いた。つまり、彼の「規則」は中世にも近代にも属しておらず、むしろ古典の再生であったのだ(それはオリエント人たちがもっていた、ギリシア化やローマ化にたいする抵抗心を駆りたて多くの偽作を生む原動力となった並外れた長寿と正確な記録にたいする正当な自負の再表明でもあった)。だから、アンニウスに中世的な歴史学の極みや近代の歴史解釈学の起源を見出そうとしても徒労に終わるだろう。

ある時代が提出した過去の説得力ある解釈は、そう簡単に風化するものではない。アンニウスの「古代」はきわめて風変わりなもので、いまにしてみれば完全なまでにルネサンス的な産物であった。しかし彼の最初期の読者のなかには、それがきわめて当世風にみえたこともあった。たとえば、先述のレナヌスはアンニウスが提示するテクストと注釈が同一の作者によるものであることをただちに見抜いた。彼はそっけなく注記している――「雌ヤギの乳をしぼる者がいれば、濾し器をさしだす者がいる」。

別の人文主義者ピエトロ・クリニトは、マクロビウスのようなローマ時代の真正な典拠からカトーの断片を抽出しようとしたが、アンニウスを批判することに躊躇しなかった。ファン・ルイス・ビベス（Juan Luis Vives, 1493-1540）も同様だ。彼は、アウグスティヌスの『神の国』への注解でアンニウスを強烈に批判し、驚くほどの読者を獲得した。ポステルが名前をださずに苦々しく不満をのべている懐疑論者もまたそうだ。[57] しかし、こうした例外は一般則を崩すものではない。レナヌスのような人たちがいれば、すくなくともトリテミウスのような人物も存在し、きわめて奇抜

（55） Annius, *Commentaria*, 240: メタステネスへの注釈。

（56） Olof A. Danielsson, “Annius von Viterbo über die Gründungsgeschichte Roms,” in *Corolla Archaeologica* (Lund: Gleerup, 1932), 1-16.

（57） Rhenanus, *Rerum Germanicarum libri tres*, 39; Pietro Crinito, *De honesta disciplina*, ed. Carlo Angeleri (Roma: Bocca, 1955), 460. ビベスによるアウグスティヌス『神の国』第一八巻への覚書を、ドイツの人文主義者ポイティンガー（Konrad Peutinger, 1465-1547）が自身のアンニウス本に筆写しているのは興味ぶかい。Paul F. Joachimsen, *Geschichtsauffassung und Geschichtsschreibung in Deutschland unter dem Einfluss des Humanismus* (Leipzig: Teubner, 1910; repr. Aalen: Scientia, 1968), I: 271 n. 24 を参照。

な方法でアンニウスの議論を発展させようとした。彼の編んだ「ドイツ刺繍」は、彼自身の手による捏造テクストというかたちをとり、「フニバルド」という名前のスキタイ人の歴史家にフランク族長マルコマー（Marcomer, 4c AD）からはじまるドイツ人たちの事績を語らせている。たしかにトリテミウスは肝心なところで、ヨーロッパには古くて立派な民が存在せず、トロイ人たちはみな英雄であったかのように考えて祖先として自慢するのは間違いだとまっとうな指摘をしている。しかし、この指摘は例外だといえよう。(58) 経済とおなじく歴史においても、悪貨は良貨を駆逐するのだ。

七人七様の熱心さ——一六世紀なかばの読者たち、規則、アンニウス

二〇世紀の初頭にルネサンス研究者F・ベツォルトは明察さえわたる論文で、一六世紀なかばの歴史思想がもっていた強烈な生命力と関心に人々の注意を喚起した。彼によれば、スペインのドミニコ会士メルチョル・カノから平和主義的な法律家フランソワ・ボードゥアン（François Baudouin, 1520–1573）にいたる異なる背景をもつ多様な知識人たちが、同様な理論的・実践的な問題に直面していた。教義の違いによる教会の分裂、さまざまな社会的・宗教的な争点による王国の分裂、宗教的・政治的な問題によって分断された家族を前にして、彼らは導き手を見出す必要があった。教会や国家に入った亀裂を修復し、宗教戦争や内戦に向かいつつあったヨーロッパの趨勢に歯止めをかけるためには、古代の聖書や古典からなる権威ある典範こそがその処方箋となるべきだという点で、彼らは意見の一致をみた。そうしたテクストの読解が喫緊の課題であった。しかし、規則のない読解は混沌にいたるだけだ。それは宗教改革の例で明白だ。したがって一六世紀なかばには、古代人たちのテクストの読解のあり方を再考して規定するために

多大な労力がはらわれた。とくに、いま現実に行動を起こそうとするときに、すぐれた導き手となる歴史家たちのテクストの読解のために。どの史料が正しいのかというシンプルな問いが、二〇年にわたり燃えあがって刺激となった。[59]

現代の幾人かの研究者は、さらに大胆な主張をした。それによれば、カノやボードゥアン、ボダンといった一六世紀なかばの理論家たちは問題提起をしただけではなく、史料評価のための近代的な規則を公式化したのだ。[60] しかしこれらの研究者たちは、一六世紀の理論家たちが知っていたはずのアンニウスの規則にてらして分析することなく、歴史方法論についてのテクストを抽出していた。ポステルのような夢想家もヨハン・フンク（Johann Funck, 1518-1566）のような年代記学者も、アンニウスの生んだ刺激に呼応して同様な問題にとり組み、これらの理論家たちに大きな影響を与えていたが、こうした点は忘れられているかのようだ。私の考えでは、世紀なかばの理論家たちがアンニウスをいかに利用していたかという問題を分析してはじめて、各人物や彼らが生みだしたとされる運動の近代性についての主張を再考することができるのだ。

ポステルから出発しよう。夢想家にして文献学者でもあったこの奇人は、創設まもないイエズス会で修道生活をはじめたが、最期はフランスの修道会に狂人として幽閉される栄誉をうけた。学者としては、ギリシア語に精通し、古代アテナイの諸機関についての先駆的な研究を編纂するほどであった。またヘブライ語をはじめとしたオリエントの

（58） Klaus Arnold, *Johannes Trithemius* (1462-1516)（Würzburg: Schöningh, 1971）, 167-179; Johannes Trithemius, *Chronologia mystica*, 12, in *Primae partis opera historica*（Frankfurt, 1601）, sig. [**5 v].

（59） Friedrich von Bezold, *Aus Mittelalter und Renaissance*（München: Oldenbourg, 1918）, 362-383.

（60） Burke（1969）; Gilmore（1963）; Franklin（1963）; Kelley（1970）を参照。先行研究のほとんどは、ここでの論点とは異なるものをあげている。そのなかで Hassinger（1978）は説得力がある。

言語にも、当時のヨーロッパ人の誰よりも精通していた。しかし、彼は学識にもまして先入観にみちていた(61)。古代ギリシア・ローマの古典文化は、より古いオリエントの啓示が歪められたものでしかないと考え、彼の時代にあっては高潔なガリア（フランス）人たちの手にそれを委ねるのが適当だと考えていた。そして、ローマの創建者ロムルスをハムの末裔と理解し、この人物がヤヌスの別名をもつノアによってイタリアに確立していた有徳の法や慣習を根絶しようとしたと非難した。さらにポステルは、ベロッソスらの真正性が疑われていることを知っていたが、果敢にも彼らを擁護した。そのテクストと上述した偽メタステネスの規則を当然のものとして受容し、つぎのように主張する――

カルデア人ベロッソスは、その著作が断片でしか保存されておらず、無神論者やモーセの敵たちには嫌われているが、あらゆる言語と学問分野に熟達する無数の人々と著作家たちからは認められている。だから私も、正しい著作家に値する信用を彼におくのだ(62)。

ポステルの対極には、ボードゥアンがいる。彼は、あきらかな偽りが多数あるにもかかわらずベロッソスの「ごった煮」を真正とみなす同時代人があまりに多いことに驚き、それを一五六一年に表明している(63)。一方には疑いをいれない信頼と崇敬、もう一方には毒グモに出会ってしまった庭師がもつような嫌悪感があった。だが期待に反して、どちらの立場も綿密な議論に立脚しているとはいいがたい。

もちろん、ポステルもボードゥアンも「近代的」と単純に理解できるような人物ではない。ポステルは、『創世記』と通底していることがベロッソスの素晴らしさだと主張したにもかかわらず、歴史学的な要点を華麗に指摘することもあった。たとえば、ベロッソスはときにカルデア人の不名誉となることを語るが、自分の利益に反する証言をするのは信頼できる証拠なのだという(64)。ボードゥアンの方は、いまや史料批判の理論家として大きな名声を博している。

彼によれば、あらゆる歴史家は虚言をならべて誤りをおかしたが、だからといってすべての歴史が捏造というわけではない。彼の主張は一見して近代的にみえるが、じつは『ローマ皇帝群像』という古代の偽作からの引用であった(65)。フラウィウス・ウォピスクス Flavius Vopiscus と称する人物による「皇帝アウレリアヌス伝」の冒頭におかれた注目すべき対話からとってきたものだ。それは『ローマ皇帝群像』を飾っている「史的信念」fides historica や良質の史料、古文書にたいする省察だ。これらのテクストを捏造した「ならず者の学者」が、「ウルピアヌス図書館の第六

---

(61) William James Bouwsma, *Concordia Mundi: The Career and Thought of Guillaume Postel, 1510-1581* (Cambridge MA: Harvard University Press, 1957) = W・J・ブースマ『ギヨーム・ポステル：異貌のルネサンス人の生涯と思想』長谷川光明訳（法政大学出版局、二〇一〇年）; Erasmus (1962) を参照。

(62) Guillaum Postel, *Le thrésor des prophéties de l'univers*, ed. François Secret (Den Haag: Nijhoff, 1969), 67. ポステルは、アンニウスの偽カトーの著作を「公文書」des monuments publikes にもとづいて作成したものと理解している。Cf. Postel, *Le thrésor*, 76; idem, *De Etruriae regionis originibus*.

(63) François Baudouin, *De institutione historiae universae et eius cum iurisprudentia coniunctione prolegomenon* (Paris, 1561), 48-49.

(64) Postel, *De Etruriae regionis originibus*, 195-199. Cipriani (1980) によれば、ポステルの考えは先進的であったフィレンツェ大学の学者たちも共有していた。その一人であるピエル＝フランチェスコ・ジャンブッラーリ（Pier Francesco Giambullari, 1495-1555）は、未公刊であったアテナイオスの一節に決定的な証拠と思われるものを見出し、ポステルは彼に熱烈な謝辞をのべている。ポステル自身によるこの偽作の擁護が残っていないのは残念だ。Postel, *De Etruriae regionis originibus*, 15-23 を参照。

(65) Baudouin, *De institutione historiae*, 44.

書架」にあったであろうものについて魅力的な言及をし、よき歴史家は原典にあたるべきだという原則をボードゥアンに教えたのかもしれない。この作業は、ウォピスクスが体系的におこなったと主張していることだ（『ローマ皇帝群像』「皇帝アウレリアヌス伝」第一章、「皇帝タキトゥス伝」第八章第一節、「皇帝プロブス伝」第二章）。しかし、すくなくともポステルとボードゥアンはアンニウスについてはっきり異なった立場をとっている。

これら両極のあいだには、より複雑な立場があらわれ、その裏づけのためにより精妙な議論あるいは態度が生まれた。信じようとする陣営には、ケンブリッジのジョン・キーズ（John Caius, 1510-1573）のような著作家がいる。一六世紀に医学書を執筆した著作家の例にもれず、彼は練達したギリシア学者であり、散逸してしまったり真贋が疑われたりしている古代世界の医学書について鋭い関心をもっていた。一五六〇年代には、オクスフォードのトマス・キーズ（Thomas Caius, ?-1572）と双方の大学の古さについて論争をするにおよんだ。[66]英国における学問の古さを証明しようとして、彼は先述したサロン王やドリュイウスといった巨人族に言及しているベロッソスをたっぷりと引用した。天地創造の後一八二九年たって、つまりノアの大洪水の一五〇年あまり後に英国とフランスに公的な学問所を設立したとされる巨人族だ。しかし彼は、学識あるサロニダ族や「古代の記憶を書きとめる者」antiquae memoriae scriptor であるベロッソスを信じてはいるが、ケンブリッジの創設は巨人族によるのではなく、もっと後代のことであったと指摘するのも忘れなかった。さらに重要ことに、巨人族がそう呼ばれるのは本当に体軀が大きかったからではなく、彼らが「始原の民」gêgeneis であったからだとも注記した。[67]たしかに、なかには「ポリュフェモス」や「ゴグマゴグ」のような大男もいるにはいた。しかし、まだ世界が堕落していなかった時代には頑強な子どもを自然が生みだしていたにせよ、概して「巨人族も、われわれと同じく身長はまちまちであった」と。しかしキーズは、ベロッソスに依拠するのを太古の時代にかぎり、その奇妙な考えを合理化した。さらに、疑念をもたなかったことから、アルフレッド大王の寄進をめぐるオクスフォードの神話を分析するさいに依拠した最先端の文献学的な批判術を、自分の立場を支持してくれる神話には適用しなかった。豊かな史料をうち捨てるのは忍びないという気持ちと不信感とがあいまったキーズと同様の態度が、あちこちで観察できる。たとえば歴史家のスレイダヌス（Johannes Sleidanus, 1506–1566）やキュトラエウス（David Chytraeus, 1530–1600）、そしておそらくはオクスフォードにおけるキーズの同時代人ヘンリー・サヴィル（Henry Savile, 1549–1622）においてもそうであった(68)。

アンニウスに批判的な陣営では、神学者カノやポルトガルの系図学者ガスパル・バレイロス（Gaspar Barreiros, 1515/16–1574）、フィレンツェの古物研究家ヴィンチェンツォ・ボルギーニ（Vincenzo Borghini, 1515–1580）といった著作家たちが、彼のテクストが偽作であることを示す証拠を収集していた。彼らは、アンニウスの豊富な古代史料のなかに十分な誤りを見出した。たとえば、ヨセフスが伝える真正のベロッソスは、女王セミラミスがバビロンを小さな町から大きな都市にかえたという古代ギリシアの物語を明確に否定していた。しかしアンニウスのベロッソスは、

---

(66) キーズについてはVivian Nutton, "John Caius and the Eton Galen: Medical Philology in the Renaissance," *Medizinhistorisches Journal* 20（1985）, 227–252 参照。オクスフォードとケンブリッジの対抗ボートレースの遠い祖先となった論争についてはKendrick（1950）を参照。

(67) John Caius, *De antiquitate Cantabrigiensis Academiae*（London, 1568）, 21–25. キーズの唱える「巨人族」の語源は古代にさかのぼる。

(68) Johannes Sleidanus, *De quatuor monarchiis*（Leiden, 1669）, 11. Cf. Franklin（1963）, 124–125. ボードリアン図書館蔵 MS Savile 29 にある一五七〇年の『数学的序文』*Prooemium mathematicum*, f. 32r では、ベロッソスがカルデア史を台無しにしたことへの言及に下線が引かれ、括弧でくくられている。後日の考察だろうか。

それを肯定している。ヨセフスのベロッソスは三巻組の書物をあらわしたが、アンニウスのベロッソスは五巻組だ。[69]また、ヨセフスのベロッソスは自分自身の生きた時代より以前のことしか知らなかったが、アンニウスのベロッソスは自分の死より二〇〇年後のルグドゥヌム（現リヨン）市の創建にも言及している。[70]批判者たちは、構成の不手際や細部の間違いを指摘するにとどまらなかった。ベロッソスが自身の時代と土地について誤った歴史を書いたことを示したのだ。そもそも当時のギリシア人たちは、スペインのような西方の地域についてなにも知らなかった。ギリシアよりはるか東方にいたベロッソスが、どうしてそれ以上のことを知りえたのだろうか。[71]さらにカノは、古代のギリシア人やローマ人たちの「公的な年代記」が存在していないことを歴史編纂についての素晴らしい論考で指摘している。アンニウスのおもな情報源であったヨセフスは、ギリシア人たちが正史をしるす歴史家を擁していなかったことを証言していた。また、初期ローマ史の情報源であったリウィウスは公文書をあまり引用せずに誤りやためらいも多かったので、「図書館や神殿には公的な年代記は存在していなかった」とわかるという。カノの結論は容赦のないものだ――

あらゆる歴史が参照すべき公的な年代記というものが、ギリシア人やローマ人たちの国家にも存在したという人々は戯言をいっている［…］。というのも、ギリシアやローマには公的な年代記が存在していなかったことが証明されているからだ。それらのギリシアやローマの年代記に合致する事績や時代を記した著作家というのも存在しないのだ。[72]

ここではアンニウス自身の歴史にたいする想像力の限界が不利にはたらいている。古典古代の歴史家たちの実践について理解をふかめれば、「出来事の公的な記録者」は存在していたとしても滅多にお目にかかれないことがわかるはずだったのに。

さらにもっと複雑なのが、ヴィッテンベルクの年代記学者ヨハン・フンクの反応だ。ルターの右腕フィリップ・メランヒトン（Philipp Melanchton, 1497–1560）の門弟で、アンドレアス・オジアンダー（Andreas Osiander, 1498–1552）の友人であった彼は、文献学的・科学的な道具を駆使して古代世界の記録を分析した。アンニウスの生みだした著作家たちのなかでも偽メタステネスは、ユダヤ人たちのバビロン捕囚後の数世紀を扱っており、その時期については聖書にもほかの異教徒の著作家にも、分量や内容で満足できる一貫した記述は見出せなかった。そのため彼の権威は随一であった。しかしフンクによって、その権威はすぐに破壊されることになった。

コペルニクス（Nicolaus Copernicus, 1473–1543）や、それにさかのぼるビザンツ世界の著作家たちのように、フンクは古代の偉大な天文学者プトレマイオス（Ptolemaios, c. 90–c. 168）によって収集された観測記録をもちいて議論を開始している。プトレマイオスの使用したバビロニアの記録は、バビロニア王ナボナッサル（Nabonassar, rg. 747–734 BC）の即位した紀元前七四七年二月二六日を起点とするが、フンクはコペルニクスらと同様に王ナボナッサルと聖書に言及のあるアッシリア王シャルマネセル（Salmanassar V, rg. 727–722 BC）を同一視した。先人たちと違っていた

（69）Melchior Cano, *Loci theologici*, 11.6, in *Opera*（Venezia, 1776）, 234; Barreiros, *Censura*, 26–30.

（70）Barreiros, *Censura*, 35–37; Vincenzo Borghini, *Discorsi*（Firenze, 1584–1585）, I: 229. ボルギーニはイタリアの歴史家パンヴィニオ（Onofrio Panvinio, 1530–1568）に手助けされていた（*Discorsi*, II: 305）。

（71）Barreiros, *Censura*, 56–59. バレイロスの年代学はここではいささか怪しげだ。それにたいする反応として Postel, *De Etruriae regionis originibus* を参照。

（72）Cano, *Loci theologici*, 230–232.

のは、天文学が歴史に与える影響について体系的に探りだしたことだ。またフンクは、聖書にも登場するバビロニア王ネブカドネザル（Nabuchodonosor, rg. 605-562 BC）とプトレマイオスの言及する王ナボポラッサル（Nabopolassar, rg. 626-605 BC）を同一視した。そして、プトレマイオスが王ナボポラッサルの即位の年を確定したと指摘している。ある月蝕の年代を「王ナボポラッサル治世の五年目、つまり王ナボナッサルから一二七年目のこと（紀元前六二一年四月二一日あるいは二二日）」（『アルマゲスト』第五巻第一四章）だと定めていたからだ。

しかしフンクは、王ネブカドネザルの年代がメタステネスの記述ではまったく異なっているのを見出した。そして、メタステネスあるいは彼の使用した文書は退けるべきだと結論する――

［メタステネス］の権威に邪魔されてはならない。むしろ、聖書の記述やプトレマイオスによる正確な年代報告とどれほど合致しているかを吟味するのだ。そうすれば、絶対的な真理に到達できなくても、可能なかぎりそこに接近することはできるだろう。(73)

テクストを隅々まで精査し、フンクはつぎのように判断した。批判的に選別すれば、古代の歴史家たちは天文学の記録が伝えているところまで先導してくれる。クテシアスやメタステネスよりも、ヘロドトスやエウセビオスが優先されなければならない。(74) 古代史における絶対年代につながる唯一の小径をつたって、フンクは道を開拓したのだ。彼もその読者も絶対的な真理には到達しなかったが、その一歩は驚くほど着実だった。

だがフンクの場合、このようにメタステネスを吟味しても、それがアンニウスの生みだした著作家や文書について幅ひろい疑問を呈することにはつながらなかった。ルターの『世界の年代の計算』がなにも語らなかったところを、フンクは巨人族の事績や八人のホメロスの事績で埋めたが、これらはみなアンニウスが捏造したものを典拠としていた。彼はベロッソスのことを「もっとも定評のあるバビロニア人の歴史家」と考え、喜んで捏造されたものを書き写した。[75] つまり、きわめて近代的な種類の専門的な手法が、きわだった軽信と同居することもありえるのだ。

ボダンによる一五六六年の『歴史の平易な理解のための方法』は、数世紀にわたり解釈者たちの試みを退けてきた。入植者を拒みつづけたグリーンランドのような著作だ。ボダンは、アンニウスのテクストやフンクの考えと激しく格闘した。そして、過去の歴史家たちについての文献目録で、ベロッソスやマネトーの断片が偽作である可能性について用心ぶかく注記した。しかしボダンは、メタステネスや偽フィロン（あるいはディクテュスやダレース）については疑わなかった。[76] 歴史家の選別についてのメタステネスの助言は、とくに警戒もなく引用している。そして、メタステネスは公文書をもちい、自分とは異なる民族について客観的な記述ができた歴史家だと称賛している。[77] さらにボダンは、フンクの提起した問題にふれる場面になると、まったく鋭敏さを欠いていた。ベロッソスとメタステネスの記述が「星辰の運行則」と合致しないのは、彼らが間違っていたり、不適切な史料を使用したりしたからではなく、王位の空位期間を記録していないからだと主張した。もし「注意ぶかい著作家」scriptor diligens のクテシアスのように

(73) Johann Funck, *Commentariorum in praecedentem chronologiam*（Wittenberg, 1601）, f. Biiij r.

(74) Funck, *Commentariorum*, f. [Bv v].

(75) Funck, *Commentariorum*, f. [Av v]. フンクは「ほとんど一字一句」ベロッソスと聖書からとってきたという。彼によるノアの末裔の系譜づけがそれを裏づける。Funck, *Commentariorum*, f. Aiiij v-[Av r].

(76) Bodin, *Methodus*, ch. 10, in *Œuvres philosophiques*, ed. Pierre Mesnard（Paris: PUF, 1951）, 254-257.

(77) Bodin, *Methodus*, ch. 4, 126. ボダンはメタステネスやポリュビオス、アンミアヌス・マルケリヌス（Ammianus Marcellinus, 325/30-c. 391）を称賛し、「公報」acta publica の使用や他国についての議論における客観的な姿勢を評価している。

すれば、食い違いもすべて解消し、すべての正しい典拠が偉大なる「幸福な歴史の一族」に結集するだろうという。(78)たしかにボダンは、異教徒によるキリスト教批判を道徳的な退廃の結果ではなく、環境や教育がもたらしたものとした。このことから、彼をきわめて鋭敏な読者とみなせるかもしれない。しかし偽メタステネスを鵜呑みにしたことは彼の批判力の限界を示しているし、アンニウスが彼の方法に着想を与えた、あるいはそれを形成したとさえいえる。歴史家の正確さは場合によりけりで、いつも杓子定規には判断できないというのがボダンの主張だった。彼によれば、たとえばハリカルナッソスのディオニュシオスは同郷のギリシア人たちよりも、異国のローマ人たちのことをより客観的に記述している。だから、状況にあわせた読み方をしなくてはならない。しかしこうした主張でさえ、一人の歴史家はひとつの王国の記述についてのみ受容され、別の王国についての信頼できる史料にはならないというアンニウスの議論の延長でしかない。方法論的な忠告についてのボダンの華麗なタペストリーにも、アンニウスのつけた派手なシミがたくさん残っていることがわかる。ボダンの場合、その広範にわたる好奇心と心理面での洞察力にもかかわらず、利点よりも限界の方が顕著だ。いまでは忘れさられた存在だが、ボダンがその作品をよく知っていたフンクと比較した場合はとくにそれが明確になる。

一六世紀なかばの読者で、もっとも複雑かつ影響力をおよぼしたのが、フランドルの医学者ゴロピウス・ベカヌス(Johannes Goropius Becanus, 1519-1572)だ。一五六九年の『アントウェルペンの起源』*Origines Antuerpianae* は、アンニウスへの批判の極みをつくしているが、ここまで検討してきた文献の多くが引用されている。彼は『古代論』が偽作であることを証明しようとして、アンニウスが改変した実在する著作家たちの断片や間接的な証言となるギリシア語の史料をできるかぎり収集した。彼の発見のなかには、平凡でおそらくは派生的なものもあった。たとえば、バビロンを大都市にしたのは女王セミラミスだと実在したベロッソスは考えなかったことを、ヨセフスを利用して示そうとした点などだ。[79] しかし、ふかい洞察をみせている場合もある。慎重にも先人たちは問題視することを差し控えたが、彼はアルキロコスに年代学の著作を帰す者が皆無だったことを示した。また、アンニウスを偽アルキロコスの捏造へと向かわせた八人のホメロスについての原文が、タティアノスの断片のなかにあるのを発見して公刊した。そして、タティアノスの記述をそのままエウセビオスが引用したに違いないことを示し、つぎのように論じた。聖ヒエロニムスによるエウセビオスのラテン語訳は原文が損なわれてしまっていて、訂正して欠落を埋めなくてはならない。しかしそれは、「古代を操作するわれらの鷹匠が望むようにではなく、タティアノスが語ったことに依拠して」なされるべきだ。[80] 原文が言及しているのは、ホメロスがアルキロコスの時代に生きていたというアルキロコス自身の議論ではなく、二人は同時代人だと主張した誰かほかの人物の見解であった。ゴロピウスはアレクサンドリアのクレメンスの著作を精査し、それがテオポンポス（Theopompos, c. 380–c. 315 BC）という人物であったと主張した。[81] つまりこの場合、アンニウスは理論の提出ではなく、断片の収集と解説の方向にゴロピウスを刺激したのだ。彼の『アントウ

(78) Bodin, *Methodus*, ch. 8, 240. ボダンは、クテシアスを批判した古代の著作家たちを知っていた。Robert Drews, *The Greek Accounts of Near Eastern History* (Cambridge MA: Harvard University Press, 1973), 103–116, 109 を参照。「すべての仔細は捏造だ」とされている。
(79) Johannes Goropius Becanus, *Origines Antwerpianae* (Antwerpen, 1569), 344–345.
(80) Goropius, *Origines*, 357–362.
(81) Goropius, *Origines*, 362. ゴロピウスは、テオポンポスの『フィリピカ』第四三巻から断片をラテン語で引用した。そこではトロイ陥落の五〇〇年後（アレクサンドリアのクレメンス『ストロマテイス』第一巻第一一七章 = *Die Fragmente der griechischen Historiker*, 115 F205）、すなわちアルキロコスの時代にホメロスがおかれている。

ェルペンの起源』は、現代の古代史研究者には欠かせない『ギリシア歴史家断片集成』*Die Fragmente der griechischen Historiker* の遠い祖先といえる。

しかし、ゴロピウスの念頭には否定的な批判や文献学の技術以上のものがあった。彼は、古代世界についての新しい歴史を提示しようとしていた。それによれば、ネーデルラント人たちはノアの大洪水以前の人々の生き残りであり、その言語は単音節が多く、アダムがはじめて口にしたものであった。これを証明しようとして、ゴロピウスはいろいろな証拠をあげている。なかでも、ヘロドトスの『歴史』第二巻第二章で知られるエジプト第二六王朝の王プサメティコス一世（Psammetichos I, 664-610 BC）の実験がある。王は二人の子どもを監禁して一言も言語を学ばせなかったが、子供たちはフリュギア語でパンを意味する「ベコス」bekos を欲しがったという。そこから王は、原初の民族はエジプト人ではなくフリュギア人であったと結論した。この逸話にもとづいて、ゴロピウスはネーデルラント人こそが最古の民族だと主張した――

［ネーデルラント人たち］は、パンをつくる者を「ベッカー」becker と呼ぶ。太古の王による実験が示唆しているのは、アントウェルペンの住民の言語こそが最古のものであり、もっとも高貴な言語と考えるべきということだ。(82)

これは世界史の書きかえであり、ゴロピウス本人も認めているが史料の奇抜な読み方に依拠している。さらにこれは、彼のアンニウス批判とも密接に関連している。ゴロピウスが描く民族移動の歴史には、ノアとその仲間たちが巨人族であったことを否定しようという本質的な要素があった。このように収集家であり解釈者としてのゴロピウスが周到な作品を執筆する過程では、正確さにおとらず偏見も大きな役割をはたしていたのだ。

これで幾つか論点が明確になってきた。一六世紀なかばには世界史の再構成や、そのもとになる史料の再考のために大きな努力がなされた。しかしその努力は、歴史家たちの作品の使用を論じた記述だけではなく、年代記の専門的で冗長な記述や歴史幻想の奇想天外な記述においてもなされていた。批判の形式を独占したのは一人の著作家、ひとつのジャンルではなかった。なみいる現実主義者たちよりも、夢想家たちの方がきわめて厳格で断固としている場合もあった。二〇年にわたって思索がふかめられたが、ほとんどがアンニウスから刺激をうけたものだった。あとに残ったのは彼の偽造テクストと、けばけばしく飾りたてられた古代の規則であり、それらが歴史学の大部分をしっかりと統べていた。多くの学者たちはアンニウスの影響下に歴史を考えていたのだ。彼をもっとも激しく批判した者でさえ、その批判は不完全であり中途半端なものであった。一方、彼の偽作を真正ととった人々も、みごとに別の偽造を暴いていた。

アンニウスが広範にわたって与えた刺激について上述のW・ゲーツが指摘したことは、非常に正しかった。しかしアンニウス一人をもちあげて、その独創性を過度に強調したのは誤りだ。一六世紀なかばに史料批判の新しく実践的な方法が生まれた根拠を探そうとするのは、それがどのようなものであれ「聖人伝的な時代錯誤」の危険をおかすことになる。すなわち、現在信じられていることに合致する観念や方法を過去の原型や学識のなかにあてはめる誤謬だ(83)。ボードゥアンやボダン、ポステルやゴロピウスも、遡及的にその近代性を証明するような救出活動をするまでもなく、十分に個性的で独創的な著作家であったのだ。

(82) Goropius, *Origines*, sig. [b3 r-v]. 全般的には Arno Borst, *Der Turmbau von Babel* (Stuttgart: Hiersemann, 1957-1963), III-1: 1215-1219 を参照。

(83) Noel M. Swerdlow, "Pseudodoxia Copernicana: or, Enquiries into very many received tenets and commonly presumed truths, mostly concerning spheres," *Archives internationales d'histoire des sciences* 26 (1976), 108-158.

結論にかえて

話をライデン大学のスカリゲルにもどそう。彼は偽物のベロッソスは退けたが、本物のベロッソスは拒絶しなかった。どうしてそんなことが可能だったのだろうか。内容のほとんどが贋物であるようなテクストを、全体としてある程度は信頼できるとスカリゲルに教えた者は、ここまで検討してきた著作家のなかには誰もいなかった。この先見の明はどこからくるのだろうか。

スカリゲルは、ベロッソスやマネトーのギリシア語が独特ではあるにしろ、後世の贋作者のものではないと認識できた。その類まれな能力が発見につながったと考えれば、先の疑問への解答のひとつは、彼がその種類のテクストに慣れ親しんでいたからだということになる。一五八〇年代以降の年代学的な著作で、彼はそうした文書群を研究していた。ヨセフスやエウセビオスによって保存された過去の断片的なギリシア語テクストを『年代校訂』*De emendatione temporum* の第二版に補遺として収録し、カトリックと新教の両陣営の批判者たちにたいして、その全体的な真正性をつよく擁護した。彼によれば、それらは旧約聖書や天文学的な記録ともよく合致するという。こうした点からいえば、彼の経歴全体そのものが、本章の冒頭で触れたシュンケロスの著作に収められた断片群に専門家の鑑識眼と共感をもって向きあわせたのだ。

スカリゲルは一六〇六年の『年代宝典』で、聖書と合致しないばかりか矛盾しさえする記述に共感だけではなく、強力な支持を打ちだしている。それは、カゾボンが捏造として片づけたマネトーによる王朝一覧と同様に、当時の学者たちには擁護できないと思われたものだ。それにもかかわらず、どうしてスカリゲルはそれを擁護しようとしたのだろうか。

答えは思いがけないものだが、はっきりしている。それは近くのフリースラントからきた。このネーデルラントの北に位置する地域では一六世紀の初頭に、知識人たちが郷土の「先史」Urgeschichte を発展させていた。それによれば、紀元前四世紀にフリーゾとサクソ、そしてブルーノという三人のインド人たちが故国を出発した。彼らはプラトンとともに学び、マケドニアのフィリッポス王やアレクサンドロス大王に仕えて戦った。そしてフリジアの地（フリースラント）に定住し、土着の巨人族を追放してフローニンゲンの町を創建したという。[84] 祭服をまとった三人がたき火を囲んですわり、サンスクリット語でおだやかに語りあっているのを想像してみよう。なんとも魅力的な情景ではないか。

しかし一六〇〇年ごろに、この説は一人の批判的な人文主義者の怒りをかうことになる。スカリゲルが高く評価していたウッボ・エミウス（Ubbo Emmius, 1547–1625）だ。彼はフリーゾたちの逸話を寓話と断じ、もとになった史料も偽物だと非難した。[85] 一方、フリジアの民話を格調高いラテン語にして流布させた人文主義者スフリドゥス・ペトリ（Suffridus Petri, 1527–1597）は擁護にまわった。彼によれば、公式な歴史家たちは現存する記録に残さなかったが、散逸した古代のテクストや、リウィウスやタキトゥスの時代から親しまれた初期のローマ人やゲルマン人たちの哀歌 carmina のような民衆歌がフリジアの起源についての知見を保存していたかもしれない。ペトリは、民間史料が寓話

（84） Suffridus Petri, *Apologia... pro antiquitate et origine Frisiorum*（Franeker, 1603）, 15–17 は、このフリジアの「先史」Urgeschichte を概略している。
（85） Ubbo Emmius, *De origine atque antiquitatibus Frisiorum*, in *Rerum Frisicarum historia*（Leiden, 1616）, 7–8.

をふくんでいたとしても、拒絶せずに分析するべきだと主張した——

よき歴史家は、寓話があるからといって古い記録を捨てさるべきではなく、古い記録を救うために寓話をとり除くべきだ。(86)

つまり、口承伝統にたいして必要なのは批判的な分析であって、軽蔑ではないのだ。(87) ヤヌス・ドウサ（Janus Dousa, 1545–1604）のようなライデン大学の友人たちが熱中していたことから、スカリゲルはこうした論争をよく知っていた。スカリゲルがエジプトやバビロニアの歴史から寓話を排除しようとしたのと同様に、ドウサはネーデルラントの歴史から起源神話を排除しようとした。ここでも目をひくのは、スカリゲルの反応だ。彼はエミウスを称賛したが、ペトリを模範とした。ペトリが推奨したフリーゾにたいする寛容で折衷的な態度が、ベロッソスやマネトーにたいするスカリゲルの態度も特徴づけている。バビロニアの「先史」を刊行して擁護したときも、彼はそれが太古の物語にたいしてリウィウスがはらったのと同様の「敬意」reverentia をうけるに値すると主張した。そして、それは史実を神話に変容させたものだと論じた。実在した古代オリエントをヨーロッパの伝統に統合させるために、贋作者や夢想家たちが生みだした手法を彼は採用した。その贋作者がアンニウスではなくペトリだったにせよ、その彼もまた征服すべき新しい知的世界を文献学に与えた一人だったのだ。

ヘレニズム期のアレクサンドリアと同様に、ルネサンス期にも偽作と文献学は手をとりあって発展した。ときに贋作者が洗練された批判の方法を考案したり、再生したりする最初の人間となった。文献学者が贋作者を凌駕することもあった。しかしどちらの場合でも、ひとつの結論が導きだされる。ルネサンス期における古典伝統の再発見は批判力を鍛えたが、同時に想像力も刺激した。再発見であるとともに創造でもあったのだ。しかし、その道具として採用されたものの多くは、人文主義者が再発見した古典作品のなかにあった。逆説や矛盾、混同ははてしない。われわれは、人文主義者たちに大都市バーミンガム行きの切符をくれと頼んだが、経由地クルー止まりに乗せられてしまった。唯一のなぐさめは、昔ながらの旅を現代のものより味わいあるものとした皮製の調度品やガス灯を楽しみつつ、座席にふかく腰掛けてくつろぐことだろう。(88)

(86) Petri, *Apologia*, 40–41.

(87) Edzo H. Waterbolk, "Zeventiende-eeuwers in de Republiek over de grondslagen van het geschiedverhaal: Mondelinge of schriftelijke overlevering," *Bijdragen voor de Geschiedenis der Nederlanden* 12 (1957), 26–44; Waterbolk (1960). 全般的には Simon Schama, *The Embarrassment of Riches* (Berkeley: University of California Press, 1987), ch. 2 を参照。

(88) さらに古典的な論文 Charles Mitchell, "Archaeology and Romance in Renaissance Italy," in *Italian Renaissance Studies*, ed. Ernest F. Jacob (London: Faber & Farber, 1960), 455–483 を参照。

第四章　スカリゲルの年代学——文献学、天文学、普遍史

【要約】

長尺の第四章は、著者がもっとも得意とするスカリゲルに焦点があてられる。この人物は、ルネサンス期に大きく発展した年代学に革新をもたらし、体系的な学問として基礎づけたフランス人カルヴァン主義者だ。歴史という時間のはたらきを、彼ほど熱心に理解しようとした知識人はいなかったといわれる。

本章では、年代学のふたつの流れにそって、スカリゲルの活動が分析される。人文主義的な手法と体系的な手法だ。前者は、おもに古典テクストにある暦法や歴史の問題について文法や文献学的な知見を扱う。後者は、より体系的・技術的な視点に立って、歴史上の出来事の年代を特定しようとする。どちらの場合の議論でも、スカリゲルの残したメモ書きや欄外ノートが重要な役割をはたすだろう。

もともと人文主義者として古典作品に向かいあっていた若き日のスカリゲルは、古代ローマの文法学書からの選集を編もうとした。その作業で出会ったケンソリヌスの著作が、彼に古代の歴史や暦法についての興味を生じさせた。とくに、太陰暦と太陽暦の関係は彼を大いに悩ませるものだった。この時点では、彼はまだ天文学の専門的な知識をもっておらず、複雑な計算を間違うことも多かった。

体系的な年代学を打ちたてた後年の『年代校訂』は、スカリゲルが驚くほどの独創性を発揮した作品だという印象を与える。本章の後半では、彼がどのように年代学を学んだのかを探り、むしろ著作の独創的でない部分に注目して、スカリゲルが既存の学問伝統からどんな知見や手法を利用したのかを丹念にあぶりだしていく。

スカリゲルの著作の特徴は、日蝕や月蝕についての天文学的な記録を年代学に徹底的に応用した点だ。しかし、その点でも先駆者たちは存在した。むしろ、彼の先駆者たちがおこなった議論や準備がなければ、彼の作業も不可能だったことが示されるだろう。

はじめに

一六世紀には「時間」というテーマが、人々の気持ちを激しく燃えあがらせることもあった。たとえば、メランヒトンは温厚な性格の持ち主だったが、時間についての挑発的な議論には目をみはるような悪態をついたことがある――

かつて私は晩餐の席で、一人の博士と論争をした。彼が数学の研究を批判しはじめたので、隣に座っていた私は「では一年の区分を知る必要はないのですか」と尋ねた。彼は「あまり必要ない」と答えた。なぜなら、農夫たちはその種の知識をもっていないが、いつが昼でいつが夜なのか、いつが冬でいつが夏なのか、いつが正午なのかといったことを知っているからだという。そこで私は、「そんな答えでは、博士を名のるにはあまりにもお粗末ですな」と返した。なんと素晴らしい博士だろうか、まさに教養のかけらもない愚か者だ。誰か彼の帽子のなかに糞でもして、頭に乗せてやればいい。狂気の沙汰だ。誰もが壁にカレンダーを掛けていられるのも、神の素晴らしい贈りものだというのに。[1]

（1） Karl Hartfelder, *Melanchthoniana paedagogica* (Leipzig, 1892), 182.

たしかに、メランヒトンの論敵に同調する人はほとんどいないだろう。天文学者ラインホルト（Erasmus Reinhold, 1511–1553）も、「時間になんの区切りもなかったら、過去はどれほど不明瞭なものになっただろう」、そして「一年一年の移りかわりを知らなかったら、現在のわれわれの生活もどれほど混沌としたものになっただろう」と自問した。(2) こうした問いは大げさかも知れないが、年代学は文明化した生活に不可欠であった。人間の過去に秩序と一貫性を与えるのは、ひとつには歴史の眼であり、もうひとつは地理の眼だ。歴史の眼は、聖書を読む神学者に、ガレノス（Galenos, 129–c. 216）を読む医学者に、プリニウスを読む博物学者にとって欠かせない手助けとなった。ピエール・アグロン（Pierre Haguelon, 16c AD）は、一五七七年に出版された『三言語暦』*Calendarium trilingue* の読者にむかって自慢げに述べている――

年や月や日について知るべきことをしっかり把握すれば、法律家がヒポクラテス（Hippocrates, c. 460–c. 370 BC）を参照するような問題もずっとたやすく理解できるだろう。またタイやボラ、エイ、ツノザメの出生についてのアリストテレスの見解も、たやすく理解できるだろう。彼は、ウズラはボエドロミオンの月［九月］に、ツルはマイマクテリオンの月［一一月］に渡りをおこなうと述べたが（ほかの箇所については触れまい）、この一節もずっとたやすく理解できるだろう。(3)

誰がこれ以上のことを求めるだろう。求めようものなら、初期のキリスト教会の権威ある人物の証言によって黙らされてしまうかもしれない。「年代が混乱している人々は、正しい歴史の叙述ができない」という教父タティアノスの言葉は記憶に残る。(4) だからルネサンス期をとおして年代学が重要視され、注目をあつめたのも驚くことではない。スカリゲルがつぎのように不平をこぼしたのにも理由があったのだ――「年代記学者たちの収穫物なしでは、フランクフルトの書物見本市も成立しないのです」[5]。

このように年代学の目的と価値はひろく認められていたが、方法と成果となると意見が合致しなかった。この分野のありとあらゆる面で、論争がおこっていた。年代学者は時間と永遠について入念に定義を確立すべきなのか、それとも単純に個々の問題に基準となる測定単位をあてはめるべきなのか。算出した結果は雄弁な散文にすべきか、簡素な表にすべきか。聖書のみか、あるいはそのほかの古典も参照すべきか。こうした問題をめぐって考えられるすべての立場に支持者と反対者がいた。年代学による解決を期待されていた歴史の細部をめぐる問題では激論がかわされた。たとえば、古代イスラエルを統治した諸王の人数や名前、順序を決定しようという場合だ。スカリゲルも認めたように、この問題に完全に満足のいく解決法など望めないことは、健全な精神の持ち主なら誰もがわかっていた[6]。

解決した問題よりも多くの問題を年代学が創出したというのは当然なことだ。誰でも知っているように、時間その

（2）Ptolemaeus, *Mathematicae constructionis liber primus*, ed. Erasmus Reinhold（Wittenberg, 1549）, sig. A3 r.

（3）Pierre Haguelon, *Calendarium trilingue*（Paris, 1557）, f. 5 v. プリニウス『博物誌』第九巻第七四章とアリストテレス『動物誌』第八巻第一二章 597a も参照。

（4）タティアノス『ギリシア人たちへの演説』第三一節。Joseph Scaliger, *De emendatione temporum*（Paris, 1583）の扉に引用されている。エド・ヒルデリクス（Edo Hildericus, 1533-1599）によるギリシアの天文学者ゲミニオス（Geminios, 1c AD）の『入門』のラテン語訳（Altdorf, 1590）, sig. aiiii にも引用がある。

（5）一六〇五年一〇月三日付のカルヴィシウス宛書簡。*Epistolae*, ed. Daniel Heinsius（Leiden, 1627）, 611.

（6）一六〇七年五月二一日付カルヴィシウス宛書簡。ゲッティンゲン大学図書館蔵 MS Philos. 103-2, 26.

ものが摑みどころのない存在であり、われわれが摑むというより、われわれを摑んでしまう。『起源について』を書いた古代ローマのケンソリヌス（Censorinus, 3c AD）は、こうした基本的な問題の所在を示している――

「時間」には際限がなく、始点もなければ終点もない。それはいつも同じでありつづけ、これから先もずっとそうであろう。誰の手にも収まらないものだ。それは三つに分割される。すなわち、過去、現在、未来だ。過去には始点がなく、未来には終点がない。現在は両者のあいだに存在し、その幅はきわめて狭く、あっという間に消えさっていく。だから、現在は期間としてとらえることはできず、過去と未来との結節点であるように思われる。現在はうつろいやすく、等しくとどまることはない。現在はみずからの過去すべてを未来からつみとる。(7)

時間の性質について人文主義者や芸術家たちが想起したタロット・カードのようなイメージ群は、ケンソリヌスの逆説にいきいきとした表現を与えている。時間はすぐに過ぎさる――「好機の後ろ髪は禿げている」post occasio calva. 破壊的だ――「時はすべてを呑みこむ」tempus edax rerum. 二度と同じものはなく、すぐに過ぎさる――「時はすぐに過ぎ、流れさる」hora ruit, tempus fluit. 永劫回帰する循環――「一年はみずからの足跡をめぐりながらもとに戻る」Atque in se sua per vestigia volvitur annus などだ。(8)

多くの神話でみちている人間の不明瞭な過去を規則的な時間の循環と関係づけるのは、古代ローマの知識人ウァロ（Varro, 116–27 BC）にとっても、ルネサンス人たちにとっても難しく思われた。(9) さまざまな問題について論争していようとも、年代学者たちは異口同音に自分たちの前に立ちはだかる困難について不平を述べた。たとえば、一五五七年にハイデルベルクの医学者ヤコブ・クリオ（Jacob Curio, fl. 1557）は「世界の年齢についてすべての年代学者たちの意見を一致させるなら、オオカミとヒツジを仲良くさせる方が簡単だ」と嘆いた。(10) しかし時間をめぐる困難は、ルネサンス期の詩人たちには時間を超越し、年代学者たちには時間を支配しようとする果てしない努力をさせた。

スカリゲルほど熱心に、歴史という時間のはたらきについて理解しようとした知識人はいなかった。一五八三年刊の『年代校訂についての新著』*Opus novum de emendatione temporum* は、その題がかかげるとおり、時間の研究を先鋭化させた書物であった。この著作について多くのことが知られているが、それが生まれてきた背景や直接の文脈についてはほとんど知られていない。本章では、スカリゲルの著作自体というより、まさにこうしたことを探求してみたい。

必要となるのは、ひとつの科学や学問の体系がかたちを変えてしまう前の姿を再構成することだ。そのためには一風変わった古臭い書物をたくさん読まなくてはならない。あるいは、いまでは奇妙にみえる問いに与えられた的はず

（7）ケンソリヌス『起源について』第一六章第三―四節。Lilius Gregorius Giraldi, *De annis et mensibus... dissertatio*, in *Opera omnia* (Leiden, 1696), II: col. 741 に引用されている。アウグスティヌス『告白』第一一巻とオウィディウス『変身物語』第一五巻も参照。

（8）ウェルギリウス『農耕詩』第二歌第四〇二行。Erwin Panofsky, *Studies in Iconology: Humanistic Themes in the Art of the Renaissance* (New York: Harper, 1962), 69-93 = E・パノフスキー『イコノロジー研究』浅野徹訳（美術出版社、一九七一年；ちくま学芸文庫、二〇〇二年）、上巻一三九―一八六頁；Fritz Saxl, "Veritas filia temporis," in *Philosophy and History: Essays Presented to Ernst Cassirer* (Oxford: Clarendon, 1936), 197-222. Wittkower (1977), 97-106 = ウィトカウワー（一九九一年）；Howard Erskine-Hill, *The Augustan Idea in English Literature* (London: Arnold, 1983), 267-290 も参照。

（9）ケンソリヌス『起源について』第二一六章第一―五節。スカリゲルは頻繁にこの一節を引用している。Cf. Scaliger, *Animadversiones in chronologica Eusebii*, in *Thesaurus temporum*, 2. ed. (Amsterdam, 1658), 4.

（10）Jacob Curio, *Chronologicarum rerum libri duo* (Basel, 1557), 8.

れな解答の意味を理解しなければならない。そしてそれは、ふたつの相反する危険な誘惑へと人々を導く。ひとつは英雄視が過ぎて実際よりも創造的だったとみなしてしまうことであり、もうひとつは先人や同時代人たちとたいして変わらないと見下してしまうことだ。

スカリゲルの場合は、前者の誘惑の方が顕著だった。多くの学者たちは、年代学が彼の発明だと考えた。英国の歴史学者M・パティソン（Mark Pattison, 1813-1884）は自著の冒頭で、彼ならではの印象ぶかい名句を述べている——

歴史家がもっていた、あるいは夢見ていた年代学の技術の真骨頂は、過去の事実を表にして記憶の助けとすることであった。

一五七九年に出版された古代ローマの占星術詩人マニリウス（Manilius, 1c AD）の『アストロノミカ』の編集をするところから、スカリゲルはこの分野に参入した。この書物の準備によって、彼は古代の天文学や年代学に精通し、あらゆる暦や祝祭日の内容を独力で判断できるようになった。スカリゲルの『年代校訂』は、パティソンの師J・ベルナイス（Jacob Bernays, 1824-1881）が「科学につながる新たな道」と呼ぶものに読者たちを導いたという。(11)

この明快な説明は理解しやすい。しかしスカリゲルは、マニリウスの『アストロノミカ』の編集から年代学の分野に到達したのではなかった。すくなくともふたつの理由がある。第一に、マニリウスは年代学についてなにも語っていないし、彼を解釈するのに年代学の知識は必要なかった。第二に、こちらの方が重要だが、スカリゲルは一五七九年より以前から、現存する年代学的な文献の山を相手に研究をはじめていた。

『年代校訂』公刊のはるか以前から、多くの学者たちが年代学のふたつの系譜を紡いできていた。ひとつには、古代テクストの編者や古物研究家たちが古代人たちの日付や暦に言及している部分を解釈しようとしていた。もうひとつには、天文学者や地理学者、暦の改良者、そしてオリエント学者といった専門的な年代学者たちが、古今の暦や時代区分について体系的な書物を編纂していた。ふたつの伝統は重なりあい、ときには絡みあっている。体系的な著作をめざす者たちは、歴史や言語にかかわる問題を扱うときに古物研究家たちの著作を参考にした。古物研究家たちも、体系的な著作のなかに天文学的な記録をさがした。しかし全体的には、類似よりも差異の方が顕著だ。ここでは、前者を「人文主義的」、後者を「体系的」な年代学と呼んで区別したい。

以前は知られていなかったが、スカリゲルによる年代学についての最初の覚書は、マニリウスの『アストロノミカ』の編集作業より数年前に執筆された。これらの覚書は間違いなく人文主義的な手法で書かれているのにたいし、その数年後に刊行された『年代校訂』は、あきらかに体系的な形式を採用している。以下では、小さな覚書という前菜と『年代校訂』という巨大なマニエリスム風のウェディング・ケーキの両方に手をつけてみたい。これらの品々を分析することで、これまで研究者たちが認識していたよりも伝統的な素材をつかい、旧来のレシピにしたがってスカリゲルが料理をしていたことを示したい。そのような主張をしながら、彼の著作を突破口として一五八三年以前の年代学の世界に入っていこう。それはまったく忘れさられているが、好奇心をそそる歴史の一場面だ。同時に、スカリゲルが学んだ人々の業績を忘却から救いだし発見したとしても、それが彼の斬新さを隠してしまわないように留意しよう。そして過度に英雄視したり、見下したりするという誘惑を避けつつ、J・ベルナイスとM・パティソンの議論を再考するのだ。

(11) Mark Pattison, *Essays* (London: Routledge, 1909), I: 131; Jacob Bernays, *Joseph Justus Scaliger* (Berlin, 1855), 49.

人文主義的な年代学

スカリゲルは天文学の場合と同じく、古典テクストを編集する人文主義者として年代学にたどりついた。一五七三年八月、彼は古代ローマの文法学書の選集づくりに着手した。そこでは、アウルス・ゲリウスの『アッティカの夜』、マクロビウスの『サトゥルナリア』、ケンソリヌスの『起源について』などを使用している。[12] 彼が読んだケンソリヌスのテクストは、フランスの人文主義者ヴィネ（Elie Vinet, 1509–1587）による一五六八年の版であった。[13] ヴィネはスカリゲルの友人で、古代ローマの詩人アウソニウスについての優秀な研究家でもあった。スカリゲルは、ケンソリヌスのテクスト解釈に有用なアイデアをヴィネから盗用している。

ケンソリヌスの著作は難しくて厄介な代物だとスカリゲルは感じたが、それは当然なことだった。テクストは簡潔すぎて、完全な状態でも難解なのだ。さらにヴィネは底本として、人文主義者で出版業者のバディウス・アスケンシウスことジョス・バド（Jodocus Badius Ascensius, 1462–1535）が一五二四年に出したテクストを選んでいた。このテクストは、人文主義者フィリッポ・ベロアルドによる一四九七年の初版をもとにしていた。しかしベロアルド版には欠落があったので不適当だといわざるをえない。ヴェネツィアのアルドゥス書店は、人文主義者カルコ（Tristano Calco, 1455?–?）の手による一五〇三年版をもとにした新版を一五二八年に出版していたが、こちらの方がはるかに優れたテクストであった。

ヴィネによる『起源について』への注釈は明快だが初歩的なものだったので、スカリゲルはテクストが提起している問題をほとんど解決できなかった。そこで彼は、友人の法律家フランソワ・ピトゥー（François Pithou, 1543–1621）

からケンソリヌスの『起源について』の写本を借りうけた。返却の嘆願が何度もあったようだが、スカリゲルは数年間にわたり写本を返さなかった。[14] 彼は写本と印刷版を校合し、欠落を埋めようとした（アルドゥス版との校合によっても、幾つかの欠落を埋められたであろう）。そして素晴らしい推測によって、テクスト上のある問題を解決できた。[15] また、ヴィネのテクストと注釈にみつけた重要な問題の一握りを紙片に覚書として残した。[16] こうした覚書が、年代学へ関心をもった当初のスカリゲルのことを教えてくれる。

スカリゲルの最初の覚書は、将来につながるものではない。ケンソリヌスは『起源について』第二一章第一一節において、「アプリリスの月」（四月）Aprilis の名がギリシア神話の女神アフロディテ Aphrodite に由来することを否定するウァロの仮説に触れている。ウァロは、ラテン語の動詞「開く」aperio に起源を求めていた。四月は、自然や

（12）Grafton (1983), I: 128.

（13）Censorinus, *Liber de die natali*, ed. Elie Vinet (Poitiers, 1568). 現ボードリアン図書館蔵 D 4.6 Line はスカリゲルの後にヴォシウス（Gerard Johannes Vossius, 1577–1649）、ルトゲルシウス（Janus Rutgersius, 1589–1625）、そしてハインシウス（Nicolaus Heinsius, 1620–1681）に所有されていた。

（14）Scaliger, *Lettres françaises inédites*, ed. P. Tamizey de Larroque (Agen, 1879), 20–21, 25–26, 29–30, 31, 41, 83, 91. この写本は散逸してしまい、まだ発見されていない。詳細については Anthony Grafton, "Joseph Scaliger's Collation of the *Codex Pithoei* of Censorinus," *Bodleian Library Record* (Spring, 1985a).

（15）ケンソリヌスの『起源について』第一三章第五節の heptachordon は、ヴィネのテクストでは azônion であり、ピトゥーの手稿では taxopaon になっていた。

（16）この覚書は本の終わりの空白頁に糊付けされている。覚書のひとつは Gerard Johannes Vossius, *Etymologicon linguae Latinae* (Amsterdam, 1662) の Aprilis の項に所収されている。ヴォシウスは「未公刊の一片」としている。

生命が花開く春の月だからだ。スカリゲルは、ウァロの語源学が方向性をあやまって排外主義に陥っていると考えた。ラテン語の単語にローマ的な起源を見出すために躍起になっていたというのだ[17]——

私には、どうして「アプリリスの月」が「開く」に由来するのかわからない。まず、当初一年は一〇カ月しかなかったのだから、各月は［季節をまたいで］いつも変動していたに違いないし、一年のなかで定まった位置にはなかった。したがって、四月が春にきてから再び春にめぐってくるのは太古のロムルス暦でいう一二年後、すなわち太陰年でいえば一〇年後だ。だから「アプリリスの月」が動詞に由来するというのはありえない。このような語尾の単語が動詞に由来している場合は最後から二番目の音節が縮められる。たとえば probabilis や utibilis あるいは utilis と facibilis あるいは facilis だ。しかし名詞に由来している場合は、同じ音節が伸ばされる。すなわち equus は equilis に、ovis は ovilis に、caper は caprilis に、そして aper は aprilis にといった具合に。わずかだが humilis や similis といった例外もある。だから、「アプリリスの月」は aper に、すなわち「イノシシ」に由来するはずだ。アテナイ人たちが「シカの月」elaphêboliôn というのをもっていたように、四月というのは「イノシシの月」kaprêboliôn や kaproboliôn なのだ[18]。

この覚書は年代学というより、辞書学に傾倒した典型といえる。多くの人文主義的な年代学書は、用語の解説に傾注していた。たとえば、ヴィネによるケンソリヌスの『起源について』への注解も、専門的な問題だけではなく単語の綴りにも関心をはらっている。ケンソリヌスが「メトンの年」annus Metonticus と呼ばれるメトン（Meton, 5c BC）に帰される一九太陽年周期に言及している箇所では、つぎのように述べられている——

この「メトン」Metôn はソクラテスと同時代の天文学者だが、『スーダ辞典』やプルタルコス、プトレマイオスの『アルマゲスト』第三巻などでは、「メトノス」Metonos という属格形をとっている。だから、この単語は「メトンティクス」Metonticus ではなく、「メトニクス」Metonicus とすべきだ。(19)

上述のアグロンによる対話編『三言語暦』はその活発な議論のなかで、あらゆる古代の学説の秘密をあきらかにすると約束している。積極的な「アルフェスタ」としかめっ面の「キュアノフリュス」という二人の対話者が、ローマ暦の本質的な特徴について述べている――

アルフェスタ：マクロビウスやポリュドルス・ウェルギリウス（Polydorus Vergilius, 1470-1555）によれば、［各月の初日である］「朔日」calendae というのは「呼ぶ」kalô に由来しているといいます。しかしテオドロス・ガザ（Theodoros Gaza, c. 1398-c. 1475）は、プルタルコスにしたがって「朔日」は前置詞「に知られずに」clam に由来すると書いています。

キュアノフリュス：ははは。

アルフェスタ：どうして笑うのです？　私を笑い草にしようというのですか？

キュアノフリュス：とんでもない！　でも古代ローマ人たちが朔日という単語の由来をギリシア語に求め、ギリ

（17） Grafton（1983）, I: 116-117.

（18） スカリゲルの覚書、ボードリアン図書館蔵 D 4.6 Line の最終頁に糊付け。

（19） Censorinus, ed. Vinet, sig. BBiii v. ケンソリヌス『起源について』第一章第八節への注解。

シア人たちが語源をラテン語に求めたというのであれば、人々の愚かさをみごとに描写したものですね。絶対に笑わなかったクラッススや陰鬱なヘラクレイトスも、笑い死にしたでしょう。[20]

嫌味な衒学趣味のユーモアは別にして、アグロンの手法はあきらかにスカリゲルのものと似ている。両者とも、古代から文法家たちを満足させてきた専門的な主題の扱い方を応用している。つまり用語を定義づけ、語源について論じ、しつこい学生や読者が問題の手段や概念をどう使うのかと尋ねてくる前に議論を切り上げてしまう方法だ。アンコーナのチリアコ（Ciriaco d'Ancona, 1391–1453/55）以来、人文主義的な年代学者たちが「アプリリスの月」の語源をめぐる古代の諸説を学んで、この月をきわめて興味ぶかく思ったとしても不思議ではない。[21]

しかし、この類比には留保も必要だ。スカリゲルの議論には量と質の要素がある。彼は、ロムルス暦の一年が一〇カ月しかないことを指摘した。一年は「マルティウスの月」Martius からはじまるから、たとえ「アプリリスの月」が春にあたったとしても、つぎにこの月がやってくるのは春ではなく冬だ。ロムルス暦のつぎの一年は、一〇カ月後の冬からはじまるからだ。[22] すべてが「開く月」などとどうして呼べるのだろう。

関連する第二の覚書で、スカリゲルは最初のローマ暦に秘められた謎の深奥に入っていく――

ロムルス暦の六年目は閏年であり太陰年と合致する。そうした理由から、古代ローマの「五年ごとの祓いの儀式である」「大祓い」lustrum ができた。ロムルス暦の六年間が太陰暦でいう五年間に相当するのだ。ギリシアでは、閏年がオリンピック競技の期間中に挿入されるが、オリンピック大会がおこなわれるようになったのは、暦上の理由によるのだ。[23]

どちらの覚書でも、スカリゲルは初期ローマの年代学が抱えていたもっとも厄介な問題に対峙している。ケンソリヌスの『起源について』は、すでに紀元前二世紀のローマ人たちのあいだでロムルス暦について意見の相違があったことを伝えている——

歴史家リキニウス・マケル（Licinius Macer, ?-66 BC）やフェネステラ（Fenestella, 52? BC-12? AD）によれば、もともとローマ暦には一年が一二カ月あったという。しかし、ローマ暦の一年が一〇カ月であることに気づいた者たち、すなわちユニウス・グラクス（Junius Gracchus, fl. c. 122 BC）、フルウィウス（Fulvius Nobilior, fl. 195-179 BC）、ウァロ、スエトニウスらを信頼する方がいいだろう。ローマ人たちの起源であるアルバの民の暦が一〇カ月で、三〇四日あったからだ（『起源について』第二〇章二―三節）。

ロムルス暦はおそらく、初代ローマ王ロムルスを継いだ第二代のヌマ王が太陰暦を修正したものを採用するまで使われた。ケンソリヌスと同様に、スカリゲルも多数派の意見にしたがっている。しかしケンソリヌスとは異なり、彼はその技術的な部分を把握しようとしている。一年が三〇四日の場合、季節の移りかわりと合致させるのは困難がともなう。そこでスカリゲルは、第六代のセルウィウス・トゥリウス王（Servius Tullius, rg. 578-535 BC）がロムルス暦

(20) Haguelon, *Calendarium*, f. 34 v-35 r.
(21) Giorgio Castellani, "Un traité inédit en grec de Cyriaque d'Ancone," *Revue des études grecques* 9 (1896), 225-230: 229.
(22) ある年がロムルス暦とユリウス暦のマルティウスの月にはじまった場合、ロムルス暦のアプリリスの月はユリウス暦の四月にほぼ対応する。二年目は、アプリリスの月はユリウス暦では二月にあたる。
(23) スカリゲルの覚書、ボードリアン図書館蔵 D 4.6 Line の最終頁に糊付け。

年を太陰年と季節に対応させるために五年周期でおこなわれる大祓いを導入したと示唆した。

ここではスカリゲルが語っていることよりも、隠していることの方が重要だ。一世紀にわたって彼の先駆者たちは、ロムルス暦年が一〇カ月であった謎を説明しようとしていた。スカリゲルの努力は、彼らの多様な見解に依拠していたのだ。徳は高いが原始的な社会という歴史家リウィウスが活写した初期ローマ像を信じた人々は、一〇カ月のロムルス暦年も信じる傾向にあった。それはある種、初期ローマ人たちにとって仕方のない間違いであった。詩人オウィディウスも『祭暦』第一歌第二九行でうたっているように、彼らは学問よりも格闘に秀でていたからだ。スペインの人文主義者ヒネス・デ・セプルベダ（Juan Ginés de Sepúlveda, 1489–1573）はつぎのように記している――

ローマ人たちはローマ創建の当初から、［地球を周回する太陽の周期に一年の長さをあわせる］無理のない適切な方法を追求した。しかし、彼らは天体の運行について無知だったので、探し求めるものにすぐには到達できなかった。だから、ロムルス王は一年の長さをたった一〇カ月に設定してしまったのだ［…］。(24)

同様な見解は、イタリアの人文主義者ジラルディ（Lilio Gregorio Giraldi, 1479–1552）の古代暦法についての研究やパンヴィニオ（Onofrio Panvinio, 1529–1568）によるオウィディウスの『祭暦』への大注解、ヴィネによるケンソリヌスの『起源について』への注解のなかに見出される。(25) しかし大多数の人々は、古代ローマの文化を太古のものから衰退したものと把握していた。彼らによれば、天文学と暦法の複雑性を理解していたのは太古の高潔なユダヤの族長たちやエジプトの賢者たち、そしてガリアのドルイド教徒たちであった。だから、ロムルス暦ほど由緒ある太古の暦に大きな誤りがあるという考えそのものが許されなかった。彼らは、史料の証言と自分たちの信念の隔たりを埋めようとして知的な妙技をやってのけることになる。論争は長きにわたり複雑をきわめ、人文主義的な年代学者たちも体系的な年代学者たちも等しく関心をよせた。

一方の極には、スカリゲルも面識のあったポステルがいた。彼は、ロムルス王がわざと誤った暦をつくったと主張した。それは、ノアの記憶を放逐する運動の一部であったというのだ。ポステルによれば、ノアはイタリアではヤヌスとして知られ、敬虔で高潔な社会を築いていた――

> [ロムルス王]はマルス神を祝して年始を迎えたいと主張し、年頭から「ヤヌアリウスの月」を盗んだ。こうして彼はヤヌスの記憶を破壊したのだ。それは太陽が人々のもとに戻ってくる第一級の印であったのに。とんでもない悪漢の暴君が一〇ヵ月で一年という無茶な法をつくり、時の掟を台無しにしたのだ。ヤヌスのもとではいつも一緒であった十二宮の始点と月の始点が二一日も離れてしまったのは、彼のせいだ。[26]

これとは対照的なのが前章でもみたゴロピウスだ。スカリゲルは彼の著作を読んだだけだったが、ゴロピウスの主張によれば、天文学は失われたり断絶したりすることなくローマ神話の農耕神サトゥルヌスから太古のイタリア人たちに継承された。これは、ヌマ王がつくった三六五か三五五まで指おり数えている姿の有名なヤヌス像からはっきりわかる。ポステルが主張したようにロムルス王がわざと間違った暦をつくるなどということは、従者たちに阻まれてできるはずもなかった――

---

(24) Juan Ginés de Sepúlveda, *De correctione anni mensiumque Romanorum... commentatio* (Paris, 1547), f. 4 v.

(25) Giraldi, *Opera*, II: cols. 758–759; Onofrio Panvinio, *Fastorum libri V* (Heidelberg, 1588), 25–26; Censorinus, ed. Vinet, sig. DDiii r.

(26) Guillaume Postel, *Cosmographicae disciplinae compendium* (Basel, 1561), 60–61. ポステルは自分の情報源、とくにプルタルコスの『ヌマ伝』第一九章を自由に使っている。Cf. Erasmus (1962), 40–46.

ある人々は、ロムルス王の暦には一〇カ月しかないと書いて重大な間違いをおかした。とんでもないことだ。彼らの主張するように、おそらくロムルス王は粗野で戦士のような人間だった。まっとうな理性と文化の敵である戦いの神マルスの後裔だ。だからといって、一年の長さをきちんと理解し、正確に計算できる人間が当時いなかったというのは正しい推論ではない。[27]

古代人たちの曖昧で不明瞭な証言からは、どんな結論でも抽出することが可能であった。まるでスイスの精神分析家ロールシャッハ（Hermann Rorschach, 1884-1922）の有名なテストのように、一学者の深層心理からローマ史や人類史についてのあらゆる俯瞰図を表出させることもできただろう。それに比べれば、ロムルス年は大きな問題ではない。ポステルは一〇カ月説を信じた。ロムルス王のことを、宗教や文明を破壊しようとした野蛮人と考えたからだ。一方でゴロピウスは一〇カ月説を退けた。古代ローマ人たちをポステルよりも高く評価していたからだ。

こうした見解の相違を前にして、スカリゲルは彼特有のひねくれた反応をみせている。彼は、太古のローマ人たちが天文学を知りながらも一年を一〇カ月としたと主張して両極の一致を試みた。そして、混沌としている太古の暦法に、規則にそった天文学的な周期を見出そうとした。これは、すくなくともふたつの結論を示唆している。

第一の結論は、スカリゲルは要点を把握していなかったということだ。五年や六年の周期では、三〇四日のロムルス年を三五四日の太陰年と合致させることはできない。閏の日や月をロムルス年の六年ごとに挿入するという彼の提案は、浅はかなものだった。太陰年を正しく理解していたなら、つじつまが合わない——

304日×6＝1824日
354日×5＝1770日

こうするとロムルス年の六年が、太陰年の五年よりも長くなる。スカリゲルの提案のように六年ごとにロムルス年を長くすれば、ロムルス年の始点と太陰年の始点のずれが次第に大きくなり、事態は悪くなる。周期的に閏月を挿入して太陰年を太陽年に適合させることを考えたとしても、彼の解決法は十分ではない。一番ありそうなのは、太古のローマ人たちは太陽太陰暦の八年周期を使っていたとした場合だ。ちなみに同じ覚書で、スカリゲルはこの太陽太陰暦の周期をアテナイ人たちのものだとしている。これが念頭にあっても、最初の六年に同じ問題が起こってしまう。たしかに、第二周期にはロムルス年は太陰年よりも短くなるだろう。というのも太陰年の八年目には閏月が三カ月ほど挿入されるからだ――

354日×5＋(30日×3)＝1860日

それでも、ロムルス年と太陰年がともに周期を重ねていくと狙ったような効果は出てこない。というのも、二周期がおわったところでは――

(27) Goropius, *Origines*, 428. プリニウス『博物誌』第三四巻第三三章やマクロビウス『サトゥルナリア』第一巻第九章第一〇節、『スーダ辞典』「ヤヌーアリオス」Ianouarios の項も参照。

六年周期のロムルス年が二周期＝1824日×2＝3648日

五年周期の太陰年が二周期＝1770日＋1860日＝3630日

となるからだ。ロムルス年を引き延ばす必要はないだろう。スカリゲルがもうすこし正しく計算できたら、一九世紀にドイツの歴史家ニーブール（Barthold Georg Niebuhr, 1776-1831）が提出した理論を先取りすることになったかもしれない。ニーブールは想像力ゆたかな仮説の紡ぎ手として知られ、ロムルス年の六年にあわせるために太陽年で五年の一周期が大祓いとして設定されたと考えた[28]。これはみごとだ——

304日×6＝1824日

365日×5＝1825日

誤差は一日だけだ。しかしスカリゲルの理論と同様に、計算の問題よりも重要な点を説明しそこなっている。ロムルス暦を天文学的な周期と結びつけている古代の史料がないことだ。実際、それがないことを史料は伝えている。ケンソリヌスの『起源について』第一八章によれば、大祓いも当初は長さがまちまちで、規則性を与えるものではなかった。ほかの点では間違っても、スカリゲルの先人たちはこうした事実を念頭においていた。一年を一〇カ月と信じる人々は、天文学的には許容しがたいことを主張した。ロムルス暦が理にかなった長さだと信じる人々も、一〇カ月しかないとは信じていなかった。スカリゲルと比べれば、どちらの立場も史料にたいして忠実であった。

第二の結論は、真に技術的な年代学をつくるためには問題を放棄せざるをえないことだ。歴史学的には魅力があっても、数学的には不正確な問題の解決は望めないからだ。スカリゲルも『年代校訂』において、それくらいは認めていた。彼以前にロムルス暦をとりあげた人々の考えも、彼らが関心をいだいた問題も、スカリゲルはすべて退けた。まともな年代学者が目を向ける必要はないものだとみなしたのだ――

一年が一〇カ月というのは退けることにしよう。なんの役にもたたないのだから。ヒツジ飼いで農夫のロムルスを天文学者メトンとカリッポス（Callippos, c. 370-300 BC）にしてしまうような仮説を捨てさろう。妥当な議論に落ち着くことにしよう。(29)

「妥当な議論」というのは、ユリウス・カエサルが改革に着手するまでローマ太陰暦を規定していた閏の体系にたいする詳細な批判のことであった。結果的には間違いだったが、スカリゲルはこれが最古のローマ暦を読み解くカギになると考え、豊富で詳細な史料を細部までたくみに分析した。この態度は、かつての彼には欠けていた。さらに重要なのは、このように問題を再定義するときに、彼が年代学の伝統を否定したことだ。排除の対象には、かつての彼自身もふくまれていた。この否定によって彼はえるものもあったが、同様に失ったものもあった。

第三の覚書に目を向けよう。この覚書は、人文主義者の年代学と『年代校訂』の厳密さや確信とのあいだにある距離を端的に強調しているかのようだ――

ヘカトンバイオン［アテナイの第一月］が夏至につづく新月からはじまるなら、どうして八年ごとに閏の挿入が

(28) Ovid, *Fasti*, ed. James George Frazer (London: Macmillan, 1929), II: 8-29.
(29) Scaliger, *De emendatione*, 117.

可能となるのかわからない。これは不可能だ。アテナイ人たちは一九年の周期をもちいたが、数年ごとに月が追加されており、そこに閏の入りこむ余地はない。しかし、彼らは八年ごとに三〇カ月がつけたされると思っていた。(30)

ここでスカリゲルは、ギリシア神話の神官ラオコーンのように、権威はあるが相矛盾するふたつの証言にとらわれていた。プラトンはスカリゲルもよく知る『法律』において、すべての役人が「夏至の直後の新月とともに開ける新年の初日の前日」にひとつの神殿に集合すると述べた。(31) これは、アテナイでは夏至の後に最初にやってくる新月の日をもって新年がはじまるように計算と観測によって定められていたことを示唆する。しかしマクロビウスは、『サトゥルナリア』第一巻第一三章において、ギリシア人たちが太陰年の八年ごとに三カ月を挿入することによって、三五四日の太陰年を三六五日と四分の一の太陽年に一致させたと述べている。彼が正しいならば（そうではないのだが）、プラトンが間違っていることになる。周期の最初の七年間に閏の挿入がないなら、太陰年は太陽年よりも一一日と四分の一だけ短いからだ。一五七〇年にフランスの医学者ララマン（Jean Lalamant, fl. 1549-1578）が、このことを説明している——

アテナイの新年（あるいは一月にあたるヘカトンバイオンの月の初日といってもよい）は、［太陽年からみれば］いつも一定の日にあたるとはかぎらない。さらには一定の月でさえない。八年周期で一年すすむごとに、元旦は一一日ずつ早まっていくのだ。(32)

八年周期の一年目における最初の新月は、月の満ち欠けによって夏至よりも三〇日以後にくることはないので、毎年一一日ずつ早まるということは、ほとんどの年でヘカトンバイオンの月は夏至の後ではなく、前にはじまることになってしまう。八年目に挿入された三カ月だけが、その年の始点をプラトンが言及する地点にもどし、また周期がくりかえされる。一方でほかの多くの史料は前述の天文学者メトンによる一九年周期に言及している。この周期は、八年周期よりも正確に太陽年における新月を予測することができるが、実用的な暦としてはマクロビウスがいう八年周期と共存できない。

　スカリゲルは、これらの典拠の矛盾に気づいた。それはそれでひとつの発見だ。ララマンは、プラトンが各周期の最初の七年に言及したのだと主張したにすぎない。また、一五七五年に『年代記』*Chronicum* を刊行したベロアルドゥス（Matthaeus Beroaldus, ?–1576）は、あたかもアテナイ暦についてプラトンとマクロビウスが相補完しているかのように二人を引用している[33]。しかし、スカリゲルにできたのは、困難にたいする注意を喚起することだけだった。彼は、問題を解決しようとはしなかった。このように、それほど難しくない技術的な問題にお手上げだったことは、のちに『年代校訂』で示した機知と好対照をなしている。第三の覚書における最後の一文はとりわけ意味ぶかい。スカリゲルは、ギリシア人たちが八年ごとに三〇カ月の閏月を設けたという。彼はマクロビウスを要約しようとしたが、彼のペンと記憶は役に立たなかった。正しくは、三〇日からなる一カ月を三カ月分とすべきだった。

（30）スカリゲルの覚書、ボードリアン図書館蔵 D 4.6 Line の最終頁に糊付け。

（31）プラトン『法律』767C. Matthaeus Beroaldus, *Chronicum,Scripturae Sacrae autoritate constitutum*（Genève, 1575）, 59 に引用がある。スカリゲルはこの著作をよく知っていた。Grafton（1983）, I: 105–106, 276 n. 32.

（32）Jean Lalamant, *Exterarum fere omnium et praecipuarum gentium anni ratio et cum Romano collatio*（Genève, 1571）, 111.

（33）Lalamant, *Collatio*, 103; Beroaldus, *Chronicum*, 51, 59.

スカリゲルの計算に問題があるのは、たんに彼がプトレマイオスやギリシアの数学者エウクレイデス（Euclid, 3c BC）の著作を丹念に勉強していなかったことを示しているのではない。これらの問題は、いかにも人文主義的な年代学者たちに典型的なものだったのだ。

スカリゲルの友人である小アルド・マヌツィオ（Aldo Manuzio, 1547-1597）は、これと類似した好例となる。彼は一九年のメトン周期について詳細な再構成をおこない、一五七六年にそれを刊行した。天文学者なら、周期とその意義を簡潔に記述することに困難を感じなかったろう。たとえば、前章で出会ったサヴィルは、プトレマイオスについての一五七〇年のオクスフォード大学の講義で学生たちにつぎのような説明をしている――

メトンの理解では、春分・秋分や夏至・冬至は、太陰年で一九年の周期を想定することで多少なりとも正確にもとの位置にもどる。そのあいだに二三五回の朔望月が過ぎさる。採用されている方法はつぎのようなものだ。古い慣行によって各オリンピア紀に追加される日にくわえ、さらに一九太陰年に七カ月が追加される。六カ月は三〇日で、七カ月目は二九日だ。これをギリシア人たちは一九年周期の「メトン年」と呼んだ。(34)

現代風にいえば、太陰年と太陽年の始点を周期的に一致させ、太陽年において新月がいつやってくるかを予測するには、つぎのような関係を利用することができる――

19 太陽年 = 365¼ 日 × 19 = 6939¼ 日

19 太陰年 = 235 朔望月 = およそ 6939⅔ 日

スカリゲル自身が示すことになるが、これはメトン周期の説明としては少しだけ不正確なところがある。(35) それでも十分なほど正解に近く、多くの著作で標準的な学説としてとりあげられることになった[36]。だが、この問題はマヌツィオの手に負えるものではなかった。たしかに彼は、「アルカディア人とアカルナニア人たちを除くあらゆるギリシア人たちが、一年を三五四日と数えていた」ことを知っていた。しかし、古代のさまざまな史料が一致して述べているところによれば、メトンはギリシア人ではあるが、アルカディア人でもアカルナニア人でもなかった。そこでマヌツィオは、メトンが標準的なギリシア太陰暦をみずからの周期にとりいれたので、つぎのようになるに違いないと結論した——

354日×19＝6726日[37]

これにもとづきマヌツィオは、メトン周期に言及しているケンソリヌスら古代人の見解を訂正できるといって意気揚々と提案している。しかしこの六七二六日の周期では、一九年目の太陰年が終わったときに、一九年目の太陽年はまだ七カ月も残っている状態となり、太陽年と太陰年がまったく一致しない。それでもマヌツィオの説は、ヴィネのものほど混乱していなかった。ヴィネはケンソリヌスの『起源について』への注解で、メトン周期を近代における復活祭の日付を算出する方法「コンプトゥス」computus の一九年周期と同一視した。しかし彼のテクストでは、一周

(34) Henry Savile, *Prooemium mathematicum*, ボードリアン図書館蔵 MS Savile 29, f. 34 r.
(35) Scaliger, *De emendatione*, 55-57. スカリゲルは、ケンソリヌスの『起源について』第一八章第八節を引いて、本当のメトン周期が六九四〇日だと示そうとした。彼がゲミニウスの『入門』第八節での説明を知るのは一五九〇年になってからだ。
(36) たとえば Paul van Middelburg, *Paulina* (Fossombrone, 1513), sig. diiii r.
(37) Aldo Manuzio, *De quaesitis per epistolam* (Venezia, 1576), 82-83.

いた。期が六四四〇日しかないことになっている。[38] このように、桁の大きな数字群は人文主義者たちを挫折へと追いやって
いた。

公平に考えるなら、人文主義的な年代学の価値と、それがスカルゲルの年代学者としての成長に与えた重要性は小さいものであろう。しかし第四の覚書からは、人文主義的な態度がその欠点を埋めあわせる長所をもっていたことがわかる――

ローマの歴史家ディオ（Cassius Dio, 155-235 AD）は、ユリウス・カエサルが閏を挿入する方法をエジプト人たちから学んだとしているが、これはきわめて滑稽だ。ディオはこの考えをローマの詩人ルカヌスからえていた。またプルタルコスやディオも、内乱についてルカヌスが詩的に表現したすべてを史実ととらえている。しかし実際は、エジプト人たちは［ユリウス暦で一四六〇年の周期の］シリウス年が過ぎたときを除いて閏を挿入しなかった。そんなことが起きたのは人類の記憶が残るうちでただ一度だけだ。一方で、ギリシア人たちは四年ごとに閏を挿入している。だから、どうしてカエサルがギリシア人たちから学ばなかったといえるだろうか。[39]

こうした見解へとみちびいた直接の刺激は、ヴィネによるケンソリヌスの注釈にあった――

［カエサルは］一年を太陽の経路にあわせた。ディオの『ローマ史』第四三巻にもあるように、彼はそれをアレクサンドリアのエジプト人たちから学んだのだ。[40]

スカリゲルの覚書が示唆するように、カエサルによる暦法改革がエジプトに起源をもっていると立派な古代人たちが証言していた。ディオは、カエサルが「アレクサンドリア滞在中」に改革に着手したと明言している。またルカヌ

スは、カエサルがエジプトの賢者アコレウスと天文学について議論をしているところを描写している。それによると、カエサルはギリシアの天文学者エウドクソス（Eudoxos, c. 408-c. 355 BC）の暦も「私の暦にはかなわないだろう」と胸をはる。それにたいして、アコレウスは「もっともです」と答えた。ここでカエサルは、太陽が時間を一年ごとに区切っていることを知るのは有用だと考えたのだろう。さらに、アレクサンドリアのアッピアノス（Appianos, c. 95-c. 165 AD）はもっと明確に、オリエントの叡智の愛好者としてカエサルをマケドニアのアレクサンドロス大王に比較している。いわく、カエサルは「不規則だった暦年を変え、エジプト人が計算したとおりに太陽の経路に合致させた」。だから、カエサルは「エジプトの暦年」を模倣したとするヴィネやマヌツィオの考えに、ルネサンス期の学者たちの多くが同意するのは当然なことだった。(41)

ここでスカリゲルの覚書は、伝統的な説明の仕方や見解から離れることで異彩を放っている。彼は正しくも、エジプト人たちがユリウス暦にみられるような半端な日を挿入しなかったと指摘した。むしろ、彼らは一年を三六五日に固定し、各年の始点が太陽年の一定点に戻ってくるまで少しずつ季節がずれていくことを許容していたのだ。ユリウ

(38) Censorinus, ed. Vinet, sig. BBiij v.
(39) スカリゲルの覚書、ボードリアン図書館蔵 D 4.6 Line の最終頁に糊付け。
(40) Censorinus, ed. Vinet, sig. EEii r.
(41) Manuzio, *De quaesitis*, 48; Giraldi, *Opera*, II: col. 763. ディオ『ローマ史』第四三巻第二六章第二節；ルカヌス『内乱』第一〇歌第一八七行と第二〇一行；アッピアノス『内乱記』第二巻第一五四章を参照。マクロビウス『サトゥルナリア』第一巻第一四章第三—四節と第一六章第三八—四〇節やプリニウス『博物誌』第一八書第二一〇—二一二章も参照。「エジプト人たち」というのは、アレクサンドリアのギリシア人たちのことだ。

ス暦でいえば、これは一四六〇年かかる。[42] エジプト人たちは、太陽年が慣習的にもちいていた暦年よりも一日の四分の一だけ長いことに気づいていたが、実用の暦に反映させる努力をしなかった。太陽年の長さを厳密にとる暦はどれも、実際にはどうしても不正確になるし、暦年の長さも半端なものになる。だから、前述のラインホルトのいう「天体の運動の観測にもっともふさわしい」のは、ずれが生じても規則性をもつエジプト暦であった。それが四年ごとに二月に閏日を挿入するようなユリウス暦の手本にはなりえなかった。[43]

カエサルに手本を提供したのは「ギリシア人たち」だという議論を展開するなかで、スカリゲルは先人たちと後輩たちの一部がとらえそこなった真理を示している。カエサルによる暦法改革の天文学的な基礎となったのは、平凡なアイデアだった。それはおそらくギリシアやバビロニアの天文学に由来するもので、エジプトの賢者との戯れという小説じみた逸話は見当違いだ。重要なのは、彼がアイデアをどこから採用したかではなく、それをどのように実践したかという点だ。すぐれた歴史感覚をもつスカリゲルは、伝説化したオリエントの叡智を偽りのない分相応なものにひきもどすことに成功し、年代学的な一問題に正しく独創的な解答を与えた。

スカリゲルの円熟期の著作では見解が変わってしまうが、この初期の覚書での解答は賢明な判断にもとづいていた。彼はその後『年代校訂』を執筆するまでに、ギリシアのテーバイ人たちが一年を三六五日と四分の一としていたというシチリアのディオドロスの記述を読んだ。さらに、エウドクソスとプラトンがエジプトの町ヘリオポリスに長期にわたって滞在したときに、この秘密を聞き知るにおよんだというストラボンの記述も読んだ。そこからスカリゲルは、つぎのように結論した。年代学者というものはどの暦についても、それより古いよく似たシステムのなかに正確な起源をつきとめなくてはならない。[44] そこでスカリゲルは、若いときは自制していた物事を複雑化させてしまう性向に身をゆだねてしまった。涙ぐましい信念でもって、彼はディオドロスとストラボンの報告を鵜呑みにし、かつての考えを覆してしまう。ギリシア人たちはカエサルやエウドクソス以前から太陽年の長さを知っていたという見解は保持しつつも、彼はつぎのように主張する。カエサルは実際に「エジプトの賢人たちと数日間にわたり議論をして」改革を企てたのだ。(45)

ここまでの分析から、どのようなバランスある結論が導けるだろうか。ある種の年代学は、人文主義の標準科学とでもいえるものの一部をなしていた。その性質は体系的ではなく、特定の事物について書かれたものだった。主要な古代暦の構造や詳細というよりも、著名なテクストや人物にかかわる暦法や年代学の問題を扱っていたのだ。それは古典についての博識に裏づけられていたが、しばしば恣意的な決めつけもあった。人文主義者たちは古代の天文学についてほとんど知らず、計算が複雑になると不明確になってしまう。しかしときに、自分の専門分野において腕ききの技を発揮することもあった。つまるところ彼らの仕事とは、たしかな判断にもとづいて史料に的確な解釈を与えることだったのだ。

円熟期のスカリゲルが提示した技術的な年代学は、初期の人文主義的な年代学からはかけ離れたものであった。し

(42) スカリゲルがエジプト人たちは一四六〇年毎に閏を挿入するとしたのは、エジプト年一四六〇年の後に三六五日を加えることを意味した。エジプト年の一四六一年は、ユリウス年では一四六〇年だからだ。スカリゲルも所有した Johannes Stadius, *Tabulae Bergenses* (Köln, 1560), 14 を参照。

(43) Erasmus Reinhold, *Prutenicae tabulae* (Tübingen, 1551), f. 23 r.

(44) Scaliger, *De emendatione*, 13. ディオドロス『歴史叢書』第一巻第一章第二節；ストラボン『地理書』第一七巻第一章第二九節 C806 も参照。

(45) Scaliger, *De emendatione*, 156.

かし、彼の専門的な技術の勝利も、アテナイ暦の各月を正しい順序でならべるといった人文主義的な研鑽なしにはありえなかった。場合によっては、老いた体系主義者よりも若き人文主義者の方が先見の明があった。どんな分野における革新も、卵を割らなければオムレツをつくれないことを想起させる。発見もあれば、値打ちのあるものを忘れてしまうこともあるのだ。

体系的な年代学

体系的な年代学に話をうつそう。分析の対象は、円熟期の『年代校訂』およびスカリゲルが熱心に剽窃しつつも批判した先駆者たちによる書物群だ。時代を画する著作の例にもれず、『年代校訂』もざっと目をとおしただけでは、その典拠と成立の経緯について多くを語ってくれない。まずもって印象的なのは、入念な準備と驚くほどの独創性だ。はじめの四書は、太陽暦と太陰暦の双方をふくめた古今の主要な暦について扱っている。第五書と第六書は、天地創造から近年にいたるまでの重要な出来事の年代を確定している。第七書は、中世のユダヤやエチオピア、ビザンツ帝国の暦年論のテクストと翻訳を載せている。これらの暦年論は「コンプトゥス」という名で知られる。スカリゲル自身が著作の頂点と位置づけている第八書は、当時の暦法改革について調査する意義を説明している。全体をとおして彼は、自分が未知の領野を探索して地図をつくっているのだと多大な労をはらって強調している。

しかしこうした理解は、『年代校訂』の内外をよく観察すると、複雑な現実を隠してしまうことがわかる。スカリゲルの言葉が与える印象は脇において、彼がどのようにして年代学を学んだかを注視し、完成作の非独創的な要素を特定すれば、スカリゲルの代表作が既存の学問伝統のなかで通用していた成果を利用し、それに応答したものだと示せるだろう。
友人デュピュイ（Claude Dupuy, 1545–1594）やクレティアン（Florent Chrestien, 1540–1596）宛の書簡によれば、スカリゲルが年代学に着手したのは一五七九年から八〇年にかけてであった。『年代校訂』は当初、「コンプトゥスの小著」という控えめな体裁をとっていた。しかし、得意先のパリの印刷業者マメル・パティソン（Mamert Patisson, ?–1600）は、その出版を躊躇した。そして一五八〇年七月ころまで、スカリゲルは付録となる「批判」diatribai の草案を練った。[46] クレティアン宛の未公刊書簡がその状況を明確に伝えている。当時スカリゲルは「荒漠たるアラビア」で落ちこんでいた。「荒漠たるアラビア」とは、彼が住んでいたフランス中南部の町リムーザンを指している。書簡では、自著に序文として韻文を書いてもらったことに謝意を述べている。その著作を彼は、『エチオピアのコンプトゥス』*Computus Aethiopicus* と呼んだ。[47] 当初スカリゲルが出版しようとしていた「コンプトゥスの小著」とは、のちに『年代校訂』第七書に収録される翻訳と注釈をつけたエチオピアのテクストだった。[48] このテクストが、彼を年代学の大著へと駆りたてることになった。逆説的なことに、彼の包括的で体系的な著作はひとつの短いテクストの編集と注釈としてはじまったのだ。

（46） Scaliger, *Lettres*, 101–102, 104, 106–107, 111.
（47） 一五八一年九月四日付のクレティアン宛書簡。フランス国立図書館蔵 MS Dupuy 496, f. 206. Anthony Grafton, "From *De die natali* to *De emendatione temporum*: The Origins and Settings of Scaliger's Chronology," *Journal of the Warburg and Courtauld Institutes* 48（1985b）, 100–143: 135–136 に掲載。
（48） Otto Neugebauer, *Ethiopic Astronomy and Computus*（Wien: Austrian Academy of Sciences Press, 1979）, 55, 163, 203, 219 を参照。

書簡はさらに多くのことを教えてくれる。構想中の『年代校訂』が垣間みえるのだ――

もっとたくさん韻文を書いてもらわなくてはなりません。私は、財布のなかよりも多くの紙に書かれたコンプトゥス（計算）をもっているからです。キリスト教徒やイスラム教徒たちのコンプトゥスをすべて所有しているだけではなく、地中ふかくを掘り返して古代ギリシア人たちのコンプトゥスを発見したのです。預言者ダニエルがアンティオコス・エピファネスについて語ったように、私も時を変えたのです。このことをどうか忘れないでください。(49)

スカリゲルは、驚くほど斬新で博識なものをつくりだしたと考えていた。だから、自分が失われた暦を再構成したことについて滑稽なほど尊大に、イスラエル宗教暦を歪曲したセレウコス朝の王アンティオコス四世（Antiochos IV Epiphanes, 215–164 BC）と預言者ダニエルに言及しているのだ。「奥義」arcana を隠す必要があるとうたった古代ローマの詩人ホラティウスの一節をもったいぶった口調で引用していることからも、それは裏づけられる。しかしこの時点でスカリゲルは、過去の暦を体系的に分析する『年代校訂』の第一書から第四書や第七書となるものを構想しているにすぎなかった。時代区分や暦法の改革には触れていない。完成した著作は、豊富な相互参照と著述の論理的な展開をもつ明晰な構造物だが、それは当初うちたてようとしていたものではなかった。この点も、従来の理解に疑義をさしはさむ。

つぎの文書は、現在ライデン大学に保存されている。これはスカリゲルの歩みがゆっくりで、直線的ではなかったことを示してくれる。(50) 一五八〇年に彼は、一二世紀にアラビア語で書かれた四福音書の写本の見返しに、長大な注釈を記した紙を貼りつけている。彼は『ヨハネ福音書』の奥付を年代学の領域にとびこむ踏み台にしたのだ。あまりにも深いところに跳びこんだことが彼自身にもわかった。奥付にはつぎのように読める部分がある――

この福音書は天地創造から六六八七年目、インディクティオ（一五年紀）の第一二年、タンムーズの月の三一日火曜日に、われらが救い主イエス・キリストの御力により完成した。

この奥付のスカリゲルによる分析からは、彼ならではの力強さと才覚を感じとれる――

筆記者によれば、この写本が書かれたのはインディクティオの第一二年、シリアのキリスト教徒たちがタンムーズと呼ぶ月であるユリウスの月の晦日、週の三日目のことだった。エウセビオスや七十人訳聖書にしたがって、ギリシア人とシリア人たちはキリストの時代を天地創造後五五〇〇年とした。筆記者によれば、この写本が書かれたのは世界紀元六六八七年のことだ。6687 − 5500 = 1187 AD となる。しかし当時、ユリウスの月の晦日は週の三日目ではなく、インディクティオの第一二年でもなかった。ところで彼らは、世界紀元をシリア人たちよりも八年前においており、キリストが生まれたときには創造から五五〇八年が過ぎていたと主張したようだ。つまり、この写本が書かれたのは 6687 − 5508 = 1179 AD のことであった。これだとインディクティオは一二年目、太陽周期でもその数は一二となる。また、主日文字はGであった。こうして、ユリウスの月の最後の曜日文字はB、週の三日目にあたる。[51]

(49) Grafton（1985b）, 136. 旧約聖書の『ダニエル書』第七章第一五節も参照。
(50) ライデン大学図書館蔵 MS Or. 225（Gregory 49）.
(51) 同写本の最終葉に付された覚書。

この議論を現代的な表現にすれば、奥付の日付が示唆しているのは、筆記者が写本を完成させたのが一一八七年七月三一日であったということだ。しかしインディクティオ表を参照するか標準的な計算をすれば、一一八七年はインディクティオの第一二年ではなく、八年ずれた第五年であったことがわかる。[52] さらに、主日文字表を使うか標準的な計算をすれば、一一八七年の主日文字はDであったことがわかる。[53] しかし、ユリウス暦で七月三一日の曜日文字はBのはずだ。また、主日文字がDの平年（閏年ではない年）には、Bの文字の日は週の六日目である金曜日であり、三日目である火曜日ではない。[54] 七月三一日は主日文字がGの年にだけ、火曜日にあたる。スカリゲルの解決法は手際も鮮やかでシンプルなものだ。表にもどって計算してみれば、一一七九年がインディクティオの第一二年にして、主日文字がGだとわかる。これが探していたものだ。筆記者が筆をおいたのはこの年だったはずだ。だから、キリストが生まれたのは天地創造より、6687 − 1179 = 5508 年後と仮定して、彼は写本に日付を書き入れたに違いない。

つづけてスカリゲルは、インディクティオと主日文字の組みあわせを同じくする年を列挙している。そして、この組みあわせが 28×15 = 420 年ごとに反復することに気づいた。また彼が覚書を執筆していた一五八〇年は、インディクティオが八で、太陽周期は二一だ。だから、ふたつの周期は七年後の一五八八年に同時に第一年をむかえる。ちなみに一一七九年には第一二年をむかえていた。スカリゲルは、筆記者がインディクティオの始点をいつに設定したかについてはすこし立ち止まり、インディクティオにかんする史料をあちこちから収集して結論している。この覚書の一端は『年代校訂』にふたたび姿をあらわす。まさにこれこそがスカリゲルが一五八〇年にデュピュイ宛の書簡で言及している「批判」の一部、つまり『エチオピアのコンプトゥス』にたいする原注の一部だったのではないだろうか。[55]

この覚書は一見きわめて印象的だ。スカリゲルがアラビア語から正確に翻訳をし、技術的な問題を解決し、暦の反復パターンについて探求をはじめたことがわかる。これが、ユリウス暦の周期の考案につながっていく。年代学にたいする不朽の貢献だ。しかし、それは人々を欺くみせかけにすぎない。入念に調べてみれば、いかに当時のスカリゲルが暦法にかんする規則や事実に疎かったかわかる。そもそも奇妙なことに一貫して計算違いをおかしている。彼は一一七九年と同じ特性をもつ年を列挙しているが、以下の表で示すように実際とは違っていた。

すべてインディクティオが、一ずれている。一〇〇〇年にかんしては、主日文字も誤っている。GFの文字の閏年では、七月三一日はFの文字の平年と同じになり、火曜日ではなく、週の四日目すなわち水曜日にくるはずだ。さらに奇妙なことがある。この覚書は、キリスト生誕を天地創造の五五〇〇年後とする考えをエウセビオスに帰している。しかし実際にそう考えていたのは前章で出会ったユリウス・アフリカヌスであり、終末論的な理由からこの見解をと

---

(52) 一五年周期のインディクティオは、ユリウス教会暦に組みこまれている。西暦で任意の年のインディクティオを求めるには、三を足して一五で割る。その余りがインディクティオだ。余りなしの場合は一五となる。ここでは(1187 + 3) ÷ 15 = 79…5 と(1179 + 3) ÷ 15 = 78…2 となる。インディクティオ表が Samotheus, *Opusculum* にある。

(53) ユリウス教会暦では、毎年の年頭七日にAからGの文字が付されている。最初の日曜日の文字が、その年の主日文字だ。閏年にはふたつの主日文字がある。曜日がずれる閏日の前の日曜、もうひとつは後の日曜だ。主日文字は二八年周期となるが、西暦で任意の年の主日文字を求めるには、九を足して二八で割る。余りがその年の位置だ。余りなしの場合は二八となる。文字を知るには、この数字を二八の主日文字の表に対応させる。ここでは(1187 + 9) ÷ 28 = 42…20 でDと(1179+9) ÷ 28 = 42…12 でGとなる。Samotheus, *Opusculum* で西暦のどの年についてもその文字を調べることができる。

(54) ユリウス年では、どの日もAからGまでの文字をもつ。任意の日の「曜日文字」littera ferialis または kalendarum とその年の主日文字があれば、どの曜日にあたるかわかる。Samotheus, *Opusculum* 参照。

(55) Scaliger, *De emendatione*, 249, 367.

年	インディクティオ	主日文字
820	13	AG
865	13	G
910	13	G
955	13	G
1000	13	GF
1179	12	G

ったようだ。反対に、エウセビオスはこれを退けた[56]。ルネサンス期の刊本で読めるように、エウセビオスは『年代記』において異なる計算をし、五一九八年というそれほど印象的でない結果を導出した。

スカリゲルには自分の見解を支持してくれる典拠があった。フランスの人文主義者ジャンティアン・エルヴェ（Gentian Hervet, 1499-1584）が訳したギリシア人修道士シナイのアナスタシオス（Anastasios Sinaita, 7c AD）の『問答集』*Quaestiones et responsiones* のラテン語版に、エウセビオスに帰される断片が見出される。そこでは五五〇〇という数字がエウセビオスの考えとなっている[57]。しかし、これを聖ヒエロニムスによるエウセビオスの『年代記』のラテン語訳に優先させる者は、この問題に精通する人々のなかには誰もいなかっただろう[58]。

いずれにせよ、この年代特定の試行錯誤から、スカリゲルがつぎの事実を知らなかったことがわかる。東方キリスト教の著作家たちの常識となっていた年代は、ビザンツ帝国に由来するもので、天地創造を紀元前五五〇九年九月一日としていた点だ[59]。また彼は、覚書の後半部でインディクティオの始点を特定しようと奮闘する。しかし、どのような方式のインディクティオであれ一一七九年七月三一日は周期の一二年目にくるのだから、問題視する必要のないところに拘泥していたことになる[60]。

皮肉にも、スカリゲルの覚書へのこうした批判が、彼の信用を高めることになる。間違いは未熟さを示すが、けっして無能さの証ではない。年代学にたずさわる者はみな計算を間違いながら、基本的な年代区分を一歩ずつ学ぶしかないのだ。すくなくとも、彼は奥付を正しく読解した。さらには一年や二年のうちにもっと厄介な問題も解決できるようになっただろう。間違いの重要さとは、それが与える歴史的な知見だ。ここから、コンプトゥスの文献を知らなくても、スカリゲルが古代天文学の本格的な研究をはじめられたとわかる。一五七九年に出版されるマニリウスの『アストロノミカ』の編集をとおして、彼はそれに着手した。彼がコンプトゥス文献を扱ったのは、この著作が出版されてから一年以上後のことだ。

この覚書は同時に、スカリゲルが新しい分野に精通するようになった経緯について大きなヒントを与えてくれる。前章でみたサモテウスに帰される『年代校訂についての小論』*Opusculum de emendationibus temporum*（ヴェネツィア、一五四六年）を彼が使っていたことが、覚書の末尾の表現からわかる。そして、当時の標準的な教科書である

---

(56) Heinrich Gelzer, *Sextus Julius Africanus und die byzantinische Chronographie* (Leipzig: Teubner, 1880-1898), I: 46-51; Alden A. Mosshammer, *The Chronicle of Eusebius and Greek Chronographic Tradition* (Lewisburg: Bucknell University Press, 1979), 146-157.

(57) Anastasius Sinaita, *Quaestiones et responsiones*, in *Sacrae bibliothecae sanctorum tomus sextus*, ed. Marguerin de la Bigne (Paris 1575), quaestio 92, col. 237-240.

(58) これは、たとえばフランスの年代学者ポンタク（Arnaud de Pontac, ?-1605）が正しく扱っていた。Arnaud de Pontac, *Chronica trium illustrium auctorum* (Bordeaux, 1602), 14-15.

(59)『年代校訂』を書きあげた段階までには、スカリゲルはビザンツ時代についてよく理解するようになっていた。同じ文献をどのように扱ったかは、Scaliger, *De emendatione*, 249 を参照。

(60) ギリシア・インディクティオは九月一日に、皇帝インディクティオは九月二四日に、教皇インディクティオは一二月二五日あるいは一月一日にはじまる。この場合、どれも同じ結果になるだろう。

この書物から、スカリゲルはここで展開した暦法にかんする情報をすべて入手したということも。

覚書の後半は、もうひとつの情報源の存在を示している。これは近代の意外な史料だ。スカリゲルはいう――

聖ベーダ（Beda, 672/73-735）の時代には、天地創造の年はギリシア人たちにしたがえば六二七六年、そしてキリスト年は七〇三年とされた。ふたつの差は五五七三年となる。しかし、これには誤りがある。ベーダはキリストの時代と彼の時代には七七八年の開きがあると明言しているので、6276 − 778 = 5498 となる。この年代計算は、ギリシア人たちの五五〇〇年という計算よりも二年ほど短い。(61)

スカリゲルが校正しようとしたテクストはベーダの真正作ではなく、じつは八世紀末のフランスでつくられた暦法論の著作であった。そしてノヴィオマグス（Johannes Noviomagus, c. 1494-c. 1570）が、ベーダの『年代小論』*Opuscula de temporibus* を編集したさいにそれを収録した。(62) はじめの「規範」はつぎのように書かれている――

ある年をギリシア式で求めるには 418 × 15 = 6270 という乗算をせよ。ついで、問題となる年のインディクティオを足す。今年の場合は二だ。その和は［6270 + 2 =］6276 となる。(63)

スカリゲルは、誤写によってこの一節は原文が損なわれていると正しくも指摘した。しかし彼の治療法は、かえって症状を悪化させる有害なものだった。本来なら末尾の 6276 を 6272 に変えるだけで合計の帳尻はあい、紀元七六四年のインディクティオの二を与える計算になっただろう。だがスカリゲルの提案した計算では紀元七七八年を与え、その場合のインディクティオは一となった。さらに不都合なことに、スカリゲルの計算ではベーダが紀元七七八年に著作を書いたことになる。ルネサンス期の学者たちは、この聖者が紀元七三五年ごろに他界していたことを知ってい

たというのに。(64)

しかしここでも、スカリゲルへの批判は的はずれなものとなるだろう。覚書が示すのは、彼が標準的な教科書に向かいあい、努力と失敗を重ねながら標準的な技術を習得したことだ。コンプトゥスを扱う必要があったとき、彼はベーダの著作に目をとおした。ノヴィオマグスが半世紀前に編纂した注解つきのコンプトゥス集のようなものを自分でもつくろうとしたのだろう。

学問上の偉業でさえ、伝統的に語られてきたものを必然的に包容していることを認めれば、スカリゲルの成果もクレティアン宛の書簡が示しているほど不可解なものではないだろう。西洋の暦法改革者たちは、教会ユリウス暦の分析を大量に残した。天文学者たちは、ラテン語で読めたギリシアやアラビアの天文学者たちの古典的な著作に見出したエジプトやペルシア、シリア、イスラムの暦にとり組んだ。一方、ヘブライ学者たちは太陰年と太陽年の関係や、ユダヤの太陽太陰暦の通常運行にときどき干渉する宗教戒律を理解する必要性をながらく感じていた。多くの著作家たち、とりわけフランスの医学者ラマンやバーゼルの数学者シュレッケンフクス（Erasmus Oswald Schreckenfuchs, 1511–1579）は総合的な著作を執筆し、古代の史料は内容も浅くて数も乏しかったとはいえ、オリエントやギリシア、ローマの暦についても解説を試みた。こうした一群の文献が、当初スカリゲルが建立しようとした建造物の模範にな

---

(61) ライデン大学図書館蔵 MS Or. 225 の最終葉に付された覚書。

(62) Ps.-Bede, *Canones annalium, lunarium ac decennovenalium circulorum*, in *Patrologia latina*, XC, col. 877a. Cf. Charles W. Jones, *Bedae pseudepigrapha: Scientific Writings Falsely Attributed to Bede*（Ithaca: Cornell University Press, 1939）, 82-83.

(63) Bede, *Opuscula cumplura de temporum ratione*, ed. Johannes Noviomagus（Köln, 1537）, f. 100 r.

(64) *Vita Bedae ex Iohanne Trithemio*, in Bede, *Opuscula*, f. [Aiij r-Aiiij r] では紀元七三二年だとしている。

り、同時にそこに使われるひとつひとつの部材にもなったのだ。

完成した『年代校訂』も、こうした著作群にかなりの部分を負っている。簡単な事例を研究するだけで、スカリゲルの未公刊の覚書からえた結論を裏づけられるだろう。彼は『年代校訂』の第七書で、ユダヤの新年がときとして律法によって延期されることを議論している。彼の解説によれば、ティシュリーの月の朔日が週の四日目か六日目にあたってはならないのだという。もしそうなれば、ユダヤ人たちが労働や調理をしてはならない「贖罪の日《ヨム・キップル》」が週の六日目か次週一日目となり、「安息日《サバト》」の直前か直後にきてしまう——

ふたつの安息日が連続するのは、イェルサレム地方では不都合だ。調理した食品をこの暑い地域で、それも年間でいちばん暑い時期に丸二日も放っておくのは危険だからだ。さらに、死人の遺体も［二日のあいだには］腐敗を避けられない(65)。

この議論は理にかなうようにみえるが、間違っている。ラビたちが教えたことを誤って伝えているのだ。バビロニアのタルムード『ローシュ・ハッシャーナー（新年）』*Rosh Hashanah* では、食餌と死体についての議論は別々の典拠に帰され、相補的ではなく対立的に扱われている。さらに、食餌については「生野菜」にかかわるものだ。フランスのラビであったラシ（Rashi, 1040–1105）による注釈から、問題は生野菜が二日のあいだにしおれて、食べられなくなることだとわかる。調理した食品については、タルムードも注釈者も言及していない。最後に、タルムードから読みとれるのは、腐敗が問題となるのはバビロニアであり、スカリゲルの考えるようにパレスティナではない。パレスティナはバビロニアよりも涼しいのだ。

スカリゲルは、相反する議論を並置して、一方を誤解し、双方の議論を脚色さえしている。彼が参照した二次文献を調べれば、それはすぐわかる。ドイツの地理学者にしてヘブライ学者セバスティアン・ミュンスター（Sebastian Münster, 1488-1552）は、一五二七年に『ヘブライ暦』*Kalendarium Hebraicum* を出版した。中世ユダヤの哲学者マイモニデス（Moses Maimonides, 1135-1204）の深遠な著作にもとづいたユダヤのコンプトゥスを平易に解説したものだ。新年の延期についてミュンスターはつぎのように記している――

月のはじめが週の四日目か六日目にあたると、ふたつの安息日を連続して守らなくてはならなくなる。ユダヤ人たちがサバトと同じくらい神聖と考えるヨム・キップルが週の六日目か一日目にあたるからだ。彼らによれば、これは野菜 olera や遺体の点から不都合なことだ。調理した野菜を三日目まで保存しなくてはならないからだ。死人の遺体についても同様だ。暑い地域では、それらを無事にすますことはできない。(66)

スカリゲルは、ふたつの論点をタルムードからではなく、ミュンスターの著作からとってきたのだ。しかも、それらの見解が一致しているか確かめなかった。二日もたない食品が調理品だという誤った考えを、ミュンスターからとりこんでしまった。また彼は、ミュンスターの暑い気候についての曖昧な表現を、一見して理にかなうようなパレスティナの気候についての議論に限定してしまった。さらに彼は、「野菜」olera というミュンスターの的確な訳を、もっと大雑把で不正確な「食品」cibos に変えてしまった。

---

(65) Scaliger, *De emendatione*, 316.

(66) Sebastian Münster, *Kalendarium hebraicum* (Basel, 1527), 128-129. カゾボンは、現大英図書館蔵 481.C.2 である『ヘブライ暦』の作業用の所蔵本に相互参照をつけている。ミュンスターの議論とスカリゲルの *De emendatione*, 2. ed. (Leiden, 1598), 604 が展開している議論に関連を見出した証拠だ。

スカリゲルのユダヤ暦の扱いは、全体としてみればミュンスターのものから進歩している。後者はマイモニデスと同様に暦の機能に傾注したが、スカリゲルは暦の歴史を組みたてた。彼は、ユダヤのコンプトゥスによる暦がモーセ五書ではなく、大部分がバビロニアの算術と天文学にもとづいているに違いないとした。こう論じた人間は、それ以前にはおそらく存在しなかった。また彼は、ほかのどんなヨーロッパの著作家よりもミュンスターから学んだと認めていた。(67) 認めなかったのは、自分が非常に器用に織りこんでいった糸がどの程度まで他者の紡いだものだったかという点だ。スカリゲルが使用した糸をもとの糸車までたどれば、彼の試みが全体としてどのような性質のものだったのか明確になる。暦研究としての『年代校訂』は、すくなくとも当初の段階では、すでに確立されている技術的なジャンルに補足したものにすぎなかった。この事実をスカリゲル自身が一番はっきりと暗示しているのは、東方コンプトゥスの伝統の体現者であったシリア・キリスト教会の総主教イグナティウス・ネメト・アラー（Ignatius Nemet Allah, ?–1587）に多くを負っていると読者に伝えている箇所だ。(68) この人物から彼に宛てられた二通の書簡が、東方の十二支暦やシリア暦などについての主要な情報源となっていた。

『年代校訂』の第五書と第六書――年代の確定

スカリゲルは、天文学的な方法によって史実の年代を確定した最初の年代学者となった。どのような学問の伝統がそれを可能にしたのだろうか。天文学の文献や手法への精通が『年代校訂』を特徴づけており、とくに第五書と第六書を印象的なものにしている。この比類のない二書には数字がズラリとならび、いたるところに表がおかれているが、多くの蝕や合の日付をユリウス暦で算出し、多数の出来事の日付をユリウス暦に変換し、年代を確定できる天文学的な現象を人類史に結びつけようとしている。

初版の段階からすでに『年代校訂』は、マケドニアのアレクサンドロス大王の世界帝国の起源を、ペルシア王ダレイオス三世がガウガメラ村で喫した敗北に先んじて生じた月蝕と結びつけている。伝統的に戦いの年代は「第一一二オリンピア紀」と曖昧にしか知られていなかったが、スカリゲルはそれを「紀元前三三一年九月二〇日以降」という驚くほど正確な日付に置換した。これは以後のギリシア史研究の礎石となった。(69)

スカリゲルを批判した人たちでさえ、この点で彼の独創性を認めている。たとえばイタリアの哲学者トンマーゾ・カンパネッラ（Tommaso Campanella, 1568-1639）は、惑星の周期は年代学の基礎とするにはあまりにも不規則で記録も乏しいと主張した。しかしその彼でさえ、同時代人たちのあいだで意見が相違していることを認めている――

ドイツ人たちはスカリゲルの年代学を称賛しており、わが国の人々も多くはそれにしたがっている［…］。彼ははるか昔の歴史記録に記された蝕や太陰周期から年代計算を訂正しようとしたからだ。(70)

カンパネッラほどには敵意のない証言者たちが、スカリゲルを称賛に値すると述べたとしても驚くにはあたらない。しかし実際はスカリゲルよりもずっと前から、年代学者たちは天文学を頼みにしなければならないと感じていた。

---

(67) Scaliger, *De emendatione*, f. av r.

(68) Giorgio Levi della Vida, *Documenti intorno alle relazioni delle chiese orientali con la S. Sede durante il pontificato di Gregorio XIII*（Vatican: Biliotheca apostolica Vaticana, 1948）, 22-25 を参照。

(69) Scaliger, *De emendatione*, 226-227.

(70) Tommaso Campanella, *De libris propriis*, in *Grotii et aliorum dissertationes*（Amsterdam, 1645）, 406.

一五世紀も早いうちから、フランスの神学者にして占星術師アイイのピエール（Pierre d'Ailly, 1351–1420）は地上の大事件を、日付のはっきりわかっている土星と木星の大会合に関連づけることで普遍史の叙述の手直しを試みた。そして、ヘブライ語の旧約聖書と七十人訳聖書のあいだにある年代の不一致を調停しようとした。(71)

一五世紀後半には、年代記作家ロレフィンク（Werner Rolevinck, 1425–1502）と教会史家エウセビオスによる『年代記』の編者サントリッター（Johannes Lucilius Santritter, 1460–1498）の二人が、歴史家も天文学をいくらか知っておく必要があると明言している。(72) 天文学を駆使するよりも、称賛する方が容易なことだった。サントリッターはエウセビオスの計算を「カスティーリャ王アルフォンソによる明確な真理」である『アルフォンソ表』に合致させようとして、深刻な困難にぶつかった。とりわけ、ノアの大洪水に『アルフォンソ表』の年代をあてはめたとき、一五〇〇年ほど計算がずれてしまった。(73) せいぜいのところ、彼は天文学者や占星術師たちがすでに考案していた数的パターンを史実に適用しただけだった。(74) だがこれは、天文学を他の分野に応用しようとする当時の関心を反映している。

天文学を知ったかぶり屋の称賛の的から歴史研究のための補助具へと変えたのは、一五四三年のコペルニクスによる『天球の回転について』*De revolutionibus orbium coelestium* の登場だった。彼は、間違ってはいるが豊饒なアイデアを復活させた。プトレマイオスは紀元前七四七年二月二六日のバビロニア王ナボナッサルの即位を基準にして観測記録をつけていたが、コペルニクスはこの王を聖書に登場するイスラエルの敵サルマナッサルと同一視したのだ。(75) プトレマイオスの観測記録を証拠にしたものではないが、この同一視にはエウセビオスによる不明確だった説明にはない劇的な含意があった。聖書上の人物に異教徒の学問にもとづく絶対年代を与えたのだ。つまり、プトレマイオスが年代を確定した天文学上の事象を聖書に結びつけたのだ。それは、古代イスラエル史でもっとも混乱している時代にいくらか秩序や一貫性をもたらしたかにみえる。

一五五一年にスイスのヘブライ学者ビブリアンダー（Theodore Bibliander, 1509-1564）は、この「普遍史へのカギ」にもとづいて、みずからの年代学をうちたてた[76]。ラインホルトは同年、コペルニクスの見解に手をくわえて『プロイセン表』*Tabulae prutenicae* に組みこみ、天文学者たちに必携の便覧とした。彼はコペルニクスの提案を擁護しつつ、聖書時代の歴史に数量的な背骨をとおすために、どのようにプトレマイオスを利用できるかを説明する——

> 歴史の分野でプトレマイオスは、バビロニア王マルドケンパドの在位期間に三度の月蝕を数え、彼をナボナッサル王よりも二六年後においている。このマルドケンパド王は、メタステネスをはじめとする著作家たちと聖書がともにメロダクと呼んでいる王にほかならない［…］[77]。

（71） Cf. Moriz Sondheim, *Thomas Murner als Astrolog*（Strasbourg: Elsass-Lothringische Wissenschaftliche Gesellschaft, 1938）; John D. North, "Astrology and the Fortunes of Churches," *Centaurus* 24（1980）, 181-211; Kennerly M. Woody, "Dante and the Doctrine of the Great Conjunctions," *Dante Studies* 95（1977）, 119-134.

（72） Eusebius/Jerome, *Chronicon*（Venezia, 1483）, sig. [b6 r].

（73） 現ボードリアン図書館蔵本 K 3.20 Auet. を目にした一七世紀の一読者の指摘だ。彼は、二六七日という正しい数字のかわりに一六七日という植字工の間違いをそのまま筆写した。『アルフォンソ表』は、大洪水の年代をキリスト紀元前三一〇二年二月一七日とした。インドでは「カリ・ユガ」（悪徳）の時代にあたり、イスラム文献ではよく大洪水と結びつけられるが、旧約聖書とは矛盾する。

（74） 中世末期の技術的な年代学は、医学や薬学など質的諸学を数量化する当時の努力に類似している。

（75） Nicolaus Copernicus, *De revolutionibus orbium coelestium*（Nürnberg, 1543）, 3.11. Cf. Swerdlow & Neugebauer（1984）, I: 183-188.

（76） Theodore Bibliander, *De ratione temporum*（Basel, 1551）, 121.

前章で出会ったヨハン・フンクがこの議論を誰もが読める著作に収録し、ひろく学問界に知らしめた。彼はヘブライ王やアッシリア王たちを理にかなった順序でならべるのは不可能だと悟り、義父であり親友でもあったオジアンダーに助けを求めた。この人物はコペルニクスの著作の初版を出版するさいに批判を回避するための有名な序文を書いたが、ナボナッサルとサルマナッサルの問題についてなんでも知っていた。彼はフンクに、古代の天文学こそが聖書の年代学の迷宮から抜けだす導き手となる「アリアドネの糸」を与えてくると語った。そして実際、フンクはプトレマイオスのなかに求めていた導き手を見出した。読者に向かって、彼は語りかける――

天文学者プトレマイオスによる絶対にたしかな基準に依拠する年代学は、ナボナッサル王の治世からはじまっている。プトレマイオス学派の全員が、これを絶対にたしかな年代ではもっとも古いものだと考えている。(78)

フンクの博識な著作は、カトリック教徒たちも新教徒たちも等しく、新たな形式をそなえた体系的な年代学の実践者たちにかえた。たとえば、上述のクリオは「プトレマイオスは誤らない」Ptolemaeus non fallit と確信して疑わず、一五五七年に「われらが友プトレマイオスは、サルマナッサルをナボナッサルとエジプト風の名で呼んでいる」とした。(79) またボダンも、サルマナッサルとナボナッサルの同一視を一五六六年の『歴史の平易な理解のための方法』の基礎にした。(80) 一方、スカリゲルは一五八三年に二人は別々の国の異なる王だと示したが、なじみの主題を変奏しただけだった。というのも、彼の体系でもナボナッサル王の即位を計算の基準にすることが確固としており、どんな高遠な仮説もそれに依拠しているのであった。(81)

スカリゲル以前の年代学者たちは、天文学の重要性を理解するだけではなく、蝕が決定的な役割をはたすことも把握していた。神聖ローマ帝国皇帝につかえた天文学者アピアヌス（Petrus Apianus, 1495–1552）が一五四〇年に記しているように、蝕こそが「紀元の前後を問わず、あらゆる出来事の年代確定を可能にする」のだ。[82] 例として彼は、ガウガメラ村での月蝕を確定することで、アレクサンドロス大王の勝利の年を算出しようとした。しかし、月蝕の生じたギリシア暦のボエドロミオンの月を、ユリウス暦のユニウスの月と等置して誤った結果をえた。彼の選んだ月蝕は間違っていたので「紀元前三二六年」という計算結果も、訂正するはずのエウセビオスによる「紀元前三二八年」という年代よりも正解から遠ざかってしまった。[83] しかし、この問題は二次的な障害にすぎない。地理学者メルカトル（Gerardus Mercator, 1512-1594）は、年代の確定している蝕の一覧にもとづいて一五六九年に『年代記』*Chronologia*

（77） Reinhold, *Prutenicae tabulae*, f. 21 v.

（78） Funck, *Chronologia*, 17.

（79） Curio, *Chronologicarum rerum libri duo*, 31.

（80） Bodin, *Methodus*, ch. 8, 388-389.

（81） Scaliger, *De emendatione*, 276.

（82） Petrus Apianus, *Astronomicum Caesareum*（Ingolstadt, 1540）, Enunctiatum, 29, sig. Iiii v.

（83） 教父エウセビオスがペルシア王ダレイオス敗北を世界紀元四八七一年、キリスト生誕を世界紀元五一九九年としたことをアピアヌスも知っていた。5199－4871＝328 なので、ガウガメラ村での月蝕は紀元前三二八年に起きたことになる。プルタルコスは『アレクサンドロス伝』第三一節で月蝕をボエドロミオンの月とした。アピアヌスは権威であったテオドロス・ガザの見解に反して、ボエドロミオンの月をユリウス暦の六月においた。紀元前三二八年あたりで六月に起きた月蝕は、一九世紀の天文学者オッポルツァー（Theodor von Oppolzer, 1841-1886）の表によれば一三六〇番の紀元前三二六年六月二八日のものだけだ。アピアヌスはこの月蝕がガウガメラ村で起きたと特定した。正しい月蝕の日付は Paulus Crusius, *De epochis seu aeris temporum et imperiorum*（Basel, 1578）, 19 にある。

を執筆したが、同様な問題に直面した。そして、イエナ大学の歴史学および数学の教授クルジウス（Paulus Crusius, 1525-1572）は、一五七八年に出された遺作『年代区分について』*De epochis* において、ガウガメラ村のものをはじめ多くの蝕の正確な年代を算出し、それらを簡便な表にして読者に提示している。

この忘れさられたクルジウスの小著のなかで、スカリゲルは一六世紀における体系的な年代学の伝統の最良のものに出会った。そして、この出会いが彼の思考に革命をもたらした。クレティアン宛の書簡にあるように、彼は一五八一年の秋に暦について小著を上梓するつもりであった。しかし同年の春と夏に、あるドイツ人の書物をみつけてほしいと友人デュピュイに何度も頼んでいる。それは「年代記に手直しをくわえるもの」で、「年代区分を修正するための導き手のようなものだ」という。九月四日には、彼は探していたクルジウスの著作をうけとって目をとおしている。「それは素晴らしい」ものであった。(84) おそらく八一年末から八二年の前半にかけて、彼は普遍史の主要な年代を推定するためにクルジウスの小著を導き手にした。オリンピア紀やペロポネソス戦争、ディオクレティアヌス帝（Diocletianus, 245-311）の治世、そしてガウガメラ村での月蝕もそうだが、スカリゲルの手によるこれらの正確な年代の確定もクルジウスの結果をたんに検証したか、わずかに修正したものにすぎない。

ひとつの事例が、スカリゲルにとってクルジウスの仕事がもっていた意味を正確に伝えてくれる。彼はマニリウスの『アストロノミカ』注解のなかで、ある皆既日蝕を扱った。ウァロの占星術仲間タルティウスによれば、その蝕はロムルス懐胎のときに起きた――

占星術師のルキウス・タルティウスいわく、ロムルスを懐胎したのは第二オリンピア紀の第一年、コイアックの月二三日の三時のことであった。皆既日蝕が起きたのは一二月だ。しかし実際に彼が生まれたのはトートの月二一日の日の出であった。これは九月にあたる(85)。

これはプルタルコスの『ロムルス伝』第一二節の正確な要約だが、史料の表面をつきやぶって深奥に入りこんでいくものではなかった。スカリゲルは日蝕が起きたと決めてかかっている。オリンピア紀の日付に対応するユリウス暦の日付を示さずに、大雑把な月をユリウス暦でいっただけだ。これはプルタルコスがアレクサンドリアの固定暦で日付を示したという思いこみにもとづいた換算で、根拠がなく理にかなわないものだった。

クルジウスも『年代区分について』で同じ一節を扱っているが、ずっと手慣れている。彼が指摘したのは、占星術師タルティウスの日付が、プトレマイオスら天文学者たちが使ったエジプト暦で紀元前七七二年六月二四日、あるいはアレクサンドリア暦で同年一二月一九日と一致する点だ。そしてクルジウスは、ふたつの日付に太陽と月の合が生じたことを『プロイセン表』で確定した。しかし、そのどちらにも目で確認できる日蝕はなかった。紀元前七七二年の前後の年でもコイアックの月の二三日には日蝕はなかった。そこから彼は、正しくもつぎのような結論にいたった。プルタルコスや彼が情報源とした史料では「真理に到達することはできない。彼らは詳細な天文学に習熟していなかったからだ(86)」。こうして、クルジウスは占星術師タルティウスが伝える日蝕の解明に大きく寄与した。一九世紀末から二〇世紀初頭にかけてこの問題を扱った年代学者たちに劣らない貢献だ(87)。

(84) Scaliger, *Lettres*, 113, 115, 117.

(85) マニリウス『アストロノミカ』第四歌第七七六行への注解は Scaliger, *Commentarius et castigationes*, in *M. Manilii Astronomicôn* (Paris, 1579), 243.

(86) Crusius, *De epochis*, 62.

このクルジウスの著作を読んで、スカリゲルは『年代校訂』で第二オリンピア紀の第一年の日蝕を無視するようになった。実際には生じなかったと知ったからだ。そこで彼は、プルタルコスが言及している二番目の日蝕に注意をむけた。第六オリンピア紀の第三年の四月二一日、ローマ創建と同時に起きたとされる日蝕だ。スカリゲルが『プロイセン表』をつかって割りだした一番近い日蝕の日付は、第七オリンピア紀第二年にあたり、きわめて正確なものだ。ナボナッサル王の第一年トートの月一日よりも、ユリウス暦で二年と三〇九日前のことだった。これはアレクサンドリア暦では、紀元前七五〇年四月二一日の正午より一九時間後に対応する。そしてスカリゲルは、ローマ創建の年代を確定するものとして占星術師タルティウスの念頭にあったのはこの日蝕に違いないと主張した。[88] しかし、この議論は間違っていた。タルティウスの言葉が第六オリンピア紀の第三年の日蝕となんらかの関係をもっているとプルタルコスは示唆していなかったからだ。スカリゲルは『年代校訂』の改訂版で、第二オリンピア紀の第一年に蝕が起きなかったことに注意を向けたが、その扱い方はクルジウスよりも不完全で入念さにも欠けている。[89] だが、この一節における正確さを求める努力は重要だ。ここでスカリゲルは日蝕の正確な日付を確定することが必要だと知ったが、それを学んだのはマニリウスの著作の編集からではなく、クルジウスを読んだことからだった。彼の『年代区分について』がスカリゲルをさらなる年代の収集、すなわち『年代校訂』の第五書および第六書になるものへと向かわせたと考えるのも的はずれではないだろう。

しかし、クルジウスの著作との出会い、そしてフンクやボダンの著作との接触だけでは、『年代校訂』の第五書と第六書を説明しつくすには不十分だ。天文学の利用だけが目玉ではないからだ。スカリゲルは一貫して聖書以外のテクストの証言も利用しながら、聖書に記されたイスラエルをはじめとする諸民族の歴史や教父による初期キリスト教の歴史に対峙した。彼の狙いは、聖書が人類史として完全でもなければ自己完結してもいないと示すことだった。具体例をあげたり、大胆にも包み隠さず言明したりした。彼によれば、聖書に記されている出来事の年代を確定するためには、聖書以外の史料を参照することが不可欠なのだ。ユダヤ以外の民族の歴史となれば、なおさらだ。また彼は、エウセビオスの『教会史』をはじめとした多くの伝統ある権威をあえて退けた。ひどい間違いをふくんでいたり、意図的に不正確な記述をしたりしているからだ。このように、史料にたいするスカリゲルの態度は攻撃的なまでに批判的で他人に左右されないものであり、それが彼の研究成果とともに称賛をあつめることになった。

スカリゲルの史料批判を正しく評価するのは、ある意味で彼の暦や時代区分の分析を評価するよりも難しい。彼はそれ以前の著作でこうした問いを発したことはなかったし、方法を発展させていった道筋を示してくれるような覚書も残っていない。しかしここでも、彼が知っていた著作と比較すれば光明がみえてくるかもしれない。

聖書が独立自存ではないという見解は、一五八〇年代にはすでに認知されていた。ポステルはスカリゲルがオリエント学を学んだ最初の師だが、ノアの大洪水以前の歴史の真理が知られるようになったのはエチオピア語の『エノク書』がラテン語で読めるようになってからだと一五五一年に主張した（ヒツジについての寓意が語られる断片は、彼を失望させたかもしれない）。[90]

(87) Anthony Grafton & Noel Swerdlow, "Technical Chronology and Astrological History in Varro, Censorinus and Others," *Classical Quarterly* n.s. 35 (1985), 454-465.

(88) Scaliger, *De emendatione*, 213. 問題となっている朔望（ローマの蝕ほど目にみえなかった）は、実際は紀元前七五〇年四月二四日に生じた。このときは一カ月にふたつの部分蝕が起きており、これはそのひとつだ。もうひとつは同年三月二五日にあった。珍しいことではない。

(89) Scaliger, *De emendatione*, 3. ed. (Genève, 1629), 396.

一五五七年にオーストリアの人文主義者ラツィウス（Wolfgang Lazius, 1514-1565）は、さらに積極的な主張をした。「ウィーンから一里程標ほど離れたグンペンドルフ地区で」発見されたヘブライ語の碑文にもとづいて、彼は中央ヨーロッパ史を書き直した。その道に精通したヘブライ学者が転写して彼に解説した新しいテクストは、聖書の『エステル記』の登場人物モルデカイの死を記録したものだった――

世界創造の二五六〇年後、神［すなわち巨人］の後裔にして、偉大なる戦士モルデカイ［の死］

これにたいしてラツィウスは不満をこぼしている――「月と日が欠けている。しかしこの碑はきわめて古いものだ。モーセの律法の発布から五六〇年しか経過していない」[91]。このような驚くべき新証言と最先端をいく文献学的な分析だけが、ドイツ人がほかのすべての民族のなかでも、とりわけユダヤ人たちの末裔だという仮説を証明できるとラツィウスに思わせた。

さらに注目すべきなのは、のちにスカリゲルが展開する主張と関連のある議論を、一五六〇年代と七〇年代に多くの批評家たちが先取りしていた点だ。たとえば前章でみたように、偽ベロッソスや偽マネトーにたいするスカリゲルの苛烈な批判も、カノやバレイロスといったカトリック教徒たちがおこなっていた告発に、すこし色をつけたにすぎない[92]。とくに顕著な例が『年代校訂』の第五書にある。天地創造からノアの大洪水までの期間について旧約聖書から引用し、スカリゲルは傍証としてギリシア由来とバビロニア由来の証言を引いている――

さらに哲学者シンプリキオスによれば、バビロンの町がアレクサンドロス大王の手に落ちた年、大王が太古のことやカルデアの起源についてカルデア人たちに尋ねたが、彼らが年記をもっていたのは一九〇三年分にすぎなかったとカリステネスが伝えている。バビロン陥落はユリウス暦にして四三八三年で、カリッポスの周期の始点よりも前のことだ。これからカルデア人たちが歴史をもっている期間一九〇三年を減算すると、その差はユリウス暦で二四八〇年となる。これは大洪水からわずか六〇年後のことだ。だから、これらの出来事が非常に曖昧なことを考えれば、カルデア人たちの計算はモーセのものとはほとんど違わない。あきらかに、われわれが記述したことは正しい。(93)

ギリシアの歴史家カリステネス（Callisthenes, c. 360-328 BC）の示唆によれば、バビロンの町が創建されたのは大洪水の直後であったという。いったいなにが、聖書中の類似した記述をこれよりも適切に裏づけることができるのだろう。

しかし、スカリゲルの議論は決定的な二点を省略していた。第一は、証言の改変によるものだ。彼のもちいた箇所で、シンプリキオス（Simplikios, c. 490-c. 560）はアリストテレスとカリッポスの天文学の欠陥の原因をつぎのように考えていた――

アリストテレスの指示によってカリステネスがバビロンの町から送った観測記録が、ギリシアにはまだ届いてい

(90) Guillaume Postel, *De originibus seu de varia... Latino incognita historia totius Orientis*（Basel, 1553）, 72.
(91) Wolfgang Lazius, *De aliquot gentium migrationibus*（Basel, 1572）, 20 b.
(92) 本書の第三章を参照。
(93) Scaliger, *De emendatione*, 202.

なかった。ポルフュリオスの記述によれば、これらはマケドニアのアレクサンドロス大王の時代にいたるまでの一九〇三年分が保存されていたという[94]。

カリステネスは、天体の「観測記録」paratêrêseisをギリシアに送った。しかしスカリゲルは、「バビロニア人たちが紀元前七四七年のナボナッサル王の治世まで観測記録を体系的に収集しなかった」とプトレマイオスの著作で読んでいた。だから、彼はシンプリキオスの記述を字義どおりにうけとれなかった。しかし同時に、こんなにはっきりと聖書を支持してくれるものを放っておくこともできなかった。そこで彼は、シンプリキオスの「観測記録」を古代についての「年記」archaiologiaiに改変したのだ。「どちらを主人とするべきか。人間か、テクストか」。ギリシア語と格闘しながら、彼はこうした声をあげたのではないだろうか。

第二の省略点は直接的な典拠だ。これはさらに意味ぶかい。おそらくスカリゲルは、シンプリキオスのギリシア語の注解を読んでいなかった[95]。ここでの彼の議論は完成度も低いし、実際のところ他人の引き写しであった。カリステネスについてのシンプリキオスの情報は、西欧では中世の医学者アーバノのピエトロ（Pietro d'Abano, 1257–c. 1315）のころから知られていた。ピコ・デッラ・ミランドラは、一四九六年の遺作『占星術論駁』で占星術師たちの主張を批判するさいにこれを利用した[96]。一五六〇年代以後、カリステネスとその観測記録は分不相応にも、ギリシア文化史における研究者たちの知的地図のなかで突出した地位を占めていた。ボダンはこれを、数万年にもさかのぼる天文観測の記録と文化的な伝統を有していたという異教徒の主張を切り崩すために使用した。同じくフランスの人文主義者ペトルス・ラムス（Petrus Ramus, 1515–1572）はオリエントの天文学についての記述を肉づけし、エウドクソスやカリッポス批判に重みを与えるために利用した。バーゼルのラムス主義者フレイギウス（Johannes Thomas Freigius,

1543-1583）は、ラムスの解釈を自著のポケット版普遍史『モザイクス』*Mosaicus* にとり入れた。これは『年代校訂』と同時期に出版されたことから、『年代校訂』とは独立している。(97) 一番目をひくのは、サヴィルがオクスフォード大学でおこなったプトレマイオスについての講義でラムスの説明を剽窃し、さらにプトレマイオスの証言がこれと矛盾することを指摘したことだ――

プトレマイオスは『アルマゲスト』第三巻第七章で、観測記録はナボナッサル王の時代以降、すなわちアレクサンドロス大王以前の四〇〇年分しか残っていないと指摘しているようだ。(98)

（94）シンプリキオス『アリストテレス「天について」注解』第二巻第一二章 293a4. 中世ラテン語訳からギリシア語へ翻訳し直したアルドゥス書店版（Venezia, 1526）, f. 123 r を参照。ギリシア語写本にもとづいた近代版 Simplicius, *In Aristotelis de coelo commentaria*, Johann Ludwig Heiberg（Berlin: Reimer, 1894）では、バビロニアの天文記録について三万一千年という大きい数字を見出せる。また paratêrêseis ではなく、ほぼ同意語の têrêseis となっている。

（95）スカリゲルはこのテクストを知っていた。彼の蔵書にあるソクラテス以前の哲学者断片集成からもあきらかだ。ライデン大学図書館蔵 MS Seal. 25, f. 102- とボードリアン図書館蔵 8°C 238 Art.,［32］,［47］を参照。後者はスカリゲルの『哲学的詩学』*Poesis philosophica*（Genève, 1573）の作業稿だ。

（96）Pietro d'Abano, "De eccentricis et epicyclis," ed. Graziella Federici Vescovini, in *Medioevo* 11（1985）, 175-205: 198; Giovanni Pico della Mirandola, *Disputationes adversus astrologiam divinatricem*, 11.2, in *Opera omnia*（Basel, 1572）, 714.

（97）Bodin, *Methodus*, ch. 8, 385; Petrus Ramus, *Prooemium mathematicum*（Paris, 1567）, 8-9; Johannes Thomas Freigius, *Mosaicus, continens historiam Ecclesiasticam, 2494 annorum*（Basel, 1583）, 116-117.

（98）ボードリアン図書館蔵 MS Savile 29, f. 29 v-30 r.

しかしサヴィルでさえ、正しい結論を導けなかった。より古い観測記録が存在しないことを、彼は人間の無能さあるいはアレクサンドリア図書館の焼失によると説明し、もともと存在しなかったとは考えなかった。

このカリステネス研究で、もっとも重要なのはゴロピウスだ。スカリゲルは侮蔑をもって、「オランダ語ではなくヘブライ語から語源を導出したとして臆面もなくモーセを批判した」人物と彼に言及している。(99) しかしスカリゲル自身の証言が示唆するところによれば、彼がカリステネスに出会ったのは、シンプリキオスでもボダンやラムスの立派な著作でもなく、まさにゴロピウスの空想ゆたかな『アントウェルペンの起源』のなかであった――

アリストテレスが愛弟子カリステネスをアレクサンドロス大王に随行させ、天体観測と年代学について古代バビロニアの専門家たちのあいだで調査に携わるよう命じた。彼はよろこんで師の命令にしたがい、観測記録をすべてギリシアに送った。ポルフュリオスによれば、その観測記録は一九〇三年分におよぶ。天球の数をめぐる古代人たちの見解について、『天について』第二書の注解におけるシンプリキオスの学識にみちた詳しい説明をみよ。アレクサンドロス大王がバビロンの町を奪取したのが世界紀元三六三六年だとすれば、これらの観測記録が世界紀元一七三一年にまでさかのぼることを認めなくてはならないだろう。それは、大洪水の直後に生まれたノアの孫クシュが三〇歳のときに子ニムロドを授かったとすれば、ニムロドがおよそ四五歳のときだ［…］。したがって、カルデア人たちと聖書に依拠して計算した人々が一致しているという注目すべき証拠になる［…］。だから、ヘブライ人たちの計算に七十人訳聖書の訳者たちが追加した年代は、思いきって退けることにしよう［…］。(100)

数値が若干異なっているし、スカリゲルとは違ってゴロピウスは師弟関係を脚色している。しかし全体として、二人のあいだに関係があるのは明白だ。ゴロピウスは、スカリゲルにシンプリキオスの証言を教えただけではなく、歴史データを勘定に入れることで証言がいかに歪められてしまうかという示唆も与えている。またゴロピウスが物語を利用したのは、横柄な異教徒たちを論駁するためではなく、聖書の権威に的確で技術的な支えを与えるためだった。これはボダンとは異なり、スカリゲルと似ている点だ。スカリゲルの史料の扱いはどれも、先達と比べて誠実さに欠けるものだったのだ。

この挿話は皮肉にみちている。ルネサンス末期における最新の歴史研究が、中世伝説に特有の登場人物であった天文学者ニムロドを（彼の天文台としてのバベルの塔について言及はないが）復活させることになったのだ。一七二五年にイタリアの哲学者ヴィーコ（Giambattista Vico, 1688–1744）が『新学問』*Scienza nuova* できっぱりと片づけてしまうまで、ニムロドは歴史のなかに居すわるだろう[101]。しかし、「荒唐無稽な語源学の捏造者」を意味する一八世紀の用語 goropizer の起源であるゴロピウスから、スカリゲルが史料批判を学んだことこそが最大の皮肉なのだ。

しかし見方をかえると、『年代校訂』の第五書と第六書は一連の議論を呼ぶ重要な問題を提出したといえる。スカリゲルの念頭にあったのはヨーロッパ中のラテン語を理解する読者層だが、同時にカルヴァン主義の中心地ジュネーヴやほかの土地に散らばる新教徒の知識人たちにも特別な目配せをしていた。そして、彼が忠誠を誓ったカルヴァン主義のサークルにおいても、『年代校訂』で扱われた問題やテクストが議論の的になった。

ジュネーヴの学院におけるスカリゲルの後継者ベロアルドゥスは、一五七五年に公刊した『年代記』で全面的に聖

(99) Scaliger, *Epistolae*, 364. Cf. Borst (1957–1963), 1215–1219.
(100) Goropius, *Origines*, 434–435.
(101) Giambattista Vico, *Scienza nuova*, ed. Fausto Nicolini (Bari: Laterza, 1911), I: 72–75.

書の権威に依拠していると称し、異教の典拠をもちいることは不敬として非難した。だが多くの新教徒たちが、アンニウスの偽作に依拠したさらに偏った年代学の著作を出版した。ドイツの神学者ブッフホルツァー（Abraham Buchholzer, 1529-1584）が一五七七年に上梓した『年代学入門』*Isagoge chronologica* は、ジュネーヴにいたスカリゲルの文通相手たちには博学な著作とみえたようだ。実際、ブッフホルツァーはプトレマイオスやケンソリヌスの真作とともにアンニウスの捏造した偽メタステネスも使っていた。それ以前にも、エウセビオスの『教会史』を出版したスイスの神学者グリュナエウス（Johann Jacob Grynaeus, 1540-1617）は教父の作品を完璧で正確なものと信じ、これを最新のより信頼できるもので置換しようとした『マクデブルクのセンチュリ』*Centuriae Magdeburgicae*（一五五九―七四年）の編者たちの努力を非難した。(102)

スカリゲルは『年代校訂』で、ベロアルドゥスやアンニウス、エウセビオスも喜んで打破している。第六書では、旧約聖書の『ダニエル書』で語られる「七〇週」を口実にしてアンニウスの捏造を攻撃し、聖書だけからギリシア史とペルシア史が再構成できるというベロアルドゥスの考えを批判した。またキリスト伝を使って、ユダヤのテラペウタイ派を初期キリスト教徒とするエウセビオスの主張を執拗にうち砕こうとした。スカリゲルはユダヤ人哲学者フィロン（Philon, 20/30 BC-40/45 AD）を援用して、テラペウタイ派がエッセネ派の分派でキリスト教徒たちの敵であったことを示した。彼は権威を批判する必要性についての一例としてこの挿話をとりあげている――

権威を真理よりも優先させるとなにが起こるのかみるのだ。これを読んだ人々はみな、エウセビオスだという理由だけでそれが真実だと考えるのだ。(103)

ジュネーヴの宗教改革者カルヴァン（Jean Calvin, 1509-1564）の後継者ド・ベーズ（Théodore de Bèze, 1519-1605）

やヘブライ学者ベルトラン（Corneille Bertram, 1550-1608）は、スカリゲルに彼の著作の論評を送った。そして、幾つかの点でカルヴァン派教会にたいして論争的な立場をとるのを控えるよう説得した。また、彼らはブッフホルツァーの年代学書を読むように薦めたが、スカリゲルは苛立ちをもって応えた。彼によれば、この人物は「詐欺師のドミニコ会士アンニウスが捏造した偽メタステネス」を鵜呑みにしている素人で、プトレマイオスを歴史研究に利用する方法を理解していないので、「本質的にはなんの役にもたたない」のだ。

スカリゲルは人々に教会史の素人愛好家とみなされたとしても、書く手を止めなかった。彼はド・ベーズ宛の書簡で、目的をもって「聖史」の研究にたずさわっていることを示そうとした。[104] また、『年代校訂』の下書きで、エウセビオスにたいする苛烈な攻撃のわきに追加している――「キリスト教の草創期ということから、とくにこれらを扱いたい。ここで場違いとなることはない[105]」。

スカリゲルは、「世間がこの職業にまったく耳を傾けていない」と不平をこぼしたが、その世間とはヨーロッパ全体の学界ではなく、フランス語圏における新教徒たちの小さな世界を指していた。しかし、その不平はそれなりにあ

---

(102) Abraham Buchholzer, *Isagoge chronologica* (s.l., 1580); idem, *Chronologia* (s.l., 1594), 575, 585; Eusebius, *Ecclesiastica historia* (Basel, 1570), repr. in Johann Jacob Grynaeus, *Epistolarum selectarum* (*quae sunt ad pietatem veram incentivum*) *libri duo* (Offenbach, 1612), 44-84.

(103) Scaliger, *De emendatione*, 252. エウセビオス『教会史』第二巻第一七章へのグリュナエウスの注解も参照。

(104) ユリウス暦一五八四年一二月七日付のド・ベーズ宛書簡。ライデン大学図書館蔵 MS Perizonianus Q 5, f. 11 r-14 r. これは Grafton (1985b), 141-143 に注釈つきで収録した。

(105) フランス国立図書館蔵 Res. G. 141, 252.

たっていた。

暦法改革

スカリゲルが研究対象に年代学を選んだ動機について、ここまで検討してこなかった。いままで入手した証拠だけでは、それができないのだ。しかし、彼自身による理由づけを反駁することはできる。周知のように、彼は『年代校訂』の第八書の冒頭で、暦法の改革こそが執筆の主要な動機であるかのように書いていた[106]。

しかし実際のところ、スカリゲル自身の『年代校訂』への初期の言及からは、暦法の実践的な問題を体系的に扱おうとしたようにはみえない。彼の書簡によれば、一五八二年六月に印刷業者パティソンのもとに送った手稿は「大著『年代校訂』の七書」しかふくんでいなかった[107]。さらに、第八書にある日付はどれも八二年の年末から八三年の年頭にかけてのものだ。だから、第八書が最後に書かれたのは間違いない。

ほかと同様に第八書も、既存の文献に依拠している。そして暦法改革では、なににもまして狂気や過誤、そして理にかなった提案が入り乱れており、その宝庫は開かれるときを待っている。しかし第七書までと異なるのは、第八書が新しいことを実質的にほとんど追加していない点だ。スカリゲルは八二年の夏に第一書から第七書までを執筆してから、暦法改革についてのイタリアの学者ツァルリーノ（Gioseffo Zarlino, 1517–1590）の『歳月の真の姿について』（ヴェネツィア、一五八〇年）を手にした。それを読んだ彼は、友人デュピュイに「この問題を理解している者はイタリア全土のどこを探してもいない」と評している[108]。だがスカリゲル自身の著作が、技術上の核となる提案のひとつをツァルリーノの著作と共有していた。彼はこの分野については、素人的な知識に恵まれていたにすぎなかったのだ[109]。

体系的な年代学におけるスカリゲルの斬新さは、既存の要素を統合したところにある。多くの場合、天文学者と年代学者たちは、同一の問題を扱うときも協力することはなかった。接触があっても、正面衝突するのが関の山であった。先述のパンヴィニオのような鼻柱のつよい天文学の信奉者たちは、ラビ由来の史料の使用を非難した。それは年代学の基礎を「カバラ」におくようなものだと考えたからだ。(110) フランスのオリエント学者ジェネブラール（Gilbert Génébrard, 1535–1597）のような強硬なテクスト信奉者たちも売り言葉に買い言葉で応酬し、天文学者たちのラビ批判やアンニウス濫用を攻撃した。そして年代学は「読むものではなく、計算するもの」という考えを見当違いとして非難した。彼の場合、『アルマゲスト』を使用する人々をまねる気にはならなかった。彼によれば、プトレマイオスに

---

(106) Scaliger, *De emendatione*, 136.

(107) Scaliger, *Epistolae*, 90; idem, *Lettres*, 123.

(108) Scaliger, *Lettres*, 123–124.

(109) ある年における各月の長さは、特定の宮に太陽があった期間に一致するというスカリゲルの考えは Gioseffo Zarlino, *De vera anni forma*（Venezia, 1580）, 7 でも議論されている。彼がこの着想をえたのは、プトレマイオスの『アルマゲスト』で議論されているディオニュシオスの暦からだった。この点についてのスカリゲルの目立たない貢献については、いまなお権威ある Ferdinand Kaltenbrunner, *Die Polemik über die Gregorianische Kalenderreform*（Wien, 1877）, 70–76 を参照。

(110) パンヴィニオのメルカトル宛書簡を参照せよ。Gerardus Mercator, *Chronologia*（Köln, 1569）に所収。

おいては——

バビロニアとアッシリアの諸王たちの名前とその生存年代が間違っているか、誤写されているかしており、信頼できる情報を見出せない。誰かが年代学の史料としてもちいても、架空のものとしてなら別として、とても使えたものではないだろう。[111]

また、数学とテクスト読解の技術を結びつけようとした人々もみな失敗した。素晴らしい歴史研究の技能と洞察でプトレマイオスを解釈したクルジウスでさえ、アンニウスの偽作の餌食になってしまった。[112] アンニウスを鋭く批判したカトリック教徒たちもまた、対抗するためにプトレマイオスをどう使えばよいか知らなかった。

天文学とオリエント研究、古典文献学を融合させようとした意志と能力において、スカリゲルは先駆者であり、まさに前人未踏のことをなしとげた。そして彼は、次世紀以降の碩学たちが自己練磨するさいの模範となった。一六二〇年までにはヨーロッパ中で、それなりの研究をしようとする学者なら、人文諸学やヘブライ学、数学を欠かすことができない状況になっていた。[113] これらの諸学をまとめ、ひとつの書物のなかに統合したことがスカリゲルの業績であった。

スカリゲルは英国の文学者コールリッジ（Samuel Taylor Coleridge, 1772–1834）と同様に、かつてバラバラだったものを収集するだけではなく、借用してきたもののすべてを新たな目的に合致するように鋳直した。この点を理解せずに、彼の著作を『文学評伝』*Biographia literaria* のようなものだと考えるのは誤りだ。『文学評伝』は寄せ集めの素材を縫いあわせた文献学的なパッチワークにすぎないが、スカリゲルの著作には形容しがたい斬新さがあるからだ。しかもその斬新さは、新しい要素を採用しているという点ではなく、先人たちが共有していたものが欠けているという点に存在する。

スカリゲル以前の年代学者たちは、歴史の大筋を描出するだけではなく、歴史のもつ意味をあきらかにし、それがもたらす結果を予測しようとした。彼らはある時代の区分や期間を計算し、そのなかに人事を左右する力が絶えず働いている証拠を見出そうとした。一方で、聖書やタルムード、教父たちの伝統的な図式に依拠している人々も多かった。四つの王国や『ダニエル書』の七〇週、『ヨハネ黙示録』の一二六〇年、人類史を創造の六日間に対応させたときに一〇〇〇年が一日になること、キリストが十字架上で苦しんだ受難の一二時間に対応させたときは五〇〇〇年が一時間になること、タムルードにあるエリアの予言にみる三つの時代、エウセビオスや聖ヒエロニムスの『年代記』における五〇年ごとのヨベルの安息年など権威ある例はまだつづく。こうしたすべてが巧拙の違いはあれ、年代学者たちの注目を獲得するために競いあっていた[114]。

事実のなかに神の秩序を見出すことを求めた人々は、聖アウグスティヌスの弟子オロシウス（Orosius, c. 375-c. 418）にならうことができた。彼はローマとバビロニアが存続した期間をともに一一六四年とし、神がこの二国をならびたつ帝国とみなした証拠とした。また教会には正式に認められていない類の手本をさがす人々は、中世イタリアの預言者フィオーレのヨアキム（Joachim Florensis, 1132-1202）の色彩ゆたかな著作にお目当ての素材をみつけられた[115]。「計算狂」cacoethes computandi は、一六世紀に驚くべき流行をみせた[116]。神の意図から漏れでる光が、一見して些

（111） Gilbert Génébrard, *Chronographiae libri quatuor*（Paris, 1580）, sig. *5 r, 69.

（112） Crusius, *De epochis*, 89-90.

（113） Mark Pattison, *Isaac Casaubon*, 1559-1614 (London: Longmans, 1875), 370 n. 7.

（114） Theodor E. Mommsen, *Medieval and Renaissance Studies*（Ithaca: Greenwood, 1959）, ch. 12-14; Guenée（1980）, 148-154.

細な数的パターンの背後でゆらめいていた。きわめて生真面目な新教徒のブッフホルツァーは、歴史のなかで反復される事象の間隔を表にまとめた。たとえばノアの大洪水から曾孫エベルの死まで、エベルの誕生からイスラエルの民の祖ヤコブの死まで、ヤコブの死からトロイの陥落までの間隔に共通する五三二年のようなものだ。また彼は、反復する数字の組みあわせになった年をあつめた「年代学ゲーム」をはじめは手写本で、ついで印刷本で流布させた。ユダヤの十支族がバビロンの虜囚となったのが世界紀元三二三二年、バビロンの町が陥落したのが三四三四年、シチリア反乱で晩鐘が鳴りわたったのが五二五二年というように、彼はこうした年には劇的な事件が起きると考えた(117)。

そんな新教徒のブッフホルツァーも、カトリック教徒のゴロピウスほど過激ではなかった。ゴロピウスは、聖霊の「間違い」のなかに神の隠された意図を見出した。彼によれば、キリストが死んだのは週の六日目であった。人類史は六つの時代からなる。六というのは非常に興味ぶかい数字だ。六の因数の和は $1 \times 2 \times 3 = 1 + 2 + 3 = 6$ となっている。これらの因数は一、二、三という昇順では三位一体の各位格を象徴している。またゴロピウスは、これらのことを念頭に天地創造と大洪水との間隔一二三六年について、ヘブライ語聖書と七十人訳聖書における計算の違いを考察するよう読者にうながす。彼によれば、聖書のギリシア語への翻訳者たちは「この神秘の数」を意図的に追加したのであり、それは学識ある読者たちにとって「知の深淵」を開くカギとなるのだ(118)。

神学的な解釈に満足できない人々も、おぎなうものを占星術師たちから借りてこられた。古代以来、異教徒もキリスト教徒たちも、星辰のなかに歴史を秩序づける神の意図の仲介者、もしくはその明瞭な徴をみる誘惑に駆られていた。ローマの占星術師タルティウスはロムルス懐胎時の日蝕の日付を算定しただけではなく、都市ローマのためのホロスコープを作成した。さらにキケロによれば、月の位置から「都市の未来を予言することに躊躇しなかった」という。また、初期のキリスト教徒たちの多くは、キリスト生誕をつげる東方三博士の星が占星術の妥当性を裏づけるものだと考えた。すくなくとも、キリスト生誕前についてはそうだとした。[119] ローマの占星術師フィルミクス・マテルヌス（Firmicus Maternus, fl. 334-337 AD）はキリスト教からも占星術からも恩恵をうけ、著書『マテシス』第三書第一章で世界そのものの誕生図である「世界のホロスコープ」thema mundi を作成した。

一二世紀のヨーロッパ人たちは、「人類史の転換点にはかならず木星と土星の大会合が起こる」という理論をササン朝ペルシアの発案者たちやアラブ世界での継承者たちから受容した。[120] この理論は洗練されていて、なるほどと思わせるものがあった。一四世紀以降は、世俗語での著作家も学識あるラテン語での著作家も、自分たちの知っている歴史がこれに合致することを示そうとした。たとえば、先述のアイイのピエールは「世界のホロスコープ」を算定し、天地創造時の惑星の配置をもとにして以後の大会合の日付を導出した。そして、一七八九年にはなにか劇的な事件が起こるなど、幾つかの日付も算定している。[121] 最終的に彼は、この「世界のホロスコープ」にたいする自信を失い、合

---

(115) オロシウス『異教反駁史』第二巻第三章を参照。Marjorie Reeves, *The Influence of Prophecy in the Later Middle Ages* (Oxford: Clarendon, 1969) ＝ M・リーヴス『中世の預言とその影響：ヨアキム主義の研究』大橋喜之訳（八坂書房、二〇〇六年）［および菊地原洋平『パラケルススと魔術的ルネサンス』（勁草書房、二〇一三年）の第五章］も参照。

(116)「計算狂」fièvre computistique という Guenée（1980）, 152-153 の表現をうけた。

(117) Buchholzer, *Isagoge*, 45 r, 52 v-53 r.

(118) Goropius, *Origines*, 436-438.

(119) キケロ『占いについて』第二巻第九八—九九章参照。世界のホロスコープについては Auguste Bouché-Leclercq, *L'astrologie grecque* (Paris: Leroux, 1899); Michael A. Screech, "The Magi and the Star (Matthew 2)," in *Histoire de l'exégèse au XVIe siècle*, ed. Olivier Fatio (Genève: Droz, 1978), 385-409 を参照。

(120) North（1980）; Martin Haeusler, *Das Ende der Geschichte in der mittelalterlichen Weltchronistik* (Wien: Böhlau, 1980), ch. 10.

や出来事の日付も異なる別のホロスコープを作成するにいたった。それにもかかわらず、はじめに採用した一般則には確信をもちつづけ、最初のものは間違っていたかもしれないが、歴史解釈になんらかの貢献をなしたと主張した。(122)

一六世紀の新しい天文学からはときおり、この図式にたいする批判が生みだされたが、それを完全に廃棄してしまおうとする努力はもとより、あきらかに恣意的な仮定を除去しようとする努力さえみられなかった。ドイツの数学者ロトマン（Christoph Rothmann, 1550/60–c. 1600）が有名なデンマークの天文学者ティコ・ブラーエ（Tycho Brahe, 1546–1601）に不平を述べている。それによると、レティクス（Georg Joachim Rheticus, 1514–1574）は伝統的な方法を批判したが、彼自身の新たな方法もお粗末な代物だった――

レティクスは、アラビアの天文学者アル＝バッターニー（Al-Battani, c. 858–929）が占星術の神秘を濫用して誤用したと書いている。しかし、彼自身も同じ過ちをおかした。というのも、太陽の離心率の変化がどうやって帝国の交替を生じさせるというのだ。(123)

レティクスによれば、地球軌道の中心点のずれを支配するエジプト年の八五八年と二分の一、一七一七年、三四三四年という期間が諸帝国の盛衰を左右するのだという。オジアンダーはこの考えを熱狂的に支持し、ボダンやカンパネッラは激しく批判した。(124) 天文学における伝統的な権威に傾倒しない人々でさえ、地球にたいする星辰の影響力を否定するのは稀であった。天の運行はコペルニクスが考えたよりもずっと不規則だとカンパネッラが主張しても（たしかに正確に計算するにはあまりにも不規則だ）、彼はまさにこの不規則性のうちに太陽が地球へと近づいている確証と社会変革が近づいている兆候を見出した。(125)

スカリゲルは、歴史占星術や数秘術にわずかだけ言及した。最後に急いで書かれた『年代校訂』の第八書で、彼はアウグストゥス帝の改暦とグレゴリオ暦への改暦というユリウス暦の改革後では大会合が起こった、あるいは起こるだろうと述べている。[126] さらに同節で、「ユダヤの週」について明確だが不可解なコメントをしている。七年ごとの周期で、その最後の年が安息年となっている周期だ――

「安息年について」――もし世界の年数を七で区切っていくならば、余りはその週におけるその年［の位置］となる。神の隠された意図をとおして、安息年のしきたりが世界の年数のなかに隠されているというのは、たしかに驚くべきことだ。[127]

しかし『年代校訂』本体では、こうした数秘術的な原則は重要な役割を担っていない。天使や大会合の表、そして

---

(121) Pierre d'Ailly, *Vigintiloquium de concordia astronomice veritatis cum theologia*, 19–20（Augsburg, 1490）, sig. b4 r. フランス革命は一七八九年に起こった。

(122) Pierre d'Ailly, *Elucidarium*, 16–17, 29, in *Vigintiloquium*, sig. f2 r-f3 r, [f8 v].

(123) Tycho Brahe, *Opera omnia*, ed. John L. E. Dreyer（Copenhagen: Swets & Zeitlinger, 1919）, VI: 160.

(124) Georg Joachim Rheticus, *Narratio prima*, ed. Heni Hugonnard-Roche et al.（Warszawa: Ossolineum, 1982）, 47–48, 155–156; Noel Swerdlow, "Long-Period Motions of the Earth in *De revolutionibus*," *Centaurus* 24（1980）, 239–241 を参照。オジアンダーの反応は ed. M. Rist, in *Studia Copernicana* 16（1978）, 455–456 参照。

(125) Gisela Bock, *Thomas Campanella*（Tübingen: Niemeyer, 1974）, ch. 4.

(126) Scaliger, *De emendatione*, 429. カゾボンは、所有していた現大英図書館蔵 582.1.9 におけるこの箇所に下線を引き、となりに「否」と書きこんでいた。

(127) Scaliger, *De emendatione*, 414.

未来はそこにはない。スカリゲルは、時間の意味と本性をめぐる議論を哲学者たちに任せた。かつて彼自身が意味の探究にたいして反対したことを、彼はすくなくとも一度はっきりと述べている。ブッフホルツァーの『年代学』は、エウセビオスにならって五〇年ごとのヨベル年によって歴史をならべ、ヨベル年と世界年とのあいだに「密かな類似」を見出していた。これを読んだスカリゲルは、この周期とそこから導出される結論を否定した――

ブッフホルツァーは、きわめて多くの間違いをおかした。たとえばヨベル年をちょうど五〇年としているのがそうだ。これは聖書にも理性にも反する。五〇がどうやって七で割れるというのか。古代ギリシア人たちもこのような見解をもっていたので、そう信じたとしても深刻な問題ではないだろう。すくなくとも、ある古代ギリシア教父の著作でこの空想に出くわしたことを覚えている。彼が教父オリゲネスのような寓意を五〇年周期のヨベル年に関連づけてさえいなければ、まだ容認できただろう。(128)

スカリゲルは技術的な間違いよりも、数秘術的な空論について手厳しくブッフホルツァーを非難した。その態度は、新しいものであった。彼が打ちたてたのはあくまでも年代であって、教訓ではない。この意図的な厳格さ、技術的なものや解決可能なものに集中する態度こそが『年代校訂』の特徴であり、それ以前の年代学を実際に読んでいた人々には奇異に思えただろう。

歴史家J・ベルナイスやM・パティソンの解釈を再考しようとする私の試みは、いくらか不満の残るものに思えるかもしれない。過去を観想する偉大な賢人スカリゲルという彼らの描いた単純だが堂々とした肖像画のかわりに、私は複雑な絵画を提出した。あえていうなら、ラファエロの有名なフレスコ画『アテナイの学堂』より、ジェリコの油彩画『メデューズ号のいかだ』だろう。遺体や死にかけた人々が身をよじらせて重なりあい、その頂上に立つ人物がスカリゲルというわけだ。結果は洗練されていないし、単純でもない。しかし、それは現在知られている史料にもとづいており、この未踏の荒野を開拓しようとした彼の決心について妥当な説明を与えている。おそらく彼にとって重要だったのは、なにか意味を押しつけることなく、事実を収集し整理する能力であった。法学者ド・トゥー（Jacques Auguste de Thou, 1553-1617）やデュピュイといった彼の親友たちは、宗教戦争や社会分裂に直面し、うそ偽りのない学問や正確な歴史に目を向けた。イデオロギーを鍛造するよりも記録を編纂することを選び、彼らはそこに混沌を秩序に変える方法ではないにせよ、混沌からの避難所をみつけた。そして、異なる信仰をもつ人々と理性にもとづく議論ができる場を学問のうちに見出した[129]。当初のスカリゲルも、年代学をカルヴァン主義のしがらみから逃れる場所とみなした。さらにアンニウス批判や、ローマに住むヤコブ派の友人からえた史料の使用といった多くの特徴が、宗派の違いをこえた超教派主義な雰囲気を『年代校訂』に与えている[130]。おそらくスカリゲルは、実用的な意味をもたない知見を注意ぶかく収集していくことが、唯一無二の金字塔へとつながるだけではなく、「荒漠たるアラビア」の悲惨さから逃れる道にもなっていると考えていたのではないだろうか。

(128) ライデン大学図書館蔵 MS Perizonianus Q 5, f. 11 r-14 r; Grafton（1985b）, 141.
(129) Corrado Vivanti, *Lotta politica e pace religiosa in Francia fra Cinque e Seicento*（Torino: Einaudi, 1963）.
(130) 暦法をめぐる後代の論争は、スカリゲルがもっていた精妙な超教派主義を消しさってしまった。

第五章　新教徒vs預言者——カゾボンのヘルメス批判

【要約】

第五章では、太古のエジプトで成立し、古代ギリシア語に翻訳されたと信じられていた『ヘルメス文書』が、じつは後代の偽書だと暴かれた経緯に焦点があてられる。文献学の歴史では一大事件と考えられてきたものだ。この物語の主人公カゾボンは、第四章でスポット・ライトを向けられたスカリゲルの友人であり、一七世紀の初頭に宗教戦争の吹きあれる故国フランスを逃れて英国王の庇護のもとで活動した厳格なカルヴァン主義者だ。

カゾボンは、同時代人たちから最高峰のギリシア学者だと考えられていた。とくにギリシア語版の聖書や初期ギリシア教父の著作群に強い関心をもっていた彼が、『ヘルメス文書』に対峙することになった動機はなんだったのだろうか。背景となる当時の政治的・文化的・宗教的な状況は、どのくらい彼の洞察に影響を与えたのだろうか。『ヘルメス文書』の偽書性を見抜いたカゾボンの手法は、本当に独創的なものだったのだろうか。あるいは、彼は一般に知られていた手法を従来とは異なる角度から採用しただけなのだろうか。本章では、こうした問題が新たに発掘された史料の分析から多角的に議論される。つづいて、カゾボンの発見を目のあたりにしたカトリック圏の三人の同時代人たちの異なる反応とそれぞれの立脚点が考察され、最後に時代的にすこし離れた一七世紀後半から一八世紀の文芸共和国の学者たちによるカゾボンの発見にたいする評価が概観される。

はじめに

ヘルメス・トリスメギストスほど、その余生が活動的で矛盾と事件にみちている古代の著作家はいない[1]。また、その表舞台からの退場の仕方は、彼にもっともふさわしいものだった。イザーク・カゾボンが有名な『ヘルメス文書』*Corpus Hermeticum* の正体を暴露した事件ほど、ヘルメスの長い歴史のなかでも虚飾とでたらめさを誇っているものはない。本章では、新しい文書史料をもちいてカゾボンの議論とその伝記的な背景、そして彼の議論の受容を従来よりも完全なかたちで再構成したい[2]。

（1）Frances A. Yates, *Giordano Bruno and the Hermetic Tradition* (London: Routledge, 1964) = F・A・イェイツ『ジョルダーノ・ブルーノとヘルメス教の伝統』前野佳彦訳（工作舎、二〇一〇年）; Eugenio Garin, *Ermetismo del Rinascimento* (Roma: Riuniti, 1988)［および伊藤博明『ヘルメスとシビュラのイコノロジー』（ありな書房、一九九二年）］を参照。

（2）もっとも重要な解説は Eugenio Garin, *La cultura filosofica del Rinascimento italiano* (Firenze: Sansoni, 1961), 143-154; Yates (1964) = イェイツ（二〇一〇年）; Garin (1988); Maurice Pope, *The Story of Archaeological Decipherment: From Egyptian Hieroglyphs to Linear B* (London: Scribner, 1975), 34-35 = M・ポープ『古代文字の世界：エジプト象形文字から線文字Bまで』唐須教光訳（講談社学術文庫、一九九五年）だ。

カゾボンが生きていた時代にもどり彼に出会うにためには、一六〇〇年ごろに数年間にわたっておこなわれた神学論争という、知の歴史のなかでも地図もなく人をよせつけない領域を旅しなければならない。カルヴァン主義者、イエズス会士、フランス教会主義者たちがたがいに罵詈雑言と非情の極みを競いあい、その争いが新たな段階に突入しようとしていた時代だ。

カゾボンが『ヘルメス文書』を非難したのは、チェーザレ・バロニオ（Cesare Baronio, 1538-1607）の『教会年代記』*Annales ecclesiastici*（ローマ、一五八八―一六〇七年）を粉砕しようとしたときだった。[3] じつは、ヘルメスにたいする全面攻撃は、彼の最後の庇護者である英国王ジェイムズ一世に献呈した七七三頁にわたる大論争書のなかでも数頁を占めているにすぎない。彼の矛先はまったく異なるところに向けられていた。とりわけ、バロニオが聖俗双方の世界にたいする教皇の権威を擁護したことだ。そうした状況下でヘルメス批判は補遺のかたちをとり、読者のなかでも専門家だけを対象としていた。カゾボンはその斬新さや重要性をとくに主張したわけでもなく、自著の核心だと考えたわけでもなかっただろう。

しかしカゾボンの批判は偶然でもなければ、枝葉末節なものでもなかった。彼の人生すべて、畏敬の念さえ起こさせる自己練磨のすべてが、ヘルメスとの対決の準備だったともいえる。彼はジュネーブのギリシア学教授ポルトゥス（Franciscus Portus, 1511-1581）に学び、ディオゲネス・ラエルティオス（Diogenes Laertios, 3c AD）やストラボン、アテナイオス（Athenaeos, 2-3c AD）、アイスキュロスといった古代ギリシア人たちの古典テクストに長大な注解をほどこす準備をした。これが、あのスカリゲルに「ギリシア学ではもっとも偉大な人物」と評させたカゾボンを生んだのだ。[4] また、パリの王立図書館の番人として過ごした年月、そしてオックスフォード大学のボードリアン図書館での研究は、彼に未公刊のギリシア語テクストについての比類ない知識を与えた。

こうした経歴の細部が示すこと以上に、カゾボンをヘルメスの死刑執行長官たらしめたものがある。それは、浩瀚な日記の一五九七年の一節が鮮明に描きだしている彼の性格だ――

二月二〇日。五時起床。ああ寝坊してしまった！　すぐに書斎に入る。祈りを捧げ、聖バシレイオスの著作と向かいあった。

二月二一日。五時に起きたが、町で所用があり外出しなければならなかった。研究にとりかかったのは、悲しいかな、もう七時だった。祈りを捧げ、昼食前までの時間を聖バシレイオスにあてる。それ以後は講義の準備をする。講義はなかったので無駄だったが。残りの時間で聖バシレイオス、そして夕食に費やす。神に祈りを捧げたのち就寝。

二月二三日。五時起床。書斎に入り、神に祈りを捧げて、聖バシレイオスに向かう。午後は友人が来訪、時間をとられてしまった。夕食後、祈りを捧げ、就寝［…］。

二月二六日。五時前に机に向かい、祈る。聖バシレイオスにとりくめたのは八時までだった。それから昼食までは、不本意ながら雑用に追われる。昼食後、友人たちにつかまる。そしてようやく、聖バシレイオス。夕食、聖

(3)　最良の概説はいまなお Mark Pattison, *Isaac Casaubon, 1559-1614*, 2. ed.（Oxford: Clarendon, 1892）だ。そのほかの文献は Charles B. Schmitt, "Theophrastus," *Catalogus translationum et commentariorum* 2（1971）, 239-322: 262-263 を参照。

(4)　Joseph Scaliger, *Secunda Scaligerana*, s.v. CASAUBON, in *Scaligerana*, ed. Pierre Desmaizeaux（Amsterdam, 1740）, II: 259. 現代の評価については Aeschylus, *Agamemnon*, ed. Eduard Fraenkel（Oxford: Clarendon, 1950）, II: 36-38, 62-78; John Glucker, "Casaubon's Aristotle," *Classica et Medievalia* 25（1964）, 274-296 を参照。

バシレイオス、祈祷、就寝［…］。
三月一一日。早朝の祈り、そして聖バシレイオス。神のご加護により八時前に読了。(5)

この引用が示しているように、教義のすべてではないにしても考え方や感性において、その公平な評価には社会経済学者マックス・ヴェーバー（Max Weber, 1864-1920）が必要なほど、カゾボンは骨の髄まで新教徒であった。彼は「スズメが地に落ちること」だけではなく、自分の娘が暖炉に落ちた事故などすべてに神の手をみていた。「神意の直接の介入」のおかげで娘は無傷のまま助かったと考え、神に向かって「あなたは娘が顔からではなく仰向けに倒れるようにしてくださいました」tu fecisti ut non prona sed supina caderet と感謝したくらいだ。(6) カゾボンは俗事に時間をとられることに罪の意識を感じて身をよじり、不敬なことすべてが許せなかった。

また、この引用はカゾボンの最大の関心事がどこにあったかも示している。初期キリスト教会にまつわる文献や典礼、故事だ。彼は古代の伝統を熱心に保存しようとしなかったカルヴァンを批判した。カゾボンは、カルヴァンよりも伝統に忠実な新教徒のあり方を模索していたのだ。(7) そして、ほかのいかなる古代テクストにもまして聖書や教父たちの著作を研究することを好んだ。歴史家M・パティソンがいうように、「彼の魂をかきたてたのはキリスト教徒のギリシア語だった」。

一五九七年の二月一九日から三月一一日にかけて、カゾボンはギリシア教父の聖バシレイオス（Basileios, 329/30-379 AD）の著作を読んだ。一五五一年にフローベン書店から出された非常に高密度なフォリオ版で、六九八葉もあるものだ。(8) なにかに導かれていなければ、なしとげられないことだろう。(9) 彼は注釈者として新約聖書になじんでいた。ギリシア教父たちの時代や慣習、言語について彼ほどの知識をもつことができた人物は、それまでにはいなかったし、以後もほとんどいなかった。カゾボンは教父ニュッサのグレゴリオス（Gregorios, c. 335–c. 394）による第三書簡の初版を一六〇六年に手がけたが、そのすべての頁が彼の比類ない熟達度を伝えており、つぎのような注釈でみちている――

> 救世主キリストの受肉の神秘について、ギリシア教父たちはさまざまな用語で言及している。たとえば以下のようなものだ――キリストの顕現 hê tou Christou epiphaneia, 身体の顕現 hê sômatikê epiphaneia, 主の滞在 hê despotikê epidêmia, 肉をとおした交わり hê dia sarkos homilia, 人間をとおした出現 hê di'anthrôpon または di'anthrôpotêtos phanerôsis, ロゴスの受肉 hê tou logou ensarkôsis, 到来 hê parousia［…］。[10]

さらにカゾボンは、古代史料の真贋を見抜くことにかけても、初学者ではなかった。グレゴリオスの第三書簡の内容や表現に豊富な注をほどこしているが、それは解説のためだけではない。このテクストが、グレゴリオスの「欽定写本」Codex Regius に入っていなくても真正であることを証明するためだった。[11] また、生涯をとおして古代末期の偽典に十分な注意を向けていた。後述するが、ディオゲネス・ラエルティオスの著作への注解の冒頭では、『ヘロと

（5）Isaac Casaubon, *Ephemerides*, ed. John Russell（Oxford, 1850）, I: 47.
（6）Casaubon, *Ephemerides*, I: 7.「地に落ちたスズメ」は、『マタイ福音書』第一〇章第二九節を参照。
（7）Vivanti（1963）, pt. 2, ch. 4.
（8）Pattison（1892）, 441, 104.
（9）カゾボンの新約聖書についての『覚書』は一五八七年に出版された。Cf. Pattison（1892）, 475.
（10）*B. Gregorii Nysseni ad Eustathiam, Ambrosiam et Basilissam epistola*, ed. Isaac Casaubon（Paris, 1606）, 105–109.

レアンドロス』という著作を伝説的なオルフェウスの同時代人ではなく、ムサイオスという名前の古代末期の文法学者に帰している。

一六〇三年にカゾボンは、いわゆる『ローマ皇帝群像』と呼ばれる偽作の集成を編集した。ながらく人気はあるが、いわくつきのテクスト群だ。彼はこれらのテクストがもつ多くの矛盾と不自然な記述を指摘した。また、文体と内容を吟味した結果から、写本のなかではアエリウス・スパルティアヌス、アエリウス・ランプリディウス、ユリウス・カピトリヌスといった別々の作者に帰せられてきた各作品を、一人の著者に帰した方がよさそうだと結論した。そして、この集成は再編集や改訂がなされてきたが、それを手がけた者の腕は未熟だったと示した。しかし、改訂の年代と目的を正確に決定することは無理だと断じた――「この集成の作者が作品をどうしてこのようなかたちにしたのか、予言者のみが知るところだ[12]」。

実際に編集するつもりのないテクストを流し読みするときでも、カゾボンは批判的な眼で対応した。アンリ・エティエンヌの編纂による一五六六年版の『ギリシア詩人集成』*Poetae Graeci* のなかで『カエルとネズミの合戦』*Batrachomyomachia* を目にしたときも、彼の眼にはたちまち矛盾があきらかになった。詩人は第三行で「ひざうえの書板に」書いたとうたっているので、彼は「たしかに盲目ではなかった」とカゾボンは余白に書きこんでいる。同様に、ホメロスは第一〇一行にある「いかに大声で」exololuze という語を「けっしてこのようには使わなかった」ので、これをふくんだ詩は「間違いなくホメロスや第一級の詩人たちの手によるものではない」とした[13]。あきらかにカゾボンは、ヘルメスが面前に出現するずっと以前からテクスト批判と歴史的批判の規則を自分の血肉としていたのだ。

カゾボンは一六一〇年の渡英前から、バロニオへの応答を書くことに関心をいだくようになったが、フランスでの庇護者である国王アンリ四世（Henri IV, 1553-1610）をめぐる政治的な状況から、おおやけに応答することはできなかった。しかし、英国王ジェイムズ一世はこの手の論争を好んでおり、カゾボンにはアンリ四世のような政治的な障害もなかった。英国王が彼の背中を押したのだ。

一六一二年の四月末、カゾボンはバロニオの著作を読了してノートをとり、自著を執筆しはじめた[14]。彼の目をとらえたのは『教会年代記』の第一巻の前半で、多くの論点があるなかでもキリストの到来を予言した異教徒たちについての言及だった。すなわち、ヒュダスペス、シビュラの巫女たち、そしてヘルメス・トリスメギストスだ。この時点ですでにカゾボンは、『ヘルメス文書』が偽作だと考えていたようだ[15]。フランスの人文主義者テュルネーブ（Adrien Turnèbe, 1512-1565）の編集による一五五四年版の『ヘルメス文書』を手に入れ、『カエルとネズミの合戦』のときと

（11） *Gregorii epistola*, ed. Casaubon, sig. i r-v, 91. Cf. *Gregorii Nysseni Epistulae*, ed. Georgius Pasquali (Berlin: Weidmann, 1925), xxxvii-xli, lxxiv.

（12） Isaac Casaubon, *Emendationes ac notae*, in *Historiae Augustae scriptores* (Paris, 1603), 3-4; cf. 177 & Prolegomena, sig. eii v.

（13） カゾボンの覚書は、彼の所有本（現ケンブリッジ大学図書館蔵 Adv.a.3.3.）の『ギリシア詩人集成』*Poetae Graeci* (Genève, 1566) にある。*Poetae Graeci*, ed. Estienne, I: 726, 729. すでにエティエンヌは語法がホメロスのものではないと注記したが、カゾボンはその注に下線を引いている。*Poetae Graeci*, II: 488.

（14） Casaubon, *Ephemerides*, II: 928.

（15） 現ボードリアン図書館所蔵 MS Casaubon 32, f. 53 v にあるシュンケロスの年代記にたいする覚書。カゾボンは、マネトーに帰されるテクストを筆写していた。シュンケロス（40-41 M）によれば、『ヘルメス文書』は「最初のヘルメス」であるトート神がヒエログリフで記された書物をノアの大洪水後にギリシア語訳した。カゾボンは、「ヘルメスは、これらの戯言をいかなる方法でも書くことはできなかった」と記している。このメモが『ヘルメス文書』とその内容にたいする彼の最初の言明であり、一六一〇年の渡英より前となる。

同様に鋭い批判的な眼で通読した[16]。しかも以前よりもずっと体系的に。カゾボンには、このテクストがみずから主張しているような太古のものではありえないと簡単にわかった。オランダの法学者グロティウスに「まさにシビュラのような紙片」と呼ばれた特徴的で暗号めいた読みとりにくい走り書きで、彼は最初の反応を欄外に書きこんだ[17]。したがって、書物をとおして彼を追い、初期の覚書とのちの成熟したヘルメス批判を比較すれば、カゾボンを作品の執筆へと向かわせた動機を理解できるだろう。

ヘルメスとの対決

『ヘルメス文書』の読書からカゾボンは、そのテクストのなかに聖書でなじみのある事実や教義をみつけて何度も驚いた。たとえば、第一篇第四節において天地創造譚がはじまるが、その記述はこうだ──「垂れさがる闇があり」、それは「湿潤なものに変化した[18]」。類似する旧約聖書の『創世記』の天地創造に言及しながら、カゾボンは「混沌」Tohu et bohu と記している。また第一篇第三一節では、神は「表現しがたき、言いがたき、沈黙のうちに呼びかけられる」と表現されている。カゾボンはそこに、神をさす「神聖四文字《テトラグラマトン》」の YHWH《ヤハウェ》を発音することはできないとするユダヤの教義との関連を見出した。そこで彼は「ヤハウェの名で」と注記した。さらに、第四篇第四節には洗礼についての明白な記述を確認した[19]。こうしたあきらかな符合に、彼は居心地の悪さを感じた。第一篇第一六節では、対話篇の主人公ピマンデルが「それは今日まで隠されてきた奥義だ」と語る。カゾボンは、この台詞の論理的な帰結をいつになく長い覚書に残している──

もしこれが本当で、この人物がモーセ以前に文書を書いたのならば、神はモーセではなく彼をとおして、その秘義をあかしたことになってしまう。(20)

聖書と『ヘルメス文書』との一致は、フィチーノやルフェーヴル・デタープル（Jacques Lefèvre d'Étaple, 1450?–1536）のような先輩学者たちを喜ばせるものだった。啓示の正当性を立証し、異教徒の敬虔さを示すものだからだ。(21)しかしカゾボンは、フランスの新教徒たちの例にもれず、とりわけキリスト教と異教のあいだにある考え方や信念の違いに敏感だった。(22)極端な例をあげれば、彼の所蔵していた古代ローマの原子論者ルクレティウス（Lucretius, c. 99–

（16） *Mercurii Trismegisti Poemander, seu de potestate ac sapientia divina. Aesculapii definitiones ad Ammonem regem*, ed. Adrian Turnèbe（Paris, 1554）. 以下では *CH*, ed. Turnèbe と表記。カゾボンの所有本は現大英図書館蔵 491.d.14. であり、別の所有者の名前と一六〇四年が記されているので、彼はそれ以後に入手したようだ。

（17） Pattison（1892）, 428. カゾボンの読者としての習慣については Arnaldo Momigliano, "Un appunto di I. Casaubon dalle 'Variae' di Cassiodoro," in *Tra Latino e Volgare: per Carlo Dionisotti*, ed. Gabriella Bernardoni Trezzini et al.（Padova: Antenore, 1974）, II: 615–617; T. A. Birrell, "The Reconstruction of the Library of Isaac Casaubon," in *Hellinga Festschrift*（Amsterdam: Israël, 1980）, 59–68 を参照。

（18） テクストの章分けは *Corpus Hermeticum*, ed. Arthur D. Nock（Paris: Les Belles Lettres, 1945）に依拠した。この版を以下では *CH*, ed. Nock と記す。

（19） *CH*, ed. Turnèbe, 20.

（20） *CH*, ed. Turnèbe, 5.

（21） Yates（1964）= イェイツ（二〇一〇年）; Walker（1972）= ウォーカー（一九九四年）を参照。

c. 55 BC）の著作の余白には、その文体の美しさへの感嘆と、その不敬な考えを呪う言葉にみちている――

ルクレティウスよ、お前はなんと愚かなのか。虫ケラと人間が魂の種を同じくしていると信じているのか![23]

たしかに、カゾボンが許容できる異教徒もいた。「自然は無駄なことをなにもしない」とするアリストテレスの学説は、「世界は自然によって、無作為に目的をもたず、みだりに創造されたものだというエピクロス（Epicuros, 341-270 BC）のガラクタ」よりもずっとすぐれている。[24] しかしアリストテレスとプラトンでさえ、同じ啓示を個々別々にうけていたわけではなかった。『ヘルメス文書』の作者たちは、なおさらであった。[25] カゾボンは公刊した『聖書と教会についての演習』*De rebus sacris et ecclesiasticis exercitationes* でこう記している――

神がご自分の民としてお選びになった人々よりもむしろ異教徒たちに、はっきりとこのような深遠な秘義をあきらかにされたと考えることは神の御言葉に反している。なによりもまずそのことに私は心が動かされる。[26]

結局のところ「われわれは、太古にユダヤの民にふりそそいだ真理の光がかぼそいものだと知っている」ということだ。[27] 使徒パウロ（Paulus, ?-c. 65）はキリスト以前の時代を「無知の時代」chronous agnoias と呼び（『使徒行伝』第一七章三〇節）、人類救済の教義を「世の初めから代々にわたって秘められ、そしていまや聖なる人々に示された神秘として」と記述した（『コロサイ人への手紙』第一章第二六節）――

キリスト教の神秘の幾つか、それももっとも重要なものが、モーセ以前の異教徒たちにあきらかにされたのなら、どうして聖書や類書の証言が有効だといえるのか。メルクリウス・トリスメギストスについての世間の説明が正

しいなら、この人物がモーセ以前に生きたことは疑いない。(28)

カゾボンの洞察は、彼自身の深奥な偏狭さから生じてきたものだといえるだろう。彼は、バロニオが異教徒たちに寛大すぎたせいで間違いをおかしたことを示そうとしたのだ。(29)

たしかにこれは、純粋に感情的な否定の行為としてはじまったが、カゾボンの学識によってすぐに変容した。『ヘルメス文書』は古代エジプトで成立したと自称しているが、カゾボンは長年にわたって初期キリスト教徒たちの文献を読んできた経験から、その言語と内容が古代エジプトのものに合致しないことを示そうとした。そして本の余白は、「古代神学者たち」prisci theologi のギリシア語とは考えられない用語や表現の抜粋でみたされた。

『ヘルメス文書』の第一篇第一九節にある「愛欲の迷いから生じた身体を愛した者は、闇にとどまって迷う」とい

(22) Yates (1964), ch. 2 = イエイツ（二〇一〇年）; Jeanne Harrie, "Duplessis-Mornay, Foix-Candale and the Hermetic Religion of the World," *Renaissance Quarterly* 31 (1978), 499–514.

(23) *T. Lucretii Cari De rerum natura libri sex* (Lyon, 1576), 110. 現ライデン大学図書館蔵 755 H 9. またルクレティウス『事物の本性について』第三巻第七一九行以下を参照。

(24) *Lucretii De rerum natura*, 80.

(25) Isaac Casaubon, *De rebus sacris et ecclesiasticis exercitationes* (Genève, 1654), 67.

(26) Casaubon, *De rebus sacris*, 66.

(27) Casaubon, *De rebus sacris*, 66.

(28) Casaubon, *De rebus sacris*, 67.

(29) Pattison (1892), 335.

う一節は、『ヨハネ福音書』の「わたしを信じる者が、だれも暗闇のなかにとどまることのないように、わたしは光として世に来た」を思わせる。[30]第四篇第六節の「子よ、まず自分の身体を憎まなければ、自己を愛することはできない」という一節は、さらに顕著な類似表現が『ヨハネ福音書』にある――「自分の命を愛する人は、それを失うが、この世で自分の命を憎む人は、それを保って永遠の命にいたる」（第一二章第二五節）。[31]ほかにも非常に近い表現が多く見出せる。[32]このように聖書の文言をテクストに織りこむ方法から、カゾボンは古代エジプトよりも後代の教父時代の香りを嗅ぎとった。聖書には存在しない用語を見出した場合はなおさらであった。『ヘルメス文書』の第二篇や第一二篇は、神が本質をもつかという問いを扱っている。どちらも、抽象的で虫もよせつけないような専門的な用語が使われている――

お前が質料あるいは身体や本質というなら、これらは神の現実態であることを知らなければならない。質料の現実態が質料性であり、身体の現実態が物体性であり、本質の現実態が本質性だ。[33]

カゾボンはこれらの表現に肌でなじんでいた。それは偽ディオニュシオス・アレオパギテス（Ps.-Dionysios Areopagites, 6c AD）のものだ。この人物の『神名論』*De divinis nominibus* は、カゾボンが「優雅だ」と評する「超本質的な無限は本質を超越している」といった表現をふくんでいる。[34]『ヘルメス文書』には、ヘルメスが知りえなかった抽象名詞が続出し、彼の時代から何世紀もくだった後代の典礼の文句が共鳴しているのだ。[35]カゾボンは、ヘロドトスをはじめとした初期ギリシアの著作家たちの文体には、古今オリエントの著作家たちの文体にある純朴さと共通するなんらかの「平明さ」simplicitas があると考えていた。だが、『ヘルメス文書』の文体はそれとは対極にある。[36]いってみれば、ヘルメスは自分自身に有罪宣告をくだしているのだ――

この書物の文体は、ヘルメスと同時代人たちがもちいたギリシア語より以前にさかのぼることはない。ギリシア古語は、後代のギリシア語とは大きく異なる語彙や表現、文体を有しているからだ。ここには古代の影もかたちもなく、すぐれた古代の批評家たちがプラトンやヒポクラテス、ヘロドトスといった著作家に見出した趣向も一切ない。逆に、キリスト生誕以前には存在しないような単語がここには多く見出される。[37]

また別の箇所では、もっと簡潔に要点を指摘している――「あのペテン師は、聖なる教えだけではなく、聖書の言葉も盗むことを好んだ[38]」。そして最終攻撃には、テクストを一読して発見したときよりずっと多くの類似箇所をなら

(30) *CH*, ed. Turnèbe, 6.『ヨハネ福音書』第一二章第四六節を参照。

(31) *CH*, ed. Turnèbe, 21. カゾボンは「愛することはできない」philêsai ou dunasai と「まず自分の身体を」prôton to sôma に下線をつけ、「『ヨハネ福音書』から」Ex Johanne と書きこんでいる。こちらの方がさらにすぐれた類似例だといえる。

(32) *CH*, ed. Turnèbe, 10 の「迷いを道づれにして無知を仲間とする者よ」hoi sunodeusantes têi planêi kai sugkoinônêsantes têi agnoiai という『ヘルメス文書』第一一篇第一二節の一文には「しばしば新約聖書にある［表現］」Saepe in N.T. と、*CH*, ed. Turnèbe, 56 の「なさずにいる」katargêthêis という用語には「新約聖書の言葉」Vox N.T. と記している。

(33)『ヘルメス文書』第一二篇第二二節を参照。また第二篇第二四—六節も参照。

(34) *CH*, ed. Turnèbe, 12. カゾボンが触れているのは *Dionysii Areopagitae opera quae extant* (Paris, 1561-1562), I: 240, 243, 239 である。

(35) *CH*, ed. Turnèbe, 11. 問題となっているテクストについては Casaubon, *Exercitationes*, 76 を参照。

(36) ボードリアン図書館蔵 MS Casaubon 52, f. 99 r.

(37) Casaubon, *Exercitationes*, 79.

べたてたのであった。[39]

言語学的な探偵業だけが、カゾボンの手法であったわけではない。彼はテクストに目をとおしながら、ギリシア哲学者たちの学説を探してもいた。だが探していたのは斬新かつ深淵な学説ではなかった。ディオゲネス・ラエルティオスなどによる学説集にながらく親しんできた経験から、彼はギリシア哲学者たちの標準的な見解とみなせる学説に注目した。そして、ヘルメスの出典となったと考えられるものを余白に記している。『ヘルメス文書』の第四篇第三節によれば、神がすべての人間に「知性」nousを与えなかったのなら、「それは誰かに嫉妬していたからではない。なぜなら、嫉妬は高遠なものに由来するのではない」からだ。カゾボンはただちにこれを、プラトンの『ティマイオス』にある「創造主は善なるものであり、なにかに妬みをいだくことはけっしてない」に結びつけ、余白に「プラトンの『ティマイオス』のなか」と書きつけた。[40]

要約を記入するだけの場合もあった。第八篇第一節にはつぎのように書いている——

世界が第二の神であり、不死なる存在なら、世界のなかにあるものはなにも消滅しない。なぜなら、不死なる存在のどの部分にせよ、死ぬことはありえないからだ。

ここでカゾボンは、「世界は第二の神だ」と「創造されたものは滅びない」とだけ書いた。[41]この謎めいた一節は、まさに「シビュラのような紙片」だ。しかし『演習』の最終稿では、それらを束ねあげて詳細にとりあげている。被造物は不滅だという教説が、重厚な攻撃の標的となった——

プラトンやその学派の人々にかぎらず、多くのギリシアの賢人たちに共通の教えを解説しよう。そして、エジプトのヘルメス・メルクリウスがこの教えを論じた仕方を説明しよう。それは、彼自身が一哲学者にすぎなかったことを示すものだ。彼が精通していたのは古代エジプトの叡智ではなく、ギリシアの学知だったのだ。「創造されたものでないものは死ぬことがない」とは大部分の古代ギリシア人たちの見解であった。それらは変化をこうむるだけだ。死とは空虚な名にすぎず、なにもそれに属しているものはない。一般に死と呼ばれているものは、じつのところ変化なのだ。ヒポクラテスはかく記している――「いかなるものも消滅しないし、前に存在しなかったものが創造されることもない。事物は結合したり、分解されたりして、変化するだけだ」。偽エジプト人ヘルメスはしばしばこのギリシアの教えに触れた［…］。第八篇の冒頭では、なぜなにも滅びることはないのかを説明している。いわく、世界は永遠な存在であり、第二の神だからだ。世界のうちにある万物は、神の四肢だ。とりわけ人間はそうだ。彼は第一二篇でもこれを反復し、つけくわえている――「分解は死ではなく、混合したものの分離だ。分離はするが、その結果として消滅するのではなく、新しいものになる」［第一二篇第一六節］。しかしここで、偽メルクリウスがギリシア哲学者たちから受容し自分のものとした学説の各項目を精査するなら、著作をまるまる筆写する必要があるだろう。聖書に由来する諸点をのぞいて、彼のもとにあるすべてがギリシアの哲学者たちに由来するのだ。(42)

(38) Casaubon, *Exercitationes*, 76.
(39) Casaubon, *Exercitationes*, 72 の「同質」homousios という語について参照。
(40) *CH*, ed. Turnèbe, 19: "Plato in Tim. p. 477." プラトン『ティマイオス』29E を参照。
(41) *CH*, ed. Turnèbe, 34.

ついにここで、カゾボンの偽作にかんする知見が効力を発するときがきた。彼は時代錯誤や矛盾、人々を欺こうとした証拠群をテクストに探していたが、「解義」horoi をはじめとする各篇のあちこちに継ぎ目を発見したのだ。ひとつは、彫刻家ペイディアス（Pheidias, fl. c. 490–430）への言及（第一八篇第四節）だ。[43] もうひとつは、キタラ弾きのエウノモス（Eunomos, ?c BC）についてだ（同第六節）。[44] この二人はどちらも、ヘルメスが生きていたとされる時代よりも後代の人物であった。カゾボンは自分の所蔵本の余白に書きこみをし、のちに自著の本文で詳細に議論している。さらに複雑で興味ぶかいのは、『ヘルメス文書』の第一六篇第一―二節にある事例だ――

後日ギリシア人たちが私の著作を彼らの言語に翻訳しようとするとき、文章は非常に混乱し不明瞭となるだろう。なぜなら、もとの言語で表現されたときのみ、言葉は明瞭な意味を保持するからだ。エジプトの言葉の音と力は、表現されたことの働きを内包しているからだ。[45]

このようなエジプト語のもつ神秘的な輝きにたいする讃歌は、カゾボンを嘲笑させただけだった。彼はこれを、ほぼ同時代で類似している新プラトン主義者イアンブリコス（Iamblichos, c. 245–c. 325）の著作『エジプト人の秘儀について』*De mysteriis Aegyptiorum* にみられる誇大広告じみた絶賛と結びつけた。カゾボンはフィチーノによるラテン語訳でこのテクストを読んでいた。[46] 彼によれば、『ヘルメス文書』でエジプト語が讃えられているのは、もともとこの言語で書かれたとすることで、贋作者が自分の作品をさらに魅力なものにしようとしたからだ。カゾボンは余白に書きこんでいる――「後日という語に着目せよ。これを書いた者は、なんと芝居がかった表現が好きだったことか」。[47] そして、『ヘルメス文書』は最初からギリシア語で書かれたのだと主張した。公刊した批判のなかで、彼はこの一節にこだわった。そして、『ヘルメス文書』は最初からギリシア語で書かれたのだと主張した。

『ヘルメス文書』の第九篇第八節で「世界」kosmos の語源が「万物を秩序づける」kosmei gar ta panta だとする一節を考えてみよう。カゾボンは問いかける——

「世界」kosmos と「秩序づける」kosmei が古代エジプト語に由来する語だとでもいうのだろうか？[48]

つまり、贋作者が手にしていたのは切れ味の悪い諸刃の剣だったのだ。エジプトに由来するものを伝えているというヘルメスの主張は、見せかけでしかなかった。カゾボンは、こうした手法が『ヘルメス文書』の贋作者にかぎられるものでないことも知っていた——

あらゆる学問がエジプト人ヘルメス・トリスメギストスの発明によって誕生したと信じられていたので、なんであれ学問について書いた者のほとんどが、ヘルメスの名を称揚するか、彼の名によって自著にたいする名声と支

---

(42) Casaubon, *Exercitationes*, 77-79.

(43) *CH*, ed. Turnèbe, 97. Cf. Casaubon, *Exercitationes*, 79.

(44) *CH*, ed. Turnèbe, 98:「この話はストラボンやクレメンスの著作にある」"Historia extat apud Strabonem, Clem. etc." Cf. Casaubon, *Exercitationes*, 79. エウノモスについては、ストラボン『地理書』第六巻第一章第九節も参照。

(45) テュルネーブのテクストにしたがって、hê tôn aiguptiôn onomatôn dunamis とした。

(46) *CH*, ed. Turnèbe, 90. カゾボンが言及しているのは Iamblichus, *De mysteriis Aegyptiorum, Chaldaeorum, Assyriorum*（Lyon, 1549）だ。

(47) *CH*, ed. Turnèbe, 90.

(48) Casaubon, *Exercitationes*, 79.

持を獲得しようとしたのであった。原始キリスト教の時代には、偽の題名をもった書物が毎日のようにまったく合法的に生みだされた。そのときわれわれの宗教をよく知らない誰かが、神学や信仰においても同じことを試みるべきだと考えたとしても驚くことはない[49]。

ここでカゾボンは『ヘルメス文書』を、それが生まれてきた実際の文脈のなかにしっかりとおき、急速なひろまりをみせた偽古代・偽オリエント文献の一部とみなしている。これらの文献は、ギリシア人の作者たちや読者たちの信用をひどく傷つけたものだった。カゾボン以後、『ヘルメス文書』をそんな居心地の悪い場所から救出できた人物は誰もいない。

カゾボンの独創性

ここでさらに、ふたつの問いが生じる。第一に、カゾボンの議論と結論は独創的なものであったのだろうか。あるいはそうでなかったならば、彼はその点に気づいていたのだろうか。第二に、こちらの方が重要だが、カゾボンの議論は当時の入手可能であった知見や受容されていた文献学的な主張の基準にてらして説得力をもっていたのだろうか。

第一の点は立証するのがとても難しい。歴史家F・パーネルによれば、『ヘルメス文書』の真正性と古代性を疑ったのはカゾボンが最初ではなかった[50]。一五五四年版の編者テュルネーブがすでに、彫刻家ペイディアスに触れた一節は『ヘルメス文書』の登場人物アスクレピオスの手によるものではありえないと示唆していた[51]。その弟子ジェネブラールも一五八〇年の『年代記』*Chronographia* のなかで、ヘルメスの古代性に反論した。そのさい彼は、成立年代を見直すために『ヘルメス文書』におけるペイディアスやシビュラに触れた(52)。

カゾボン自身も、自分の議論が独創的なものではないことを承知していた。彼が所有する『ヘルメス文書』の扉に列挙した類似する典拠の引用・参照リストのなかに、つぎのようなものがある――「この書物の著者については、ベロアルドゥスの『年代記』二三頁に記述がある(53)」。たしかに、筋金入りの正統派カルヴァン主義者であったベロアルドゥスは、一五七五年の『聖書の権威を確立する年代記』*Chronicum, Scripturae Sacrae autoritate constitutum* のなかでヘルメスに鋭い非難を浴びせていた。これはシビュラへの言及に異議をとなえた点でジェネブラールに先行するものであった――

『スーダ辞典』のように、ヘルメスが古代エジプト王たちより以前の人物だと主張する人々もいる。この意見が間違っていることは、ヘルメスに帰されている『ピマンデル』という著作からも明白だ。『ピマンデル』は、古代エジプト王たちより数世紀も後のシビュラに言及しているからだ。同様に、ヘルメスがこの文書を宛てたアス

(49) Casaubon, *Exercitationes*, 70.
(50) Frederick Purnell, Jr., "Francesco Patrizi and the Critics of Hermes Trismegistus," *Journal of Medieval and Renaissance Studies* 6 (1976), 155-178.
(51) ペイディアスが登場する部分は *CH*, ed. Turnèbe, 119-123 に別に版組され、「身体の変化から霊魂が影響をうけることについて。アスクレピオスの手によるものではないようだ」De animo ab affectione corporis impedito. Aesculapii esse non videtur という見出しがある。
(52) Purnell (1976), 159-164.
(53) *CH*, ed. Turnèbe の扉。

クレピオスはペリクレス（Pericles, 495?–429 BC）の時代に生きた人物ペイディアスに触れている。こうして、メルクリウス・トリスメギストスの書物が偽作であることが明白となる。しっかりした議論や権威で、この書物のなかでいわれていることを裏づけようとしても、ほとんどの場合が無理だ。その著者は［ポンペイウス（Pempeius, 106–48 BC）がカエサルに敗れた］イレルダの戦場にでも送ってしまえばよい。[54]

大英図書館には、カゾボンが所有していたベロアルドゥスの著作が所蔵されているが、ここに引用した一節の近くの余白に彼の手によって「メルクリウス・トリスメギストスに反対する」と書きこまれている。ルネサンス期には、ほかにもゴロピウスのように『ヘルメス文書』を批判した者がいた。明言していないが、カゾボンはこうした批判を知っていたかもしれない。[55] だが彼が同時代の学者たちに言及することは稀であった。上述の『ヘロとレアンドロス』についての議論では、最初にムサイオスを作者だとする説に疑問を呈したのは自分であるかのように書いている――

ミカエル・ソフィアヌス（Michael Sophianus, ?–1565）が写本に見出した表題には「文法学者ムサイオスによる」とあるが、それは文体から考えても正しいと信じたい。私が入念におこなったように、後代のギリシア詩人たち、とくに『ディオニュソス譚』*Dionysiaca* をうたったノンノス（Nonnos, 4/5c AD）と比較してみれば、この見解が正しいことを疑えないだろう。[56]

しかしカゾボンは、それより前の一五六六年にアンリ・エティエンヌがこうした議論を展開していたことを承知していた。ソフィアヌスや写本にかんする情報を、彼はエティエンヌの覚書から仕入れていた。さらにいえば、エティエンヌは彼の義父だった――

ムサイオスはトリュフィオドロス（Tryphiodoros, 3c AD）よりも後代の人物だと考えたい。トリュフィオドロスと同じく、彼も文法学者だったからだ。かつて私は友人のソフィアヌスやほかの幾人かと議論したが、彼はイタリアのジェノヴァでとある古いテクストを目にしたらしい。そこにはほかの詩に混じって、『文法学者ムサイオスによるヘロとレアンドロス』と題された一本が収められていた。ソフィアヌスは誰がこのテクストを所有しているか教えてくれた。彼の話は私自身の考えを裏づけるものだった。この詩は古代のものにはみえない、つまり古詩らしい古色蒼然さがまったく感じられないと私がいうと、彼は［その考えを補強する］証拠をあげて私やほかの人々の疑念をとりはらってくれた。(57)

カゾボンは義父の覚書を参考にしていないと主張するつもりはなかった。むしろ、読者が典拠に気づくことを期待していた。ベロアルドゥスの場合は、それを信用しない特別な理由が彼にはあった。カゾボンにとって、ベロアルド

（54）Beroaldus, *Chronicum*, 23. 現大英図書館蔵 C.79.3. 12［1］はカゾボンの作業用の所有本であった。フィチーノ版の『ヘルメス文書』におけるシビュラの存在については Frederick Purnell, Jr., "Hermes and the Sibyl: A Note on Ficino's *Pimander*," *Renaissance Quarterly* 30（1977）, 305–310; Michael J. B. Allen, "The Sibyl in Ficino's Oaktree," *Modern Language Notes* 95（1980）, 205–210 を参照。

（55）Purnell（1976）を参照。

（56）*Isaaci Casauboni notae*, 2. ed., in *Diog. Laert. De vitis, dogm. et apophth. clarorum philosophorum*（Genève, 1593）, 9.

（57）Etienne, *Poetae Graeci*, II: 487. Cf. Grafton（1979）, 183 n. 11.

ゥスは古典文化にたいして無知で不寛容なもっとも嫌いな種類のカルヴァン主義者だった。しかもこの人物が自分の見解を示すのは引用によってではなく、現在でも学者たちが興じている「脚注での暗喩」によってだった。一六世紀のラテン語による学術書については、われわれはカゾボンの読者ほど詳しくないので、彼がベロアルドゥスのほかに誰も参考にしなかったとは断言できない。

古代末期にも、『ヘルメス文書』が本当にエジプト語からの翻訳だと信じるのは無理だと気づいた読者もいた。イアンブリコスは『エジプト人の秘儀について』第八巻第四章で弁明している――

ヘルメスの名のもとに流布している文書は、ヘルメス自身の見解をふくんでいる。たしかに、しばしば哲学者たちの言語を採用しているが、それは哲学の知識をもつ人たちによってエジプト語から翻訳されたからだ。

この発言は、すでに誰かが『ヘルメス文書』について鋭い疑問を発していたことを匂わせるし、人気のあった神学者セネンシス（Sixtus Senensis, 1520–1569）による『聖なる図書館』*Bibliotheca sancta* でも繰り返されたので、彼の読者たちに疑問を与えたかもしれない。(58)

三人のカトリック教徒の反応

カゾボンの証明はどのくらい説得力があったのかという第二の問いも複雑だ。これに答える方法として、三人の論敵の証言を分析しよう。カゾボンの『演習』にたいして、おおやけに反応したロスワイデ（Heribert Rosweyde, 1569–1629）、エウダイモン＝ヨアンニス（Andreas Eudaemon-Joannis, 1566–1625）、ブレンゲル（Julius Caesar Bulenger, 1558–

1628）という三人のカトリック教徒の学者たちのものだ。彼らの論調は、ロスワイデの意見の冒頭によくあらわれている——

「サソリはすべての岩に潜んでいる」とソフォクレスがいったのは、まったくもって正しかった。間違いなくあなたはサソリなのです、カゾボン。サソリなのですよ(59)。

三人ともカゾボンを軽蔑していた。彼がバロニオの著作に弱点を見出したように、彼らはカゾボンの著作の弱点を躍起になって捜した。だがカゾボンの擁護者であったカペッル（Jacques Cappel, 1570-1624）が指摘したように、この三人はヘルメスを擁護しなかった。エウダイモン＝ヨアンニスとロスワイデはこの点を無視したが、ブレンゲルはカゾボンの主張を認めている——

古今の多くの著作家たちが、ヘルメスについてのバロニオの判断を支持している。しかし私は彼らには反対だ[…]。彫刻家ペイディアスやキタラ弾きのエウノモスに触れているのだから、著者は後代の人物に違いない[…](60)。

一方、カゾボンの『演習』で『シビュラの託宣』を批判している次章にたいしては、三人とも徹底的に攻撃してい

（58） Sixtus Senensis, *Bibliotheca sancta*（Venezia, 1566）, 76.

（59） Heribert Rosweyde, *Lex talionis XII. Tabularum Cardinali Baronio ab Isaaco Casaubono dicta*（Antwerpen, 1614）, praefatio, sig. [*8 r].

（60） Julius Caesar Bulenger, *Diatribae ad Isaaci Casauboni exercitationes adversus illustrissimum Cardinalem Baronium*（Lyon, 1617）, 81.

る。(61) ここから、ふたつの結論が導けるかもしれない。第一に、当時の人々にとってはヘルメスよりもシビュラの方が喫緊の問題であったようだ。シビュラの予言が教父たちの著作においてきわめて重要な位置を占めていたこと、ルネサンス期の学者たちも大きな関心をはらっていたことを考えれば、これは不思議なことではない。本書の第六章で示すことになるが、ありのままの姿のヘルメス主義の伝統を分析するためには、シビュラの伝統がたどった歴史についても研究しなければならない。第二に、あきらかにカゾボンの論敵たちは、彼がヘルメスのために注ぎこんだ議論や証拠を論難することに失敗した。カゾボンの擁護者カペッルにいたっては、彼の結論を受容しただけではなく、類似の手法をシビュラにも適用した。一七世紀の基準にてらしてカゾボンの著作に欠陥があったのなら、当時の誰かが見出していただろう。

文芸共和国の反応

第二の試金石は、カゾボンの主張が一七世紀の文芸共和国においてどのような余生を送ったかをたどることだ。文芸共和国の成立にはカゾボン自身が大きく寄与している。多くの新教徒の学者たちは、カゾボンの見解を受容したようだ。前章で出会ったヴォシウスは異教の神話すべてを『旧約聖書』の劣化したリサイクル品とみなしたが、当然のようにカゾボンによる『ヘルメス文書』の否定を歓迎した。英国の著作家トマス・スタンリー（Thomas Stanley, 1625-1678）はカゾボンの議論を手短にまとめ、自身の古代哲学史の叙述にとり入れた。彼の叔父で古物研究家ジョン・マーシャム（John Marsham, 1602-1685）は、ユダヤの律法や典礼はそのほとんどがエジプトに由来するものであり、実際にヘルメスがエジプト人たちに教育をほどこしたと信じていたが、その彼でさえ『ピマンデル』について

「カゾボンはこの書物がプラトンや聖書からの寄せ集めであったことを示した」と記している。カルヴァン主義者ヘルマン・ウィトシウス（Hermann Witsius, 1636–1708）はマーシャムの宿敵で、ことごとく意見を違えていたが、この点だけは強く賛同している[62]。

さらに、この問題に特別な関心をもち細部にわたってカゾボンを批判した人たちも、彼の解決法の基本線は問題にしなかった。ひろく認められている一例をあげれば、ドイツのヘルムシュタット大学で教えたヘルマン・コンリング（Hermann Conring, 1606–1681）は、『ヘルメス文書』がフィチーノの考えたような統一的な集成ではないとしたイタリアの哲学者フランチェスコ・パトリツィ（Francesco Patrizi, 1529–1597）と同意見だった。彼は、一人の著者がひとつの目的のために全編を執筆したというカゾボンの想定を批判した。しかし『ヘルメス文書』を構成するテクストの幾つか、とくに第一篇と第四篇が、その用語と内容においてキリスト教的だと考える点でカゾボンに同意した。さらに全般的には、どの部分も正真正銘のエジプト哲学史の典拠としては使いものにならない点についても、見解が一致していた――

『ピマンデル』という題名のもとにフィチーノがはじめてラテン語に翻訳して出版したテクスト群は、それぞれ

（61） Rosweyde, *Lex talionis*, 177–193; Bulenger, *Diatribae*, 81–84; Andreas Eudaemon-Joannes, *Refutatio exercitationum Isaaci Casauboni*（Köln, 1617）, 36–47. cf. Jacob Cappel, *Vindiciae pro Isaaco Casaubono*（Frankfurt, 1619）, cols. 19–25.

（62） Gerardus Johannes Vossius, *De theologia gentili et physiologia Christiana*, 1.10（Frankfurt, 1668）, I: 75; Thomas Stanley, *Historia philosophiae*, 4.4（Leipzig, 1711）, 287; John Marsham, *Chronicus canon Aegyptiacus, Ebraicus, Graecus et disquisitiones*（London, 1672）, 234–235; Hermann Witsius, *Aegyptiaca*, 2.5.6（Amsterdam, 1683）, 94–95.

が別々の性質をもっており、あきらかに異なる数人の手によるものだ。キリスト教徒たちが創作しヘルメスの名を騙ったものもあれば、プラトン主義者たちの手によるものもある。古代エジプトの教説の香りを放つテクストはほとんどない。たしかにプラトンは、その神学をエジプト人たちに負っていたかもしれない［…］。しかしエジプトの宗教には、あきらかに彼が賛成できない点が多くあった。私がほかよりエジプト的だとした数少ない部分でさえも、ヘルメス本人やほかの古代人に由来するものは皆無だ。文書全体についてのカゾボンの見解はまったく正しいものだった。(63)

コンリングは、『ヘルメス文書』の表現についてのカゾボンの非難を引用し、全面的に賛同している。そして、カゾボンも共感を抱いだであろう主張を展開した。すなわち、現存する証言だけではヘルメスの自然哲学を再構成することはできない。しかも、すべてはヘルメスが実在していたという前提がいる。コンリングはまさにその点を疑った。少数過激派の見解もそれほど大きく変わらない。ヴォシウスの子イザーク（Isaac Vossius, 1618–1689）は、中国文明から古代ギリシア・ローマの売春にいたるまで幅ひろい関心をもっていたが、ヘレニズム期や古代末期の史料を読みあさった経験を『ヘルメス文書』と『シビュラの託宣』の研究に活用した。しかし彼は鑑識眼には恵まれていなかった。その主張によれば、『ヘルメス文書』や『シビュラの託宣』およびユダヤの族長たちの名で流通した偽典はどれも神聖な息吹をうけてキリストの到来を予告したものだった。そしてヘルメスの仲間にふさわしい著作家たちを列挙している。そんな彼でさえ、カゾボンが『ヘルメス文書』に与えた成立年代を変更しようとはしなかった――

私見ではこれらの書物はどれも、ダニエルの七〇週の終わりに向けて書かれたもので、世界中に散らばるユダヤ人たちの手によるものだ。異教徒たちにキリストの到来を示すため、神が彼らを導いたのだ。だから彼らは膨大な数の著作を執筆した。そのなかには、ユダヤの族長や預言者たちの名がかかげられている作品もあれば［…］、異教徒ながらも大きな名声を博している人々、たとえばヒュスタスペス、ヘルメス・トリスメギストス、ゾロアスター、シビュラたち、オルフェウス、フォキュリデスといった名がかかげられている作品もある。[64]

たしかに『ヘルメス文書』の擁護者もいた。ケンブリッジのプラトン主義者カドワースはカゾボンの文献学的な議論を受容したが、そこから違った推論をおこなった。彼はコンリング同様に、『ヘルメス文書』が基本的には異質なものの寄せ集めだが、正真正銘のエジプトに由来するなにかを内包していると考えた。しかし彼はコンリングと違って、正真な部分は捏造された部分から区別でき、プラトンとの類似はテクストのエジプト起源を否定するものではないと主張した。そもそもプラトンはエジプトに赴いているので、類似する教えはそこから借りてきたというのだ。さらにいえば、捏造された部分も真正な要素をふくんでいたに違いない。もしも贋作者がすべてを捏造したのなら、同時代の読者たちはその小細工をすぐに見抜いただろうとした。[65]

こうした主張の妥当性には限界があった。たしかにカゾボン自身も一時期、アテナイの政治家ソロン（Solon, 639-559 BC）の法律の一部がエジプトに起源をもっているのではないかと考えをめぐらせていた。また彼は、非ギリシア

(63) Hermann Conring, *De Hermetica Aegyptiorum vetere et Paracelsicorum nova medicina*（Helmstedt, 1648）, 46.
(64) Isaac Vossius, *De Sibyllinis aliisque quae Christi natalem praecessere oraculis*（Oxford, 1680）, 39-40.『ダニエル書』第九章を参照。
(65) Walker（1972）, 241 = ウォーカー（一九九四年）、二四八頁。

人たちの哲学的な業績の価値を主張してもいた。[66] 死後に浴びせられた批判に、彼が生きていたらどう答えたかと問えば、それは無意味な思弁しかもたらさないだろう。しかし私は、彼の返答が哲学史家ブルッカー（Johann Jacob Brucker, 1696–1770）がとった路線に近いものだったろうと推測する——

『ヘルメス文書』に古代エジプトの教えがいくらか残存していることを否定はできないが、偽造された部分からそれを判断することはできない。[67]

先のカドワースの分析は、用語の面からの議論に対処しきれていないということだ。カトリック教徒たちについては、最初の直接的な反応をのぞいて私にはわからない。しかし主要な反対者の一人に、イエズス会士アタナシウス・キルヒャー（Athanasius Kircher, 1602–1680）がいた。碩学のなかでもっとも常軌を逸している人物、あるいは狂者のなかでもっとも学識のある人物だ。彼はエジプトの失われた叡智を再生させるのが自分の天命だと生涯にわたって信じていた。彼によれば、古代にあっては——

ギリシア語とエジプト語が異なるのは、イタリア語やスペイン語、フランス語がラテン語と異なるのと同じようなものだ。それゆえ、ギリシア人たちにしてみれば、エジプト語やコプト語を学ぶのは大変ではなかった。[68]

こう考えてはじめて、ギリシアの哲学者たちがエジプトの神官たちのもとで学ぶために足しげく旅をしたのも説明がつくだろう。キルヒャーの専売特許であったエジプトの神々の名を発見する驚くべき語源学も同様だ——

オシリスとは「神聖不可侵」hosios hiros でなくてなんであろう。イシスとは自然の思慮ぶかい運動のことでな

くてなんであろう。「〜を望む」hiesthai に由来する名前だ。(69)

たとえヘルメスがギリシア語の言葉遊びをしていたとしても、正真正銘のエジプト人だったかもしれない。キルヒャーは、ヘルメスがもともとコプト語で記述したのではないかと疑っていた。(70) 彼はこうした脆弱な土台のうえに理論を築きあげた。エジプトの神官ホラポッロに帰される『ヒエログリフィカ』やイアンブリコスの著作だけではなく『ヘルメス文書』からも建材をもってきて、バロック的な機知あふれる記念碑をうちたてた。つまり、ローマのオベリスクに刻まれたヒエログリフや人文主義者ピエトロ・ベンボ（Pietro Bembo, 1470-1547）で知られる銘板「タブーラ・ベンビーナ」Tabula Bembina の読解だ。(71) しかしキルヒャーの語源学に納得できる者はわずかだった。英国の著作家ウォーバートン（William Warburton, 1698-1779）の嘲笑は世の意見を反映していた——

［キルヒャーは］哲学的でもない古遺物を解説するために、フォリオ版で六葉もつかってギリシアの後期プラトン主義者たちの著作や非エジプト的な哲学をふくむ偽ヘルメスの文書と格闘している。(72)

---

(66) Casaubon, *Notae*, 16–17, 7.
(67) Johann Jacob Brucker, *Institutiones historiae philosophicae* (Leipzig, 1756), 73.
(68) Athansius Kircher, *Prodromus Coptus sive Aegyptiacus* (Roma, 1636), 172.
(69) Kircher, *Prodromus*, 174.
(70) Kircher, *Prodromus*, 185.
(71) Kircher, *Prodromus*, 264.
(72) Erik Iversen, *Obelisks in Exile*, I: *The Obelisks of Rome* (Copenhagen: Gad, 1968), 92 からの引用。

一方、ブルッカーは権威ある著作で、カゾボンの立場に彼ならではの鋭い論評をくわえている――イアンブリコスの証言によれば、エジプトの神官たちは自分の著作や考えをメルクリウスに帰す習わしがあった。彼はそれがことの真相だという。これは彼らの傲岸さと虚言癖を示すものだし、なぜエジプトがヘルメスに帰される多くの文書を生んだかを説明する。しかし、こうしたことがあったのは、おそらくプトレマイオス朝の末期、つまりピュタゴラス＝プラトン主義の哲学がエジプトで支配的となった時期だった。最初のメルクリウスの元々の記念碑群は、神々の系譜を語ったものだ。これらの作品を理解するカギが失われてしまうと、誰かもが容易に無謀な自説を［ヘルメスの作品だと］称して売り物にし、ヘルメスを自然学者にまでおとしめた。今日まで現存する『ヘルメス文書』は『ピマンデル』と『アスクレピオス』が傑出しているが、これらの著作が属しているのはこのカテゴリーなのだ。アレクサンドリア哲学への夢にみちた作品であった。(73)

ブルッカーにしてみれば、近代のヘルメス＝プラトン主義的な伝統そのものが歴史の一部にすぎず、偽作に踊らされたルネサンス期の学者たちの逸脱として放免すべきだったのだ。

記録が示唆するところによれば、カゾボンには好敵手とみなせるほどの相手がいなかった。しかし学識ある人々の多くが彼の議論を無視した。受容するにはあまりにも斬新で衝撃的だったのだ。たとえば博識な英国のジェイムズ・ハウエル（James Howell, 1594-1666）も、「幾世紀にもわたり変えがたい真理として継承されてきた［シビュラたちの］文書（トリスメギストスの『ピマンデル』やアリステアスに帰されるユダヤの偽書簡集など）の真理を疑問視するような者が、どのように神の教会に貢献するのか」理解できないとした。彼は、由緒ある故事よりも「カルヴァンやカゾボンの方を好むのは、あら探しをして非難をするために太古の著作家を読むようなへそ曲がりの人々」だけだろうと考えた。[74]しかし誰も、たしかな論拠に支えられた説得力ある反論を提起できなかった。そうしてみれば、ヘルメスはカゾボンによって地におとしめられたが、その最期はそれほど不面目なものではなかったのだ。

新教徒の神学者ヤブロンスキ（Paul Ernst Jablonski, 1693–1757）の例は好奇心をそそり、この見解を裏づけてくれるものだ。彼の『エジプト人たちの万神殿』は、さまざまな宗派の聖職者たちが言及したエジプトの失われた叡智を再構成する試みであった。ヤブロンスキはこれらの書物を「古代エジプト人の弟子たる」インドの神官バラモンたちによる『ヴェーダ』に比し、占星術や天文学、ヒエログリフ、地理学や宇宙誌、ナイル川の挙動などについて洗練された議論をふくんでいたと断言した。彼によれば、近代人たちは古代エジプトの叡智をめぐる伝統的な主張の化けの皮をはいだと考えたが、彼らは進路を誤ってしまった。古代エジプト人たちは偉大な賢者であり、秘奥を隠匿しつづけたのだ。近代人たちは確固とした証拠のないこと自体が明確な証拠だという点を理解できなかったのだ。もしエジプト人たちが天文学的な発見を公表していたなら、すべての人たちはコペルニクスではなく、彼らこそが太陽中心説を考案したと認めたであろう。[75]

しかし、証拠に束縛されない想像力でもって失われた「ヘルメス関連作品群《ヘルメティカ》」を再構成したのとは裏腹に、ヤブロンスキは『ヘルメス文書』を擁護しなかった。そして、すぐれた鑑定家たちは「『ヘルメス文書』への信用を完全に

（73） Brucker, *Institutiones*, 73.

（74） James Howell, *Epistolae Ho-Elianae: The Familiar Letters of James Howell*, 4.43, ed. Joseph Jacobs（London, 1890）, 632, 629. ドルイド教徒たちについて詳しい歴史家エリアス・シェディウス（Elias Schedius, 1615–1641）もそう信じていた。Elias Schedius, *De diis Germanis... syngrammata quatuor*（Amsterdam, 1648）, 109–110.

（75） Paul Ernst Jablonski, *Pantheon Aegyptiorum*（Frankfurt, 1750–1752）, Prolegomena, xcvii-xcviii.

失くした」と認めている。このテクストは末期ピュタゴラス派の哲学者たちやキリスト教グノーシス主義者たちの頭脳から導出されたものにすぎないのだという。(76) 音楽家モーツァルト（Wolfgang Amadeus Morzart, 1756-1791）によるオペラ『魔笛』の時代になってみると、ヘルメスの与えていた古代エジプトの魅力もほとんど人気を失くしていた。いずれにせよヘルメスは、誤った考えを表明するために誤ったギリシア語で書いたのだ。ヤブロンスキのような人物でさえそう考えたのなら、ヘルメスは本当に死んだのだ。

もちろん、カゾボンによるヘルメスの分析にも欠陥があった。彼の偏見はつぎの点を理解することを妨げた。『ヘルメス文書』における古代末期的な要素の大部分は、ユダヤ教徒やキリスト教徒たちだけではなく、おそらくは当時の異教徒たちにも同じくらい容易に書くことができたという点だ。(77) くわえてカゾボンの議論は、破壊的な面とくらべて建設的な面は貧弱なものだった。たしかに彼は、明白な偽作のなかにも採掘されるのを待っている歴史的な鉱石が眠っており、すべてが捨てられるべき鉱屑ではないことを承知していた。たとえば彼は、『オルフェウス讃歌』がギリシア神話に登場する吟遊詩人オルフェウスによるものではないと知っていたが、研究に値する作品だと読者に推奨した。(78) さらに、アリステアスの書簡が贋作だと考えたときにも、同時にそれを興味ぶかい作品だと感じていた——

この小品は自称しているほど古いものではないと思うが、それでもきわめて古いもので、ギリシア語や古代を学ぶ人々が読んで損はないと信じている。(79)

しかし、ユダヤ・キリスト教的な啓示が時代として先行していることや明晰さにおいて卓越していることに疑義をさしはさむような偽作（それは粗雑なものであった）は、カゾボンにとって軽蔑に値した。さらにいえば、歴史にたいする彼の洞察がもつこうした欠陥はすべて、彼をまっさきにヘルメス批判へと向かわせた確信から生まれたものだった。

それでもヘルメスは、その啓示がなんであったのかが研究される前に等身大にひき戻され、それにふさわしい歴史の時点に戻されなくてはならなかった。われわれはつぎのように述べた人物の感性に感嘆するしかない――

告白しなければならないが、こうした託宣や言説が明瞭なものであればあるほど、私はこれらを疑うのだ。(80)

(76) Jablonski, *Pantheon Aegyptiorum*, I: 43-44.

(77) Yates (1964), 401 = イェイツ（二〇一〇年）、五八五頁と本書の第六章を参照。

(78) Isaac Casaubon, *De satyrica Graecorum poesi et Romanorum satira*, 1.2, ed. Johannes Jacobus Rambach (Halle, 1774), 27.

(79) ボードリアン図書館蔵 MS Casaubon 60, f. 247 r. この覚書を記すまでに、カゾボンは残念なことに考えを改めてしまった。「著者はきわめて古い時代の人物」antiquiss. est auctor で「今日まで記憶されている事跡のなかにいる」ille ipse est qui rebus gestis interfuit, quae hic memorantur（f. 253 r）としている。また彼は『演習』で、偽アリステアスを古代ユダヤの慣習と七十人訳聖書の訳者たちの行動についての古い権威ある典拠とみなしている。Casaubon, *Exercitationes*, 536.

(80) Casaubon, *Exercitationes*, 66.

第六章　ヘルメスとシビュラの奇妙な死

【要約】

偽作を看破するために人文学者たちが使った手法の多くは、初期のキリスト教父たちや彼らと対峙した異教徒の学者たちが見出したものだった。前章につづき第六章では、これらの手法を『ヘルメス文書』にあてはめたカゾボンの能力と動機がおもに考察される。

カゾボンは、どうやって『ヘルメス文書』のギリシア語が後代のものだと見抜けたのだろうか。彼の時代の知の社会的・文化的な背景が、そこには大きく影響していたことが示唆される。一方、なにが彼を研究に駆りたてたのだろうか。敬虔なカルヴァン主義者のカゾボンにとって、聖書よりも古くて明瞭だと考えられる文献を拒絶したくなるのは自然なことだったろう。しかし、それ以上に彼の態度は、エラスムスに由来する一六世紀初頭の人文主義者たちの理想と深いつながりをもっていた。これらの人々は、偽典やテクストの誤りを排除することで、腐敗していない原始キリスト教会にさかのぼる道標をつけようとしていたのだ。

最後に、比較のためのケースとして、ヘルメスと同等に西欧の知の歴史では存在感を放っていたシビュラたちに目が向けられる。彼女たちの預言をあつめた『託宣』は、モーセの著述やイエスについての福音書の記述、そしてキリスト教教義を明瞭に説明すると信じられていた。その偽作性が暴かれた経緯が、ここでは考察される。すでに古代ローマのキケロはシビュラの信憑性を疑っていたが、人文主義者たちが『託宣』を注意ぶかく分析しだすのは一六世紀なかばになってからだった。とくに、カゾボンも交流したパリの人文主義者たちのサークルと密接な関係を構築したオプソポエウスが『託宣』を精査しはじめたとき、ついに「磁石の極が転換した」のだ！

はじめに

人文主義の声は、ルネサンス期の学者たちの食卓で響いていたときほど近代的に聞こえたことはない。それが偽作と真作の区別についてならばなおさらだ。ヴァッラは偽書『コンスタンティヌスの寄進状』を粉砕し、有名な神学者ディオニュシオス・アレオパギテスに疑いの眼差しを向けた。人文主義を研究する歴史家たちは、いつもこの点を称賛する。[1] もっと一般的には、古代の本物と後代の偽物を峻別する能力が人文主義者たちの新たな感性の特徴だと思われている。

『トラヤヌスへの教え』*Institutio Traiani* や『老女について』*De vetula*,『学問について』*De disciplina scolarium* といった著作を生んだ中世人たちには、歴史感覚や個性が欠如していたとされる。彼らは、すぐれた書物はどれも「オウィディウスやボエティウスによって書かれた」と思いこみ、作品の完成度に自負をもてば題名や著者名も喜んで変えてしまい、文体や内容にゴシック装飾のように散りばめられた時代錯誤な点には目をつぶったからだ。

（1） たとえば Burke（1970), 55-59 を参照。Setz（1975）は先行研究をまとめ、ヴァッラの新校訂テクストを提供している。興味ぶかい分析として De Caprio（1978）も参照。ディオニュシオスへの批判については *Collatio Novi Testamenti*, ed. Alessandro Perosa（Firenze: Sansoni, 1970), 167-168 にみる新約聖書の『使徒行伝』第七章第二二―二三節の注解を参照。

こうして、中世の学者たちは「集積」したが、ルネサンスの人文主義者たちは「峻別」したとされる。古代の遺産を再生させることは失われたものの発見だけではなく、偽作の排除をともなったからだ。この暴力的なまでの浄化活動は、キケロからかつての代表作『ヘレンニウスに与える修辞学』*Rhetorica ad Herennium*を、アリストテレスからは『神学』を、セネカからは聖パウロとの往復書簡を奪いとった。[2] そして人文主義者たちは、改変や偽作を見抜く能力でもって前例のない批判術を築きあげたのだとされる。[3]

しかしこれでは話をあまりにも単純化しすぎている。第一に、中世の学者や偽作者たちは過去を区別する感覚と自分の模倣した文体を認識する能力を備えていたことが見過ごされている。たとえば『トラヤヌスへの教え』の著者は、人体を小宇宙《ミクロコスモス》、国家を大宇宙《マクロコスモス》とみなした。これは古代に由来する考えのようにみえるが、彼は古代の文献がこうした知見を提供しないことを知っていた。偽作とは素朴なものではまったくなく、しばしば歴史を認識する能力が事実に捧げるオマージュなのだ。

もう少しきちんと考えてみよう。通説によると、人文主義が勃興してからは偽作が西洋の古典学で重要な役割をはたすことはなくなった。しかしこれは誤りだ。古遺物の模倣によって頭角をあらわしたのは芸術家ミケランジェロ(Michelangelo, 1475-1564) だけではない。第三章でみたように、ヴィテルボのアンニウスは古代の世界史を補足する一連の文書を捏造して多くの読者を数世代にもわたって喜ばせ、公刊後一世紀たっても歴史学の入門者たちのためにその抜粋集が編纂された。[4] 偽作を発見すると派手に反応する放射線測定器《ガイガー・カウンター》のようなスカリゲルでさえ、ときに間違った診断をくだした。彼は、古代ローマの歴史家クイントゥス・クルティウス (Quintus Curtius, 1c AD) の著作につけられた補遺はペトラルカによって書かれたと考えた。しかしこの補遺は、それよりもはるか以前、一二世紀より前のものだった。またスカリゲルは偽作を熱狂的に支持することもあった。たとえばホラポッロの『ヒエログリフ集』

Hieroglyphica を明快で真正な作品と考えたり、一五七〇年代には『ヘルメス文書』の編集を補助して「(フィロンよりも）刺激的で、非常に古いものだ」と述べたりした[5]。こうしたことが示すように、単純化されすぎた地図では歩むべき道へと導いてくれない[6]。

（2）『ヘレンニウスに与える修辞学』は Anthony Grafton & Lisa Jardine, *From Humanism to the Humanities* (Cambridge MA: Harvard University Press, 1987), 26–27 を参照。偽アリストテレスの『神学』は Jill Kraye, "The Pseudo-Aristotelian *Theology* in Sixteenth- and Seventeenth-Century Europe," in *Pseudo-Aristotle in the Middle Ages: The Theology and Other Texts*, ed. Jill Kraye et al.（London: The Warburg Institute, 1986), 265–286 を参照。セネカは Letitia Panizza, "Biography in Italy from the Middle Ages to the Renaissance: Seneca, Pagan or Christian?," *Nouvelles de la République des Lettres* 4-2（1984), 47–98 を参照。

（3）Paul Gerhard Schmidt, "Kritische Philologie und pseudoantike Literatur," in *Die Antike-Rezeption in den Wissenschaften während der Renaissance*, ed. August Buck et al.（Weinheim: Acta Humaniora, 1983), 117–128 は重要な総合研究だ。

（4）Paul J. G. Lehmann, *Pseudo-antike Literatur des Mittelalters*（Leipzig: Teubner, 1927; repr. Darmstadt: Wissenschaftliche Buchgesellschaft, 1964）は古典的な研究だ。Giles Constable, "Forgery and Plagiarism in the Middle Ages," *Archiv für Diplomatik, Schriftgeschichte, Siegel- und Wappenkunde* 29（1983), 1–41 も示唆にとんでいる。

（5）全般的に Tigerstedt（1964), II: 293–310 を参照。

（6）クルティウスの著作への補遺については Paul Gerhard Schmidt, *Supplemente lateinischer Prosa in der Neuzeit*（Göttingen: Vandenhoeck, 1964), 16–17 を参照。Scaliger, *De emendatione*, 134 = 3. ed., 196; idem, *Secunda Scaligerana*, 480 の「オルス・アポロ（ホラポッロ）」についての記事で「オルスはよい」とし、Scaliger, *Prima Scaligerana*, 136 のフィロンについての記事で「ユダヤ人フィロンは素晴らしい著作家であり、偉大な説教家だ。それよりもヘルメスの『ピマンデル』は刺激的で、非常に古いものだ」としている。スカリゲルは一五七四年に『ヘルメス文書』の共同編纂にも携わっていたが、彼の担当箇所は特定できない。

『ヘルメス文書』とカゾボンの手法

ルネサンス期の高等批評学の典型を検討することで、複雑な問題を提起してみよう。『ヘルメス文書』へのカゾボンによる重大な批判だ。この文書は一世紀後半から二・三世紀にかけて成立した宗教的かつグノーシス主義的な作品のきらびやかで魅力的な集成で、ギリシア語で書かれているが、古代エジプトの賢者ヘルメスにまつわる啓示書とされていた。(7) ビザンツ世界での真正作という格づけは、西欧でも最初の読者や学者たちを魅了した。庇護者メディチ家のコジモ(Cosimo de' Medici, 1389-1464)の命をうけて『ヘルメス文書』をラテン語訳するために、フィチーノはプラトンの翻訳をあとまわしにした。それにつづく一六世紀には、神学者や科学者、そして魔術師たちが『ヘルメス文書』を古代エジプト人たちの自然神学や自然魔術についての宝庫とみなし、後代のギリシア人たちの思弁よりもはるかに明晰で力強いものだと考えた。(8)

おそらくカゾボンが二度目に『ヘルメス文書』を読んだのは、カトリック教会史についてのバロニオの著作への大規模な反駁を準備していたときだった。彼は、現在ではロンドンにある自身の所蔵本を辛辣な言葉で埋めつくし、史的批判の輝かしい宝石といえる痛烈な論考に昇華させた。『ヘルメス文書』が真正のものではありえないと証明したのだ。彼によれば、このテクストは最初からギリシア語で書かれたのであり、エジプト語からの翻訳ではない。さもなければ、ギリシア語の言葉遊びをふくむことはありえない。さらにいえば、そのギリシア語は初期のものではなく後期のものだ。ギリシア哲学やキリスト教神学に由来する専門用語の痕跡があちこちに散見されるからだ。また、文書の著者は彫刻家ペイディアスに言及しているが、この人物はエジプトのヘルメスよりもずっと後代の人間だった。

さらに著者はキリスト生誕前の異教やユダヤ教の預言者たちについてよりも、キリスト教神学に精通していた。このようなテクストが、伝統的に想定されてきた年代に成立したことはありえない。(9) このカゾボンの手法の近代性に驚嘆した現代の研究者たちが、「批判の殿堂」におけるルネサンス期のヴァッラと一七世紀のマビヨン（Jean Mabillon, 1632-1707）のあいだに、彼を讃えるための場所を設けたとしても驚くにはあたらない。(10)

すでに確認したが、『ヘルメス文書』に見出される著しい時代錯誤に気づいたのはカゾボンが最初ではなかった。彼が適用した緻密な文体検証も、採用された背景は異なったにせよ、以前から知られていたものだった。たしかに、古代の批評家たちが著作の真正性についてとった判断は、言葉づかいが曖昧で論じ方も頭から決めつけたように断定的であり、それらの背後にある推論については明確にされてこなかった。(11) とはいえ、彼らの著作は真正性をめぐる詳細な議論にみち、カゾボンの世代の学者たちにとっては非常に貴重だった。哲学史家ディオゲネス・ラエルティオスやアリストテレス注釈家たちは、アリストテレスの真正作にフジツボのように付着している偽作を見分けるために、彼の作品の全体的な把握と文体を識別する感覚が必要なことを示していた。(12) 医学者ガレノスも、くり返し同様な点をヒポクラテスの著作について主張した。彼は偽作の目利きであり、風刺作家ルキアノスが哲学者ヘラクレイトス

（7）Garth Fowden, *The Egyptian Hermes* (Cambridge: Cambridge University Press, 1986) は『ヘルメス文書』について書かれた先行文献を広範にわたって調査し、それらを凌駕している。

（8）Yates（1964）＝イェイツ（二〇一〇年）を参照。

（9）本書の第五章を参照。

（10）たとえば Burke（1970）, 62-63 を参照。

（11）Schmidt（1983）, 119-120; Speyer（1971）, 112-128.

(Heraclitos, c. 535-c. 475 BC) を嘲笑しつつその名を借りて執筆した誰も知らないような偽作を味わいながら楽しむ人物だった(13)。

ルネサンス期の学者たちはこれら古代の先例をよく知っていた。たとえば、ヒポクラテスの著作『体液について』*De humoribus* にガレノスがくわえたという注解を考えてみよう。それによれば、当時のアレクサンドリア市とペルガモン市にある二大図書館が多くの書物を買いつけたことで稀少本の市場は高騰し、それが偽作づくりを煽ったという(14)。この注解は医学的な観点からだけではなく、偽作そのものの歴史という観点からも興味ぶかい。またガレノス自身は、ヒポクラテスの別の著作『人間の本性について』*De natura hominis* を注解したが、そこに見出される理論と似たものが『体液について』注解にも説かれている。これによって、この作品はなおさらガレノスの手によるものだと感じられる(15)。しかし実際のところ、『体液について』注解はルネサンス期に成立した偽作であり、ガレノスやマイモニデスの著作から抽出した断片をもとに捏造されたものだった(16)。これは、偽造者でさえ該当する分野の古典的な理論に精通していたことを示している。逆説的にも、すぐれた探偵がこうして強盗の片棒をかつぐことになったのだ。同様に、学識ある人文主義者ウォウェリウスが『博識について』*De polymatia*（一六〇四年）において、刺激的な「真正性批判」Echtheitskritik をみせる古代の例を収集できたのも驚くことではない(17)。

聖ヒエロニムスによる旧約聖書の『ダニエル書』への注解を読んだ者なら誰でも、新プラトン主義者ポルフュリオスが聖書の壮大な偽書性を証明しようとして高度な技術を駆使したことを知っている(18)。ポルフュリオスは、その手法をすくなくとも部分的にはキリスト教徒たちから、それも原始キリスト教会のもっとも堅固な大黒柱から学びとった。また、正確にはわからないが、おそらく紀元後二五〇年ごろにユリウス・アフリカヌスは教父オリゲネス (Origenes, 182?-251) に書簡を送って、『ダニエル書』の七十人訳に出てくるスザンナの物語を真正なものと考えないように説

(12) ディオゲネスについてはKraye（1986）を参照。注釈家たちについては、Ammonius, *In Aristotelis De interpretatione commentarius*, ed. Adolf Busse（Berlin: Reimer, 1897）, 5-7; Philoponus, *In Aristotelis Categorias Commentarium*, ed. Adolf Busse（Berlin: Reimer, 1898）, 7を参照。どちらもがSpeyer（1971）, 125で議論されている。詳細な研究についてはCarl Werner Müller, *Pseudepigraphie in der heidnischen und jüdisch-christlichen Antike*（Darmstadt, Wissenschaftliche Buchgesellschaft, 1977）, 264-271を参照。

(13) 詳細で批判的な研究についてはWesley D. Smith, *The Hippocratic Tradition*（Ithaca: Cornel University Press, 1979）, ch. 2-3を参照。ガレノスとルキアノスについてはGotthard Strohmaier, "Übersehenes zur Biographie Lukians," *Philologus* 120（1976）, 117-122を参照。

(14) 偽ガレノス『体液について』第一巻第一章（ed. Kühn, XVI: 5）。

(15) たとえば、ガレノス『人間の本性について』第一巻第四二章（ed. Kühn, XV: 105）; Speyer（1971）, 112; Smith（1979）, 201を参照。Carl Werner Müller, *Die Kurzdialoge der Appendix Platonica*（München: Fink, 1975）, 12-16はガレノスの説明が仮定的で不満足だとしている。しかし結論が出たわけではない。すべての面で見解が食い違っているが、James E. G. Zetzel, "*Emendavi ad Tironem*: Some Notes on Scholarship in the Second Century AD," *Harvard Studies in Classical Philology* 77（1973）, 225-243; Sebastiano Timpanaro, *Per la storia della filologia virgiliana antica*（Roma: Salerno, 1986）, 34 n. 28はガレノスの証言を史実にもとづくものだと考える点で一致している。

(16) Speyer（1971）, 120 n. 7, 321; Smith（1979）, 172-175. 古代の偽作者たちは、作品に本物らしい装いを与えるために学者たちの真の用語や表現を真似た。偽アリステアスは、聖書のヘブライ語テクストが不正確だと主張するために、アレクサンドリアにおける標準的な批判術を採用している。Elias Joseph Bickerman, *Studies in Jewish and Christian History*（Leiden: Brill, 1976-1986）, I: 228-229を参照。

(17) Janus Wowerius, *De polymathia tractatio*, 16; *Thesaurus Graecarum antiquitatum*, ed. Jacobus Gronovius（Leiden, 1701）, X: cols. 1067-1074. Le Clerc, *Ars critica*, 3.2.1（II: 302-323）は、異教およびキリスト教における該当事例をより入念に収集している。

得した。[19] この書簡は、問題の挿話が他の箇所と異なる調子をもっていることを指摘しており、高等批評学の小さな傑作だ。[20] そして、カゾボンが一三五〇年後に主張したのと同様に、ギリシア語の言葉遊びをふくむ著作がヘブライ語原典からの翻訳ではありえないと説いた。[21] アフリカヌスは、この書が主張する出自と内容が適合しないことを示したのだ――

第一次バビロン捕囚の模様として伝えられているように、ユダヤ人たちはバビロニアで捕われの身となり、絞め殺され、道端にうち捨てられたのです。彼らの息子たちは宦官に、娘たちは娼婦にされるために親元から引き離されました。それは預言のとおりです。そんな状況で、彼らがいただくエホヤキム王の妃［スザンナ］に死刑の判決をくだせたでしょうか［…］。[22]

しかし、後代のカゾボンよりもさらに決定的な一歩をアフリカヌスは踏み出していた。文体の問題にくわえて、歴史の不整合をも抱えていると指摘したのだ――

スザンナが死刑を宣告されたとき、聖霊に感化されて預言者は判決が不公平だと叫びました。注目すべきことに、いつもダニエルはそれとは異なる方法で幻視や夢によって預言をしたのです。彼の眼前には天使があらわれることもありました。しかし、けっして聖霊に感化されて預言をすることはなかったのです。[23]

アフリカヌスの議論は、オリゲネスやポルフュリオスをはじめとする読者たちに多様に評価されてきた。[24] ここで重要なのは、どちらが正しいかではなく、論争が起きたこと自体だ。ヴァッラとカゾボンの時代よりも千年以上前に、異教徒やキリスト教徒の学者たちは偽作にたいする標準的な武器としてすぐれた手法を創出し、それをいかに実践に応用するかについて精力的に議論していた。そして、哲学者カンパネッラや人文主義者ハインシウス（Daniel Heinsius, 1580-1655）といったルネサンス期の批評家たちは、これら古代の議論に鋭い関心を抱いていたのだ。[25]

カゾボンの場合で説明しなければならないのは、彼が他から学びとった一般的な手法よりも、それを『ヘルメス文書』に徹底して適用した能力と動機についてだ。第一の問いは言語学に関連する。カゾボンは、どのようにして『ヘ

（18）聖ヒエロニムス『ダニエル書注解』序論 = Hieronymus, *Commentariorum in Danielem libri III [IV]*, in *Opera* (Turnhout: Brepols, 1964), I-5: 771-775 = Adolf von Harnack, "Porphyrius, *Gegen die Christen*, 15 Bücher: Zeugnisse, Fragmente und Referate," *Abhandlungen der königlich preussischen Akademie der Wissenschaften*, phil.-hist. Kl., 1916, fr. 43, 67-68. ポルフュリオスについては Johannes Geffcken, *The Last Days of Greco-Roman Paganism* (Amsterdam: Elsevier, 1978), 56-81を参照。

（19）アフリカヌス『オリゲネス宛書簡』については Origène, *Lettre à Africanus sur l'histoire de Suzanne*, ed. Nicolas de Lange (Paris: Cerf, 1983), 471- の新校訂テクストと新訳、詳細な序論と注釈を参照。

（20）アフリカヌス『オリゲネス宛書簡』第九節（520-521）。

（21）『オリゲネス宛書簡』第四―五節（516-517）。聖ヒエロニムス『ダニエル書注解』序論（*Opera*, I-5: 773）によると、ポルフュリオスも同じ主張をしている。

（22）『オリゲネス宛書簡』第六節（518-519）。

（23）『オリゲネス宛書簡』第三節（514-517）。

（24）キリスト教徒の学者たちへのポルフュリオスの依存については Philip Maurice Casey, "Porphyry and the Origin of the Book of Daniel," *Journal of Theological Studies* n.s. 27 (1976), 15-33; Robert L. Wilken, *The Christians as the Romans Saw Them* (New Haven: Yale University Press, 1984), ch. 6 = R・L・ウィルケン『ローマ人が見たキリスト教』三小田敏雄他訳（ヨルダン社、一九八七年）、第六章を参照。

ルメス文書』のギリシア語が後代のものだと認識できたのだろうか。人文学の歴史にはよくあるが、答えは手法よりもデータに関係していた。パピルス古文書の研究者たちによる「第二のルネサンス」以前に知られるようになった古代ギリシア語の文献は、彼が生まれた一五五九年までにはほぼすべてが印刷機にかけられていた。そうでないもの、たとえばローマの哲学者セクストス・エンペイリコス（Sextos Empireicos, c. 160-210）の著作なども、写本やラテン語訳、あるいは簡略版といったかたちで流布していた。(26)

そしてカゾボンが一三歳になるまでには、ギリシア学における最大の武器となる書物も出版された。それは、彼の将来の義父アンリ・エティエンヌの手による傑作の古典ギリシア語辞書『宝典』*Thesaurus* だ。この壮観で浩瀚な辞書はあまりにも高価で、宗教戦争や内乱にみちた恐ろしい時代に生きた多くの学者たちの要請とはかけ離れたものだった。そのため結局のところ残本としてただ同然で安売りされ、出版業者がつけた高値をはらうことができないカゾボンのような人々にも手の届くものとなった。(27)

つまるところ、文献が機械的に複製されるようになったことで、一六世紀後半の学者たちは変に神聖化することなくギリシア語のテクストを読めたのだ。それらの多くはギリシア語とラテン語の二言語による大型のフォリオ判であり、一六世紀なかばの標準的な体裁になった。これらの文献は語法や構文、神話や地理の充実した手引にもなった。伝統全体を隅々まで読めることは、つねに綿密な精査がなされることにつながり、伝統そのものを変化させることになった。磁石の極が転換すればそれにしたがう鉄の粉のように、突如としてギリシア語テクストはその位置づけを変えたのだ。こうしたことが、エティエンヌ自身のうちでも起きていたのを確認できる。とりわけ歴史感覚にすぐれていたわけではないが、彼は詩人オルフェウスやムサイオスに帰される六歩格の詩歌には、ヘシオドスやホメロスといった初期の詩人の作品よりも、ノンノスのような文法家たちによる後代の作品に共通する点をもっていることを看破した。そして、これらの詩歌を一五六六年に出版した『ギリシア詩人集成』では、その冒頭ではなく末尾においたのだ。(28) この単純な編集方針はほとんど説明がなされなかったにもかかわらず、すぐに正当なものと認められ、ルネサンス期の学者たちはギリシア文学の展開を歴史の一過程としてたどれるようになった。その資するところは、スカリゲルの父ユリウス＝カエサル（Julius Caesar Scaliger, 1484-1558）による詩学の大著に比肩するほどだった。

こうした文脈からみれば、『ヘルメス文書』のギリシア語を解体したカゾボンの能力は驚くにはあたらない。彼は、とりわけ新約聖書と教父の言語に熟達したギリシア語学者だった。初期のホメロスやヒポクラテスよりも以前に成立したとされる文献において、「存在を越えている」huperousiotês,「無限定」aoristia,「同本質」homoousios といった複合抽象名詞や形容詞に直面して考えるまでもなかっただろう。彼は、オリゲネス、偽ディオニュシオス・アレオパ

---

(25) アフリカヌスとオリゲネスの往復書簡の流布については ed. de Lange, 508 を参照。ボダンは、近代人たちが『ダニエル書』の四つの帝国を世界史の基本区分として採用したことを批判した。カンパネッラの考えでは、その批判はポルフュリオスの見解の再生だった。Tommaso Campanella, *Articuli Prophetales*, ed. Germana Ernst（Firenze: La Nuova Italia, 1977）, 233. ハインシウスは、新約聖書のギリシア語がもつオリエント的な性格を復元させる努力をアフリカヌスの書簡が後押しすると考えた。Daniel Heinsius, *Aristarchus Sacer*（Leiden, 1627）, Prolegomena, sig. *****IV.

(26) 事例研究のひとつとして Anthony Grafton, "The Availability of Ancient Sources," in *The Cambridge History of Renaissance Philosophy*, ed. Charles B. Schmitt et al.（Cambridge: Cambridge University Press, 1988）, 767-791 を参照。

(27) エティエンヌの『宝典』の背景とそれが与えた重要だが、ときに間接的な影響については Franck L. Schoell, *Etudes sur l'humanisme continental en Angleterre*（Paris: Champion, 1926）, 140-159; Anna Carlotta Dionisotti, "From Stephanus to Du Cange: Glossary Stories," *Revue d'histoire des textes* 14-15（1984-1985）, 303-336 を参照。

(28) 本書の第五章を参照。

ギテス、教父ダマスコのヨハネ（Johannes Damascenus, c. 675/76–749）といった後代の出典とともに類似の用例を余白に書きとめた。そして自分のデータがもつ絶対的な堅固さにもとづいて力強く言明する――

この書物の文体は、ヘルメスの同時代とされるギリシア人たちのものより以前にさかのぼることはないだろう［…］。反対に、キリスト生誕前には見出されない単語がここには多く存在する。(29)

カゾボンの動機

カゾボンの動機は複雑な問題だ。なぜ彼は『ヘルメス文書』に銃口を向けたのだろうか。古代世界においても、「古代神学者たち」prisci theologi によって偽造された聖典がときとして批判にさらされた。新プラトン主義の創始者プロティノスの求めによりポルフュリオスは、ゾロアスターに帰されていた書物にたいする手のこんだ論駁を執筆した――

それは完全に捏造品で当代の作であり、自分たちの崇めている教えが太古のゾロアスターのものだという印象を与えるために、その党派の者たちがつくりあげたものだと私は証明したのだ。(30)

このような議論は、『ヘルメス文書』にも直接的に関連するように思われる。実際、後期の新プラトン主義者イアンブリコスの『エジプト人の秘儀について』の第八巻にある難解にして錯綜した証言を信頼できるなら、ポルフュリオスはエジプト語からの翻訳とされるギリシア語の『ヘルメス文書』にどうしてギリシア哲学に特有の用語が出てくるのかと疑問をもった。[31] こうした問いにイアンブリコスが答えを出そうと苦労するのを目にして、われわれは当惑してしまう。彼は、ギリシア哲学に精通した翻訳者自身が問題となる用語を追加したのだと主張した。[32] また周知のとおり、それほど鑑識眼のない読者でさえ、『ヘルメス文書』のもつ継ぎ目や不一致に気づいた。[33] しかし全体として、ヘルメスはあまり批評家のメスに傷つけられなかったといえる。聖アウグスティヌスがヘルメスを糾弾したのはテクストを捏造したからではなく、ヘルメスを「神霊《ダイモン》」を崇拝していたからだった。[34] また教父ラクタンティウス（Lactantius, c. 240–c. 320）は、ヘルメスを、シビュラのような者として、つまりキリスト到来とキリスト教教義を明確に予言した古代の異教徒としてとらえて崇拝した。[35]
『ヘルメス文書』を構成する各篇は、豪華なホット・チョコレート・サンデーに似ている。あふれんばかりの素材

（29）本書の第五章の注37を参照。
（30）ポルフュリオス『プロティノスの生涯』第一六節＝『世界の名著15　プロティノス・ポルピュリオス・プロクロス』（中央公論社、一九八〇年）、一〇四―一〇五頁；Plotinus, *Enneads*, tr. Arthur H. Armstrong（Cambridge MA: Harvard University Press, 1966）, I: 44–45.
（31）イアンブリコスの『エジプト人の秘儀について』は、ポルフュリオスが提起した疑問にたいしてエジプトの神官アバモンが書簡で応答するという体裁をとっている。エジプト語で書かれたといわれる『ヘルメス文書』に「哲学者たちの用語」が見出されることについては、第八巻第四節を参照。Fowden（1986）, 131–141 はテクストをイアンブリコスの著作とみなしている。
（32）『エジプト人の秘儀について』第八巻第四節。
（33）Fowden（1986）を参照。
（34）アウグスティヌス『神の国』第八巻第二三―二七節と第二九節。Fowden（1986）, 209–210.
（35）Fowden（1986）, ch. 8.

は粘ついて絡まりあい、それを分析しようとする人々の努力をくじいてしまう。矛盾と混乱が浸潤しているのも、複数の小集団の指導者たちの口伝を集成することではじまったテクストには当然なことだ。歴史家G・ファウデンが示したように、この慎ましい集団社会がヘルメス主義の開花した母相だった。[36] また、『ヘルメス文書』を特徴づけているのは、マケドニア王国やローマ帝国の侵略者によってほぼ絶滅に追いこまれてしまったエジプト土着の文化の有効性を主張しようとする絶望的な企てだった。そのため、ヘルメスがヒエログリフの神的な力を強調する「征服された者たちの観点」をもっているという重要な側面は、古代末期のギリシア語にあった用語や観念にのみ表現を見出すことができたのだ。現代の読者たちには、ヘルメスが失われたエジプト語の原典を強調している点は、偽ディクテュスとその偽作者が古代カルタゴの文字や言語を讃えたことに驚くほど似ているとみえるだろう。[37]

しかしながら、『ヘルメス文書』の初期の読者たちの多くに感銘を与えたのはその明晰さと独創性であり、現代人の眼には混沌としている模倣物がもつ力だった。この文書は、モーセからそれほど時代のくだっていないエジプトの賢者ヘルメスによって書かれたものとされ、その内容はプラトン哲学と聖書神学の均衡のとれた申し分ない融合だと理解された。だから、フィチーノによるラテン語訳の初版の宣伝文句が、「わずかな代価で愉悦と利益でみたされるのだから、文法家、弁論家、哲学者、神学者の誰もが」ヘルメスを買うべきだと読者に強く勧めているのも納得できる。[38] そして、ギリシア語版の献辞を書いたアンゲルス・ウェルギキウス（Ange Vergèce, 1505–1569）が読者にいったように、ヘルメスを読むことがキリスト者にとって有益なのも不思議ではなかった。「このテクストから明白なように、異教徒も幾つかの点で聖書と一致すると思われる」ことを示したのだから。[39] また、哲学者フランチェスコ・パトリツィがプラトンの著作の解説で論じたように、『ヘルメス文書』はプラトン主義者にも有益だった。プラトンの対話篇の源泉であり、若い学生向けなので、プラトンの作品の場合のように哲学に関心のない人や詭弁家と論争に陥ってしまうこともないからだ。[40] 端的にいえば、司教フランソワ・ド・フォア（François de Foix de Candale, 1512–1594）がスカリゲルとともに出版した版で読者に示したように、「ヘルメスは哲学と神託とを融合した」のだった。だから、同じヘルメスの手によると考えられたラテン語訳の『アスクレピウス』にふくまれる魔術的な記述が、古代ローマの不敬な翻訳者アプレイウスによって捏造されたことを信じてさえいれば、キリスト教徒にも勧められるものだったのだ。[41]

カゾボンは先人たちと、こうした症状の認識については同意したが、まったく異なった診断をくだした。創造や堕落、救済についてのヘルメスの説明を人々は共感をもって読んだが、カゾボンはそこに憤りを感じた。聖書との類似は、たんにヘルメスによる聖書の剽窃を証明するものでしかなかった。そうでないならば、ユダヤの啓示より異教の

（36）Fowden（1986）, ch. 7.

（37）Fowden（1986）, ch. 1-2 が言及する種類の類似とは異なるが、偽ディクテュスと「古代カルタゴ」についてはEdward Champlin, "Serenus Sammonicus," *Harvard Studies in Classical Philology* 85（1981）, 189-212 を参照。

（38）フランチェスコ・ロランデロ（Francesco Rolandello, 1472-1490）によるこの宣伝文は、フィチーノのラテン語訳の一四七一年トレヴィーゾ版の第一葉の表にみられる。Garin（1988）を参照。

（39）ウェルギキウスによる献呈書簡。*CH*, ed. Turnèbe, f. alpha 2 v = *Hermetis Trismegisti Poemander*, ed. Gustav Parthey（Berlin, 1854）, viii.

（40）Francesco Patrizi da Cherso, *Lettere ed opuscoli inediti*, ed. Danilo Aguzzi Barbagli（Firenze: Istituto nazionale di studi sul Rinascimento, 1975）, 175-177.

（41）フランソワ・ド・フォアによる読者宛書簡。*Mercurii Trismegisti Pimandras utraque lingua restitutus*（Bordeaux, 1574）, sig. +iiiiv = Parthey（1854）, xiii.

啓示の方が明晰で澄んでいることを先人たち同様に認めなければならなくなる。しかすでに観察したとおり、それは彼には不可能だった。つまるところ『ヘルメス文書』が偽作なのは、内容が真であり、説明が明晰すぎたからだ。ヘルメスが新約聖書の『ヨハネ黙示録』から議論を借用したと主張したのは、カゾボンが最初ではなかった。一一世紀にはビザンツ世界の哲学者プセロス（Michael Psellos, 1018-1078?）が同様な主張をしている。彼は自分の所蔵する本に書きつけた——

「そして神はおっしゃった。増えよ、殖えよ」という表現は、あきらかにモーセによる創造の説明に由来している。

だがプセロスは、カゾボンとはまったく異なった推論をした。彼によれば、『ヘルメス文書』の第一篇の語り手ピマンデルは悪魔であり、大盗人のように神の秘儀を暴いてしまったのだ。(42) しかし、プセロスの注釈はカゾボンの時代には知られていなかった。

いずれにしても、カゾボンは『ヘルメス文書』の著者を堕天使ではなく、人を騙す者ととらえた。フィチーノやルフェーヴル、シャンピエ（Symphorien Champier, 1471-1538）やパトリツィには聖なる素朴さとみえたものが、いまや不敬なものと思われたことは、どう説明したらよいだろうか。(43) ひとつには、カゾボン自身の宗教的な立場を思い起こすことが必要だ。単純化はできないが、彼は敬虔なカルヴァン主義者だった。しかし彼には同朋のカルヴァン主義者たちが無知で不寛容に感じられ、カトリック教徒の友人たちが怯むことなく彼を改宗させようとしたにもかかわらず、カゾボンは自分の教会から離れようとはしなかった。聖書よりも古く明瞭だと称する文献を拒絶せざるをえないのも当然だったわけだ。(44)

しかし、ヘルメスへの攻撃においてカルヴァン主義者であることは必要条件ではあっても、十分条件ではなかった。そもそも先行者ジェネブラールは狂信的なカトリック教徒だったし、カゾボンよりも徹底したカルヴァン主義者だったスカリゲルは『ヘルメス文書』に好意的だった。ヘルメスが彼を悩ませたのは、「聖書のみによって」sola Scripturaという新教徒の教義よりも、すべてのキリスト教徒の人文主義者たちが直面していたもっと漠然としたディレンマだった。つまり、どのようにエジプト人たちから「道徳に反することなく盗むか」ということだ。

注目すべきはカゾボンの日記だ。そこで彼は、自分にとって重要なテクストにいかに対峙すべきか記している。一五九七年、セネカについて自分自身に語りかけている――

五月一三日。早朝の祈り、ヘブライ語、そしてセネカ。この作家を読むことが私に善をもたらしてくれる。セネカは知恵についてや、ストア派が想起して記述したが、けっして目にすることはなかった賢人像についても書いている。そうしたすべてを私は新種の茶番劇のようにして真の敬虔にあてはめる。だから、この哲学者が賢人について誤って書いたことの多くが真となることを私は請けおう。セネカが書いた多くのことは、真の敬虔にたいする感覚なくしては理解されることも、信じられることもないのだから。この真の敬虔を欠いていた彼は、ある

(42) *Hermetica*, ed. Walter Scott (Oxford: Clarendon, 1936), IV: 245; Fowden (1986), 9; Nigel Guy Wilson, *Scholars of Byzantium* (London: Duckworth, 1983), 158-159.

(43) Walker (1972), ch. 3; Eugene F. Rice, Jr., *The Prefatory Epistles of Jacques Lefèvre d'Étaples and Related Texts* (New York: Columbia University Press, 1971), item 9, 43, 55, 64, 133 は興味ぶかい曖昧さをみせる。

(44) 本書の第五章と Gaetano Cozzi, *Paolo Sarpi tra Venezia e l'Europa* (Torino: Einaudi, 1979), 3-133 を参照。

種の知識あるいは信仰によってではなく、霊感に感化された詩人たちのように、あたかも預言のようにこれを書いたのだといわざるをえない。[45]

つまりカゾボンにいわせれば、セネカは無意識のうちにキリスト教の特徴を不明瞭ではあるが先取りしていたのだ。そして、同時代の異教徒たちではなく、後代のキリスト教徒たちだけが彼のテクストを読んで、霊魂や死後についての彼の意見が真だという「確信」plērophoria をえられるのだ。
これとは対照的に、一五九九年二月には旧約聖書の『ヨブ記』についてのカゾボンの言葉を観察することができる。この対比は鮮鋭だ――

二月一四日。説教の前にできるかぎり、私はヨブとヘブライ学者メルケルス（Johannes Mercerus, c. 1510–1570）とともにあった。おお甘美なる魂の糧よ！　ヨブよ、あらゆる美徳の聖なる模範よ！　哲学者マイモニデスは『迷える者のための道案内』で、『ヨブ記』が史実の叙述ではなく、いわば敬虔な人間の印象や観念だとしたが、それはまったくの間違いだ。預言者エゼキエルや使徒たちが言及したヨブはかつて実在し、この書にあることすべてが彼の身にふりかかったのは疑いない。大いなる神よ、私はかしこみ祈ります。この書を読んで愉悦がもたらされるのと同様、多くの利益ももたらされますように。[46]

異教徒たちが真理と複雑な関係をもっていたのにたいして、おそらくは聖書の他の部分も同様だが、ヨブの真理との関係は単純だった。『ヨブ記』を読む学者たちは、そのテクストの水晶のような表面に傷をつけないように気を配り、意味不明な一節があらわれたら教父たちの導きを求めなければならない。[47]しかし、そうした簡単な用心さえ怠らなければ、聖書の読者は異教の読者がなしえなかったことを達成できる。つまり、テクストの与える愉悦に身を委ねることだ。

こうした態度の組みあわせは、エラスムスを筆頭にした一六世紀初頭の人文主義者たちと血縁をもっている。これらの人々は異教の価値を説明するのと同時に、異教とキリスト教との差異や聖書の唯一無二性も主張した。とりわけエラスムスは、異教の文献を読むときには十分に注意するようにキリスト者に勧めている。たとえば、彼の理想のキリスト教君主は、古典を読む前にこう警告されなければならなかった――

あなたの読んでいるのは異教徒の書物で、それを読んでいるあなたはキリスト教徒なのです。その著者がたくさん素晴らしいことをいっても、立派な君主についての素描はまず正しくありません。(48)

エラスムスは、セネカやプルタルコスでさえキリスト教徒ではないのだから、異教の歴史家や弁論家たちならなおさらだと詳説している。同時に彼は、学者や政治家たち、そして普通の男女をふくめたすべての人々に聖書を唯一完全かつ直接的で明瞭な書物と考えるよう説いている――

かつて御父は口をひらき、永遠の「教え」sermo をつくられた。そして、ふたたび口をひらき、全能なる御言葉

(45) Casaubon, *Ephemerides*, I: 21.
(46) Casaubon, *Ephemerides*, I: 129-130.
(47) Cozzi (1979), 131.
(48) Erasmus, *Opera omnia*, ed. Jean Le Clerc (Leiden, 1703-1706), IV: col. 587.

でこの世の仕組みをすべてつくられた。そして三度目に預言者たちをとおして語られ、われわれに聖なる書物を与えられた。それはわずかの平易な言葉のもとに神聖な知恵という大きな宝を隠していたのだ［…］。(49)

カゾボンはエラスムスを、それも後期の体系的な大著である『言語論』*Lingua* や『キケロ派』*Ciceronianus,*『聖職論』*Ecclesiastes* を書いた彼を、知の模範として回顧している。エラスムスは、古典学をキリスト教のかかげる目的に用立てる明確な手法を見出した。また彼は、友人の多くを魅了していたエジプトの神秘に純然たる嫌悪をいだいた。そして、学問に情熱的に身を捧げ、偽典やテクストの誤りを正すことで腐敗していない原始キリスト教会にさかのぼる道標をつけようとした。カゾボンがエラスムスに見出したのはこれらの要素だ。さらにエラスムスは、多くの偽作を高名な著作家たちに帰した初期のキリスト教徒たちを非難した。「当時は、読みたいという気持ちを人々に喚起させるためなら、こうした詐欺をおこなうことも神のお気に召すと敬虔な者たちでさえ考えていた」からだ。エラスムスは、偽ディオニュシオス・アレオパギテス、そして聖パウロと書簡を交わした偽セネカも攻撃した。(50) 彼の仲間であった人文主義者ビベスは同じことを偽アリステアスの書簡にたいしておこなった。カゾボンとその知的同志であるスカリゲルは、エラスムスの遺業にさまざまな賛辞をおくった。なかでも彼らは、「神の言葉を弱いものと考えたあまり、嘘がなければキリストの王国を建設できないと考えた」人々の作品を原始キリスト教会から一掃するための体系的な努力において、エラスムスへの敬意をもっとも強く表現した。そして、この努力がスカリゲルを偽アリステアスや偽フォキュリデスといったユダヤ人たちによる偽作の批判へと向かわせ、キリスト教徒の手によるだろう偽作『シビュラの託宣』*Sibyllina oracula* を攻撃させたのだった。(51)

『シビュラの託宣』の場合

こうした似たような傾向の諸伝統のなかで、シビュラたちの例に注目してみよう。なぜなら、一六世紀の「真の教会」の出現を予言した異教徒のなかでも彼女たちほど尊敬をかちとり、多くの読者をあつめたものはいなかったからだ。影響力あるシビュラたちは、月並だが人気のあったギリシア語の六歩格詩の形式で世界の創造と歴史を語り、キリストの到来とローマの没落を予言した。彼女たちは、古代世界からえられる想像できるかぎり最良の推薦状をたず

(49) Christine Christ von Wedel, *Das Nichtwissen bei Erasmus von Rotterdam* (Basel: Halbing, 1981), 117 で引かれているエラスムス『言語論』からの引用。

(50) Erasmus, *Declarationes ad censuras facultatis theologiae Parisiensis*, in *Opera*, ed. Le Clerc, IX: 9, 917. セネカと聖パウロについては Arnaldo Momigliano, *Contributo alla storia degli studi classici* (Roma: Storia e letteratura, 1955), 28-29 を参照。ビベスと偽アリステアスは Rudolf Pfeiffer, *Geschichte der klassischen Philologie: Von den Anfängen bis zum Ende des Hellenismus*, 2. ed. (München: Beck, 1978), 129 n. 84 を参照。

(51) スカリゲルによるユリウス暦一六〇五年一〇月三〇日付カゾボン宛書簡。Scaliger, *Epistolae*, 303-304. 彼の偽アリステアス批判は Lebram (1975) を参照。偽フォキュリデスについては Pieter W. van der Horst (ed.), *The Sentences of Pseudo-Phocylides* (Leiden: Brill, 1978), 4-6; Henk J. de Jonge, "J. J. Scaliger's *De LXXXV canonibus apostolorum diatribe*," *Lias* 2 (1975), 115-124, 263 を参照。スカリゲルとエラスムスは Andreas Flitner, *Erasmus im Urteil seiner Nachwelt* (Tübingen: Niemeyer, 1952), 94-105; Bruce Mansfield, *Phoenix of His Age: Interpretations of Erasmus, c. 1550-1750* (Toronto: University of Toronto Press, 1979), 121-131; *Erasmus en Leiden* (Leiden: AHM, 1986), 30-45 を参照。

さえていたのだ。

すでに哲学者キケロは『占いについて』で、シビュラたちに帰される託宣のうちすくなくともひとつは偽作だとしていた。(52) 彼は自分が目にした託宣は折句という形式で書かれているが、その作者が未来の予言のかたちを偽って過去を説明していると主張したのだ。彼女は批判の先手を打って託宣を故意に曖昧なままにとどめたが、選択したジャンルによってみずから秘密を漏らしてしまった。キケロは、折句というのは「狂気におちいっておらず、注意ぶかさを保持し、正気を失っていない書き手による」作品のはずだと手厳しく解説した。他方で、彼よりも人のよい者たちはシビュラを心から愛した。詩人ウェルギリウスはシビュラの託宣を自分の詩に織りこんだし、皇帝コンスタンティヌスもイオニアの町エリュトライのシビュラの詩行を引用している。彼はその明晰さを称揚するとともに、『託宣』の古さを証明するためにキケロの証言を利用して、これをキリスト教徒たちによる偽作だと考えた無名の批判者たちに対抗した。(53) 聖アウグスティヌスでさえ皇帝コンスタンティヌスの側につき、シビュラたちは「神の国」civitas Dei に住んでいるに違いないと考えた。

一六世紀の読者の多くは、いまとなっては相反する見解の地雷原のようなところを微塵の恐れもためらわずにくぐり抜けてきた。彼らが導き手としたのは、『託宣』の集成にそえられた後代のギリシア語による序文だった。この序文は、シビュラたちが創造と堕落についてのモーセの叙述やイエスの生涯と受難についての福音書の説明、そしてキリスト教の基本的な教義を明瞭な言葉で詳述したとくり返し称揚している——

彼女たちはいろいろな方法で過去の歴史について語り、また未来の出来事を予言している。要するに、それをさまざまに読む者が彼女たちから利益をうけるのだ。

シビュラに傾倒した人々は、テクストの外側にもさらなる保証を見出した。それは、キリスト教徒たちも異教徒たちも、どんな者でも部分的には善良だという呑気で人文主義的な信念だった。一五四五年に『託宣』の初版を編纂した教師で劇作家のベトゥレイウス（Xystus Betuleius, 1501-1554）によれば、託宣が曖昧だという異教徒たちの信念はつぎのことを証明している。つまり、託宣をうけるべきではない者は託宣を理解できないという点こそが、真なる予言の証拠なのだ。(54) 霊感によってではなく熟考のもとに書かれたというキケロの証明は、『託宣』の健全さと神聖さを認識させるものでしかなかった。(55) そしてベトゥレイウスは、正確無比な予言とは実際のところ「事後に」post eventum 書かれたもの、つまり歴史に違いないというキケロの主張を見落とした。かわりに彼は、シビュラとユダヤの預言者たちとの類似に注目した――

> ここに祭司ザカリアの声がはっきりと聞こえないだろうか［…］。彼女が語っているのは、預言者ホセアが語ったことではないだろうか［…］。そして『ヨハネ黙示録』がみごとに「描写」ekphrasis したのと同じ天界の都市

（52）キケロ『占いについて』第二巻第五四章第一一〇―一一二節。

（53）ウェルギリウスについてはRobin G. M. Nisbet, "Virgil's Fourth Eclogue: Easterners and Westerners," *Bulletin of the Institute of Classical Studies* 25 (1978), 59–78; Andrew Wallace-Hadrill, "The Golden Age and Sin in Augustan Ideology," *Past and Present* 95 (1982), 19-36を参照。皇帝コンスタンティヌスについては『聖徒の集いに向けた演説』*Oratio ad sanctorum coetum* 第一八―一九節を参照。

（54）*Sibyllinorum oraculorum libro octo*, ed. Xystus Betuleius (Basel, 1545), 7 = *Oracula sibyllina*, ed. Charles Alexandre (Paris, 1841), vii.

（55）*Oracula*, ed. Betuleius, 7 = ed. Alexandre, vii.

を、彼女もまた描写しているのではないだろうか［…］。[56]

研究者J・ゲフケンが注目しているように、すでに一六世紀初頭にも「批判的ではあるが共感できる人々がいた」[57]。『託宣』の編者セバスティアン・カステリョ（Sebastian Castellio, 1515-1563）は、一五四六年のラテン語訳の献辞でつぎのように認めている――

ある人々は、この託宣が「あまりにも明瞭」nimis aperta だと感じ、キリスト教徒たちがこれを偽造したと考えた。[58]

カステリョはテクストについての記述は採用したが、そこから反対の結論を導出した。それによれば、異教徒たちには「より明瞭な予言が必要だったのだ。彼らにはモーセのようなキリストを準備する人々がいなかったのだから」[59]。いずれにせよ、一五四六年という時代とは異なり、古代ギリシアで『託宣』を読んだ少数の人々には、それほど明瞭なものには思えなかっただろう。そして偽造者であれば、それをさらに曖昧なものにしたのではないか。「その明瞭さのため、この書は偽造されたものではなく、真正のものだと思われる」とカステリョは結論した。[60]

しかし、この議論はすべての人を納得させたわけではなかった。一五六九年にバーゼルの学者でエラスムス主義者のグリュナエウスは、カステリョが論駁しようとしたまさに同じ根拠にもとづいて『託宣』は「それほど古くない」と結論した。[61] シビュラには疑義をさしはさむ余地があると誰もが知っていたが、実践した者はあまりいなかった。その好例がプリンストン大学の図書館にある。カステリョ版の一冊で、初期近代の無名の読者がおびただしい書きこみをしている。この人物はしばしば用心ぶかさをみせて、もっとも短くて顕著にキリスト教的な第六託宣が「別のシビュラの手によると思われる」と述べている。[62] しかし批判はくわえず、いかなる留保もせずに、シビュラが記述する神がかりや若き日の過ちについての嘆きをながながと要約している。[63]

また、年代学者のテンポラリウス（Johannes Temporarius, 1555-?）においては、惑いと軽信がさらに混ざりあっている。彼の『年代論証』*Chronologicae demonstrationes* の一五九六年の初版では、シビュラがあまりにも明瞭に話しているという異論にたいして反駁をならべ、敬虔なキリスト教徒が現存する『託宣』を編纂したが、それは真正な異教の出典に依拠していると結論づけた。一六〇〇年の第二版では、『託宣』は真正の異教文献であり、それを歪めてしまっているのは「キリスト教徒によって混ぜこまれた若干のことがら」nonnulla a Christiano quopiam inter-

---

(56) *Oracula*, ed. Betuleius, 7 = ed. Alexandre, vii. ベトゥレイウスについては James A. Parente, Jr. *Religious Drama and the Humanist Tradition: Christian Theater in Germany and in the Netherlands, 1500-1600* (Leiden: Brill, 1987), 91-93 を参照。

(57) Johannes Geffcken (ed.), *Die Oracula sibyllina* (Leipzig: Hinricks, 1902), xii.

(58) *Sibyllinorum oraculorum libri viii*, ed. Sebastian Castellio (Basel, 1555) = ed. Alexadre, xii.

(59) *Oracula*, ed. Alexadre, xii.

(60) *Oracula*, ed. Alexadre, xiii.

(61) *Monumenta S. Patrum orthodoxographa* (Basel, 1569), f. a5 v.

(62) 現プリンストン大学図書館蔵 Goertz 4159 の *Oracula Sibyllina*, ed. Castillio, 207 であり、第三託宣八〇九行以下と第八託宣二一六行以下については ed. Castillio, 151, 238 に書きこみがある。

(63) 第二託宣三三九行と第七託宣一五一行については ed. Castillio, 88, 220 を参照。シビュラがノアの方舟で活動を開始したことや、数百年におよぶ寿命のあいだに何度も出現したことが多くのシビュラが存在したという伝説を生んだというカステリョの議論を要約している点は ed. Castillio, 320 にある。

mixta だけだとした。初版では用心ぶかく、第二版では大胆にではあるが、どちらの版でもテンポラリウスはシビュラをノアの洪水以前の人類の堕落についての最重要の典拠として引用した。(64)

一六世紀のヨーロッパでもっとも優秀なギリシア学者たちも、グリュナエウスに反対したプリンストンの無名氏やカステリョと意見が一致していた。そんななか友人たちにはコッホの名で知られたヨハネス・オプソポエウス（Johannes Opsopoeus, 1556–1596）は、『託宣』の研究をするため一五八〇年代にパリに移り、カゾボンが九〇年代に交流することになる学者グループから多くの援助をうけた。存命であれ泉下の人であれ、彼らの師たちも大きな助けとなった。王立図書館では一五世紀後半の『託宣』の写本を閲覧できたし、フランソワ・ピトゥーからも別の写本を借りることができた。クロード・デュピュイは、九世紀のラクタンティウスの写本を貸した。故テュルネーブの残した校訂稿もジャン・ドラのものと同様に役立つものだとわかった。その幾つかを老ドラはオプソポエウスに生の声で伝えた。(65) テュルネーブの息子も、オプソポエウスに豊富な関連史料を与えている。それはエマール・ランコネ（Aimar Ranconet, 1498–1559）がおびただしい書きこみをしたカステリョ版の一冊で手稿の覚書までついていた。(66) これらの史料群は、現在ギリシアのアテネにあるゲンナディウス図書館に所蔵されているが、ランコネの有名な収集家・庇護者としての能力だけではなく、本格的な学者としての顔も垣間見せるものだ。彼は『託宣』の研究をとおして各書の区分を定めて関連する箇所を結びつけ、流暢なギリシア語で結論を記した。(67) このようにパリのギリシア学者たちはシビュラに熱中していたのだ。私見では、カステリョをつき動かしたのと同じ動機から彼らはこれらの作業をおこなっていた。つまり、こうしたテクストのうちに古代神学の名残を見出そうという望みだ。すくなくともこのような動機から、一五六〇年代にドラは熱心な若き学生ウィレム・カンテール（Willem Canter, 1542–1575）に同様の課題を提示したのだった。(68)

オプソポエウスがこれらの史料の山を前にしたとき、ついに磁石の極が転換した。それはカゾボンがヘルメスと対峙したときに転換したのと同じ理由によるものだ。オプソポエウスも、一六世紀なかばのギリシア学者の学識、そして人文主義者の神学にたいする先入観を継承していた。彼も明晰さがペテンを意味することを知っていたのだ――

預言者イザヤは「みよ、乙女は男の子を産むだろう」と曖昧に預言をした。しかしシビュラは「みよ、マリアという乙女がベツレヘムでイエスという男の子を産むだろう」と名をあげる。これでは預言者たちがシビュラと比べて、あまり神に感化されずに未来を預言したかのようだ［…］。(69)

カゾボンと同様にオプソポエウスは、テクストが後代のものだと証明するために語法や内容から議論を集積した。そうすることで、より大規模な主張をまとめることが可能になった。そして、キケロが紀元前四五年から四四年ごろ

（64） Johannes Temporarius, *Chronologicarum demonstrationum* (Frankfurt, 1596), 13-19; 2. ed. (La Rochelle, 1600), 14-21. 託宣は「神聖な者によってうたわれた詩歌だったと考えられている。シビュラの託宣はその詩歌のなかに、さまざまな著作家からえた知見を追加したものだ」とテンポラリウスは初版において要約している。シビュラを史料として使用するさいに彼が模範としたのは、ヨセフスの『古代ユダヤ史』第一巻第一一八節だろう。

（65） Geffcken (1902), xi-xii.

（66） *Sibyllina oracula*, ed. Johannes Opsopoeus (Paris, 1599), praefatio = ed. Alexandre, xxvii.

（67） F・R・ウォルトンの情報によると、作業に使われた一五四五年のベトゥレイウス版と覚書はゲンナディウス図書館の合冊集（G B/C 2152）を形成している。

（68） Grafton (1979), 182-183.

（69） *Oracula*, ed. Opsopoeus, praefatio = ed. Alexandre, xxv.

にシビュラについておこなった議論を再生させることが可能になったのだ。オプソポエウスも、的確な予言とは実際は歴史を偽装して予言にみせかけているものに違いないことに気がついた——

シビュラたちの記述の多くは、描写があまりに完全で多言で明瞭だが、それは理解しやすくしようとしたためだ。だから、これは預言されたものではない。[70]

そしてキケロ同様に彼も、これらのテクストが「穏やかな心理の産物であり、激しく霊感に打たれたものではない」と見抜いた。[71] 古代の手本が復活したことで高等批評学に武器を与え、そこに近代的な先入観によって発見された新事実が装備品として付加されたのだ。

むすび

ここまで、二人の異教の賢人が見物人たちを喜ばせる手際のよさで公開処刑される様子をみてきた。どちらの処刑でも手法の役割は大きくなく、採用された批判術は対象となるテクストと同じくらい古いものだった。どちらの場合でも明瞭さが非難され、学問が刑を執行した。どちらの処刑も先入観と事実が相互作用しておこなわれた。そしてどちらの遺体も喜んで地に倒れたわけではなかった。

学識ゆたかな死刑執行人よりも、過去の賢人たちを擁護して「捨てさられた宇宙像」を愛好する一七世紀の人々に共感しない者は、石のような冷たい心の持ち主だろう。たとえば、ジェイムス・ハウエルは、高等批評学の勃興を道徳性が衰退している明確な証拠ととらえた。彼のシビュラ・ブラウン嬢への書簡によれば——

お嬢様、鉄の時代の「さび」ともいうべきこの不機嫌なご時世には、古代に悪意をもっているつむじ曲がりの人種がいます。彼らが古い時代の著作家を読めば、口論をいどみ、あら捜しをすること必至です［…］。[72]

ハウエルは、教父たちの権威にしたがってシビュラを信じていることを公言してはばからなかった。シビュラは「異教の曖昧な託宣が謎かけによって語ったのとは異なり、非常に明瞭に語り、それはときとしてユダヤの預言者たちを越えている」というのだ。[73] シビュラたちのためには、宿敵キケロの証言を引用することさえした。しかし、カゾボンとオプソポエウスの批判の力を削ごうとしても、ハウエルをはじめとしたヘルメスやシビュラの擁護者たちにはなす術もなかった。ただ、こうした意見が存在したこと自体が、非常に特殊な文脈においてのみ批判が実現しうることを証明している。さらにいえば、それが当時の学問世界の全体にまで波及することはありえなかった。

この複雑な話には、三つの単純な教訓がある。第一に、カゾボンの有名なヘルメス反駁は、断続的に千年以上にもわたり利用されてきた原理を採用していた。彼は、とりわけ近年のオプソポエウスによるシビュラ非難、そして間接

---

(70) *Oracula*, ed. Opsopoeus, praefatio = ed. Alexandre, xxiv-xxv.

(71) *Oracula*, ed. Opsopoeus, praefatio = ed. Alexandre, xxiii. オプソポエウスの文体は往々にして語の反復をさけようとして換言を多用し表現をこらしたものになっているが、彼がキケロに負うところがあると率直にあかす箇所では、落ち着いた言葉づかいをしている。

(72) Howell, *Epistolae Ho-Elianae*, 4.43, 629. 書簡集におさめられた他の書簡と同様、この書簡が部分的あるいは完全に架空の話であっても、表明されている態度が興味を引くことに違いはない。

(73) Howell, *Epistolae Ho-Elianae*, 4.43, 630.

的にはオプソポエウスが古代の模範としたキケロも模倣していた。第二に、高等批評学は古典再生の対象でもあり、道具でもあった。ヘルメスやシビュラに適用された「新しい学問」は印象ぶかいものだが、中世末期の法学者たちやルネサンス期の人文主義者たちの発明ではなく、もっと古い学問だった。[74] 第三に、カゾボンやオプソポエウスが採用した古い手法は、新たに改良されたものだった。対象となる史料が豊富になり増強されたからだ。新たな史料が新たな問題を生ずることはないが、それは古い答えをなにか豊かで斬新なものに変質させてしまった。ポルフュリオスやキケロ、アフリカヌス、エラスムスといった人々は、カゾボンやオプソポエウスのように語法から議論を組みたてることはできなかった。カゾボンやオプソポエウスは、入手できた最新の辞典にてらしてテクストを吟味した。しかし彼らにはさらに壮観たる辞典があった。苦労して編みあげた脳内の辞典だ。それはギリシア語の歴史を地質学における地層と同じくらい的確かつ明確に区分するものだった。この区分の作業は彼らのテクスト批判を変質させることになった。議論の余地のある仮説だったものが、事実についての反駁できない言明として読みあげるものになったのだ。そしてそれが、近代文学史の面白みはないが堅牢な建造物の礎となったのだ。

一七世紀の末、本書の序章で出会ったベントリーの論敵たちは、ギリシア語の歴史に依拠してファラリス書簡の年代を特定しようとしたベントリーを笑いものにした——

ギリシア語の聖書以外なら、ベントリーはどんなギリシア語の単語でもその時代を知っている。彼は書物を読んで著者の生きていた時代を当てることができるが、ちょいと銀貨を投げてみれば、私だって簡単にカキ売り女の運命を当てられるだろう。[75]

詩人ウィリアム・キング（William King, 1663-1712）による『死者の対話』の一篇で、故人となっていた占星術師ウイリアム・リリー（William Lilly, 1602-1681）は、このようにベントリーを嘲笑する役を担わされた。しかしながら、論争における他の武器と比較しても、ベントリーの歴史事典が徹底的に近代的なものだったことは理解できる。シビュラや偽ヘカタイオスへのベントリーの攻撃は、彼の『ミル宛書簡』の読者たちを悩ませたが、それは彼がスカリゲルやカゾボンに負っていることを暗示するものだった[76]。ベントリーは小柄ではないし、馬車では二席分をとらなければならないほど太っていたが、学問においては巨人の肩のうえにうまく乗っていたことも理解できるだろう。

（74）異なる見解については Schmidt（1983）を参照。私は Bickerman（1986）, III: 196-197 にしたがった。

（75）William King, *Dialogues of the Dead*, 7: Chronology, in *A Miscellany of the Wits*, ed. Kenneth N. Colville (London, Philip Allan, 1920), 61-62.

（76）Anthony Grafton, "Sleuths and Analysts," *Times Literary Supplement*, 8 August 1986, 867-868 および本書の序論を参照。

第七章　ルドルフ二世のプラハにおける人文主義と科学——背景からみたケプラー

【要約】

第七章の舞台は、ハプスブルク家の皇帝ルドルフ二世が宮廷をおいたルネサンス末期の魔都プラハだ。そして、人文主義と科学の複雑ではあるが豊かな交錯をみごとに体現していた帝国数学官ケプラーが、物語の主人公となる。

ケプラーは、伝統的な人文主義の教育をうけたことから、古代ギリシアやローマの古典に親しみ、マニエリスム色の濃い難解な主題を好んでラテン語の散文や詩歌にしていた。本章ではまず、彼とプラハの宮廷文化における人文主義の直接的な結びつきが克明に描きだされるだろう。

ケプラーの人文主義への傾倒は、とくに彼の年代学の研究に反映されている。すでに読者は、年代学に画期的なモーメントをもたらしたスカリゲルを扱った第四章で、この優れてルネサンス的な知の領域を垣間みたはずだ。本章では、ケプラーがこの分野において古典の知識や人文主義的な手法を駆使して、太古から時代とともに学知は劣化していくという通念を批判したことが示される。

つづいて、ケプラーにとっては、歴史の研究が天文学の業績と密接に関連していたことが示される。有名な『ルドルフ表』は、彼のプラハ時代の科学的な研究の総決算として特筆に値する作品だ。ケプラーはそのなかで、当時の多くの知識人たちが共有していた「真理は太古の啓示に存在し、もっとも純粋なかたちで神から人類に与えられたが、時代とともに朽ちてきた」という信念に疑義を呈し、人類文化の起源についての伝統的な神話を批判したのだ。

はじめに

一六一二年、冬のプラハで人文主義と科学が対決した。人文主義の側には、ザクセンの顧問官にして公使メルヒオール・ゴルトアスト（Melchior Goldast, 1578-1635）がいた。手ごわく威圧的な人物だ。科学の側には、帝国数学官ヨハネス・ケプラー（Johannses Kepler, 1571-1630）がいた。チュービンゲン大学の学生時代には、ギリシア学者のマルティン・クルジウス（Martin Cursius, 1526-1607）に「坊や」と呼ばれたこともあった。しかし、いまや金欠にあえぎ、視力も落ち、惑星の運動をもりこんだ偉大なる『ルドルフ表』*Tabulae Rudolphinae* も未完成なうえ、すべての惑星の運動を支配している調和比も発見できずに苦悩していた。ゴルトアストの日記によれば、対決の結果は大方の予想どおり以下のようになった――

数学者ケプラーは、われわれが住んでいる世界よりもずっと広大な新世界を月に発見したと自慢していた。彼によれば、われわれも死後に復活してそこに行くのだという。しかし私は聖書を引用してやった――「天地は滅びるであろう」。すると、彼はある道具を私にみせた。月を観察するためのものだという。月は場所によって高低があるようにしつらえてあると思われた。彼は、これらが山や谷だと私に信じさせたいようだった。そこに登っ

て調査をするよりは、彼を信じる方を私は選ぼう。(1)

科学者と文学者は、悲劇の恋人ピュラモスとティスベのように、ふたつの文化のあいだに立ちはだかる知識の厚い壁によって隔絶されていた。それでも二人はここで、ひとつの重大な問題について対話しようとしていた。ケプラーは、天文学者ガリレオ(Galileo Galilei, 1564-1642)による木星の衛星の発見に熱狂していた。この発見を伝えた友人のヴァッカー(Johann Matthias Wacker, 1550-1619)は、興奮してケプラーの家の前にとめた馬車のなかから叫んで知らせたという。(2)ガリレオにならって、ケプラーも望遠鏡を月に向けてみた。そしてかのイタリアの文通相手と同じく、月はアリストテレスの天文学が教えるように完全な球体ではなく、地球と同様に凹凸だらけの不完全な天体であることを発見した。ただちに彼は新しい天界と地球の姿についての夢想をふくらませた。一方、ゴルトアストは法学者にして歴史家、愛書家にして文学者だったが、古いテクストのなかに光をみつけて宇宙についての新発見に対応しようとした。なによりも彼は、神聖ローマ帝国の権力と優位性についての論文集の編者でもあった。この論集は第二巻だけでも、私の体重計で測ると約四キロ半の重さがあるものだ。ゴルトアストの目は過去と彼の書物へ向けられていた。ケプラーの望遠鏡をのぞいてみたところで、せいぜい下手な冗談くらいにしか思わなかったのだ。(3)

この出会いは意味ぶかいものだった。たしかにそれは、ふたつの世界観が衝突しているかのようだ。ひとつは経験的で、自然を直接に研究することを志向し、事実が許すかぎりどこまでも想像力ゆたかな思考をひろげられた。他方は文芸的で、膨大な数の権威あるテクストにしばられ、思考を困難にしていた。皇帝ルドルフ二世(Rudolph II, 1552-1612)や他の多くの人々に、彼らの帝国や人文主義の古い世界はまだまだ崩壊しないと思いこませていた。

ケプラーを正しく評価するには、ゴルトアストよりも近代的な人物の登場を待たなければならなかっただろう。たとえば、英国の旅行家・外交官にして好事家ヘンリー・ウォットン（Henry Wotton, 1568-1639）のような。現代では、外交官とは「自国のために嘘をつくよう外国に送られる善人だ」という思慮に欠けた言葉を述べたことで記憶されている人物だ。一六二〇年にリンツの町でケプラーに会ったとき、ウォットンはケプラーから自作の風景画をみせられた。「みごとだ」といったところ、ケプラーは謎めいた微笑みをうかべて、これは「画家としてではなく、数学者として」non tanquam pictor, sed tanquam mathematicus 描いたと解説した。「これが私に火をつけた」とウォットンは記している。そして、自分が考案したカメラ・オブスクラ（ピンホール・カメラ）をみせて説明しきるまで、ケプラーに自由を与えなかった。ウォットンは、すぐに英国にいる文通相手にこの件について知らせている。それは彼よりも有名な近代人のフランシス・ベイコンだった。さらにウォットンはもちまえの大胆さを発揮して、一緒に英国に行こうとケプラーを誘った。[4] こうした出来事は、一六〇〇年ごろという時代の変わり目における帝国文化の後進的で文芸的な性格を示すようにみえる。同時に、ケプラーのような革新者のドイツにおける孤立や、彼の精神と関心のあり方の特異なまでの近代性を示すようにもみえる。彼がリンツの町を捨てることができず、ロンドン行きを断ったの

（1）Kepler, *GW*, XIX: 350.『マルコ福音書』第一三章第三一節、『マタイ福音書』第二四章第三五節、『ルカ福音書』第二一章第三三節も参照。
（2）Robert J. W. Evans, *Rudolf II and His World*（Oxford: Clarendon, 1973）, 156 = R・エヴァンズ『魔術の帝国：ルドルフ二世とその世界』中野春夫訳（平凡社、一九八八年；ちくま学芸文庫、二〇〇六年）、上巻二八九頁。
（3）ゴルトアストについては Bernhard Hertenstein, *Joachim von Watt*（*Vadianus*）, *Bartholomäus Schobinger*, *Melchior Goldast*（Berlin: de Gruyter, 1975）, 115-135 を参照。
（4）Logan P. Smith, *Life and Letters of Sir Henry Wotton*（Oxford: Clarendon, 1907）, II: 205-206.

は残念なことだ。ケプラー自身が同じドイツ人であるシュトラスブルクの友人ベルネガー（Matthias Bernegger, 1582-1640）に説明しているように、しっかりと陸で囲まれることを好み、島国の狭さと隔絶をきらう彼のような人物は、ウォットンの招待に応えられなかった。彼の「若い妻」uxorcula と子供たちの「一団」grex を連れて行くとなればなおさらだ(5)。

しかしこのような理解は、現代人の学問区分が時代をこえて有効だったという間違った印象を与えてしまう。二〇世紀の文芸史家たちは、堂々たる灰色と白色の『ケプラー全集』を書棚に放置しておいても当然だと感じ、全集にある高度に専門的な図表や凝ったラテン語を科学史家たちが解読するのを手助けすることなく傍観していた。科学史家たちの方は、幸運にも上述のゴルトアストやバイエルン公国の宰相ヘルヴァルト・フォン・ホーエンブルク（Johann Herwart von Hohenburg, 1553-1622）といった「後向き」な人々を無視できた。これらの人物はケプラーの友人として書簡を交わしたが、新しいデータや仮説を提供することはなかったというのだ。こうして多くの歴史家たちによってもたらされた帰結は、誰ひとり望んでいなかったのにもかかわらず、過去についてのわれわれの理解を歪めてしまった。いま認識され実践されている多様な学問の形態にしたがって、現代の文化と同様に過去の文化も断片化したまま再構成するという間違った状況を生んだ。

たしかに近年では、ふたつの歴史のあいだにある壁はところどころ崩れはじめている。たとえば、R・エヴァンズとT・カウフマンによるハプスブルク家の文化史についての説得力ある研究は、科学者たちと文人たちの隔絶もケプラーとゴルトアストの対決が示唆するほど決定的なものではなかったと示している。実際、この二人はより大きくて統一感のある社会に属していた。それは科学者や文人たち、偏執狂的な芸術家や大胆な万能学者たちを市民にもつ「文芸共和国」、そしてそのなかのプラハ村だ。ケプラーの友人ヴァッカーやノスティッツ（Hans von Nostitz, 1562-

1619）といった、中世の哲学者ライムンドゥス・ルルス（Raimundus Lullus, c. 1232–c. 1315）の読者かつ記憶術の実践者たちは、俗世界の細部を探求し、自然物を観察し、新しい知見を包括的な体系に編みこもうとした。この豊かな体系はアリストテレスから受容したものだが、その細部は最新の知見に置換されていた。(6) 実際、ゴルトアストやケプラー、ヴァッカー、ノスティッツの四人が一六一二年二月のある日に昼食をともにしたことが知られている。残念ながら、彼らがなにを話したのかはわからない。(7) 研究者F・ゼックは、ラテン詩といった文学的で人文主義的な営みへのケプラーの献身ぶりを正しく理解する必要性を説いている。いまではよく知られているが、ケプラーは無数の計算や、つぎつぎに想起しては破棄した惑星運動のモデルだけではなく、ラテン詩の下書きでもメモ用紙を埋めつくしていた。天文学者コペルニクスの新理論を検閲しようとする動きにたいして嫌悪感をいだき、それを大胆な警句で表現している——

やつらは詩人を娼婦たちから遠ざけておきたかった
だから恐ろしいことに彼を去勢してしまった。

（5） Smith (1907), II: 205 n. 4.

（6） Evans (1973) = エヴァンズ（二〇〇六年）; Thomas D. Kaufmann. *L'école de Prague: la peinture à la court de Rodolphe II* (Paris: Flammarion, 1985). Nicolette Mout, *Bohemen en de Nederlanden in de zestiende eeuw* (Leiden: Universitaire Pers Leiden, 1975) も参照。T・D・カウフマン『綺想の帝国：ルドルフ二世をめぐる美術と科学』斉藤栄一訳（工作舎、一九九五年）も参照。ノスティッツについては、エヴァンズ（二〇〇六年）、下巻一三九—一四五頁を参照。

（7） Kepler, *GW*, XIX: 350.

かくて詩人は力を奪われ、悔恨にさいなまれて生きていく。
哀れなピュタゴラスよ、君の感じる痛みはさらに大きい。
君が悩み苦しむのは自業自得だと、やつらはいう。
やつらは外科刀で君の脳をとりだしてしまい
人生と呼べないものを君に残した。

Ne lascivirct, poterant castrare poetam,
Testiculis demptis vita superstes erat.
Vae tibi Pythagora, cerebro qui ferris abusus,
Vitam concedunt, ante sed excerebrant.(8)

たしかにこれは、古代ローマの詩人マルティアリスやウェールズの警句詩人ジョン・オーウェン（John Owen, c. 1564-c. 1622/28）に比肩するものではない。しかし、ラテン語による毒舌警句の傑作集への誠実な貢献だ。一五世紀イタリアの人文主義者パノルミタ（Antonio Panormita, 1394-1471）、一六世紀英国の人文主義者トマス・モア（Thomas More, 1478-1535）、そして一七世紀ドイツの人文主義者ケプラーへと連なる流れがあるのだ。

文芸から科学に目を転じると、歴史家N・ジャルディンは近年、古代における数学と天文学の歴史を再構成しようとしたケプラーの努力に注意を喚起した。彼によれば、ケプラーはレンズ磨き職人のような細心の注意をはらって古代における諸革新を復元し、歴史家が一般化にたいしてもつ大胆な嗅覚で、それらをより広い社会的・文化的な背景に位置づけた。(9)

私は、こうした先駆的な研究をもう一歩だけ前進させたいと思う。それは本章の冒頭であげた対決が、じつはケプラーの人生と世界では特異なものだったことを示してくれる。そしてケプラーの全集を構成する大型の各巻は、彼が人生をとおして熱心に雄弁や注解といった人文主義的な営みに献身したことをみせてくれるだろう。さらに驚くことに、この分野への彼の貢献は高い創造性と学識を示し、当時のもっとも傑出した人文主義者の一人としての地位を彼に与えることになるだろう。ケプラーの仕事は、現代の人文学研究者たちの注目に値するものなのだ。

ただし、この旅路は困難にみちたものになるだろう。それは、忘れさられた学問にとり組む過去の学者たちについて、埃まみれのファウスト的な研究をとおして遂行される。半分ドイツ語、半分ラテン語の語彙と半分ゴシック体、半分ローマン体の活字の混交体で埋められた気の遠くなるような頁群を横断しなくてはならない。神聖ローマ帝国の学者たちは、そのような媒体のなかで論争を展開していたからだ。しかし、この労苦が報われるような興味ぶかい事実と新たな光をえることができるだろう。

人文主義

基礎事項からはじめよう。まずはケプラー自身だ。彼は一五七一年に生まれ、チュービンゲンに学んだ。そこで練

（8） Friedrich Seck, "Johannes Kepler als Dichter," in *Internationales Kepler-Symposium Weil der Stadt 1971*, ed. Fritz Krafft et al.（Hildesheim: Gerstenberg, 1973）, 427-450.

（9） Nicholas Jardine, *The Birth of History and Philosophy of Science*（Cambridge: Cambridge University Press, 1984）.

達したコペルニクス主義者だった師ミヒャエル・メストリン（Michael Maestlin, 1550–1631）から天文学を教わっている。さらに、ルネサンス末期の教養学部の学生なら誰もがとり組む基礎科目をすべて学んだ。彼は、珍奇な事物や難解なエンブレムといったマニエリスム的な主題をマニエリスム的な文体のラテン語で綴っている。そして、当時を自分自身のホロスコープ解釈で回顧している。それは、ルネサンス期の人文主義者たちの自伝的な発言のなかでも、とりわけ意味ぶかいものだ――

この人物［私］は、他の誰もが敬遠するような難問に人生の時間を費やす運命に生まれついた。早熟な彼は、少年時代に詩作法の問題に挑んだ。喜劇を書こうとし、もっとも長い詩篇を選んで記憶しようとした。また、クルジウスの文法書に出てくる用例をすべて暗記しようとした。詩作ではまず、折句や謎かけ、アナグラムに熱中した。多少なりとも鑑識眼をもつようになると、そうしたものもたいした意味をもたないと理解するようになり、難易度の高い多様な形式の叙情詩に挑戦するようになった。ピンダロス流の韻律で詩作をしたり、酒神讃歌を書いたりした。風変わりな主題も扱った。沈んでいる太陽や川の源流、あるいはアトラスからの雲下の眺めといったものだ。謎に楽しみを見出し、辛辣な冗談を求めて寓意で遊んだ。しかも細部にまで徹底的にこだわり、重箱の隅をつつくようなやり方なのだ。(10)

このようにケプラーは自分のことを、ルネサンス末期の教養課程を終了した卒業生にはよく観察される難解さと博識の賛美者、エンブレムとヒエログリフの愛好家として描いている。それは歴史家F・J・シュトップが鮮やかに描写した、卒業式用につくられたメダルの碑銘を解読する演説が卒業課題だったアルトドルフ大学の学生たちのようだ。(11)ケプラーは、のちにもこうしたことに喜びを見出しつづけた。自分の名前で素晴らしいアナグラム（変名）をつくろうと努力し、洗練されて語呂もよい「クレオパス・ヘレンニウス」Kleopas Herenniusや「ファラリス・フォン・ネーセク」Phalaris von Nee-sekという偽名を考案したが、探求をやめることはなかった。友人の結婚式のためにピンダロス流の詩も書いた。それは「もっともよきものは水」ariston men hudôrではじまる『オリンピア祝勝歌』第一歌の韻律にしたがっており、ピンダロスの難解だが魅惑的な修辞と韻律にすっかり魅せられていた。彼は、エンブレム学者の小カメラリウス（Joachim Camerarius, 1534-1598）や文献学者エラスムス・シュミット（Erasmus Schmid, 1570-1637）といった同時代人たちと関心を共有していたのだ(12)。

一五九〇年代までにケプラーは、当時の最先端をいく神聖ローマ帝国風の人文主義者となっていた。また、実践的な科学者だった師メストリンの影響もあって、グラーツ市の専任占星術師にもなっている。この地で毎年のように年間予言を発表し、数学と天文学を教えた。さらに一五九六年以後、処女作『宇宙の神秘』*Mysterium cosmographicum*のおかげで、ケプラーはドイツの科学界でも有名で影響力ある一人となった。この著作で彼が示そうとしたのは、天文学者コペルニクスの提示した新しい世界の体系がそれ自体で真なだけではなく、深遠なる啓示を読解するカギでもあるということだった。すなわち、それは創造主の手を導いた幾何学的な比率についての理論にほかならない。ケプラーや彼の読者たちは、神が各惑星の天球の設計に幾何学の基本公理を利用したことを示せたと考えた。コペルニクスの体系では、各惑星の天球間の距離はそれぞれ異なっている。もし神がプラトンのいう五種の正多面体を手にと

(10) Kepler, *GW*, XIX: 328.
(11) Frederick J. Stopp, *The Emblems of the Altdorf Academy: Medals and Medal Orations, 1577-1626* (London: Modern Humanities Research Association, 1974).
(12) ケプラーの著作のこうした側面についてはSeck (1973) の扱いが模範的だ。

り、美的に喜ばしい配列でならべて、そのあいだに各天球をおいたなら、これらの距離こそが各惑星の天球をへだてるものにほかならない。正多面体の数は五つしかないし、惑星の数は六つしかない。そこからケプラーは、天地創造の過程を支える数学者ピュタゴラスの理論を読解できたと確信した。このような大胆な仮説と斬新な世界の体系の提案は、彼の時代にあっては珍しいものではなかった。しかし、彼の哲学的・美学的な議論を支えている幾何学的な優美さと惑星理論への精通により、ケプラーは全ヨーロッパに読者を獲得することになった。ガリレオはそれほど好反応を示さなかったが、その彼でさえ、ケプラーを手本にした計算を書き残した。デンマーク人の偉大な天文学者ティコ・ブラーエ（Tycho Brahe, 1546–1601）は、ルドルフ二世のプラハに天体の膨大な観測記録をもちこんだ人物だが、彼はケプラーの著作に非常に感銘をうけた。そして、ケプラーをプラハへと招き、それが天文学上の革命へとつながったのだ。(13)

ケプラーについても、彼をとりまいていた環境のなかで分析しなければならない。つまり、一七世紀初頭の神聖ローマ帝国における百科全書的な知の世界だ。これについては、上述したR・エヴァンズが共感をもってその歴史を記している。この由緒ある帝国、とくにボヘミア地方の中心地プラハは強力な吸引力をもっていた「典型的な場」locus classicus であり、ルネサンス末期の多くの知識人たちを刺激した。この世界の生みだした記念碑的な成果の幾つかは、いまなお注目をあつめ畏敬の念を起こさせる。たとえば、イエズス会士キルヒャーによるエジプトの遺跡やヒエログリフについての浩瀚な書物だ。ほかにも彼は、ノアの方舟のたどったルートや中国の歴史など幅ひろい主題について、おびただしい図版のある書物を生みだしている。(14) キルヒャーやその同時代人たちの関心は、現在では完全に忘れさられてしまった主題もふくめ、古今東西のあらゆる場所やジャンル、そして学問分野におよんだ。科学的な関心と人文主義的な関心を結びつけ、西洋の言語もオリエントの言語も同時に使い、歴史の領域から法学や道徳哲学の領域へと軽やかにとびうつる。こうした一七世紀の学者たちの知的な能力は、現代の読者には賛嘆よりもむしろ当惑をもってうけとめられるだろう。たしかに一七世紀末には、この広大な未踏の「知の共和国」の地図を作成する努力がなされた。碩学者モルホフ（Daniel Georg Morhof, 1639-1691）の『碩学、文学者、哲学者、実践家』*Polyhistor, literarius, philosophicus et practicus* と、その辛口なパロディであるメンケ（Johann Burckhardt Mencke, 1674-1732）の『学者のペテン師ぶりについての演説』は、当時の碩学者たちの精神世界への鮮やかで俯瞰的な入門編になっている。しかし、この情報と理論のバロック的な過剰はめまいを誘うもので、現代の研究者でこれを完全にとり扱える者はいないだろう[15]。

この色彩ゆたかな知の舞台に、ケプラーが完全ではないにしろ無理なく同化するのは明白だ。彼はテクストや音楽、遠近法、天文学、数学を研究し、樽の計量問題にたずさわり、ラテン詩も書いた。一見して混沌とした観測記録から幾何学的なモデル、すくなくとも代数的な公式を導出することに、彼は人生をかけた絶望的な努力をした。そんな彼

（13） ケプラーの著作を専門的に扱った文献については、すぐれた分析を展開した Bruce Stephenson, *Kepler's Physical Astronomy*（Princeton: Princeton University Press, 1987）, 206-208 に列挙されている書誌が最良だ。さらに詳細な書誌は Edward Rosen, *Three Imperial Mathematicians: Kepler Trapped between Tycho Brache and Ursus*（New York: Abaris Books, 1986）にある。

（14） Don Cameron Allen, *The Legend of Noah: Renaissance Rationalism in Art, Science and Letters*（Urbana: University of Illinois Press, 1949）.
学殖ゆたかで一風変わった晩年の彼ならでは著書だ。

（15） Anthony Grafton, "The World of the Polyhistors: Humanism and Encyclopedism," *Central European History* 18（1985c）, 31-47. Cf. Johann B. Mencke, *De charlataneria eruditorum declamations*（Amsterdam, 1727）.

の努力に、すべてを包含しようとした百科全書的な衝動があらわれている。博識家に特有な手あたり次第になんでも飲みこんでしまう関心こそが、彼の大小さまざまな作品を特徴づけているのだ。

たとえば、ケプラーが一六一一年に友人ヴァッカーに献呈した小品を考えてみよう。『新年の贈り物あるいは六角形の雪について』*Strena seu de nive sexangula* だ。ここで彼は、自分自身をつぎのように描写している。ヴァッカーにわたす手ごろな新年の贈りものが見出せずに、プラハ市のカレル橋を沈んだ気分で足早に渡っていた。そのとき雪が降ってきた。雪の一片一片がすべて六角形であることに気づき、疑問がうかんだ。雪のような非常にはかない事物にも、特定の性質が共通してやどっている。そこには、どのような幾何学的あるいは自然学的な機能が隠れているのだろうか。二次元の六角形は三次元の六角柱につながり、すぐさまケプラーは机にむかって六角形のもつ利点についてすぐれた研究をおこなった。六角形は隙間なく敷きつめることができ、構造的にもきわめて安定性がある。どちらもミツバチの巣にみられる性質だ。雪がケプラーを幾何学へとみちびき、幾何学がミツバチへと導いた。一連の問題が、今日では結晶学と呼ばれる学問での世界初の単著を生んだのだ。おのずから幾何学的に規則正しい結果を生みだす自然の働きについて、当時としては先駆的な探究をおこなったのだ。しかもケプラーは、この贈り物を素敵なラテン語の修辞で包装した。とるにたらない雪片についての小品がヴァッカーにはふさわしい贈り物だと熱っぽく語っている。彼がいうように、ヴァッカーは「無を愛する者」だった。つまり、エピクロスの原子論を信奉したジョルダーノ・ブルーノ（Giordano Bruno, 1548–1600）の読者ということだ——

無を愛する者には最高のお年玉です。
無を手にし、無をうけいれる数学者にはうってつけのものです。

天から降ってきた、星のようなものなのですから。(16)

ケプラーは鳥のようにひとつの主題から別の主題に移動し、神の創造した微小で壊れやすい事物のなかに神の意図を見出そうとした。そして、事物の構造についての説得力のある独創的な議論を伝統的な技巧をこらしたラテン語の機知でつつんでいる。こうした特徴すべてが人文主義・百科全書主義の血筋の一人として彼を浮かびあがらせる。この家系の高貴な末裔が万能人ライプニッツ(Gottfried Wilhelm Leibniz, 1646-1716)であり、痛烈なパロディが哲学者ヴォルテール(Voltaire, 1694-1778)の風刺小説『カンディード』の登場人物パングロス師だった。

一六〇〇年から一二年におよぶケプラーのプラハ時代について、科学と人文学の相互関係をさらに引きだせるだろう。実際、ここまで示してきたよりもずっと密接な関連が、彼の人文学的な仕事と科学的な探求のあいだに存在した。この糸をたぐりよせることで、かの由緒ある帝国文化の深奥に入っていくことになる。

天文学者としてケプラーは、まさに以下の三つの点において人文主義者たちと彼らの仕事に関与した。まず彼は、古典テクストで言及される天文現象を解釈しなければならなかった。つぎに、古代史での出来事の年代を確定するために天文学の知識を動員しなければならなかった。最後に、人文主義者たちの手法を自分の研究における古典史料、とりわけ古代天文学の最高峰であるプトレマイオスの『アルマゲスト』や多くの並行する史料の分析に適用しなければ

(16) Johannes Kepler, *The Six-Cornered Snowflake*, tr. Colin Hardie (Oxford: Clarendon, 1966), 6-7 = ケプラー(榎本恵美子訳「新年の贈り物あるいは六角形の雪について」『知の考古学』(社会思想社、一九七七年九月号)、二七六―二九六頁。ヴァッカーとブルーノについては、エヴァンズ(二〇〇六年)、下巻一三八頁を参照。

ばならなかった。ケプラーの著作はこれらの各分野で、人文学者たちの文献学的な「科学」をみごとに適用して注目すべき改良をくわえた。

古代から文献学者たちは、文学的なテクストにみられる天文学的な言及を解釈するのに夢中になってきた。ケプラーが解決を依頼された問題の幾つかは伝統的なものだった。たとえば、一五九九年に師メストリンは、クルジウスのための仕事をケプラーに依頼している。クルジウスは、ホメロスの叙事詩における神々の出会いを神々の名がつけられている惑星同士の友好的・敵対的な合のことだと解釈していた。そして技術的な細部について、メストリンの助けを求めたのだ。メストリンはこの仮説が理にかなっていると考えたが、これは天文学者ではなく占星術師の仕事だと主張し、ケプラーこそが相応しいと提案した。(17)

ケプラーが直面した問題の根本は、その起源をヘレニズム期の学問にまでさかのぼる。メストリンはホメロスが天文学者だったことを示そうとして、古代ギリシアの詩人アラトス（Aratos, c. 315/10–240 BC）の詩への古注を引用した。さらに、メストリンが引用しなかったもう一人の古代人ヘラクレイトスは、ある無名の学者の提案を論駁していた。その提案によると、ホメロスの叙事詩『イリアス』の第二〇歌と第二一歌における神々の戦いは、じつは世界の終末にしか起きないような全七惑星の大合を指しているという。(18)ケプラーは、これらすべてに嘲笑をもって応えた。途方もない非現実的な計算を引きうけるようにメストリンに提案している――

ホメロスを全部読んだらどうですか。まだ年代の確定していない彼の物語に年代を与え、それぞれの神々の会話を暦上の日付で確定して計算をし、二〇〇年分の天文暦をつくったらどうですか。(19)

ケプラーは、メストリンがしっかり天文学をやるのならば、自分は喜んで惑星の位置を解釈し、その影響を予言する占星術師の本分を引きうけると約束した。ヘラクレイトスやプルタルコスと同様、あきらかに彼もホメロスが惑星の合について正確な叙述をしたという説には納得していなかった。しかし入念な反論をする必要もないと考えた。ケプラーの態度は十分に個性的なものだった。バロック期の神聖ローマ帝国では、歴史から農学にいたるまで万事においてホメロスを学識ある権威だと考える学者が多かったのだ。[20]しかしケプラー自身の態度も、古代ギリシアのホメロス学者たちの穏当な懐疑主義に着想しているであって、それ以上でもなかった。

別の問題では、ケプラーの解答はより独創的な着想と明確な定義づけをみせている。上述のヘルヴァルトは判断力には乏しかったが、熱心な学者でもあった。彼は、初期ローマ帝国史にとって決定的だと考えた史料について、ケプラーに意見を求めている。それは、詩人ルカヌスによるローマ内乱についての叙事詩『内乱』第一歌の終盤だった。歴史書ではなく、文学テクストだ。共和政の崩壊に迫力と劇的効果を与えるためにウェルギリウスの韻律を採用し、アメリカの映画監督ロジャー・コーマン（Roger Corman, 1926–）にも比肩する芸術的な感性をもつ壮大な叙事詩だ。第一歌の終わりで、カエサルはルビコン川をわたり、ポンペイウスはローマを発った。すると不吉な前兆があらわれ

---

(17) Kepler, *GW*, XIII: 330.

(18) ヘラクレイトス『ホメロス問題集』第五三節。プルタルコス『詩学入門』19E も参照。

(19) Kepler, *GW*, XIV: 45.

(20) 全般についてはすぐれた研究 Thomas Bleicher, *Homer in der deutschen Literatur, 1450-1740*（Stuttgart: Metzler, 1972）を参照。クルジウスの見解は Martin Crusius, *Diarium Martini Crusii 1598-1599*（Tübingen: Laupp, 1931）, 201-202 を参照。彼は自分の注釈について「私はいたるところに倫理や経済、政治、自然学などの学説をおいた［…］。詩人ホメロスがいかに賢人であるかこの注解からはっきりとわかる」と述べている。

る。動物たちが話しだし、女たちが大きさや手足の数の異常な奇形を産みおとす。遺灰でいっぱいの骨壺がうめき声をあげる。エトルリア人の予言者アッルンスが殺したウシからは、血ではなくドロドロの液体が流れ出る。ぶよぶよした肝臓からべつの奇形の肝葉が生えており、彼は恐怖におののいた。そこでさらに高名な予言者ニギディウス・フィグルス（Nigidius Figulus, c. 98–45 BC）が登場する。ピュタゴラス派の占星術師でキケロの友人だ。彼もまた凶事を予言するが、そのときに使用したのは最新のカルデア占星術だった——

数知れぬ人間の終焉の日が一時に集中し、
定められたのだ、同じ日に最期を迎えると。
かりに天頂で、禍もたらすサトゥルヌスの冷たい星が
黒い火を燃やしているのなら、みずがめ座がデウカリオンの
洪水にも似た豪雨を注ぎ、大地は水没して、広漠とひろがる
海に隠れてしまっていただろう。またかりに、ポイボス、
あなたが、いま光芒を放ちつつ、ネメアゆかりの凶猛なしし座を
たどられているのなら、火焔が全世界にみちわたり、上天は
あなたの日輪に焼かれて、炎々と燃えていただろう。だが、
こうした火は、いまは止む。熾烈な炎の尾で脅かすさそり座を
燃えたたせ、そのハサミを灼熱させる神、グラディウスよ、
いかなる大禍を企みたまう、穏和な木星は西の方に低く

姿を落とし、幸福をもたらすウェヌスの星の輝きは鈍く、
また急速に動く、キュレネ生まれの神の星は行きなずみ、
火星だけが天空を縦にしているのをみれば。他の星座が
習いのめぐりを捨て、暗く霞んで虚空を渡りながら、剣はく
オリオンの脇、腰のあたりだけが異様に輝くのは、なにゆえ。

ヘルヴァルトはこの詩行を読み、特定の時点での天空の星位を記述したものだと考えた。さまざまな根拠を総合して、紀元前五〇年から紀元前三八年のあいだとした。しかし、正確さを求めるためにはどうすべきか。人文主義者の注釈家ジョヴァンニ・スルピツィオ（Giovanni Sulpizio, fl. c. 1470–c. 1490）やオニベーネ・ダ・ロニーゴ（Ognibene da Lonigo, 1412–1474）の採用した道具はなまくらだった。彼らは惑星の名称を説明しているが、水星の異名であるキュレニウスに特別な注意をはらった。獣帯十二宮のそれぞれの名前をあげ、各惑星の力を強める宮を列挙した。惑星が獣帯をすすむ期間を表にして、それらへの言及をテクストに見出した。彼らは喜んでわが道をいき、ルカヌスあるいはニギディウスが惑星の位置についてなにをいったのか、それはいつだったのかについて、きわめて曖昧な説明に終始した。[21] 一方のヘルヴァルトは最善をつくし、ルカヌスが土星をみずがめ宮に、太陽をしし宮に、火星をてんびん宮の端に、木星をさそり宮においたとした。そして、それらの位置は紀元前三九年のなかばのものであり、だからこそ

（21） *Anneus Lucanus cum duobus commentis Omniboni et Sulpitii* (Venezia, 1505), f. 23–24. ルカヌス『内乱』第一歌第六五〇―六六五行、大西英文訳（岩波文庫、二〇一二年）、上巻六〇―六一頁を参照。

アウグストゥス（Augustus, 63 BC-14 AD）が三一年に内乱に勝利する前兆を与えられたとした。しかしヘルヴァルトは、内惑星である水星と金星の位置がわからず、ティコやメストリン、そしてケプラーに助けを求めた――「ルカヌスが記している星位は、正確には紀元前五〇年から紀元前三八年までのいつに対応するのだろうか」[22]。ケプラーは入念な小論でこれに応えている。そこで彼は、文献学者がどのように作業をするのか示している――

計算を試みたり、いたずらに諸惑星をこの一二年もの不確かな大海のなかに投入したりする前に、まずは詩人が星位をどのように叙述しているか入念に確認しておこう。ルカヌスによれば、サトゥルヌスたる土星が「天頂で」、つまりかに宮で「黒い火」、つまり霧がかった星々アセリやプレセペを「燃やして」、つまり合によって活動を生じさせているのなら、これは洪水の前兆だろう。また彼は「みずがめ座が豪雨を注ぎ」とうたう。それは詩作に好都合だったか、みずがめ宮は洪水を表現するのに最適な宮だから（もしくは太陽がみずがめ宮で蝕となったか、太陽がみずがめ宮にあるとき激しく雨がふるから）だ。しかしこの記述からすれば、詩人は土星をかに宮にも、みずがめ宮にもおいていない。私の解釈によれば、かに宮にあれば豪雨となったというのは詩人の捏造だ［…］。また詩人は、中天のみずがめ宮にあるというかたちで土星をみずがめ宮におかなかった。ふたたび詩人は、事実に反した星図を使用していることになる。もし土星がみずがめ宮にあるなら、みずがめ宮が雨をふらせたろう。これらの言葉は否定を意味している[23]。

ヘルヴァルトとは異なり、ケプラーはルカヌスの描写が事実に反していると考えた。したがって、それは惑星の占めている位置とは異なるものを示し、正しいものではない。さらに、テクスト全体は予言の年代を明確にしており、ここでも天文学ではなくて文献学そのものが、ヘルヴァルトの大きな間違いを証明した――

ポンペイウスとカエサルの内乱を叙述するにあたり、ルカヌスはルビコン渡河とアリミヌム陥落を冒頭においた。それゆえ、この星位は四九年か五〇年、あるいはもっとも遠くて五一年のものであることは疑えない。(24)

そして、ヘルヴァルトが提起した問題にケプラーは解答を出した。彼は、火星がさそり宮に入った時期を確定し、ニギディウスのホロスコープを紀元前五〇年一月のある日のものだったとした。

ヘルヴァルトは満足しなかった。ニギディウスの描いた星図は、カエサルの内乱ではなく、アウグストゥスの内乱を予言するものだと主張したのだ。また、テクストの記述は土星がみずがめ宮に、太陽がしし宮にあることを示すとした。そして、記述が事実に反しているようにみえるのは、諸惑星の位置ではなく諸惑星の作用に言及したものだからだと説明した。これらの作用は、洪水や大火ではなく戦争を示すというのだ。これこそルカヌスが、火星だけが天に君臨するという記述で表現したことだったとした。(25)

しかしケプラーは、反論をつづけた。テクストを精読すれば、ルカヌスの提示しているのは紀元前五一年のホロスコープか、純然たる架空のものだとわかると主張した。後者の方がありそうだと彼は感じた。そして、そもそもニギディウスが示したのは、非常に初歩的な占星術の理論を説明したものでしかないと指摘した。いずれの場合も彼が予

(22) Kepler, *GW*, XIII: 393.

(23) Kepler, *GW*, XIII: 132-133. ニギディウスとルカヌスについてのケプラーの見解は Franz Boll, *Sphaera* (Leipzig: Teubner, 1903), 362 n. 1 の簡潔な議論を参照。

(24) Kepler, *GW*, XIII: 134-135.

(25) Kepler, *GW*, XIII: 148.

言したのは、惑星が自分の「宿」domusとなる宮にある場合になにが起こるかということだった——

土星が自分の宿みずがめ宮にあるなら、洪水になるだろうとニギディウスはいう。太陽が自分の宿しし宮にあるなら、大火になるだろう。もし火星が自分の宿さそり宮にあるなら、戦争になるだろう。(26)

これは天界を描写したものではない。占星術の初歩的な理論であり、理解もせずに手引書からあつめてきたものだ。有能な占星術師たちなら、各惑星は単独では圧倒的な影響力を生みだせないことを知っている。洪水や大火や戦争を引きおこすのは、合や衝など複数の惑星がつくる重要な星位だ。ひとつの惑星がある場所にくることで起こるものではない。いずれにしても、惑星は自分の宿にあるときだけではなく、さまざまな宮において吉凶どちらにも影響力を発揮する。ケプラーの結論は鋭敏だった——「しかし初心者にはこの語り口がお似合いなのだ」Sed tyronem aliter loqui non decet. したがって、初心者ニギディウスがいう「星位」facies caeliを天界や人間の歴史のなかに探すべきではないのだ。

ヘルヴァルトは、下手な反論をあきらめなかった。その二年後にも、ケプラーは彼がまだ研究に傾注しているとこぼしている。ケプラーによれば、フィルミクス・マテルヌスによる占星術の手引書におさめられたプラトンやパリスといった古代の英雄たちのホロスコープと同様に、ローマ内乱についてのニギディウスのホロスコープも架空のものにすぎなかった。(27)

現代の研究者たちも証明しているように、ここではまずケプラーが正しかったことが重要だ。ルカヌスは、劇的な効果を出すためにホロスコープの年代を採用し、土星と太陽について事実に反する記述をして捏造した。彼の占星術についての知識は浅薄だった。(28)

さらに重要なのは、ケプラーがみずからの結論にどのように到着したかだ。彼自身が正しく述べているように、それは専門的な計算によってではなく、テクストの字句をしっかり追って精読し、よく「咀嚼」mordicus してえられたものだった。彼はここで天文学ではなく解釈学を実践したのだ。その熟達ぶりは、彼自身がふたつの文化に精通していたこと、あるいはおそらく双方の文化が根底で一体となっていたことを証明している。ケプラーの著作は、より小規模ではあるが、本節でみたものと同じくらいに挑発的な古代テクストについての議論にあふれている。近代の古典学史において、彼の著作がしかるべき位置を占めていないのは遺憾なだけではなく不当なことでもあると思われる。

年代学

ケプラーの貢献がより大きかったのは、文献学と科学が交差するもうひとつの領域、つまり技術的な年代学だ。彼の知人レスリン（Helisaeus Röslin, 1545-1616）は、年代学を「天文学の最終目的」ultimus finis astronomiae とみなしていたが、ケプラーはそれに賛同しなかっただろう。神の手助けも借りながら、「私にはなんの苦でもない天文学的な計算をもちいて聖俗の年代を確定する」in sacro et prophano calculo mit Hülff astronomici calculi...das mir nit ein

（26）Kepler, *GW*, XIII: 158.

（27）Kepler, *GW*, XIV: 46.

（28）Alfred E. Housman, "Astronomical Appendix," in *M. Annaei Lucani Belli civilis libri decem*, ed. Alfred E. Housman (Oxford: Blackwell, 1950), 325-337; Robert J. Getty, "The Astrology of P. Nigidius Figulus (Lucan 1,649-65)," *Classical Quarterly* 35 (1941), 17-22.

scrupulus pleiben soll 研究を大きく進展させることができたというレスリンの信念には、なおさら賛同はしなかったはずだ。[29] しかしケプラーは、学者人生のかなり早い時期から年代学を研究していた。一五九七年のホロスコープでは、つぎのように述べている——

歴史の分野では、この人物［私］は「ダニエルの七〇週」に幾つかの説明を与えた。アッシリア王国について新しい歴史を書いた。さらにローマ暦も研究した。[30]

一五九三年に、スカリゲルの『年代校訂』の海賊版がフランクフルトで出版されて入手できるようになると、師メストリンの薦めですぐにこれを読んだ。しかし第一巻は難解でアクも強く、あまりの眠さで最後まで通読できるものではないと考えた。彼は、スカリゲル宛書簡の下書きでそう告白しているが、賢明にも清書ではそのくだりを削除した。

ケプラーと師メストリンは、天文学的な話題だけではなく年代学的な問題についても熱心に書簡を交わしていた。興味ぶかいのは、メストリンと一緒に旧約聖書の『士師記』の年代について考察することに、何日も何週間も費やしたとケプラーが告白している点だ。

つぎの事実も示唆にとんでいる。ケプラーは師メストリンから、年代学の一大問題について教えをうけていた。すなわち、紀元前四八〇—七九年にあたる第七五オリンピア紀の第一年にアケメネス朝ペルシアの王クセルクセス一世（Xerxes I, fl. 486-465 BC）がギリシア遠征を企てたが、その前兆となったという日蝕のことだ——

この日蝕は第七四オリンピア紀の第四年の春に起きたに違いない。つまり、ナボナッサル王紀二六八年、紀元前四八〇年のことだ。しかしそのとき日蝕はなかった。第七四オリンピア紀の第三年の日蝕のことだと考える人々もいるが、これは不合理だ。太陽は一ディジットしか日蝕にならなかった。陣中の兵士はそれに気づきもしなかっただろう。しかし第七五オリンピア紀の第二年、つまりナボナッサル王紀二七〇年には、一〇ディジットの日蝕が起こっている［…］[31]。

メストリンによれば、歴史家たちはこれをクセルクセス一世の遠征に先んじて起きた驚異的な出来事と混同したに違いない。この仮説はおそらく、空想から生まれたものだろう。しかし残りのメストリンの説明は、同じ問題にとり組む現代の研究者たちにとっても学ぶところが多いだろう[32]。ケプラーが彼に多くを負っていたのは間違いない。

しかしプラハ時代になると、ケプラーは師のはるか先まで歩をすすめた。この分野の一大権威ともいえるスカリゲル宛の書簡で、彼は『年代校訂』の中心的な主張に修正を迫った。スカリゲルは、ギリシアのヘロドトスが『歴史』第一巻第三二章で伝えるアテナイの政治家ソロンとリュディア王クロイソス（Croesos, c. 595–c. 547 BC）の逸話を重視していた。この逸話では、一年が三六〇日で人生七〇年（あるいは二五二〇〇日、もしくは一年が三九〇日となる閏年

(29) Kepler, *GW*, XIV: 45.
(30) Kepler, *GW*, XIX: 329.
(31) Kepler, *GW*, XIII: 127.
(32) すでにクルジウスは、紀元前四八〇年のクセルクセス一世のギリシア侵攻時に日蝕は起こりえなかったと指摘していた。Crusius, *De epochis*, 57. しかしスカリゲルは、侵攻と日蝕が同時だったというヘロドトスの証言にもとづき、侵攻が第七四オリンピア紀の第三年だったと考えた。Scaliger, *De emendatione*, 222–223.

を数に入れて二六二五〇日）だとして、悲観的なソロンは人間が不運に見舞われる機会にあふれていると主張していた。スカリゲルはこの一節を使って、非太陰暦的なギリシア暦を再構成した。そして同時に、ありえない暦を捏造しているとヘロドトスを非難した。[33]これにたいするケプラーの反応は、驚くほど洞察力があるものだった――

ここでは日数の計算が正確ではありません。ソロンは概数を使っているのです。このように日数の総計を出せば、そのうちの一日に不運が起こるのは大いにありえるとクロイソス王を納得させられる、そう彼は考えたのです。[34]

しかし、この一節も後のものより辛辣ではなかったかもしれない。スカリゲルは非太陰暦の存在を立証するように思えるテクストを引いているが、そのなかにはプルタルコスの『カミルス伝』第一九章第五節があった。このテクストはペルシア戦争におけるナクソス侵攻をボエドロミオンの月晦日の五日前、満月の日（満月はもちろん、太陰月では月末ではなく中旬にくるはずだ）においている。[35]ケプラーは率直にスカリゲルに忠言する――

しかし、正しいプルタルコスのテクストでその一節を調べてください。[36]

Velim tamen in emendato Plutarchi contextu requiras.

スカリゲルの議論は、もっぱらアルドゥス版のプルタルコスのテクストに依拠していた。そこでは、もともと独立していたふたつの句を不当にも合成してしまっていた。スカリゲルが気づかなかった誤りに、ケプラーは気づいたのだ。読点が欠けていたために、スカリゲルは間違った解釈を提出してしまった。こうしてケプラーは、数年後のフランスのイエズス会士ペタウィウス（Dionysius Petavius, 1583-1652）によるスカリゲルへの全面攻撃を先取りしていたのだ。たしかにケプラーの場合、批判にくらべれば、建設的な努力はそれほど革新的ではなく、成功もおさめなかった。彼は、プルタルコスが言及しているアテナイの月暦が厳密には太陰暦ではないと信じて、スカリゲルと間違いを共有した。

われわれの多くにとっては十分に量的かつ技術的かもしれないが、ハプスブルク帝国内の諸サークルで実践されていた年代学は経験的なものか、あるいは技術的な学問だった。ハプスブルク家の人々は普遍的な主張やプログラムを好んでいた。たとえば、有名な画家アルチンボルド（Giuseppe Arcimboldo, 1527–1593）は、皇帝ルドルフ二世の肖像をローマ神話で四季の変化をつかさどる神ウェルトゥムヌスとして描いた。ルドルフの顔が果物や野菜からできており、神による宇宙の統治とハプスブルク家による帝国統治との照応が強力に表現されている作品だ。ハプスブルク家は自然界の支配権も主張していたのだ。(37) 宮廷の庇護をうけた年代学者たちは、独創的で印象的な仮説を考案しなければならなかった。たとえばラツィウスの見解では、オーストリア人たちはノアの洪水後にヨーロッパに住みついたユダヤ人たちの直接的な後裔だった。(38) また年代学者たちは、歴史に整然とした図式を浮き立たせなければならなかった。そこでは、歴史上の出来事が数的に優雅なかたちで連鎖し、天界や他の前兆と結びつき、帝国の覇権、とりわけハプスブルク家の支配力を明示しなければならなかった。

(33) Scaliger, *De emendatione*, 15, 47.
(34) Kepler, *GW*, XV: 208.
(35) Scaliger, *De emendatione*, 15.
(36) Kepler, *GW*, XV: 209.
(37) Kaufmann (2005), 217.
(38) Lazius, *De aliquot gentium migrationibus*, 23.

オーストリアの男爵アイトツィンク（Michael von Aitzing, ?-1598）は、政治新聞を創始して有名になる人物だが、一五七九年に『世界の諸王朝の五重性』*Pentaplus regnorum mundi* をルドルフ二世に献呈した。出来事の年代確定だけではなく、その内的な神意にいたるカギを示そうとしたものだ(39)。おびただしい詳細な図表は、彼が援用した因果体系の多様さと、それを一個の作品のなかに融合させた創意をよくあらわしている。たとえば、歴史をとおして二〇年ごとに起こっている木星と土星の大会合を一覧にし、天界がもたらす前兆のなかでもっとも規則的に起きるものとされている。一方で、歴史を七天使が支配する期間に分割している。一天使に七九二年があてられており、キリスト以前に五天使、以後には六番目と七番目の天使が世界を支配するという。そして、それが黄道十二宮に対応する一二の下位区分に、つづいて一日の時間に対応する二四の下位区分に、さらにユダヤ人たちがエジプトとパレスティナのあいだで滞在した場所の数に対応する四二の下位区分にというふうに分割されていく。最後の合は一五八三年にあたり、最後の天使は一五八四年に任期を終了する。これらはすべて、大衆に訴えかける死の舞台において歴史がきわだった役割を演じるだろうことを示唆していた。おまけに、素晴らしいエンブレム的な挿画（図1参照）がもっとも重要な教えを要約している。太陽と月をいただく二本の柱石に刻まれた文字は、アダムからノアにいたる旧約聖書に登場するユダヤの族長たちの頭文字だ。ノアの名をギリシア型のヤヌス Ianus に変換し、これらをアイトツィンクの指示どおりに置換すれば、皇帝ルドルフ二世の父であるマクシミリアン一世（Maximilian I, 1459-1519）の名前となる。そして中心に描かれている四匹の動物は、旧約聖書の『ダニエル書』に登場する伝統的なもので、四つの帝国をあら

(39) Michael von Aitzing, *Pentaplus regnorum mundi* (Antwerpen, 1579). George N. Clark, *War and Society in the Seventeenth Century* (Cambridge: Cambridge University Press, 1958), 134-140 も参照。

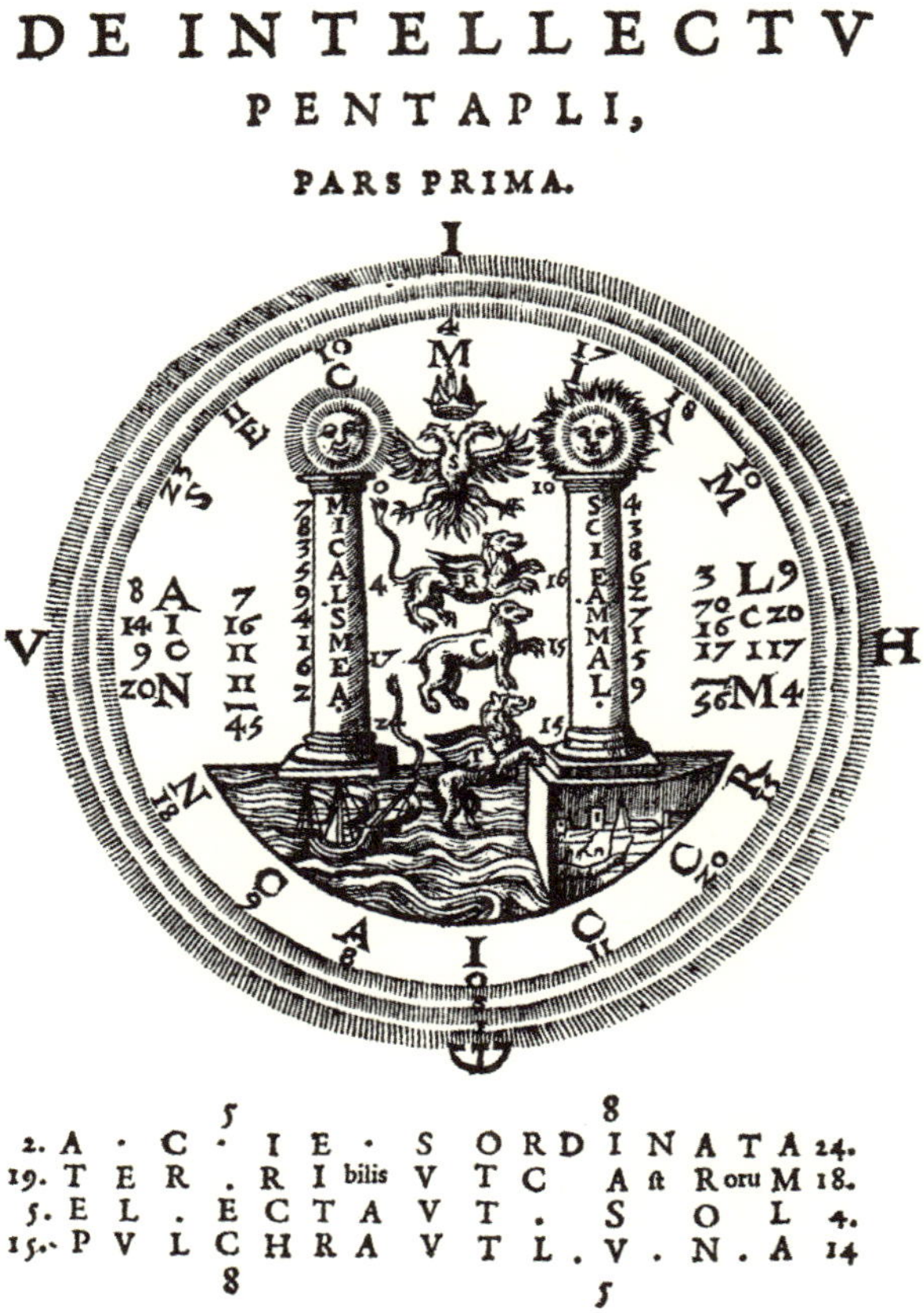

図 1.　エンブレム的な世界史
アイトツィンク『世界の諸王朝の五重性』（アントウェルペン、1579 年）から

わしている。最後の帝国が、ハプスブルク家の双頭のワシによって表象される神聖ローマ帝国だ。こうして、歴史のすべての扉を開ける強力なマスター・キーができた。このカギによって開けられた扉は、ハプスブルク家が森羅万象の中心にあることを示している。

似たようなカギを創出しようとした人間は、アイトツィンクだけではなかった。まさにケプラーの仕事にもそうした部分があった。おそらく一五九六年のことだが、先任の帝国数学官ウルスス（Reimarus Ursus, 1551-1600）は年代学と終末論を融合させた著作をあらわし、世界が「七七年以内に」終わるだろうとした(40)。そのため、一六〇三年にきわめて鮮烈な大会合が起こったとき、ケプラーは見解を求められた。とくに光り輝く新星がつづいて出現し、それが大変動の前兆だと思われたからだ。

天文学とは違い、ケプラーは年代学を伝統的な路線から逸脱させることはなかった。彼は大会合についての古い学説に大きな関心をもち、八〇〇年ごとに起きる大会合が与える周期と大事件との照応について一覧表を作成した。紀元前四〇〇〇年のアダムのときが最初の大会合で、直近のものは一六〇三年だった。ケプラーの言葉にしたがえば、とくに後者は皇帝ルドルフ二世と「われわれの人生、運命、願い」にとってなんらかの前兆となるものだ。そして彼は、紀元後二四〇〇年にはまったく別の周期がはじまるだろうと指摘した——

> われわれは、そのときどこにいるのでしょう。いまこうして繁栄を謳歌しているドイツはどうなるのでしょう。われわれの後にやってくるのは誰なのでしょう。彼らはわれわれを記憶にとどめているでしょうか。もし世界がそのように永続するものであるなら(41)。

ここまでのところケプラーの感性や手法に斬新なところはない。たとえ大会合が規則的にならぶことを好むと彼がいうときも、ほとんどはそれが歴史上の年代を記憶するための素晴らしい道具となるという平凡な理由からだった。しかし見方を変えれば、ケプラーの年代学への対応は、先述のルカヌスにたいする彼の態度に引けをとらないほど斬新で的確なものだった。まず彼の主張によれば、大会合は過去のなかに規則性を見出すには役だつ道具だが、近未来への導き手としてはふさわしくない。新星の出現にもとづいて予言できると彼が考えた唯一のことは、「印刷屋にとって繁盛と大もうけ」の前兆となることぐらいだった。なぜなら、ドイツのすべての神学者、哲学者、医学者、数学者たちがこぞって新星について執筆するだろうから。[42] 世界が終末を迎える日は神のみぞ知ると彼はくり返し説き、年代学者たちにたいして過去だけを研究するよう勧めている。この学問分野に結びつけられてきた伝統的なふたつの機能を切り離し、一方から価値や関心を剥奪したのだ。

第二に、こちらの方がさらに重要だが、ケプラーは大会合についての伝統的な学説を斬新な方法で利用している。多くの年代学者たちは、歴史を手際よくひとまとめにしていた。人間と出来事との構造的な違いを無視して、周期的な天界の現象を地上の出来事にできるだけ対応させようとした。彼らにとって年代学とは、新たな事実や因果関係を発見するためのものではなく、既知の事実に規則性を押しつけるためのものだった。年代学はたえず、なんの意味もない数と名前の無意味な反復に退化する危険をはらんでいた。

(40) エヴァンズ（二〇〇六年）、下巻二二二頁と注28を参照。マクシミリアン二世に献じられているレオウィティウス（レオヴィッツ）の著書 Cyprianus Leovitius, *De coniunctionibus magnis* (1564) にも例がある。エヴァンズ（二〇〇六年）、下巻二一〇―二一一頁を参照。

(41) Kepler, *GW*, I: 183.

(42) Kepler, *GW*, I: 398.

それとは対照的に、ケプラーは大会合の理論をレトリックとしてではなく、なにかの発見に役だつものとして利用した。一六〇三年の合と翌年の新星は、急激な変動の前兆だったのか。彼は確信がもてなかった。そこで彼は過去二世紀にわたる大会合を調べてみた。そして、一六〇三年のものより重要な合が、一六世紀には幾つか起こっていたと主張した。また、これらの合は累積的に効果を及ぼしていたが、そのひとつが歴史上の記録に残ったのだとする。大会合は独特の方法で、強力に人間の精神をかきたてる。とりわけ、印刷術の発明は知の世界を一変させ、修道会にとどまらない新しい研究者の共同体をつくりだした――

印刷術が生まれて以来、書物はひろく流布するようになった。そして、ヨーロッパ中の誰もが文芸の研究に励むようになった。多くの大学が生まれ、多くの学識ある者があらわれて、野蛮性にしがみついている人々の権威はたちどころに地に落ちた。(43)

ケプラーは、この新たな「知の公共財産」の出現を新世界の発見、流通や情報伝達の発達、兵法からテクスト批判にいたるあらゆる分野で近代的な技術が発展したことと結びつけた。(44) 彼は、古代人の業績にも限界があることを近代人の偉業と対比させている――「古代末期の人々は、当代の兵法に比肩するどんな知識をもっていたというのか」。(45) 大会合と新星は、いかなる大変動の前兆でもない。この一世紀半にわたり、星辰と人間たちの協同作業によって世界はすでに変動をうけたのだから。

ケプラーは、星位が過去というタペストリーを織りなす大事な糸をたえず提供していたという信念を捨てることはなかった。彼はキリスト生誕をキリスト紀元よりも数年前においたが、そうすることで東方三博士の星と関係すると考えられる大会合に近づけることができるからだった。(46) しかし、私がくり返し述べてきたような議論において、ケプラーは伝統的な学説を斬新な方法で利用している。社会や文化は蓄積や発展によって変わっていくのであり、天界から発せられる突然の大震動によるのではないと主張したからだ。そして、星辰の運動だけではなく、社会構造についても鋭い洞察力を発揮した。

このように広範な視野から、文化の発展にかんする問題を批判するさいに、ケプラーはふたたび古典的・人文主義的な伝統に依拠した。古代ローマの歴史家ウェレイウス・パテルクルス（Velleius Paterculus, c. 19 BC–c. 31 AD）は、著作中の長い脱線のなかで自問した。なぜ古代ギリシアやローマでは、文法から彫刻にいたるまですべての技芸が非常にはやく完成の域に達したのだろうか。彼は十分に満足のいく説明ができたといわないが、競争による切磋琢磨がもっともありそうな答えだと示唆した——「競争が才能をはぐくむ」alit aemulatio ingenia（『歴史』第一巻第一六—一七章）。古典ラテン語を再生させる必要性を証明し、古代ローマでも自分たちの時代でも同様な技芸が栄えていることを説明しようとして、イタリアの人文主義者ヴァッラはウェレイウスの仮説を受容し、再生・誇張した。彼は「競争」が技芸や知識の発展を説明するという考えに同意し、唯一の完璧な言語、つまり古典ラテン語の存在が「競争」を説明するのだと主張した。ラテン語の普遍性こそが、すべての人々の意思伝達を可能にし、たがいの競争を可能にしたのだ。ラテン語という共通の媒体がなければ、文明はけっして完成にいたらなかった——

(43) Kepler, *GW*, I: 330. Jardine (1984), 277 の議論は素晴らしい。ここから翻訳をお借りした。
(44) Jardine (1984), 279.
(45) Kepler, *GW*, I: 331.
(46) Kepler, *GW*, I: 445, 462–464 における編者M・カスパルのコメントを参照。

どんな技芸も都市と同様に、完成させることは難しい。また、都市とまったく同様に、技芸は一人の人間では確立できない。数人いても無理だ。多くの、じつに多くの人間が必要なのだ。そしてこれらの人々は、互いに知りあいでなくてはならない。そうでなくして、どうして張りあい、栄光を競いあうことができるだろうか。(47)

ヴァッラは言語に、ケプラーは印刷術に説明を求めたとしても、両者とも意思伝達の媒体が文化の変化において中心的な役割を演じると考える点で一致している。ケプラーは人間の意志と個人の努力の蓄積を強調し、こうした人文主義的な態度は占星術師や年代学者たちの実践とはきわめて鮮やかな対照をみせている。

たとえば、ミラノの医学者ジローラモ・カルダーノ（Girolamo Cardano, 1501–1576）がプトレマイオスによる占星術の金字塔『テトラビブロス』*Tetrabiblos* につけた注解は、影響力が大きかった。そのなかでカルダーノもウェレイウスの仮説を議論している。しかし、ウェレイウスがよい問題を提起したのは認めるが、正しい解答を提出していないという。「競争」は技芸の急速な発展を説明するかもしれないが、同じくらい急速な衰退を説明できない。したがって「競争」は説明原理としては却下しなければならない。多くの変化が重なりあって同時に生じるその背後には、星辰の「配置」constitutiones があるのだ。たとえば太陽が回帰することによって、植物は成長し、木々は花咲き、鳥たちが巣をつくり、動物たちが愛を交わす。カルダーノの結論はこうだ。ある技芸が開花するのと同時に、別の技芸が枯渇していくのだから、たとえウェレイウスの提唱した原因が「なんらかの作用をおよぼす」aliquid in rem facere としても、「それらが星辰の配置の結果なのは明白だ(48)」。たしかにカルダーノよりもケプラーの批判の方が、深みと密度でまさっているだろう。しかしその彼の批判にしても、科学的な伝統よりは人文学的な伝統と密接なつながりをもっていたのだ。

年代学者と占星術師たちはいつも、星辰（そして諸天使）を決定的な要因とみなし、人類や社会をはるかに受動的なものとみなした。しかし、ケプラーは年代学者であり占星術師だったにもかかわらず、星辰の役割を縮小して刺激を与えるだけのものだと考えた。彼は、合による天界の歴史を乱雑な人間の歴史にたえず適合させようとした。何十年にもわたり、さまざまな分野において彼が研究したのは、人間の歴史だったのだ。こうして彼は、年代学を社会や文化の変遷を研究するための強力な道具にまで高めた。人文主義者たちが成熟させた歴史にかんする多様な考えを、数あわせのために犠牲にするのではなく、それらを利用して豊かなものにするために。

天文学史

過去についての研究を一変させたケプラーの第三の業績は、彼の専門分野である天文学におけるものだった。ルネ

（47） Lorenzo Valla, *Oratio in principio sui studii 1455*, in Michael Baxandall, *Giotto and the Orators: Humanist Observers of Painting in Italy and the Discovery of Pictorial Composition, 1350–1450* (Oxford: Clarendon, 1971), 177, 119-120. ウェレイウスの教えは彼独自のものだ。Konrad Heldmann, *Antike Theorien über Entwicklung und Verfall der Redekunst* (München: Beck, 1982) を参照。このテクストは一六世紀に発見されたと考えられている。なぜヴァッラが知っているかわからない。Reynolds & Wilson (1974), 431-433＝レイノルズ、ウィルスン（一九九六年）、二一二―二一三頁を参照。

（48） Girolamo Cardano, *In Cl. Ptolemaei Pelusiensis IIII de astrorum iudiciis aut, ut vulgo vocant, Quadripartitae constructionis libros Commentaria* (Lyon, 1555), 59-63. プトレマイオス『テトラビブロス』第一巻第三章第二五節への注解。［カルダーノについては、A・グラフトン『カルダーノのコスモス：ルネサンスの占星術師』榎本恵美子・山本啓二訳（勁草書房、二〇〇七年）；榎本恵美子『天才カルダーノの肖像：ルネサンスの自叙伝、占星術、夢解釈』（勁草書房、二〇一三年）を参照］。

サンス期の天文学者たちは、古代の先人たちの作品につねに対峙しなければならなかった。たとえば、プトレマイオスの『アルマゲスト』であり、そのプトレマイオスが依拠したが散逸してしまったヒッパルコス（Hipparchos, c. 190–c. 120 BC）の著作などだ。そして、天文学者たちについての古い逸話や短いテクストをあつめた集成などもある。ルネサンス期の天文学者たちは、これらのテクストを記録やモデル、技術のための史料として利用した。しかしそれ以上に、当時の天文学に正統性や威厳を与える古典的な土台あるいは血統書としてこうした文献を利用したのだ。この正統性を手に入れる必要性が、天文学者たちを古代の先人たちの研究へと向かわせた。まさにそれこそが、彼らを解釈において客観的な真理から遠ざけているものでもあった。

そもそも、古代の逸話でもかなりのものが、天文学をもっとも古くて純粋な科学としている。ユダヤの族長たちやオリエントの高潔な神官たち、ガリアのドルイド教徒たちがそれを発展させ、ノアの大洪水のときも石板に刻まれて保存されたが、時代がくだってギリシア人やローマ人たちのころになると、徐々に失われて純粋さも損なわれてしまったと考えられた[49]。一五七〇年にオクスフォード大学でプトレマイオスについての講義をしたサヴィルのように、ルネサンス末期の学者たちは天文学史を書いた。彼らは、ユダヤの族長たちによる原初の天文学は発達したプトレマイオスのものよりも簡素だが正確だったと主張する傾向にあった。そして脇道にそれて、エノクやセト、ヘルメスといったこの分野における疑わしい権威たちの業績をながながと論じた。サヴィルは、自信をもってこれらを再構成した。なぜなら、そもそも証拠がまったく残っていないからだ。また、自分の時代における天文学の目的は、ユダヤの族長たちやソクラテス以前の哲学者たちのもっていた失われた叡智を再発見することだとした[50]。このような考え方はひろく浸透し、ながらく持ちこたえた。あのニュートンでさえ、こうした考えに影響されて天文学史についての非歴史的な見解をもつにいたった。彼の説によれば、ギリシア神話のケンタウロス族の賢者ケイロンが英雄アルゴナウテスたちのために天球に最初の星座を描いのだという。[51]

ケプラー自身はきわめて異なる見解をもっていた。研究活動の初期から古代の天文学者たちに注意をはらっていた彼は、プラハに到着してまもなく、数学ではなく文献学の仕事にしぶしぶ時間を費やさなければならなかった。諸惑星が太陽のまわりを回転し、その太陽が静止した地球のまわりを回転するという折衷的な宇宙の体系をティコは提出していたが、ケプラーの前任者ウルススはティコがそれを古典から盗用したと主張したからだ。ケプラーは、ティコのためにウルススが古代天文学史を誤解したことを証明しなければならなかった。そして彼は『弁明』*Apologia* で、古代人たちが原始的な状況で研究していたことを強調した。すべての古代の賢人たちを系譜づけて諸学派にまとめる伝統に反して、彼はつぎのように主張したのだ。古代の天文学は制度的な基盤をもたず、その発達はおもに少数の個人による断続的な努力に依存していたと。[52] プラハを離れたあと、ティコの観測記録をもとに惑星運動をまとめた偉大な『ルドルフ表』で、彼はさらに先へと歩をすすめた。この作品は天文学史、とくに各種の天文表の分析からはじまるが、そこには伝説的なセトやエノクといった古代の賢者たちは登場しない。アレクサンドロス大王の遠征によってギリシア人たちがそれほど古くないバビロニアの観測記録集を入手したこと、それがケプラーにとって確認できた最初の史実だった。つづいて紀元前二世紀にヒッパルコスが、惑星運動についての最初の天文表を作成した。これは将来の惑星の位置を大雑把に算出できるものだった。その三〇〇年後にプトレマイオスが、科学のなかの精密科学を完

(49) 全般的には Jardine (1984), ch. 8; Grafton (1983), I: ch. 7 を参照。
(50) サヴィルの『数学序説』*Prooemium mathematicum* は現ボードリアン図書館蔵 MS Savile 29 を参照。
(51) Frank E. Manuel, *Isaac Newton, Historian* (Cambridge MA: Belknap, 1963).
(52) Jardine (1984), 116–117, 181, 276–277.

成させ、はじめて完全な天文表を発表した。あとの部分は、アラゴン王アルフォンソ十世（Alfonso X, 1221-1284）やドイツのヨハネス・レギオモンタヌス（Johannes Regiomontanus, 1436-1476）とラインホルトなどの後世のより洗練された業績を扱っている。全体としての主張は明白で、天文学が古代世界における原初の状態から現代の完成された姿にいたるまで、不規則な歩みで成長したということだ。[53] ケプラーはこの仮説を表現するのに、技術的な散文体にくわえて絵画的・詩的な要素も採用している。『ルドルフ表』の扉（図2参照）には、「変化ある星の塔」Astro-poecilo-pyrgium という天文学の殿堂が描かれている。それは建築様式から歴史が認識できるようになっている。後景にみえるカルデア人が、指で星々を指しつつ素朴な木柱のそばに立っている。レンガの裸柱の左側にはアラトスやヒッパルコスが、右側にはメトンやプトレマイオスといった古代ギリシアの天文学の英雄たちの名前が刻まれている。そして、コペルニクスとティコという当代の英雄が最前列にならび、古典的な様式の装飾によって敬意をあらわされている。コペルニクスはイオニア式の柱石のそばに座っている。その彼と議論をしているティコは、屋根から吊るされている自分の体系図を指して「そうであるならば、どうなるか」Quid si sic と聞いている。彼の柱石はもっとも魅力的なコリント式だ。こうして、当代の文化は無知で原始的な古代人たちよりも「古い」もの、つまり「経験にとんだ洗練された」ものと開示される。しかし、この含意ゆたかな歴史エンブレムを解読しそこなう読者がいないように、ケプラーはウルムの町のギムナジウム校長であるヘーベンシュトライト（Johann Baptist Hebenstreit, ?-1638）に各要素を解説する散文調の牧歌を書かせた。

この仮説を提出することでケプラーは、古代天文学史について近代的で明敏な歴史観を築きあげた。たしかに、そ

（53） Kepler, *GW*, X: 36-41.

図 2. 「変化ある星の塔」
ケプラー『ルドルフ表』（ウルム、1627 年）から

れは完全な独創ではなく、一部分をピコ・デッラ・ミランドラに負っていた。一世紀前に書かれた『占星術駁論』*Disputationes contra astrologiam divinatricem* はケプラーを刺激し魅了した数少ない近代のテクストだった。ピコは原典の研究にもとづいて、この大著の第一一書と第一二書に似たような議論を挿入した。のちのケプラーと同様に、彼は天文学と占星術はそれほど古い由緒のある血統ではないし、幾千年もさかのぼる観測記録をもっているという古代人たちの自慢話も事実ではないと主張した――

天文学の祖ヒッパルコスやプトレマイオスが自分の学説に基礎を与えるために古代人たちの観測記録として参照できたのは、古くてもせいぜいナボナッサル王治世下のエジプトかバビロニアでつくられた記録でしかなかったのだ。(54)

ケプラーと同様に、ピコも数学的な天文学の起源を紀元前七四七年のナボナッサル王即位のころにおき、その完成をヒッパルコスの時代としている。ピコの主張はケプラーの論争的な歴史を準備するものであり、占星術師たちや「古代神学」の信奉者たちの自負を打破することを共通の目的にしていた。別の文脈でも、ケプラーは古代天文学の系譜を素描するさいにピコの著作を利用した。それはヘルヴァルト宛の長大な書簡で、「ピコとともに」tantum... quantum Picus 占星術を非難すると述べている。(55)

ケプラーの関心や信念は伝統的なものだったが、彼はピコの考えを発展させて、ヴァッカーやノスティッツらプラハの友人たちをはじめとするルネサンス末期の知識人たちの確信に疑義を示した。彼らの考えによれば、真理は太古の啓示に存在し、人類史の最初に神からもっとも純粋なかたちで伝授され、以来ずっと人類との接触によって朽ちつづけてきた。(56) 他方でピコとケプラーは、真理を人間の努力の産物ととらえた。それは、断続的で一貫性もないが、時代とともに徐々に完成をとげることが可能なのだ。『ルドルフ表』はケプラーのプラハ時代における最後の研究成果であり、もっとも専門的な著作だったが、古代天文学にとってかわっただけではなく、人類文化の本性と起源にかんする古代の神話を批判するものでもあった。

ケプラーの事例はそれ自体、神聖ローマ帝国において科学の文化と人文主義の文化が完全に独立して存在していたという先入観を爆破するダイナマイトだ。科学者の役割は、古典テクストを解読する人文学の素養なしには成立しなかった。科学者にとって貴重なデータが、古典テクストにふくまれていたからだ。人文学者たちも、科学的な概念や方法に頼らなければ、詩作することもできなかった。そして天文学や年代学のような当時の最先端をいく魅力的な研究にあっては、人文学と科学が必然的にひとつに融合していた。それは、現代の学問区分にはまったく合致しないものだった。いわば、どちらの文化も広大なひとつのマニエリスム庭園の一部分をなしており、一陣の風が一方から他方へと相互に花粉を運び、たがいの花を受粉させていたのだ。たとえばハイデルベルクの町にあったが、やがて破壊されてしまった当時のドイツの宮廷庭園のように、それは多彩で毒々しい馴染みのない光景を現代の見物客にみせてくれる。しかし、もはや失われてしまった非常に魅力的な知の世界で、科学を人文学に、数学を文芸に結びつけてい

(54) Pico della Mirandola, *Opera omnia*, 715.

(55) Kepler, *GW*, XIV: 285.

(56) たとえば Owen Hannaway, *The Chemists and the Word: The Didactic Origins of Chemistry*（Baltimore: Johns Hopkins University Press, 1975）, 18–20, 51 で記述されているオズヴァルト・クロル（Oswald Croll, c. 1560–1608）による知識の系譜学を参照。リバウィウス（Andreas Libavius, c. 1555–1616）によるヘルメス主義への批判はケプラーの事例と興味ぶかい対をなす。Hannaway（1975）, 78, 98–105 を参照。

た秩序の諸原理と方法の深奥を理解しようとするとき、すでに馴染みのあるものしか探求しないとしたら、うまくいかないに違いない。

第八章　ラ・ペイレールと旧約聖書

【要約】

この短い第八章では、つぎの疑問に焦点があてられる。聖書に誤りがあることを指摘して火刑になったジュルネの生きた一六世紀末と、聖書を批判しても大きな厄災を招かなかったベールの活躍した一八世紀初頭をへだてる百余年に、どのような意識の変化が知識人や宗教家たちに起きていたのだろうか。一七世紀の後半に起こったこの変化は、「解釈革命」とも呼ばれる。

この現象を描きだすために選ばれたのが、ほとんど無名のフランス人カルヴァン主義者ラ・ペイレールだ。彼がアダム以前に存在した先史的な人類について述べた書物は、はじめ手稿のかたちで流布し、パリの知的サロンでもてはやされたが、やがて大スキャンダルへと発展した。事件の展開と背景、顚末について調査した優れた先行研究はあるが、彼の手法の評価は残されている。それをおこなうのが本章の目的だ。

ラ・ペイレールは、パリに集まった当時の最先端の学者たちと交流をもっていた。ここから、彼の大胆な考えと彼が生きた学術世界を結びつけるのは自然なことだろう。実際に、スカリゲルやソッスス、サルマシウスをはじめとする一連の学者たちが、聖書よりも長い歴史記述をもっているバビロニアやエジプト、中国などの諸文明についての書物をすでに公刊していた。ラ・ペイレールは、そうした情報を直接・間接に利用できたのだ。

こうして当時もたらされた一連の新しい知見を考慮すればするほど、学者としての職業訓練をうけなかったラ・ペイレールの知性の鋭さは印象的にみえる。本章は、彼の著作に潜んでいる「学ある道化師」としての役割を示唆して閉じられる。

はじめに

一五八二年にフランス北東部の町メスで、学校教師ノエル・ジュルネ（Noël Journet, ?–1582）が異端のかどで火刑となった。彼のおかした過ちは、新教徒とカトリック教徒の双方の聖職者たちがともに糾弾するほどの重大なものだった。聖書に矛盾と間違いを発見したのだ。サラは老女であったのに、どうしてエジプト人たちの情欲をかきたてることができたのか。モーセがエジプトの水をすべて変えてしまったあとに、エジプトの魔術師たちはどうやって水を血に変えることができたのか。こうしたことに彼は納得できなかったのだ。また、モーセが旧約聖書の『申命記』の著者ではない明白な証拠を彼の死についての記述などに見出した。さらにジュルネは、こうした考察を旧約聖書だけではなく、キリスト教そのものにたいする批判にも使ってしまった。その結果、彼自身も彼の書物も猛火に焼かれて灰になったが、それも驚くにはあたらない(1)。

(1) François Berriot, "Hétérodoxie religieuse et utopie politique dans les 'erreurs estranges' de Noël Journet (1582)," *Bulletin de la Société de l'histoire du protestantisme français* 124 (1978), 236–248; Rodolphe Peter, "Noël Journet détracteur de l'Ecriture Sainte (1582)," in *Croyants et sceptiques au XVI*e *siècle: le dossier des 'Epicuriens'*, ed. Marc Lienhard (Strasbourg: Istra, 1981), 147–156.

一六九二年、フランス人の哲学者ピエール・ベール（Pierre Bayle, 1647–1706）は有名な『歴史批評辞典』の見本を刊行した。そこで彼も、サラがいつまでも美貌を保っていたことを論じている。また、世界にはまだ人間が住んでいなかったはずなのに、神がカインに徴を与えて、彼を殺そうとする者たちから守ろうとしたことについても面白おかしく空想をめぐらせている。さらに彼は、神はどうして古代エジプト王の心をかたくなにしたのか、神はどうして王の魔術師たちに魔術を使わせたのかといった問題についても気にしていた。こうしたベールの記述は反発を買い、亡命先のロッテルダムでは騒ぎとなったが、批判者たちは彼に嚙みつくというよりも遠まきに吠えているだけだった。その後もベールは『歴史批評辞典』を書きつづけ、この大著は彼よりも長生きすることになった。哲学者ヴォルテール、アメリカ独立宣言の主筆ジェファーソン（Thomas Jefferson, 1743–1826）、『白鯨』を書いた作家メルヴィル（Herman Melville, 1819–1891）といった人々の愛読書となったのだ。

このふたつの事例をへだてる百年のあいだに、あきらかになにかが起こった。じつは「科学革命」だけではなく「解釈革命」が起こったのだ。オランダの哲学者スピノザ（Baruch Spinoza, 1632–1677）とフランスの聖書学者リシャール・シモン（Richard Simon, 1638–1712）の鋭い批判が、聖書から神聖不可侵性と完全性という光輝を奪いとった。だからベールのような人物は、聖書に疑義を示しながらも長生きすることができた。そしてまもなく近代の聖書解釈学の祖ジャン・アストリュック（Jean Astruc, 1684–1766）が、神の呼び名が「ヤハウェ」か「エロヒム」かによって旧約聖書のモーセ五書を切り刻みはじめるだろう。だがほとんど無名のフランス人カルヴァン主義者イザーク・ラ・ペイレール（Isaac La Peyrère, 1596–1676）ほど、この革命の勃発に寄与した人物はいない。(2)

ラ・ペイレールはボルドーのカルヴァン主義の家庭に生まれた。兵士を生業としていた時期もあったが、その後は秘書官としてフランスのルイ二世コンデ公（Louis de Bourbon, 1621–1681）に仕え、オランダとスカンディナヴィアを遍歴した。一六四〇年ごろ、彼は幼年期から抱きつづけてきた考えを労作としてまとめた。それによると、『創世記』の第一章と第二章は別々のふたつの天地創造を物語っていた。ひとつは人類全体の創造について、もうひとつはそのずっと後のユダヤ人の創造についてだ。つまり、アダム以前にも人類は数千年にわたり存在していたのだ。この単純な原理を採用すると、聖書に内在する奇妙な矛盾の多くを説明することができるだろう。聖書が叙述する世界史の年代記と、古代の異教徒たちやアメリカの先住民、そして中国人たちによるずっと長い年代記を一致させることができるかもしれない。また、アジアやヨーロッパと「新世界」を架橋するありもしない失われた大陸を想定することなしに、どうやってグリーンランドや南北アメリカに人間が住むようになったか理解できるようになる。つまり、カインの妻がどこから来たのか知ることができるのだ。

こうした理論は当初、共感をもって迎えられた。ラ・ペイレールの考えは人づてに、あるいは手稿の写しの回覧によって密かに流布することとなった。彼は自分の著作に『アダム以前の人間についての南国人の夢』という人目をひく題をつけていた。当時パリのサロンでは、知識人たちが謎めいた異端について噂話に興じ、どこに行ったら魅惑的で得体のしれない（まだ実在していなかった）、モーセやイエス、ムハンマドについて語った由緒ただしき『三人の山師について』を入手できるのか思いをめぐらせていた。(3) そんな場所だから、彼の見解は穏健で内容も建設的なものだと思われた。文人ギー・パタン（Guy Patin, 1601-1672）はラ・ペイレールの「奇態な」考えを嘲笑したが、やがてこ

（2）最近の研究として Maurice Olender, *Les langues du Paradis: aryens et sémites, un couple providentiel* (Paris: Gallimard, 1989), 39-48, 109-111 を参照。

（3）Hans Joachim Schoeps, *Philosemitismus im Barock: Religions- und geistesgeschichtlishe Untersuchungen* (Tübingen: Mohr, 1952), 3-18.

の理論を「みごと」なものとみなし、真実であることを期待するようになった。神学者マラン・メルセンヌ（Marin Mersenne, 1588–1648）は疑念を抱きながらも、この理論が「聖書の複数の箇所について理解を助ける」と思った。(4)

こうした考えが伝播していくにつれ、ごく一部の人々が抱いた共感は大衆の悪意にみちた罵倒の嵐に変わっていく。聖書にたいして確固たる考えをもっていたオランダの法学者グロティウスの例をあげよう。スウェーデンの庇護者たちに揺るぎない忠誠を誓っていた彼は、「インド人たち」がスカンディナヴィアからグリーンランドを経由して北アメリカに到達したことを証明しようとしていた。そして、「新世界」の植民地にたいするスウェーデンの「先占権」jus primae occupationis を根拠づけようとしていた。そんなグロティウスは、ラ・ペイレールの著作の写しを借りうけたが、反感をおぼえて「信仰にとって危険だ」と自著のなかで批判した。これはラ・ペイレールを驚かせ、困惑させた。(5) スウェーデン女王クリスティーナ（Christina Alexandra, 1626–1689）をはじめとする初期の読者たちの共感をえていた彼は、改訂版をオランダで匿名出版するよう説得されるにまかせた。一六五五年に出された『アダム以前の人間』*Prae-Adamitae* は四版を重ね、英語やオランダ語にも翻訳されて大きな反響を呼ぶ。しかし、カルヴァン主義のオランダでも、カトリック勢のフランスでも断罪され、一六五六年だけで一九篇もの反駁書が出版された。しまいに、ラ・ペイレールはブリュッセルの異端審問所に逮捕されてしまった。彼の庇護者であったコンデ公の介入のおかげで彼は最悪の事態をまぬがれ、カトリックに改宗することを条件に釈放が約束された。改宗こそが、彼が「新教徒として」おかした罪を赦免するのだ。さらにラ・ペイレールは持論の撤回を求められ、年金もあきらめなければならなかった。そして貧困になり、パリ郊外にあるオラトリオ会神学校で生涯をとじることになったのだ。

つぎの半世紀のあいだ、ラ・ペイレールが開拓した道をさらに前進しようとした批評家たちは、誰もが彼の理論をもちいた。しかし、きわめて不当なことに、同時に彼のことを不敬だと断じることがあった。スピノザはラ・ペイレールの著作を所有し、それに依拠している。シモンは旧約聖書のテクストについて最初の批判的な歴史を執筆した。そのなかで彼は、旧約聖書を散逸してしまった古い典拠からの不完全な編纂物にすぎないとみなした。そのシモンも、ラ・ペイレールと文通するほど彼のことをよく知っていた。また彼は、ラ・ペイレールの伝記を記述した奇妙な書簡集をのこしている。このようにラ・ペイレールはその死後も、正統派の批評家たちにたいして一定の勝利をおさめていた。彼は生前、こうした人々の反対意見を一貫して無知と偏見のせいにした。さらにつづく世紀では、彼のまいた種があちこちで花ひらき、彼自身も英雄的な殉教者、聖書解釈におけるガリレオ的な存在とみなされるようになった。人種の多様性を説明しようとする人類学者たちやユダヤ人の祖国を要求するシオニストたち、そして白人と黒人の異なる起源や黒人の劣等性を証明しようとする「黒人学」の専門家たちは、頭蓋骨の大きさを測定するだけではなく、聖書の解釈も試みていた。人類の過去と未来についてのラ・ペイレールの着想は、彼らの企てに資する格好の材料となったのだ。(6)

歴史家R・ポプキンの著作は、彼自身の手による先行研究を概観し、ラ・ペイレールを知的な文脈のなかにしっかり位置づけている。とりわけ、この人物が過去よりも未来に関心をもっていたことを示している点は特筆に値する。ラ・ペイレールは、予言的な作品『ユダヤ人の召還について』*Du rappel des juifs* などで、人類の未来について豊か

(4) Guy Patin, *Lettres*, ed. Joseph-Henri Reveillé-Parise (Paris, 1846), I: 296–297; II: 175; Marin Mersenne, *Correspondance*, ed. Cornélis de Waard et al. (Paris: Beauchesne, 1932–), XII: 364; XV: 98.

(5) Giuliano Gliozzi, *Adamo e il nuovo mondo* (Milano: FrancoAngeli, 1977).

(6) この段落とつぎの段落にかんしては Richard H. Popkin, *Isaac La Peyrère (1596–1676): His Life, Work and Influence* (Leiden: Brill, 1987) を参照。

な着想を描いている。彼の筋書きでは、ユダヤ人たちが主役を担っている。それによると、彼らはまもなく簡素化されたキリスト教に改宗することになる。そして、フランスの神聖な君主の導きによって「聖地」へと帰還する。こうして、イエスの到来を拒絶した過去の罪を洗い流して獲得するイスラエルの再建は、新しい千年紀のはじまりを記念するものとなる。つまり、ライオンが子ヒツジとともに休らうように、異なる人種がつぎつぎと調和のなかで共存していくというのだ。ラ・ペイレールはユダヤ人たちが中心的な役割を演じることを執拗なまでに信じていたが、それこそが彼を聖書解釈に向かわせ支配していたものだ。旧約聖書は人類全体の歴史ではなく、神が人知では測りがたい方法で選んだユダヤの民の歴史を語るものだと、彼には信じる必要があった。ユダヤ人たちに歴史上の居場所を与えるため、同時に彼の改宗計画の正しさをユダヤ人たちにもキリスト教徒たちにも確信させるために、前代未聞の解釈を提示しなければならなかったのだ。先行研究者たちと同様にポプキンも、ラ・ペイレール自身がユダヤ教徒からの改宗者「マラーノ」であり、この出自こそがユダヤ人たちへの傾倒を説明するのではないかとしている。しかしこの見解を裏づけてくれる決定的な証拠はみつかっていない。ポプキンが示したのは、多くの一七世紀人たちの例にもれず、ラ・ペイレールにあっても予言が歴史叙述を支配していた点だ。これは重大な意味をもっている。

　ラ・ペイレールの狙いがこうして明確にされたとしても、彼の手法の評価については曖昧なままだ。彼は異教徒たちの史料や学問を聖書に結びつけようとした。彼は、聖書が「古今を問わず、ありとあらゆる異教の記録、すなわちカルデア人たち、エジプト人たち、スキタイ人たち、中国人たちの記録とも素晴らしく一致する」ことを示そうとした。[7] とりわけ彼が信じていたのは、バビロニアやエジプトの諸王朝が長大な年月を支配し、これらの国の天文学者たちが何千年にもわたって技術の完成度を磨いていたという歴史家シチリアのディオドロスをはじめとする人々の主張であった。これらの要素が外側から、そして予言が内側から刺激を与え、彼にペンをとらせた。しかし同時に、異教徒とユダヤ教徒たちの記録や天文学と歴史を調和させようとして、ラ・ペイレールは初期近代の学問においてもっとも複雑で論争が絶えなかった分野に足を踏みいれた。この分野での彼の歩みについて、総括がなされなければならない。

ラ・ペイレールの試みは斬新だったとはいえない。すでにみたように、スカリゲルやカゾボンの世代以降、初期近代の多くの学者たちが古典研究と聖書研究を、ラテン語やギリシア語とヘブライ語やアラビア語を、そして文献学と数学を無理なく結びつけてきた。ケプラーのような科学者が古典テクストにもとづいて深奥な歴史探究にたずさわっていたし、スカリゲルのような人文学者も精密科学と呼べる体系的な仕事をしようとしていた。当時は多くの博学な人々が、今日では高くて越えがたいものにみえる各学問分野をへだてる壁を自由に往来していたのだ。ラ・ペイレールはそのうちの一人にすぎない。たとえば、オランダ出身のヴォシウスは、古代における売春や中国について著述をのこしたウィンザー司教座聖堂参事会員だった。その彼も、ラ・ペイレールを夢中にさせた年代学の難問を解こうとしたし、「聖書に記述のないことであれば、なんでも信じる」と評される人物であった。そのようなヴォシウスは、この伝統の典型的な住民だといえるだろう。

さらに、ラ・ペイレールは最先端の論題をとりあげただけではなく、流行の知識人サークルに信頼をよせて行動していた。パリでは、天文学的な問題について原子論者ガッサンディ（Pierre Gassendi, 1592–1655）と、地図製作法についてロベルヴァル（Gilles Personne de Roberval, 1602–1675）と議論を交わしている。北欧旅行中には、博識なデンマークの医学者ウォルミウス（Ole Worm, 1588–1655）の友人となり書簡をやりとりした。ウォルミウスは、関心をひい

(7) Isaac La Peyrère, *Prae-Adamitae* (s. l., 1655), ch. 7, 29; idem, *Men before Adam* (London, 1656), 18.

たものを自然の事物から古遺物にいたるまできわめて幅ひろく収集し、さらにはヴァイキングの使ったルーン文字やアイスランド語を研究したり、農夫たちの慣習を探査するために片田舎まで出かけたりした人物だ。(8) ラ・ペイレールも人類史や自然誌にふかく関心をはらっており、古代史料と同じくらい熱心にクジラの仲間イッカクの角を調べた。彼はアイスランドとグリーンランドについて一九世紀まで標準的なものとして使われることになる魅力的な記述を残した。一六六〇年ごろ、彼はパリの文人モンモール（Henri Louis Habert de Montmor, c. 1600-1679）の非公式な科学アカデミーに参集した人々と知りあった。オランダの科学者ホイヘンス（Christiaan Huygens, 1629-1695）は、「アダム以前派のラ・ペイレール氏」との魅惑的な出会いについてパリ滞在日記に記録している。(9) つまるところ、ラ・ペイレールは、ホッブズ（Thomas Hobbes, 1588-1679）やパスカルといったパリに集った最先端の学者たちと同じ空気を吸っていたのだ。

したがって、学問にたいするラ・ペイレールの非常に大胆な貢献を、彼が生きた学術世界に結びつけるのは自然なことだろう。結局のところ、彼が称賛した碩学たちは異教徒の歴史が遠大だという彼の信念、そしておそらくは聖書の不完全性にたいする彼の信念をもささえる古代史料を公刊していた。すでに本書の第三章でみたように、スカリゲルはバビロニアの「先史」Urgeschichte についての真正のベロッソスによる悩ましい説に光をあてた。また、真正のマネトーによる古代エジプトの諸王のリストを公刊して擁護した。スカリゲルの計算によれば、この衝撃的なリストは天地創造の以前からはじまっていた。こうして彼は、前章までにみてきたペタウィウスやゲラルドゥス、ヴォシウスやマーシャムといった人々を巻きこむ論争を起こしていた。

それにつづく世代のソッスス（Gulielmus Sossus, fl. 1622-1632）は、対話篇『歴史における神について』*De numine historiae* のなかで、いっそう明確に太古の異教徒たちの叡智を擁護した。それによると、古代ローマのユダヤ人歴史家ヨセフスは「ノア以前の人間」antenoëmici mortales がみずからの叡智を刻んだという二本の石柱とレンガについて描写している。そのうち一本はノアの大洪水を生きのび、後世の異教徒たちにもユダヤ人たちにも「夜明け前の歴史についての華麗にして確実な証言」floridum et certum [...] historiae antelucanae testimonium を与えた[10]。さらに、歴史家リュディアのクサントス（Xanthos, 5c BC）から劇作家ヘルミッポス（Hermippos, 5c BC）や哲学者ヘルモドロス（Hermodoros, 4c BC）にいたるまでのギリシア人たちは、異教の予言者ゾロアスターを非常に古い時代に生きたと考えた。エウドクソスにいたっては、この予言者をプラトンの死より六〇〇〇年も以前においた。七十人訳聖書はアダムをキリスト生誕の五二〇〇年前に生きたとしたので、ゾロアスターはアダムと同一視されることもありえた。もっと可能性が高い説は、ゾロアスターとは洪水直後の人物ミツライムのことであり、プラトンの三〇〇〇年前とすべきところを単純な間違いで六〇〇〇年とされてしまったというものだ。対話篇の登場人物ベロッソスが対話の相手に向かって語りかけている——

この考えを採用するなら、宇宙の起源についてゾロアスターは非常に多くのことを知っているのだから、彼がお

（8） Mersenne, *Correspondance*, XVI: 198-199. またウォルミウスの学問研究の例については、彼の著作 *Fasti Danici*（Copenhagen, 1633）［および小澤実「ゴート・ルネサンスとルーン学の成立：デンマークの事例」『知のミクロコスモス：中世・ルネサンスのインテレクチュアル・ヒストリー』（中央公論新社、二〇一四年）、六九―九七頁］を参照。

（9） Henri L. Brugmans, *Le séjour de Christian Huyghens à Paris et ses relations avec les milieux scientifiques français*（Paris: Droz, 1935）, 154, 155, 156, 159.

（10） Gulielmus Sossus, *De numine historiae liber*（Paris, 1632）, ch. 46 [47], 199.

びただしい書物で説明していることだけを考慮すればよいのだ。(11)

逆説的なことだが、ルネサンス期に流布した「古代神学」prisca theologia の信念の土台となった『ヘルメス文書』のような文献に有罪宣告がくだされていたにもかかわらず、こうした知的環境にある伝統が勢力をとりもどすという状況が生まれた。

ラ・ペイレールは一六一一七世紀の人文学の大著を引用している。ディオドロスやキケロといった古代の著作家たちだけではなく、かつて「サルマシウスの『厄年について』」からも知見をえていたことを認めてもいる。(12) より現代的な表現でいうなら、「博学と乱雑による比類なき金字塔」、すなわちライデン大学でスカリゲルの後任となった新教徒の学者サルマシウスことクロード・ソメーズ（Claude Saumaise, 1588-1653）の『厄年についての論争』*Diatribae de annis climactericis* からだ。(13) 彼は英国の詩人ミルトン（John Milton, 1608-1674）を批判し、ラ・ペイレールの友人となった。そして、古代カルデアの天文学者たちが何千年も観測をつづけてきたと主張するディオドロスやキケロを引用したが、それは彼らを否定するためであった。長きにわたる混乱の伝統にしたがって、ソメーズはベロッソスをカルデア天文学の達人でオリエントの叡智を西方に伝えた人物としつつも、月が自分自身の光で輝いていると考えていたと指摘し非難する――

カルデア人たちは四七万年ものあいだ星辰を観察しつづけたのに、月の光が自分の輝きなのか、借りものなのか決められないとは驚くべきことだ。(14)

くわえてソメーズは、カルデア人たちの占星術についての考えが滑稽なもので、オリエント文化の古代性と真正性を証明するものではないとした。彼の見解はラ・ペイレールとはあきらかに正反対だ。

同じことが、ラ・ペイレールの参照したもうひとつの典拠についてもいえる。スカリゲルが『年代宝典』に収録したエジプト王朝の一覧に、彼はけっして明言することがなかった。おそらく、この難解な大著を読んだことがなかったのだろう。しかし同じスカリゲルの『年代校訂』には言及している。自分たちの王朝が西暦一五九四年より八八〇〇七三年前に創始されたとする中国人たちの主張についての箇所だ。ラ・ペイレールはすこし間違った引用をしているが、この説は信用に値するとした。フェニキア人やアメリカ原住民たちの主張と合致するからだ。しかし彼は、同時につぎのことも認めた。スカリゲルがこの年数を「驚異的な」prodigiosa もので、それは中国が西洋と遠く離れており、中国の学者たちが聖書について無知なせいだと考えていた点だ。[15]

学識がある読者たちは、ラ・ペイレールが使用している古典史料をなんなく解体することができたが、それも驚くことではない。ル・プリウール（Philippe Le Prieur, ?-1680）は、ラ・ペイレールを反駁するためにピコ・デッラ・ミランドラを引用している。[16] また、カルデア人たちの観測記録はナボナッサル王の即位以降しかないとするプトレマイ

（11） Sossus, *De numine*, 214. この年代特定についての古典史料、後世の典拠についてはJoseph Bidez & Franz Cumont, *Les mages hellénisés* (Paris: Les Belles Lettres, 1938/1973), II: 7-62 を参照。

（12） Isaac La Peyrère, *Systema theologicum* (s. l., 1655), 3.6, 151-152; idem, *A Theological Systeme* (London, 1655), 168.

（13） Manilius, *M. Manilii Astronomicon liber I*, ed. Alfred E. Housman (Cambridge: Cambridge University Press, 1937), xv.

（14） Claude Saumaise, *De annis climactericis et antiqua astrologia diatribae* (Leiden, 1648), praefatio.

（15） La Peyrère, *Systema*, 3.7, 160; idem, *Systeme*, 177.

（16） Philippe Le Prieur, *Animadversiones in librum Praeadamitarum* (s. l., 1666), 121.

オスの証言だけが信用に値すると上述のシモンは主張した。(17) 彼らは、この不遜な聖書否定者に対抗するために人文学の伝統が味方となることを知っていた。

逆説的なことだが、聖書にたいするラ・ペイレールの批判的な態度は、当時の最先端の古典学を斜に構えることなく受容したところからきていた。彼はスカリゲルやソメーズから知見を盗用しつつ、データが織りこまれた主張を和らげたり無視したりした。ラ・ペイレールが浅学だとするシモンは正しかった。(18) 彼は当時の知の巨人たちから肝心要なところをくすねていたが、学者としては見劣りするのだ。

こうした精査の結果としてラ・ペイレールの学識が消しとんでしまったとしても、それだけいっそう彼の知性は強い印象を与える。とくに、専門家たちが『ヘルメス文書』といった異教のテクストに適用したような分析術をもっていなかったことを考えると、「モーセの五書は元祖ではなく、元祖のひき写しにすぎない」という聖書にたいする彼の過激な考え方もいっそう鋭敏なものにみえる。(19) イタリアの唯物論者たちや英国の悲劇作家マーロウ（Christopher Marlowe, 1564–1593）、いやホッブズさえも、彼のような粘り強さでテクストを分析することはなかった。テクストは継ぎ目のない天女の羽衣のようなものではなく、人間の手によってつくられた継ぎはぎだらけだということを、これほどまでに示した人間はいなかったのだ。

研究者たちは、たとえば中世ユダヤの顕学イブン・エズラ（Abraham Ibn Ezra, c. 1089–c. 1167）の聖書注釈にみる洞察などをラ・ペイレールの先例として言及する。しかし、あきらかに彼はそうした先例を知らなかった。彼はあまりにも無学であったのだ。実際、彼の思想にもっとも近い類似例は学術界ではなく、世俗の異端信仰の世界にあった。本章の冒頭でふれたジュルネは、ほんの少しのドイツ語をのぞいて外国語をまったく知らない貧しい学校教師であったが、聖書にたいするラ・ペイレールの異議申し立てを先取りしているところもあり、聖書の正統性や一貫性を否認するという彼の態度をほのかに予示している。たしかに二人は多くの点で異なっている。ジュルネのキリスト教批判は明示的かつ過激であった。しかし類似点も顧みられてしかるべきだ。どちらも学者としての職業訓練をうけていない。そうした訓練をうけていれば、たとえ意味のなさそうなテクストの一節でも、じつは意味をもっていること、そしてその理由を理解することができたのであろう。しかし、二人はそうではなかった。そして二人とも、テクストそのものを何度も読み返して一貫性と確実性を求め、書かれた時期もバラバラな古代の聖典を集成したものには当然あるだろう矛盾や混同を発見した。二人とも、真理にたいする強烈な欲求をもっていた。そして、真に神の業なのだとしたらあらゆる点で秩序だっているはずだという確信をもっていた。そのため、最後にはテクストを細切れに分断してしまったのだ。

シモンのような優れた分析力ある批評家もふくめた神学者たちを激昂させたのは、ジュルネやラ・ペイレールの聖書解釈がもつ素人的な性質だった。メスの町の牧師シャサニオン（Jean de Chassanion, 1531-1598）はジュルネの見解について報告しつつ、彼の死から聖書解釈についての意味ぶかい教訓を引きだしている――

> このことは、どのように聖書解釈に身を捧げるべきかについて警告を与えている。まず、神についての絶対に間違いのない真理が聖書に披瀝されていることを確信しなければならない。頭の片隅においてさえもそれに反する

---

(17) Richard Simon, *Lettres choisies* (Rotterdam, 1704), II: 18.

(18) Simon, *Lettres*, II: 27.

(19) La Peyrère, *Systema*, 4.1, 185: "Hae causae me movent, quare libros quinque illos, non Mosis archetypos, sed excerptos et excriptos ab alio credam." Cf. idem, *Systeme*, 204-205. 英訳は原典を要約してしまっている。

ことを考えてはならないのだ。[20]

ラ・ペイレールにたいするシモンのまなざしは、やさしい苛立ちにみちている。しかし、その彼ですら、「ギリシア語もヘブライ語も知らないのに、聖書の一節について新しい意味を見出すことに身を捧げたいと主張する」のは注目に値すると感じていた。[21] ラ・ペイレールも学があったなら、聖書が提起していると思われる問題の多くは気のせいだと考えただろう。テクストの絶対的な権威を疑うことも、ましてやシモンのように強力な武器でもって疑うように他人を仕向けることもしなかっただろう。

もし二世紀後だったなら、ラ・ペイレールは伝道集会のうしろに立って、「牧師さん、カインの妻はどこから来たのですか」と叫んでいたかもしれない。あるいは、図書館に足しげく通ってシェイクスピアの戯曲を徹底的に調べ、英国の哲学者フランシス・ベイコンが真の作者である証拠を探そうとしたかもしれない。もし一世紀前だったなら、ジュルネや通称「メノッキオ」こと異端者ドメニコ・スカンデッラ（Domenico Scandella, 1532-1599）らとともに火刑に処せられていただろう。[22] ラ・ペイレールはぴったりのタイミングで、あらゆるテクストを疑問視できる民衆的な懐疑主義と、一片の強力な人文学的な学知とを融合させた。このふたつの結合は、彼自身は属さなかった学術界を刺激し、引き裂き、そして変質させてしまうのに十分な力を秘めていた。

ラ・ペイレールの性格の一端が、生き残りに決定的な役割をはたしていたかもしれない。ひょうきんな一面をもっていた彼は、批判者たちを激怒させただけではなく、楽しみをも与えた。イエズス会の総長さえも、教皇と一緒に『前アダム派』を読んで二人とも大笑いしたと述べている。ラ・ペイレール自身も死の淵にあってさえ、懺悔するよりも、危うい冗談をとばしていた。聴聞司祭が「あなたの魂は自由となり、この世を発つときがきたのです」と語りかけると、「どこに行ってほしいですか」とラ・ペイレールは応えた。[23] 当時の学者たちにとって、ラ・ペイレールは「学ある道化師」だったのではないか。彼の著作には、滑稽さや皮肉をしめす意図があったのではないか。現代の研究者にとって、彼の世界に深入りすることは困難だし、冗談というものは過去のあらゆる言説でもっとも解釈が難しいことで悪名高い。鋭いユーモア感覚をそなえた歴史家なら、ラ・ペイレールによるバロック的な逆説の小川の流れの行く手を探りあて、水面下に横たわっている現実を感じとることができるだろう。しかし、ユーモアの深い分析を人文主義的な伝統の研究に期待する人などいないだろう。目下のところは、つぎの点を確認して満足しよう。すなわち人文主義者たちは、しばしば上流社会の文化的な伝統ではなく、民衆の伝統に属する人々や著作と対話をしなければならず、それによって人文主義は挑戦をうけると同時により豊饒にもなったということだ。

(20) Peter (1981), 152-153.
(21) Simon, *Lettres*, II: 27.
(22) Carlo Ginzburg, *The Cheese and the Worms* (Baltimore: Johns Hopkins University Press, 1980) = C・ギンズブルグ『チーズとうじ虫：一六世紀の一粉挽屋の世界像』杉山光信訳（みすず書房、二〇一二年）を参照。
(23) Dino Pastine, "Le origini del poligenismo e Isaac La Peyrère," in idem, *Miscellanea Seicento* (Firenze: La Nuova Italia, 1971), 7-234.

第九章　ヴォルフ序説——近代歴史主義の誕生

【要約】

ポリツィアーノを筆頭とする人文主義者たちが古典テクストの解釈に試行錯誤していた一五世紀のイタリアを出発し、これらの手法を文献学や歴史学、年代学に応用したスカリゲルやカゾボンたちが生きた一六世紀のフランスや英国をへて、人文主義と新科学の融合を体現したケプラーが活躍した一七世紀初頭のプラハまで、われわれは長い道のりを旅してきた。この遠大な旅を締めくくる第九章は、それに相応しい入魂作だ。ここでは、現代の人文諸学の基礎を与えたと考えられている一九世紀ドイツの古典文献学や教養主義が、こうした伝統と密接な関係にあったことが示されるだろう。

この物語の主人公は、一九世紀ドイツの歴史文献学の祖といわれるギリシア学者ヴォルフだ。古典研究を古代における「人間性の探究」と位置づけた彼のプログラムは、ゲーテやフンボルトさえも魅了した。ここでは、すぐれて独創的だと考えられてきたヴォルフの視点や手法が、彼の先行者や同時代人たちのものと丁寧に比較され、その関係があぶりだされていく。そこから彼の仕事の大部分は、すでに存在する伝統的なものにヒントをえていたことがわかるだろう。

とくに最終節では、ヴォルフのホメロス研究が当時の旧約聖書学を手本としていたことが、本章のクライマックスとして提示される。そして、ドイツのヘブライ聖書学でもっとも論争的な著作を執筆したとされるアイヒホルンの研究が、彼の直接的なモデルだったことが証明される。この人物は、聖書のテクストが長年にわたる改変を受けたものだと考え、その変遷史を再構築しなければならないと主張した。こうした考えに感化されたヴォルフは、ホメロスの叙事詩がもつ秘密の深奥へと入りこんでいくのだった。

はじめに

一九〇八年の時点でも、古典文献学は風刺の対象となるぐらいの影響力を維持していた。風刺を書いたのは、作家ハトヴァニ・ラヨシュ（Hatvany Lajos, 1880-1961）だ。彼の『学ぶ価値がないものについての学問』は、ある年にベルリンの一学生がとった古典学の授業ノートを辛辣なパロディの対象にしてみせた。講義を担当した教授たちは、悪夢のような学問の化け物として描かれている。その一人であるラテン語教授ヴェープケはいう――

ここで動詞 vivamus は「生きよう」という意味だけではなく、「生を楽しもう」という意味もある。『ラテン語碑文集成』*Corpus inscriptionum Latinarum* の碑文に、この表現が同じ意味で使われている［…］。(1)

こうした無意味な解説を山積させることで、抒情詩人カトゥルスが恋人レスビアに宛てた詩の魅力もそのなかに埋

（1） Ludwig Hatvany, *Die Wissenschaft des nicht Wissenswerten: Ein Kollegienheft*, 2. ed.（München: Müller, 1914）, 6. ハトヴァニについては Frederic Lilge, *The Abuse of Learning: The Failure of the German University*（New York: MacMillan, 1948）, 109; *Mythology and Humanism: The Correspondence of Thomas Mann and Karl Kerényi*, ed. Alexander Gelley（Ithaca: Cornell University Press, 1975）, 112, 171-172 を参照。

没してしまっていた。またギリシア語教授は、プラトンの『プロタゴラス』の解説で、古代の生活における日々の細々したことを洪水のようにまき散らしている――

諸君、ごらんのとおり、［ソクラテス一行にたいして］門番が扉をしめてしまった。この一節では、門がどのような構造だったかという疑問に誰もがぶつかるだろう。古代において扉をしめるとはいかなることかというのも、また重要かつ未解決の問題だ。(2)

ハトヴァニの仲間の学生たちも、教師たちと似たようなものだった。四月のある朝にハトヴァニの部屋に入ってきて彼を起こし、自己紹介した者がいた――「マイアーといいます。文献学の生徒です。なぜ私がこれほどまでに真剣なのか説明しにきました」。(3) さらにハトヴァニは、ギリシアの女性詩人サッフォー（Sappho, 7/6c BC?）の作品の断片から、彼女が女子寄宿学校の校長だったと架空のゼミ報告書のなかで主張した。(4)

手のこんだ風刺の例にもれず、ハトヴァニも深刻なメッセージをこめていた。それは、「古典古代学」Altertums-wissenschaft の作法への批判だ。とりわけその矛先はつぎのような要請に向けられていた。古典学の学徒はギリシア・ローマ世界のすべての側面に等しく関心をはらわなければならない。そして、すべてのテクストをこみいった政治や社会、そして物的な文脈におかなければならない。ハトヴァニにしてみれば、この手法は説明しようとしている文学そのものを破壊してしまうものだった。学生は無数の事実がつくる泥沼にはまってしまい、ひとつの芸術作品すら評価することができない。詩人カトゥルスの不確かな伝記の細部やローマ社会におけるペットとしてのスズメの地位に気を配ってばかりで、彼の詩に感動することもできないのだ。

たしかにハトヴァニは、一八世紀に古典学の礎石をおいた学祖たちは道を外れていなかったと認めている。啓蒙主義が支配する時代には、ホメロスとプラトンは血肉のかよった現実の人物とはみなされなくなっていた。「哲学者たち《フィロゾーフ》」の抽象的な知的ゲームのなかで、色あせた手駒になってしまったのだ。ふたたび彼らに命を吹きこむ唯一の方法は、古典学者フリードリヒ・アウグスト・ヴォルフ（Friedrich August Wolf, 1759-1824）らがしたように、古代人たちを色形までふくめて、そっくりそのまま直視することだ。つまり、公的機関と私生活、建築と神話、礼儀作法と貨幣制度などといった一見とるにたらないように思える詳細を熟知し、古代世界をありのままに想像できるようにするのだ。[5] しかし、ヴォルフの後継者たちは手段を目的に変えてしまった。彼らは古典文献を読まずに、とりつかれたように史料を調べ、作品を解体してしまう。しかもそれは新しい語彙録や資料集をつくるためであって、過去にたいする新しい視点を提起することはなかった。ハトヴァニは、このようなヴォルフの発見を歪めてしまう行為を告発しようとしたのだ。

ハトヴァニによる古典学者モムゼン（Theodor Mommsen, 1817-1903）やヴィラモヴィッツ（Ulrich von Wilamowitz-Moellendorff, 1848-1931）らの描写とは違って、彼のヴォルフ賛歌は論調においても内容においても型どおりのものだ。しかし、この点についてはもう少し調べてみなくてはならない。思想家・学者としてのヴォルフの独創性は、ハレ大

（2）Hatvany (1914), 14.

（3）Hatvany (1914), 7.

（4）Hatvany (1914), 91-106: "Sappho und die sapphische Liebe: (Eine missratene Seminararbeit)." ハトヴァニが風刺の対象としている解釈は Horst Rudiger, *Sappho, Ihr Ruf und Ruhm bei der Nachwelt* (Leipzig: Dieterich, 1933), 102-109 (Welcker); 150-153 (Wilamowitz) を参照。

（5）Hatvany (1914), 15.

学教授として彼が生みだした業績にあらわれている。ゲッティンゲン大学が輩出した厳格だが前途の有望な若き人材として、彼は一七八三年にハレ大学にやってきた。のちの彼自身の証言によれば、ゲッティンゲン大学では比類ない図書館から大きな収穫をえたが、師である古典学者ハイネ（Christian Gottlob Heyne, 1729–1812）の講義からはあまり学ばなかった。中等部にあたるギムナジウムでの教育活動は大成功だったが、出版物はほとんど生まなかった。一八〇六年から七年ごろ、大学の閉鎖にともなってヴォルフはやむなくハレを離れることになったが、そのころには彼は北ドイツにその名が知れわたる学者となっていた。とくに講義やゼミが有名となり、文豪ゲーテ（Johann Wolfgang von Goethe, 1749–1832）でさえカーテンの裏に隠れて彼の教えに接しようとしたほどだった。ヴォルフは、独創的な研究者や有能なギムナジウム教師たちからなる一学派をつくりあげた。さらに彼は、当時なお欧州におけるギリシア学の中心地だったライデン大学の教授職を打診されたが、丁重に辞退した。複数の記録が教えてくれるように、こうした時期をとおして彼の教育や研究、そして知的生活はひとつの目的に向けられていた。それは一七—一八世紀の不毛な衒学を新たな歴史文献学におきかえることだった。(6)

以上のような従来の説明を評価するためには、たいていの人文学の歴史にみられる整然とした見取図が描ける知の風景の外にとび出さなければならない。ヴォルフの考えや業績を、彼の先行者たちや同時代人たちのものと比較しないといけない。それらは何百という忘れさられた書物群に埋もれてしまっている。しかも、そうした書物の斬新さを感じさせる題名は読者に希望をいだかせるが、すぐにシミのついた紙と読みづらい活字で意気消沈させられてしまう。多くの場合、その内容は歴史家たちには専門的すぎるし、古典学者たちにはあまりにも古ぼけているからだ。したがって、そうした表紙をもつ一八世紀文化の埃にまみれた分野のほとんどが、未踏のままであっても驚くことはない。しかし、この闇のなかの知的な核心に踏みこむのは価値あることかもしれない。そこでの収穫は、ヴォルフの思想にたいする新しい背景となるだろう。そして彼の考え全体も個々の成果も、まったく異なるように見えてくるだろう。

独創性

思想家としてのヴォルフの独創性は、彼が「文献学の百科全書」についての講義で述べた古典古代学の総合プログラムによくあらわれている。彼はそれを幅ひろいテクストや問題に適用している。歴史の浅いハレ大学では、何年ものあいだ教育理論家たちが現代的で実践的な科目に肩入れして、ギリシア語やラテン語を捨てさるよう求めていた[7]。ヴォルフは、古典研究が価値ある知識を提供しつづけていることを証明しなければならなかった。そして、文献学の中心テーマを古代ギリシアの民族性に定めた。彼によれば、「古代における人間性についての知識」に貢献することで古典学の各分野は価値をもつ。そうした知識は、「有機的に発展をとげた重要な民族文化を古遺物の研究にもとづいて分析して獲得できる[8]」。もちろん古代ギリシアの文化は、他のどんな文化よりも有機的な発展をとげ、重要性をもっている。それを理解するためには、学生は古代世界についての知見をもたらしてくれる二四分野すべてに精通し

---

(6) ヴォルフについては幅ひろい先行文献があげられている Manfred Fuhrmann, "Friedrich August Wolf," *Deutsche Vierteljahrsschrift für Literaturwissenschaft und Geistesgeschichte* 33 (1959), 187-236 を参照。英語では Mark Pattison, "F. A. Wolf," in Friedrich August Wolf, *Essays*, ed. Henry Nittleship (Oxford: Oxford University Press, 1889), I: 337-414; Rudolf Pfeiffer, *History of Classical Scholarship from 1300 to 1800* (Oxford: Clarendon, 1976), 173-177 が最良だ。

(7) Cf. Charles E. McClelland, "The Aristocracy and University Reform in Eighteenth-Century Germany," in *Schooling and Society*, ed. Lawrence Stone (Baltimore: Johns Hopkins University Press, 1976), 146-173.

なくてはならない。たとえば、文法やテクスト批判などの「入門的」な分野や、地理学や神話学などの「物質的」な分野だ。[9] そうして学生は、証拠となるあらゆるデータを扱うことができるだろう。より重要なのは、文書史料を歴史にもとづいて読む、つまりそれが書かれたときの状況や理由、意義にてらして読めるようになることだ。こうして、学生たちはギリシア精神の発展をたどることができるだろう。各時代のギリシア精神は、当時の言語や芸術、社会・政治生活にしっかり反映されているからだ。独立自尊と創造性にかけては比類ない古代ギリシア人たちが、魂の全能力を調和させて働かせるようになっていく様子をみれば、現代人もまた自分たちの魂の力を覚醒させ、利用することができるだろう。たしかに、現代人は古代ギリシア人たちについてすべてを知ることはできない。しかし、彼らの世界や文化を自分自身のものにする真剣な努力をすれば、精神と魂は気高いものになるだろう。当世の学生たちも、さまざまな証拠にあらわれるギリシア精神の諸相を「ある意味では当の古代人たちよりも」よく理解できるはずだ。[10]

こうしたヴォルフの計画はみごとに考えぬかれ、説得力をもち、典拠のたしかな理解にもとづいたものだった。しかし、斬新ではなかった。研究プログラムとしては、師ハイネの方法とほとんど変わらない。研究者C・メンツェやW・メトラーが示したように、学者は歴史学の手法をとりいれ、あらゆる関連分野とあらゆる形態の証拠を活用しなければならないとハイネも考えていた。[11] たとえば、彼はホメロスについての講義で、詩人の生涯にかんして知られていたこと、故地イオニアの文化や詩人が利用した神話的な背景、トロイア戦争の地理的な設定などを入念に扱っている。彼はイオニア地方の「方言や商業、慣習、そして言語の優雅さと洗練度」をアッティカ地方のものと比較することで、ホメロスの世界の全体像を描いた。[12] また、テクストの細部をギリシア文化史の全体への糸口として利用していた。たとえば、『イリアス』第一巻五九九行でホメロスは、神酒を注いでまわる鍛冶の神へパイストスの姿をみて「消すべくもない哄笑」が神々のあいだに起ったとしている。これにたいするハイネの説明はこうだ――

ここで「笑い」gelôsという語は、「喜び」を意味しているにすぎない。まだホメロスの時代は原始的であり、「笑い」という語で「喜び」を表現するしかなかったのだ(13)。

換言すれば、神々は「面白がっている」ではなく、「喜んでいる」とホメロスは表現したのだ。当時のギリシア語は抽象語、とくに精神状態のような高次の事柄をあらわす単語を欠いていた。これはほかの原始的な言語と同様であり、ハイネはそのことを人類学の成果から知っていた。だから、ホメロスは既存の具体的な単語やイメージを使うしかなかったのだとした。その実践がいかに洗練されたものではなかったにしても、ハイネの方法は発想において明確

（8） Friedrich August Wolf, *Darstellung der Alterthums-Wissenschaft* (1807), in idem, *Kleine Schriften* (Halle, 1869), II: 883.

（9） ヴォルフが言及する学問分野のリストは Wolf, *Kleine Schriften*, II: 894–895 を参照。議論については August Böckh, *Encyklopädie und Methodologie der philologischen Wissenschaften*, ed. Ernst Bratuscheck (Leipzig: Teubner, 1877), 39–44; Giorgio Pasquali, *Filologia e storia*, 2. ed. (Firenze: Le Monnier, 1964), 67–73; Jay Bolter, "Friedrich August Wolf and the Scientific Study of Antiquity," *Greek, Roman and Byzantine Studies* 21 (1980), 83–99 をとくに参照。

（10） Wolf, *Kleine Schriften*, II: 825–826.

（11） Werner Mettler, *Der Junge Friedrich Schlegel und die griechische Literatur: Ein Beitrag zum Problem der Historie* (Zürich: Atlantis, 1955); Clemens Menze, *Wilhelm von Humboldt und Christian Gottlob Heyne* (Ratingen: Henn, 1966).

（12） フンボルトの覚書にある記述と具体例は Karl Wilhelm von Humboldt, *Gesammelte Schriften* (Berlin: Akademie, 1907), VII-2: 550–553 を参照。以下 *GS* と略記する。Cf. Peter B. Stadler, *Wilhelm von Humboldts Bild der Antike* (Zürich: Artemis, 1959), 17–25.

（13） Humboldt, *GS*, VII-2: 553.

に歴史的なものであり、文法学的なものではなかった。[14]

しかし、そのハイネ自身も現代の研究者たちがいうほど独創的ではなかった。彼の所属したゲッティンゲン大学は、いうなれば一八世紀ドイツの貴族たちのためのものだった。一七三四年に創設され、官僚の育成を目的としていた。その教程が重視したのは、政府の要請と密接に結びついた歴史や統計学、政治経済といった社会哲学の分野だった。アッヘンヴァル（Gottfried Achenwall, 1719–1772）やガッテラー（Johann Christoph Gatterer, 1727–1799）をはじめとする歴史学派では、未来の官僚たちが古文書学や印章学、貨幣研究の訓練を積むことによって、情報を取捨選択して事実を抽出する手法を学ぶことになっていた。「統計学」という分析ツールによって、自国の歴史を王位の承継としてではなく、人口や自然資源、気候や社会制度といった恒常的な特性のしかるべき結実とみることを可能にさせた。[15] ガッテラーの歴史研究所の開設にハイネがよせた祝辞が、この学派の基本理念をみごとに要約している——

風習や儀礼、社会制度、法律、芸術、技術といった人間知性の産物のすべてを知らなければ、歴史を正しく研究することはできません。そして、これらの背後にある諸原因も知らなくてはなりません。とりわけ、その土地と気候がもつ性質、それらがもたらす恩恵を知らなくてはいけないのです。作為的に手直しをくわえたり、改悪したりしなければ、自然に種子が発芽するかのように、ここからすべての現象が必然的に生じるのです。[16]

ヴォルフがハイネの講義にあまり出席せず、彼の歴史の手法について聞くことがなかったとしても、こうした基本理念を駆使した彼の研究を知っていた。たとえば、論文「プトレマイオス朝時代の精神」でハイネは、精妙さや細部への愛着、新奇で驚異的なものへの欲求といったあらゆる思考分野に通底する特質をカギとして、ヘレニズム精神を描写している。これらの特徴を説明するために彼が言及したのが、オリエントの諸文化との接触、政治からの隔絶、卓越した学識といったエジプトにおけるギリシア系の知識人たちの地理的・政治的・文化的な状況だった。[17] このハイネによる研究計画を利用し、それにしかるべき言及をしながら、ヴォルフは一七九五年の『ホメロス序説』*Prolegomena ad Homerum* で、ヘレニズム期の知識人たちがどうしてそこまで文法的・文献学的な著作の細部に努力を注いだのか説明している。[18]

ゲッティンゲン大学の学者たちは、他所で確立された諸原理も教えていた。ハイネが『イリアス』と『オデュッセイア』を原始的な詩として扱ったさい、彼は英国の旅行家ロバート・ウッド（Robert Wood, 1717?-1771）にも多くを負っていた。そのことを彼の同僚の聖書学者ミハエリス（Johann David Michaelis, 1717-1791）が、ウッド宛の書簡で示唆している——

ハイネやベックマン（Johann Beckmann, 1739-1811）、そして私の三人は、あなたが読んだ方法でホメロスは読ま

（14） Cf. Menze（1966）, 12-13.

（15） たとえば Herbert Butterfield, *Man on His Past: The Study of the History of Historical Scholarship*（Cambridge: Cambridge University Press, 1955）, ch. 2; Peter Hans Reill, *The German Enlightenment and the Rise of Historicism*（Berkeley: University of California Press, 1975）を参照。ハイネによる積極的な統計学の手法の利用は Carlo Antoni, *La lotta contro la ragione*, 2. ed.（Firenze: Sansoni, 1968）, 153-156 を参照。

（16） Christian Gottlob Heyne, *Opuscula academica*（Göttingen, 1785）, I: 287.

（17） Heyne, *Opuscula*, I: 76-134. また Mettler（1955）, 46-97 に長尺の議論がある。

（18） Wolf, *Prolegomena ad Homerum*, 3. ed.（Halle, 1884; repr. Hildesheim: Olms, 1963）, ch. 41, 145. ヴォルフの注では「プトレマイオス朝時代の精神についての論文で、ハイネは博学ぶりを発揮してこれらの問題をこなしている」。

れるべきだと思っています。われわれは、ドイツでは誰もがこのようにホメロスを読むべきだと考えているのです。(19)

そのウッド自身は、有名なイタリアのシピオーネ・マッフェイ（Scipione Maffei, 1675-1755）宛の書簡で、その数年前にナポリの法学者グラヴィーナ（Giovanni Vincenzo Gravina, 1664-1718）が展開した議論をいくぶん練磨していた。(20)もっと一般的な事例をあげれば、ハイネのライプツィヒ大学での師でもある美術史家クリスト（Johann Friedrich Christ, 1701-1756）は、一七二〇年代にすでに異なる学問分野を結びつけることを提案していた――

ローマ法を学ぶ学生は、古代人たちの生活についてできるだけ明瞭なイメージを抱くことに細心の注意をはらうべきだ。しかし目の前に現物がなければ、視覚的なものを正しく説明することは無理だろう。だから古遺物研究家たちは、古代における使用状況のイメージを保存している古銭や壺、大理石細工やその他のものを収集すべきなのだ。(21)

クリストは視覚的な証拠に魅了されていて、古代の芸術作品を愛らしい素朴な彫刻技術で再現さえしている。たがいに補完する証拠群をひとつにまとめようという彼の願望は、自分とは異質だった古代社会の諸相にときとして首尾一貫した説明を与えた。一例として、「美しい尻」aux belles fesses という類型で知られる女神ウェヌスの彫像についての議論をとりあげよう。なぜウェヌスは衣服をまくしあげているのか。彼の考えでは、女神は古代ギリシアでは「動物の仕方」more ferarum とつつましく表現される体位で性交しようとしているのだ。(22)そして彼は、ドイツにおいては、肛門性交や類似する行為は一般的ではないとつづける――

それは、われわれが品行方正だからというよりも、北方の寒冷な気候によるものだ。ときには家畜を誘惑するヒツジ飼いたちを法律でしばるのも必要ということは別として。(23)

だからクリストは、この彫像の版画を掲載してドイツの読者たちを驚愕させることはしない。しかし、それもフランスでは事情が違ってくると彼は認めている。なにしろヴェルサイユ宮殿には「美しい尻」のウェヌス像がおかれているのだから――

> 時代が違えば慣習も異なる。ギリシア人やローマ人たちの書物が示しているのは、彼らがこの種の彫像をわれわれのように嫌ったのではなく、愛して崇めてさえいたということだ［…］。かの［ローマ］時代にあって、少年を愛することは、ギリシア人たちの時代のように称賛に値するとは考えなかったが、非難に値するとは考えられて

---

(19) ミハエリスによる一七七〇年のウッド宛書簡は Robert Wood, *An Essay on the Original Genius of Homer* (1769 and 1775) (Hildesheim: Olms, 1976), xiii*. B・ファビアンが情報を提供してくれた。

(20) グラヴィーナの議論では、ウェルギリウスとホメロスの差異は才能自体よりも、むしろ描こうとした文化的・政治的な世界の違いによる。彼はあきらかにホメロスをより原始的だとみている。

(21) Johann Friedrich Christ, *Noctes academicae* (Halle, 1727), II: 99.

(22) Christ, *Noctes*, II: 102-111. ウェヌスは同時に前からも後ろからも性交しようとしているのだとクリストは考えた。Christ, *Noctes*, II: 105.

(23) Christ, *Noctes*, II: 105-106.

いなかった。詩人マルティアリスの妻は間違いなく立派な婦人だったが、「あなたがそんなに男の子たちに夢中でも、私にだってお尻はありますのよ」と夫に抗議してはばからなかった[24]。

これはまさに歴史相対主義の見本だ。クリストはドイツでは傑出した存在だが、ヨーロッパ全体ではそうではない。彼の同時代人でフランスの古物収集家ケリュ（Anne Claude de Caylus, 1692-1765）は、似たような古遺物にたいして、似たような領域の問いを発している[25]。実際、一六―一七世紀に生きた文献学者や古物研究家たちは、史料を豊かな文脈のなかに位置づける方法をすでに知っていたのだ。ドイツの博学者ホルステニウス（Lucas Holstenius, 1596-1661）はライデン大学でギリシア語を、イタリアで考古学の実践を学んだが、「ペルペトゥアの受難」*Passio Perpetuae* が古代末期の法的・宗教的・文化的な背景のもとに上演された悲劇の記録だと非常によく心得ていた[26]。殉教者ペルペトゥア（Perpetua, 3c AD）が目にした光景がどのようなものかを知るために、彼は古代の地下墓所《カタコンベ》に残された芸術品を利用する。その手さばきは鮮やかだ――

「ヒツジ飼いに扮した男がヒツジの乳をしぼっている」In habitu pastoris oves mulgentem. キリストは、当時の祈禱堂や聖器に描かれていたような姿でペルペトゥアの前に現れた。福音書がヒツジ飼いという呼称と役割を彼に与えていたので、初期のキリスト教徒たちはキリストをこのもっとも愛すべき姿で信者たちに示すことを好んでいた。そして信者たちは、このヒツジ飼いが牧するヒツジたちと呼ばれていた。イタリアの学者ボシオ（Antonio Bosio, c. 1575-1629）の『地下ローマ』*Roma sotterranea* には、墓石からとられた多くの場景がおさめられている。そのほとんどがキリストをヒツジ飼いの姿で、ヒツジの群れとともに描いている。乳しぼりをするヒツジ飼いという、まさにここで示されている姿だ。[27]
ホルステニウスが採用した手法は、彼の師クルウェリウス（Philippus Cluverius, 1580–1622）に教えられたものだった。そしてそれは元をたどれば、クルウェリウスの師スカリゲルの手法なのだった。[28]
ヴォルフが自分の計画を各史料に適用するところを観察すれば、彼の仕事の大部分が伝統的なものだったことが裏

---

(24) Christ, *Noctes*, II: 106. クリストについては Erich Schmidt, *Lessing*, 3. ed.（Berlin: Weidmann, 1909）, I: 40–48; Alexander Potts, *Winckelmann's Interpretation of the History of Ancient Art in Its Eighteenth-Century Context*, Ph. D. Diss.（London, 1978）, I: 94–98 を参照。後者は博士論文で、ウォーバーグ研究所に所蔵されている。ヴォルフによるクリストの評価については、ゲーテ『ヴィンケルマンとその世紀』によせた書簡 *Goethes Briefe an F. A. Wolf*, ed. Michael Bernays（Berlin, 1868）, 129 を参照。

(25) Max Wegner, *Altertumskunde*（Freiburg: Alber, 1951）, 85–87.

(26) ホルステニウスについては Roberto Almagià, *L'opera geografica di Luca Holstenio*（Vatican: Bibliotheca apospolica Vaticana, 1942）を参照。原始教会は Sergio Bertelli, *Ribelli, libertini e ortodossi nella storiografia barocca*（Firenze: La Nuova Italia, 1973）, ch. 3 を参照。ただし使用には注意を要する。Gisella Wataghin Cantino, "Roma sotterranea: Appunti sulle origini dell'Archeologia cristiana," *Ricerche di storia dell'arte* 10（1980）, 5–14 は文献リストが充実している。Helge Gamrath, *Roma sancta renovata: studi sull'urbanistica di Roma*（Roma: L'Erma di Bretschneider, 1987）も参照。

(27) Lucas Holstenius, *Passio sanctarum martyrum Perpetuae et Felicitatis*（Roma, 1663）, 118.

(28) クルウェリウスとスカリゲルについては Erasmus（1962）を参照。初期近代ヨーロッパにおける人文学の歴史については十分なものが書かれていない。最良の入門編は Wegner（1951）, 75–101 だろう。もっとも鋭い分析は Momigliano（1950）だ。また Kendrick（1950）; Pocock（1957）; Ellenius（1960）; Iversen（1961）; Rossi（1969）; Cantelli（1971）; Dupront（1976）も有益で独創的な研究だ。Borghero（1983）は射程がひろい。

打ちされる。彼が一七八九年に校訂した古代ギリシアの雄弁家デモステネス（Demosthenes, 384-322 BC）の『レプティネスへの抗弁』がその好例だ。これが印刷されたとき、彼は一枚一枚を学生たちに配布した。一見してこれは、新しい「古典古代学」の輝かしい見本のようだ。はっきりとヴォルフは、この著作を自分の解釈学の一般則に結びつけている。「『抗弁』の解説に役だつものと『抗弁』から学べることの双方」を論じていて、「当時の弁士が演説をするのを実際に聞いた人々と可能なかぎり同じように、この弁論を理解できる」と読者たちに約束している。(29) ヴォルフの「序説」は『抗弁』を要約し、その文体を分析するだけではなく、問題となっているアテナイの公共奉仕や『レプティネスへの抗弁』が属する法的な行為の形態を簡潔で明快な文章で解説している。(30) この序説は学生たちに多大な刺激を与え、一九世紀末まで標準的な文献でありつづけた。学生たちのなかには、ヴォルフの構想を大著『アテナイ人の国家財政』に発展させたベーク（August Böckh, 1785-1867）のような人物もいた。(31)

口に出していないが、ヴォルフには手本があった。それは当時の人物でもなければ、ドイツ人でもない。「法律屋」にして、フランス学士院の碑文・文芸アカデミーの会員でもあったトゥレイユ（Jacques de Tourreil, 1656-1714）だ。彼は一七二一年に編集したデモステネスの著作で、つぎのように述べている。真剣な読者ならば——

当時のアテナイ人たちと同じように行動し、考えなくてはならない。アテナイ人たちの感覚や先入観を自分のものとし、彼らの興味や関心、論争、嫉妬や恐れ、希望をとりこまなくてはならない。さもなければ、デモステネスは演説の聴衆を見出せないだろう。(32)

トゥレイユはくり返し力説する。「われわれの慣習にてらして」(33) 奇妙に思える事実や事件も、「古代の慣習の文脈におきなおせば、驚くべきことはまったくない」のだ。ヴォルフと同様、彼もアテナイの法制度をひろく扱い、たくみ

で的確な注釈をほどこしていた。[34] ヴォルフは脚注でトゥレイユのもつフランス風の明晰さを賛嘆しているが、じつは

---

(29) Wolf, *Prolegomena*, in *Demosthenis oratio adversus Leptinem cum scholiis veteribus et commentario perpetuo*, ed. Friedrich August Wolf (Halle, 1789), cxxxxv. 二番目の文章については、次注参照。ヴォルフの解釈学は Joachim Wach, *Das Verstehen* (Tübingen: Mohr, 1926), I: 62-82; *Philologie und Hermeneutik im 19. Jahrhundert*, ed. Helmut Flashar et al. (Göttingen: Vandenhoeck, 1979) を参照。後出のゼムラーからえたものについては研究の余地がある。Hans W. Frei, *The Eclipse of Biblical Narrative: A Study in Eighteenth and Nineteenth Century Hermeneutics* (New Haven: Yale University Press, 1974), 246-248 を参照。

(30) Wolf, *Prolegomena in Leptineam*, lxxxxv.

(31) *The Speech of Demosthenes against the Law of Leptines*, ed. John E. Sandys (Cambridge: University Press, 1890), xliii-xlv. Cf. Böckh (1877), 166:「研究にあってもっともすぐれた解釈者とは、中庸を守る者のことだろう。これについてはヴォルフが『レプティネスへの抗弁』注釈で模範を示している」。

(32) Jacques de Tourreil, "Préface historique," in *Œuvres de Mr. de Tourreil* (Paris, 1721), I: 266. トゥレイユは一七一四年に死去するが、私が閲覧できたのは一七二一年の四つ折判と十二折判だけだ。これは古い版に大幅に加筆されたもののようだ。彼の生涯およびデモステネス訳が公刊された諸形態ついては Georges Duhain, *Un traducteur de la fin du XVIIe siècle et du commencement du XVIIIe siècle: Jacques de Tourreil, traducteur de Démosthène (1656-1714)* (Paris: Champion, 1910) を参照。

(33) たとえば「一六クデの高さをもつ三つの像」についての見解を参照。*De corona*, 91, in *Œuvres*, II: 529:「港にそれぞれ一六クデの高さの像が三つ建てられるということ。この像がとてつもない大きさだと思う者もいるかもしれない。われわれからしてみれば、実際とんでもない高さだ。だが古代人の慣習にてらしてみれば驚くことはない。周知のように古代人たちは、庇護者に謝意を示すためしばしば巨大な像を建立したのだ」。Cf. Duhain (1910), 252.

(34) たとえば、三段櫂船についての手際のよい説明は Tourreil, *Œuvres*, II: 535-539 を参照。

そこから予想される以上に借用もしている。[35] 三段櫂船についてヴォルフは、つぎのように論じていた。矛盾する記述が古代には多くあるが、船の構造自体が「大幅に変更されることが一度や二度ではなかったこと」に気づいた研究者ならば、その矛盾も解消できる。[36] 同じ話題に、トゥレイユはつぎのような注釈をくわえていた――

問題をここまでわかりにくくしているのは、三段櫂船において絶えず起きていた変化だ。古代の著作家たちは各々、自分の時代の状況を記述するものだから、この変化のせいで、たいていのところで見解が相違してしまったのだ。[37]

さらにヴォルフは、多種多様な聴衆に向かって演説をする場合、反復は耳障りなものではなく、効果的なことを示そうとした――「演説は、読む者と聞く者とでまったく異なる作用を与える」。[38] これは、彼が口承あるいは部分的に口承をふくむ文化で演説のおこなわれる状況に敏感だったことを示す典型的な例だ。しかしそれも、じつはトゥレイユの適切な所見を改訂したものなのだ――

こうした反復も、演説が向けられた人々の立場に立ってみなければ、その必要性を見誤ることになる。[39]

もちろんトゥレイユはフランス的な基準から外れる人物ではなく、彼も同僚ラ・キュルヌ・ド・サント・パレ(Jean-Baptiste de La Curne de Sainte-Palaye, 1697-1781)による中世研究に典型的にみられる分野横断的な手法を実践する能力をもっていた。[40] だから、ドイツの学生と観察者たちが、ヴォルフの教育プログラムに好意的だったのも驚くべきことではない。[41] 彼は博学な先行研究者たちが知っていたことを雄弁に、そして的確な言葉で学生たちに伝えたのだった。

古典学のみならず、当時の文化全体も改革の対象としたことは、ヴォルフの独創性として積極的に論じてよいかもしれない。これは、非政治的なドイツ人の先駆たるハイネが世間から距離をおくことを大事にしていたのとは対照的だ。しかし、従来の主流だったこうした理解はハイネにたいする誤解をはらんでいる。[42] ハイネは、自由に発言できる恵まれた環境のゲッティンゲン大学を愛して活用した。一七六〇年代には、アメリカでの革命の可能性について建国の父ベンジャミン・フランクリン（Benjamin Franklin, 1706–1790）と議論を交わしている。そして、さしせまった当時の諸問題を理解するカギとして古典研究をとらえていた。古代のアテナイ民会による政治家フォキオン（Phocion,

（35） Wolf, *Prolegomena in Leptineam*, lxxxv-vi, n. 58.

（36） Wolf, *Prolegomena in Leptineam*, c.

（37） Tourreil, *Œuvres*, II: 535. これはトゥレイユの独創ではない。また Samuel Petit, *Leges Atticae*（Paris, 1635）, 3.4, 271: "Ratio autem Trierarchiarum subinde mutavit [...]" を参照。

（38） Wolf, *Praefatio in Leptineam*, xxxxix-l.

（39） Tourreil, "Préface historique," in *Œuvres*, I: 266.

（40） トゥレイユの業績は傑出しているが、Duhain（1910）; Ulrich Schindel, *Demosthenes im 18. Jahrhundert*（München: Beck, 1963）, 78-81 は非凡さを強調しすぎている。背景は Gossman（1968）を参照。

（41） 一七八七年のヴォルフの『ギリシア劇についての四部集』*Tetralogia dramatum Graecorum* にたいする以下の見解はきわめて正確だ。*Humanistisches Magazin*, 1788, 271:「アリストファネスのなかでも彼は『女の議会』を選んだ。それはとりわけこの喜劇が、アテナイ人の思考様式・風習・国制をみごとに描きだしているからでもある」。ヴォルフの序説は *Kleine Schriften*, I: 287 を参照。

（42） Menze（1966）によるハイネとフンボルトの比較を参照。

c. 402–c. 318 BC）の弾劾を彼が擁護したことや農地法にかんする彼の小論は、どちらも当時の政治的な危機にたいしての間接的な論評だった。(43) しかし、ヴォルフとその師ハイネを対照的にとらえる理解にも一理ある。幅ひろく歴史学の訓練を積むこと自体が精神と魂にとって最良の修練になるというヴォルフの主張は、ハイネにはみられない。古典の価値についてのハイネの主張は人文主義的な伝統に根ざしていたが、一七七〇年代にはまったく説得力に欠けるものとなっていたのだ。(44)

だがヴォルフのプログラムは、彼による発明品ではない。それは親友だった言語学者フンボルト（Karl Wilhelm von Humboldt, 1767–1835）に負うところが大きい。フンボルトの自己執着心は「ウェルテル」世代の人としても異常な強さで、みずからの精神や感性の力を鍛える最良の方法を考えることに人生の大部分をつぎこんでいた。彼は一七九〇年代にヴォルフに感化されてギリシア文化がカギを握っていると理解し、「古代人の研究について」と題した小論をヴォルフに送っている。(45) これをヴォルフが自分の講義で援用し、一八〇七年に公刊した『古典古代学の叙述』*Darstellung der Altertumswissenschaft* で引用したのだ。(46)

ヴォルフの方もフンボルトとの書簡や会話から学ぶところがあった。もちろん彼は、自分独自のやり方でそれを定式化した。フンボルト自身も、「古典古代学」を「古代における人間性についての知識」と定義したのはヴォルフだと認めている。(47) しかし、ヴォルフの主義主張でもっとも傑出したものは借り物だった。一例をあげれば、言語は人間性の「もっとも高みにあるもの、もっとも深奥にあるもの」を伝達するものという記述は、フンボルトのヴォルフ宛書簡そのままだ。(48) さらに、ヴォルフが『古典古代学の叙述』の脚注で引いたフンボルトの草稿が提示している論点は、彼自身が到達していない鮮明さと一般性をもっていた――

作品よりも著者、作品そのものよりもそれが生まれた時代について考えるとき、古代の作品の研究はもっとも有益なものとなる。人間についての真の理解、哲学的な理解にまでいたることができるのは、この方法だけだ。民族の性質やその状況のすべてを把握し、民族のあらゆる側面を、それら相互の関係のなかで理解するようにするからだ。誰も探究の完遂を望むことはできないが、このような理解に達しようとする努力こそが、万人に必要不可欠なものといえるだろう[…](49)。

思想家としてのヴォルフの重要性は、彼の独創性にあるのではない。むしろ、英国の歴史家ギボン(Edward Gibbon, 1737-1794)にみられるように、さまざまな領域の哲学や学識からえた材料を融合させる能力にあったのだ。ハイネは、教育改革のための強力なプログラムを提出できなかった。フンボルトは自分の求めていた教育がどのような種類のものであるべきか、詳しく把握していなかった。ヴォルフは独創性という点ではこの二人におよばなかったが、彼の懐のふかい精神が強力なマニフェストを提出することを可能にした。また『古典古代学の叙述』の短所でさえ、

(43) Jacob Bernays, *Phokion und seine neuere Beurtheiler* (Berlin: Phocion, 1881), 1-14, 100-102.
(44) Heyne, "Epistola... ad auctorem," in *Fragmenta Stesichori Lyrici*, ed. Johann Andrea Suchfort (Göttingen, 1771), xliii-xlvii.
(45) Humboldt, *GS*, I: 255-281. Cf. Stadler (1959), 32-53.
(46) Stadler (1959), 53-56.
(47) フンボルトの一七九三年一月二三日付ヴォルフ宛書簡。Humboldt, *GS*, V: 18.
(48) Wolf, *Kleine Schriften*, II: 870. フンボルトの一八〇四年六月一六日付ヴォルフ宛書簡。Humboldt, *GS*, V: 266-267.
(49) Wolf, *Kleine Schriften*, II: 884-885 n.

幸運な結果をもたらした。ヴォルフの残した問題を解決するために、先述のベークはじめとする人々はさらなる努力することになったのだ。(50)

技術的な探求

研究者としてのヴォルフの独創性は、彼の一般理論にあるのではなく、技術的な探求にあるだろう。なかでも一七九五年に出された有名な『ホメロス序説』があげられる。彼が上述した一連の問題をたてて解決し、再解釈することにほぼ二〇年を費やしてから公刊した著作だ。周知のように、ここで彼が主張したのは、ホメロスの標準的なテクストは当初の詩がもっていた姿とはほんど一致しないということだ。第一に、ホメロスは文字を書くことを知らなかった。当時のギリシア人たちは読み書きができなかったのだ。だから彼は、『イリアス』や『オデュッセイア』といった非常に長い叙事詩をつくることはできなかった。彼の詩は、ドルイド教徒や古代ゲルマン人たちの哀歌のように短いものだったのではないか。吟遊詩人たちが丸暗記して、聴衆に朗唱できる長さだったに違いない。また、彼らは自由に変更をくわえた。改変された詩歌は、アテナイの僭主ペイシストラトス（Peisistratos, 6c BC）の時代になるまで書きとめられることもなく、一貫性のあるまとまった叙事詩としては存在していなかった。第二に、アテナイの文字テクストは、古代アレクサンドリアの「改訂者たち《ディアスケウアスタイ》」diaskeuastai によってさらなる変更や改訂がなされ、部分的に削除や増補がされたのだ。ゼノドトス（Zenodotos, fl. 280 BC）、ビザンティオンのアリストファネス（Aristophanes, c. 257-185/80 BC）、アリスタルコスといったヘレニズム期の批評家たちだ。現存の写本は、最後にこのアレクサンドリア期の改訂をうけて、原文とは異なったかたちで伝わっているものだ。現代の校訂者たちは、アレクサンドリア版の復元で満足するのが精一杯だ。どの部分が本当にホメロスにまでさかのぼるのか、けっして知ることはできない[51]。

『ホメロス序説』は激しい反応を誘発した。ある長い脚注で「サイは投げられた」といっているように、ヴォルフは自分の仮説を斬新で大胆なものとして提示した。賛同者もなかにはいた。ホメロスを現代ドイツ語訳で甦らせたフォス（Johann Heinrich Voss, 1751-1826）は非難したが、民謡の熱心な研究者だったヘルダー（Johann Gottfried von Herder, 1744-1803）は賛同した。ゲーテは自作の叙事詩を後押しするものと理解した。自分の作品について、余計な心配をする必要がなくなったのだ。しかし、従来から抱いていたホメロスの統一性や完全性にたいする信念にしたがって、『ホメロス序説』を退けた。師ハイネは好意的にとらえ、ヴォルフの主要な議論の幾つかはよく知られたものだと示唆した。ホメロス学者のヘルマン（Gottfried Hermann, 1772-1848）は、編集方法をめぐるきわめて厄介な問題を鮮やかに解決するものだと考えた[52]。

ホメロスが詩を書いたわけではなく、歌い手の記憶に保存されてきただけなので、大幅な改変をうけているという議論は、じつは一八世紀の文芸理論ではありふれたものだった。先述のウッドは、ホメロスもケルト古歌「オシァン」と同様で、別々の哀歌が数世紀にわたる口承をへて、学識のある伝承採集者による意図的な介入の結果、現在の

---

(50) Böckh (1877). Cf. Benedetto Bravo, *Philologie, histoire, philosophie de l'histoire* (Wrocław: Polish Academy Press; repr. Hildesheim: Olms, 1968).

(51) たとえば Richard C. Jebb, *Homer: An Introduction to the Iliad and the Odyssey* (Glasgow: Maclehose, 1894), ch. 5; Giuseppe Broccia, *La questione omerica* (Firenze: Sansoni, 1979), 121-125 は激しい反対論。Murrin (1980), 189-196 はたしかな判断にもとづく賛成論。

(52) Richard von Volkmann, *Geschichte und Kritik der Wolfschen Prolegomena zu Homer* (Leipzig: Teubner, 1874), ch. 4-5.

一貫性を手に入れたものにすぎないと論じた――

最近、この島の北部で収録された珍しい古代詩の断片と同様に、ギリシアにおけるこれらの詩の秩序ある編纂は、嗜好と判断にもとづいた作業だったのだ。先述したリュクルゴス（Lycurgos, 7c BC ?）、ソロン、ペイシストラトス、ヒッパルコスといった偉人たちは、同様の功績をホメロスについて主張できるだろう。「フィンガル」英雄譚の編者は才気煥発で、「オシァン」によってその功績が讃えられている。(53)

ヴォルフはギリシア文字がホメロスの時代よりも後代の発明だと示そうとして、ウッドがあつめた証拠を利用した。まだ彼は、真のホメロスについてのイタリアの哲学者ヴィーコのさらに複雑な考えを知らなかった。しかし、読み書きがギリシア人たちに伝わったのは遅かったというフランスのルソー（Jean-Jacques Rousseau, 1712-1778）をはじめとする当時の批評家や哲学者たちが提案した考えを利用した。(54)

文芸批評家たちがホメロスの問題をとりあげる以前から、学者たちは類似した問題を提起していた。そもそも修辞家アエリアヌスや哲学者キケロとプルタルコスといった名だたる古代の著作家たちが、ホメロスの詩は大まかで曖昧なかたちで数世紀にわたり口承され、それから現在の確立された形式になったと主張していた。(55) 一五七二年にオランダのギファニウス（Obertus Giphanius, 1534-1604）は『イリアス』と『オデュッセイア』を編集するさいに、これらの考えをとりこんで、ホメロスのテクストについて短いが示唆にあふれる歴史をまとめた。彼はユダヤの歴史家ヨセフスを読んで、「複数の部分にある矛盾から［…］、ホメロスの詩にかつての混乱の痕跡がいまでも認められる」ことを知った。(56) 僭主ペイシストラトスがテクストに詩行を追加したといわれていることも知っていた。(57) このギファニウスのすぐあとに、カゾボンがさらに踏みこんで過激な結論を導きだした。彼は、一五八三年のディオゲネス・ラエルテイオスによる学説集への注解で述べている——

ヨセフスの言葉が本当ならば、ホメロスは文字に書かれた詩歌を残したのではなく、彼の作品はまず記憶によって、そしてずっと後代になって書きとめられて保存されたことになる。となると、たとえ最古の写本に依拠しても、われわれが正確な詩文にたどりつけたかを知ることはできない。書きとめられた叙事詩が、最初に創作されたものとはまったく異なるというのは、もっともな話だ。

おなじ一節に注釈をつけたフランスの古典学者メナージュ（Gilles Ménage, 1613-1692）も、それに同意している。ヴォルフが尊敬する英国のリチャード・ベントリーは、さらに踏みこんで、この叙事詩にはそもそも最初から統一性などなかったとした——

ホメロスが詩歌をうたったのは、祭事やその他の祝宴で歌って小遣いをかせぎ、拍手喝采をえるためだった。

（53）Wood, *Essay*, 279. John L. Myres, *Homer and His Critics*（London: Routledge, 1958）に引用がある。

（54）ヴォルフは、ヴィーコについてチェザロッティ（Melchior Cesarotti, 1730-1808）から学んだ。Melchior Cesarotti, *Prose edite e inedite*, ed. Guido Mazzoni（Bologna, 1882）, 393, 399; Wolf, *Kleine Schriften*, II: 1157-1166. ルソーについてはWolf, *Prolegomena*, ch. 20, n. 54 を参照。

（55）Jebb（1894）, 114-115.

（56）*Homeri Ilias seu potius omnia eius quae extant opera*, ed. Obertus Giphanius（Strasbourg, 1572）, I: 15.

（57）*Homeri Ilias*, ed. Guiphanius, I: 15.『イリアス』第二巻第五五七行以下へのギファニウスの注を参照。

『イリアス』は男たちのために、『オデュッセイア』は女たちのためにうたった。これらはまとまりのない自由な詩歌で、およそ五〇〇年後までひとつの「叙事詩」としてまとめられることはなかったのだ(58)。

ヴォルフはこうした見解をすべて知っていて、自著の脚注で多くを引用している。したがって、斬新で大胆な見解を提起したという彼の主張は、いくぶん不誠実なところがある。また、ヴォルフの批判者たちは彼の「文学的な不敬」を非難したが、これは彼の見解そのものよりも、それをはばかりなく公言し、ホメロス研究の基礎にしたことにあるのだ。逆説的なことだが、ヴォルフ自身は一八〇四年に、自説が敵対者たちのいうほど革命的なものではないと不平を述べている(59)。

一九世紀末以降には人文学の歴史を研究する優秀な人たちも、これらの論点を認めるようになった。これにたいして、ヴォルフの業績には興味ぶかいことはなにもない、控え目にみても独創的なものはないと主張する人々がでてきた(60)。一方で、『ホメロス序説』の独創性を擁護する人々もいた。彼らはその結論部に注目した。この専門的で人気度のさがる部分でヴォルフは、一七八八年にヴィロワゾン(Jean-Baptiste Gaspard d'Ansse de Villoison, 1750-1805)が公刊した『イリアス』のヴェネツィア古注を使って、アレクサンドリアの批評家たちがホメロスのテクストにおこなったことを詳しく分析している(61)。

この結論部で印象的なのは、たくみな技術と細部への目配りだ。ヴォルフは膨大な数の脚注のなかで、古代の主要な批評家たちや校訂者たちに帰される読みや解釈をすべて収集し、ヴェネツィア古注を徹底的に吟味している。古注家たちの術語や古代の校訂記号に細心の注意をはらい、古代の各批評家の著作について知りうることを可能なかぎり把握しようと努力している。すべての主張は、どれほど自明のことであろうとも、確固とした典拠と引用にもとづいている。たとえば、古代の流布本が大部分を先述のアリスタルコスの校訂本に依拠しているという主張の論拠を示そうとしてヴォルフは記している――

これにかんしては、「流布本はアリスタルコスにしたがった」episthê hê paradosis Aristarchôi という語句が第四巻第一三八行、第五巻第二八九行、第二〇巻三五七行についての古注にあり、「文法家たちは彼にしたがった」episthêsan autôi hoi grammatioi という語句は第一六巻第四一五行に、「彼の解釈はひろまった」epekratêsen hê anagnôsis autou は第一巻第五七二行、第五巻第六九行、第六巻一五〇行、第七巻第二八九行、第二二巻六七行に、あるいは「これが解釈の状況だ」houtôs echei ta tês anagnôseôs は第一一巻第六五二行と第二三巻第三八七行にある［…］[62]。

ヴォルフの著作は徹底しているだけではなく、洞察にもみちていた。一九世紀の古代学の手法を見慣れている者は誰でも、『ホメロス序説』を一見するだけで新鮮な驚きを感じるだろう。レールス（Karl Lehrs, 1802-1878）やルート

(58) Wolf, *Prolegomena*, ch. 39 & ch. 27 に引用されているが、それほど正確ではない。Cf. Jacob Bernays, *Gesammelte Abhandlungen*, ed. Hermann Usener (Berlin, 1885), II: 356-359; Jebb (1894), 105-106. ギファニウスもベントリーも、スカリゲルの父によるみごとなホメロスのテクスト批判に応答したのだ。Julius Caesar Scaliger, *Poetices libri septem* (Lyon, 1561) も参照。
(59) Wolf, *Kleine Schriften*, I: 237-239.
(60) Cf. Broccia (1978), 22-31.
(61) Cf. Pfeiffer (1968), 214; Timpanaro (1963), 26.
(62) Wolf, *Prolegomena*, ch. 47, 186 n. 27.

ヴィヒ（Arthur Ludwich, 1840–1920）といったヴォルフの後継者たちは、彼を論駁しようとした。そしてアリスタルコスら古注家たちを、彼ら自身と同様の専門家とみなしている。つまり、写本を校合して校訂版テクストを確立し、現代ドイツの古典叢書トイプナー版にあたるものとして公刊したというのだ。[63] しかし、歴史的な視点についてはヴォルフの方がずっと鋭い。ヘレニズム期のテクスト批判の目的は文学作品としてのテクストの改良にあったのであり、史料としてのテクスト保存ではなかったと彼は主張する――

当時の批評家たちを現代の技術水準をもとに想像しようという考えは、完全に捨てさらなくてはならない［…］。可能なかぎり正確にホメロスを再現しようとした者たちもおそらくいた。しかし彼らは、ホメロスに不整合や弱点などあってはならないと考え、躍起になって詩行を削除したり、ありもしないところに洗練さを付加したりした。こうした「技」すべては、批判力というよりも、ドイツ人のいう「審美眼」によるものだった。換言すれば、議論の尺度が文書学ではなく詩学にもとづいていたのだ。[64]

ヴォルフは、古代アレクサンドリアの人々が自分と違う意図をもっていたと責めているのではない。たんに、彼らの目的をきちんと理解すべきだと主張しているのだ。つまり、古代アレクサンドリアの校訂者たちが、テクストの「本当のかたち」を探究して写本を調べたのだとしても、その「本当のかたち」というのは「その詩人に一番ふさわしいと思われるかたち」のことであり、それはあきらかに古代アレクサンドリアの人々の恣意的な判断にもとづいていた。現代の研究者たちはこの点を認識すべきだとヴォルフは主張したのだ。[65]

一八世紀の校訂版においては、テクストの歴史から議論を開始するのは新奇なことではなかった。ヴォルフの師ハイネによる古代ローマの詩人ティブルス（Albius Tibullus, c. 55–19 BC）の作品の校訂がそうだ。[66] 有名なビポンティナ協会（Societas Bipontina, 1778–1794）の飾り気のない出版物でさえ、先行する版や注釈の書誌情報を入念にあとづけることからはじまっている。ハイネやその同僚たちは、充実した印刷本の蔵書を擁していたが、写本を求めて遠隔地の図書館をめぐる費用はなく、それでいて人文学の歴史に強い関心をもっていた。こうした要因から想像できるように、彼らは印刷本におけるテクストの変遷に関心を集中させた。模範的な書誌学の技能や歴史学的な洞察でもって、彼らは素朴なテクスト批判の方法しか知らなかったルネサンス期の編者たちの作品を注意ぶかく評価していった[67]。多くの場合、テクストの写本伝承については詳述されず、決定的な答えに到達できる望みは薄かった。たしかにハイネやライプツィヒの古典学者エルネスティ（Johann Heinrich Ernesti, 1652–1729）は、重要なテクスト上の証言をみつけ、写本の系譜を洞察する力をもっていた。しかしほとんどの場合に証拠を提出しなかった[68]。古代の版や異本が存在していたことは知っていたが、それを再構成しようなどとは思わなかったのだ[69]。

　ヴォルフは読者たちの期待をよそに、当代のホメロス研究の詳細な解説は求めないようにと警告している——

（63） Cf. Zetzel（1973）, 225–243; idem, "The Subscriptions in the Manuscripts of Livy and Fronto and the Meaning of *Emendatio*," *Classical Philology* 75（1980）, 56–57.

（64） Wolf, *Prolegomena*, ch. 38, 132–133.

（65） Wolf, *Prolegomena*, ch. 47, 183.

（66） *Albi Tibulli Carmina*, ed. Christian Gottlob Heyne, 3. ed.（Leipzig, 1798）, xiii- lxiv.

（67） *Carmina*, ed. Heyne, xxiii, xlvi-xlvii, lvii.

（68） Pasquali（1952）, 4-5 を参照。また Guelpherbytani についての記述が関心を引く。*Carmina*, ed. Heyne, xxxvi-xl を参照。

（69） *Carmina*, ed. Heyne, xv, xx n.＊＊

われわれが分析するのは、とりわけ古代の史料だ。現代の印刷本ではない。前者がテクストにもたらした変化に比べれば、後者による変化などは多忙な人間がかえりみるに値しない。(70)

ヴォルフは、この絞りこみが型破りなことを明示している。自身が編集した新版ホメロスの告知をイエナ市の『文学新聞』*Literatur-Zeitung* に出して、その斬新さを主張した。テクストがたどった古代の変遷を最初に掌握したのは自分だと主張する。(71) 一八世紀における序説というジャンルでは、『ホメロス序説』はいささか例外的だった。(72) しかし、それは予測可能な例外だった。当時の学者たちは、古代アレクサンドリア人たちの操作を分析しないで、ホメロスのテクストを確立することはできないとながらく考えてきた。たとえば上述のギファニウスは、ヘレニズム期の学者たちが切れ目のないホメロスの叙事詩を巻分けしたことを知っていた。さらに、「アリスタルコスがホメロスのテクストに偽作の疑いがある詩行がたくさん紛れこんでいるのに気づいて、それぞれに印をつけた」ことも知っていた――

アリストテレスをはじめとする古代人たちが引用している多くの詩行が今日のテクストにないのは、こうした理由からなのだ。われわれはアリスタルコス版を使い、彼らは違う版を使っていたのだ。(73)

すでに一六八四年の講演「ホメロス作品の全時代をとおした変遷について」で、バーゼル大学のヴェトシュタイン(Johann Rudolf Wettstein, 1614-1684)も同様な意見を表明していた。(74) 一方、ヴォルフが復刻した一六九六年に出された『ホメロス校訂史』*Historia critica Homeri* の著者キュスター(Ludolf Küster, 1670-1716)は反対意見を提出した。ビザンツ世界のエウスタティウスの注釈によると、ホメロスの流布版はアリスタルコスが否定した詩行をふくんでいて、それは彼の編纂した版ではない証拠だという[75]。

さらに、一七三二年にヴィッテンベルク大学のクラデニウス（Johannes Martinus Chladenius, 1710-1759）が入念に書きあげた二本の論文で、ギファニウスとキュスターを凌駕することとなった。活字になっているほぼすべてのギリシア語の古注から関連する例をあつめ、「作業場で仕事をする」古代の批評家たちをどのように研究すればいいか示したのだ[76]。彼の成果はヴォルフを先取りするものだった。古代の批評家たちの目標は、テクストの「本来の姿」を再現することではなかったのだ——

> 詩人の作品に完全性をもたらす批判ではなく、敬虔さをもたらす批判というものがあることを古代人たちは教え

---

(70) Wolf, *Prolegomena*, ch. 7, 17 n. 2.

(71) Wolf, *Kleine Schriften*, I: 587-590.

(72) 興味ぶかい類似として、一七九四年版のプルタルコス『モラリア』へのヴィッテンバッハ（Daniel Wyttenbach, 1746-1820）による序文を参照。*Opuscula*（Leiden, 1821）, I: 266-434 に再録。彼は証拠さえ揃えば対象とするテクストの古代史をたどると明言している（300-301）。

(73) *Homeri Ilias*, ed. Guiphanius, I: 16.

(74) Johann Rudolf Wettstein, *Pro Graeca et genuina linguae Graecae pronunciatione... orationes apologeticae*（Basel, 1686）, II: 155.

(75) Ludolf Küster, *Historia critica Homeri*（Frankfurt an der Oder, 1696）, 101-102. Cf. Wolf, *Kleine Schriften*, I: 196-197. ホメロスのテクスト変遷史についてバロック期の人文学者たちが知っていたことは Bleicher（1972）, 166-177 を参照。

(76) Johannes Martinus Chladenius, *De praestantia et usu scholiorum Graecorum in poetas diatribe secunda*（Wittenberg, 1732）, 17.

てくれるだろう。というのも、彼らは信仰(迷信といった方がいいかもしれない)に合致しないものは、なにひとつ認めなかったからだ。(77)

しかし残念なことに、クラデニウスはホメロスのテクストの変遷史や現状について詳しい結論を導きださなかった。一七八〇年代にもなると、平凡な学者たちまで古代アレクサンドリア人たちの営為についてなんらかの見解をもつようになった。たとえば、英国のトマス・バージェス(Thomas Burgess, 1756-1837)がいる。彼はのちに驚くほど軽信的な神学者となり、たとえば「ヨハネ句」*Comma Johanneum* を擁護した。また、正統教義とは異なるという理由から、『キリストの教えについて』がミルトンの手によるものではないと主張した。一七八一年にバージェスは、ホメロスのテクストは手直しがくわえられた「翻案」rifacimento なのだと記述している。イタリアの詩人ベルニ(Francesco Berni, c. 1497-1535)によるボイアルド(Matteo Maria Boiardo, 1441-1494)の詩作や、ドライデン(John Dryden, 1631-1700)やポープ(Alexander Pope, 1688-1744)といった英国の詩人によるミルトンの作品ほどではないにしても、詩人ヒューズ(John Hughes, 1677-1720)によるスペンサー(Edmund Spenser, c. 1552-1599)の著作より大きな度合いで改変されているという。彼の説明によれば——

古代から多くの批評家たちがホメロスを校訂しようとしてきた。現存する古注はしばしば、アリスタルコスや他の人々がくわえた修正に注意をうながしているが、この詩人についての注解はごく一部、それもとくに古いものの一部しか、われわれのもとには伝わっていない。だから、修正箇所の多くを認識することができず、今日ではホメロス自身による詩行だと考えられている、そのような場合が多いのではないだろうか。(78)

ヴォルフ自身はすでに一七八三年に、類似の事例をとりあげていた。ヘシオドスの『神統記』を校訂するさいに、彼は現存する古注があきらかにしてくれるのはヘシオドスに「注釈をくわえた人物の名前だけだ」と論じた。本当に満足のいく校訂版にするには、憶測ではなく明確な史料にもとづいて、「アレクサンドリアの批評家たちがこのテクストになにをしたのか、われわれのテクストはどの校訂に由来するものなのかを正確に」知らなくてはならないだろうとしている(79)。

ヴィロワゾンは、ヴェネツィア写本の校訂版によせた「序説」Prolegomena で、こうした伝統からたっぷりと引用している。彼の考えでは、自分が公刊する新史料こそが、バージェスやヴォルフがないと嘆いたものを提供するのだ――「私の古注の一大集成がこの混乱を収拾するだろう(80)」。さらにヴィロワゾンは、古注からえられる古代の批評家たちについての知見を収集しようとした(81)。ホメロスの著作の決定版テクストをつくるためには、古代アレクサンドリアの学問の批判的な歴史にもとづかなければならず、それはヴェネツィア古注に依拠することになるだろう。この点は、一七九五年より以前にすでに認識されていた。

---

(77) Chladenius, *De praestantia*, 17.

(78) Thomas Burgess, *Appendix*, in Richard Dawes, *Miscellanea critica*, 2. ed.（Oxford, 1781）, 416-417.

(79) *Theogonia Hesiodea*, ed. Friedrich August Wolf（Halle, 1783）, 58. 現在ではたいへん批判されているが、この版は当時きわめて重要視されていた。ハイネの編者への書簡（143-166）を参照。ヘルマンの注釈がくわえられた現ケンブリッジ大学図書館所蔵 Adv.d.83.21 もある。

(80) Jean-Baptiste Gaspard d'Ansse de Villoison, *Prolegomena*, in *Homeri Ilias*（Venezia, 1788）, lvi-lvii; Murrin（1980）, 257 n. 53, 56.

ヴォルフは自分が『イリアス』古注を詳細に扱った最初の人間ではないことを知っていたし、学生たちにもそう話していた。彼は、一七四七年にライデン大学のヴァルケナル（Lodewijk Caspar Valckenaer, 1715-1785）が提出したライデン写本 Voss. gr. fol. 64 についての記述が最初の重要論文だと考えていた――「それ以後、研究者たちは古注を書庫から引っぱりだすことに関心をもつようになった」。(82)

すべての古注は新しいものと古いもの、有用なものとそうでないものとが混ざっているとヴァルケナルは主張していた。彼のウォシアヌス写本には、ポルフュリオスに由来すると思われるホメロスの問題とそれにたいする解答、年代確定に有用だったビザンツ世界のエウスタティウスからの抜粋、セナケリム（Senacherim, 12/13c AD）という変わった名前の人物による多数の注釈（ヴァルケナルはこの人物が一二世紀か一三世紀の文法学者だと正しく推測した）などがふくまれていた。(83) 細心の注意をはらい、豊富な事例をあげながら、ヴァルケナルは欄外や行間にある注記を分析した。また、この写本や他のホメロス注解に使用されている術語を書きだしたり、記号を写しとったりして、それらの意味をあきらかにしている。彼は古代アレクサンドリアにおける学問の歴史全般に踏みこんだ関心をもったのだ――

「詩学の諸問題」の大多数は、古代アレクサンドリアの研究機関「ムセイオン」に起源をもっていると私は信じている。そこでは、学者たちが時間をみつけては、これらの問題をあれこれ考えてみごとな解答を見出していた。彼らは休日をこのように過ごして、もっと深刻な問題と格闘して消耗してしまった精神を元気づけていたのだ。ただ、もしこれが本当だとしても、この慣習は批判の動機を説明するものではない。動機をあきらかにしてくれるのは、おそらくはポルフュリオスが『イリアス』第九巻の末尾にくわえた注釈だろう。ライデン写本から冒頭部だけを引いておこう。ポルフュリオスはいう――「アレクサンドリアのムセイオンでは、問題が提起され、その解答が記録されるのが規則となっていた［…］」[84]。

しかし、ヴァルケナルは自分の方法が独創的でないことを認めている――

一七四四年にヘムステルフシウスという人物がアリストファネスの『プルートス』の古注に注釈したさいに、古注の正しい扱い方をあきらかにしている[85]。

このヘムステルフシウスことオランダ人ヘムステルフイス（Tiberius Hemsterhuys, 1685–1766）は、古注の歴史分析こそがギリシア学の中核をなすと主張していた。また、それを実践するための具体的な規則も定めていた。古注はす

（81）ヴォルフは多くをヴィロワゾンに負っている。たとえば古代にはアリスタルコスに帰されてきた第二の校訂が、アリスタルコスの死後に別人によってつくられたという示唆がそうだ。これについてはWolf, *Prolegomena*, 184; Villoison, *Prolegomena*, xxviiを参照。また、ホメロスと『クルアーン』のテクスト史比較も参照するとよい。Wolf, *Prolegomena*, 119; Villoison, xxiiin1. しかしヴォルフの歴史分析の方が首尾一貫していて精巧だ。たとえば「諸都市から」ek tôn poleôn と呼ばれるテクストについて、ヴォルフとヴィロワゾンがくわえた分析をそれぞれ参照せよ。Wolf, *Prolegomena*, 137; Villoison, xxvi.

（82）Friedrich August Wolf, *Vorlesungen über die Alterthumswissenschaft* (Leipzig, 1839), II: 167.

（83）Lodewijk Caspar Valkenaer, *Dissertatio de praestantissimum codice Leidensi, in his Hectoris interitus carmen Homeri sive Iliadis liber xxii cum scholiis vetustis Porphyrii et aliorum* (Leeuwarden, 1747), 133–135.

（84）Valkenaer, *Dissertatio*, 146.

（85）Valkenaer, *Dissertatio*, 12-13. 注釈がぎっしり書きこまれたヴァルケナルの所有したヘムステルフイス版は、現ケンブリッジ大学図書館蔵 Adv.d.72.8 だ。

べて「集合体」として扱われなければならない。ひとつの注釈に一致しない矛盾した釈義があるのは、ふたつの古注が合成されている証拠と考えるべきだ。(86) ここまでみてきたエティエンヌやカゾボン、ベントリーを引きあいにだしながら、彼は古典注釈者に特有の言語法を理解して分類する方法を示している――

しばしば文法学者たちは、「ということ」hoti という用語を使ったが、これを完全な一文として理解するには「に留意せよ」sêmeiou という語をおぎなわなければならない。(87)

このヘムステルフイスの見解は、オランダでの彼の後継者たちにも共有された。また、ギリシアの悲劇作家エウリピデスの『ヒッポリュトス』のもとになった初期の失敗作『ヒッポリュトス・カリュプトメノス』を復元するために、ヴァルケナルはホメロスのときと同様にエウリピデスについても古注を公刊し、それらとセネカやストバイオスも参照した。(88)

そして、ヴォルフと同時代のオランダで傑出していたギリシア学者ルーンケン(David Ruhnken, 1723-1798)は、ロドスのアポロニオスによる『アルゴナウティカ』の初稿について古注から証拠を引きだし、さらにプラトンの古注を編集するのに四〇年以上を費やした。(89) ヴォルフは、自分がこうしたオランダ流の「序説」Prolegomena の領域に足を踏みいれていることに気づいていた。ここから、彼が自分の作品を「テクスト批判の第一人者ダヴィド・ルーンケンに」献呈したことも理解できるかもしれない。(90)

またヴォルフは、自分がオランダのお家芸を侵犯した最初のドイツ人ではないことも承知していた。先述のエルネスティは、一七五三年のアリストファネスの『雲』の校訂において、ドイツのギリシア学を厳密なオランダの水準まで高めようとして古注を利用した。彼は古注を分析するさいの正しい観点を解説している――

最初に断っておかねばならないが、これらの古注（アルドゥス版のことだが）は、単著のような体裁をとっているし、「他の説明によれば」といった定型句で明示されてはいない。しかし、一人の人物の手によるものではない。文法学者たちによるアリストファネスやロドスのアポロニオスといった詩人たちについての注釈や古代の語彙集からの抜粋を寄せ集めたものだと考えるべきだ。まったく異なる種類の著作家からの抜粋であることさえある。歴史家トゥキュディデス、哲学者プルタルコス、風刺作家ルキアノス、『諸都市について』の著者ステファノス（Stephanos, 6c AD）などだ。名前が言及されることもあるが、ないこともしばしばだ。これらの寄せ集め自体も、一人の編者によるものではない。(91)

講義においてエルネスティは、改変がくわえられて混乱している古注を、学生がテクスト批評や歴史批評の基礎を学べる事例がつまった教材として利用した。彼の後継者ライツ（Friedrich Wolfgang Reiz, 1733–1790）も古注について

(86) *Aristophanis comoedia Plutus*, ed. Tiberius Hemsterhusius (Harlingen, 1744), xii–xiii.
(87) *Plutus*, 218. Cf. Jan Gerard Gerretzen, *Schola Hemsterhusiana*, Diss. (University of Nijmegen, 1940).
(88) *Euripidis Tragoedia Hippolytus*, ed. Lodewijk Caspar Valckenaer (Leiden, 1768), xvi–xx.
(89) Elfriede Hulshoff Pol, *Studia Ruhnkeniana*, Ph. D. diss. (Leiden, 1935), 134–136, 166–167.
(90) ヴォルフの動機の説明には矛盾するところがある。Siegfried Reiter, *Friedrich August Wolf: Ein Leben in Briefen* (Stuttgart: Metzler, 1935), I: 215 に所収の一七九六年九月一三日付シュッツ宛書簡を参照。Wilhelm Peters, *Zur Geschichte der Wolffschen Prolegomena zu Homer* (Frankfurt: Enz, 1890), 40 も参照。
(91) *Aristophanis Nubes*, ed. Johann August Ernesti (Leipzig, 1753), vi.

の講義をつづけた[92]。またハイネは、ウェルギリウスの古注家たちについて綿密な研究計画をたてたが、すでにルーンケンが先鞭をつけていたことを知って計画を断念した[93]。彼の弟子ジーベンケース(Johann Philipp Siebenkees, 1759-1796)は、ヴィロワゾン版の出版される二年ほど前の一七八六年に、ゲッティンゲン大学の『古代文学・芸術叢書』に『イリアス』の古注Aについて長大な論考を発表している。この入念な論考は、古代の批判記号や古注Aの各書の結尾に記された記名を扱っていた。これらの記名は重要なものだが、意味がわからず困惑する――

この写本では、ゼノドトスの校訂が頻繁に使われているようだが、記名の部分にゼノドトスが出てこないのは不思議だ[…]。おそらく、ゼノドトスの修正を参照して批判をくわえている古注は、たいていの場合それらを退けているが、これは[記名部分に出てくる人物]アリストニコス(Aristonicos, 1c BC)の注釈ではないだろうか[94]。

また、一七八〇年代から九〇年代にかけて、ドイツの研究者がいつもそうしていたように、オランダやドイツの外を見渡してみれば、英国やイタリアの研究者がまさに同じようなことを述べていることに気づく。筆頭にあがるのは、ヴェネツィアのボンジョヴァンニ(Antonio Bongiovanni, 1712-1762)だ。彼は一七四〇年に『イリアス』第一巻の古注Bに模範的な序説をそえて公刊した[95]。

こうした研究動向を考えれば、一七八五年にライプツィヒ大学のベック(Christian Daniel Beck, 1757-1832)が自説を補強するために、複数の単著を引用できたことは不思議なことではない。彼は、博士論文「ホメロスをはじめとする古代ギリシアの詩人たちへの古注が優雅さと魅力を増すために正しく適用できる理由について」*De ratione qua scholiastae poetarum Graecorum veteres, imprimisque Homeri, ad sensum elegantiae et venustatis acuendum adhiberi recte possint*を執筆し、上述のエウスタティウスより以前の古注は現存しないと定説から外れる主張をした――

「他の人々はエウスタティウスに競合しようとして彼を模範とし、あるいは彼の努力を凌駕しようとさえした」[96]。

一七七〇年の段階ですでに、ライプツィヒ大学のライスケ（Johann Jacob Reiske, 1716-1774）のような非凡な才をもった人物が古注研究を「一時の流行」と非難したのも当然だった——

> すべてが私の見解だけに依存しているなら、私のデモステネスではいっさい古注を考慮しなかっただろう。たいていの古注は中身のない木の実よりも空虚で、無益でくだらなく、子どもじみたものだ。文章は耐えがたい語法の間違いだらけだ。しかし、誰が流行に逆らって立ちつづけられるだろうか。だから、ローマの法律家ウルピアヌス（Ulpianus, c. 170-223）に帰される注釈の校訂については他人に譲るとして（これを手がけたいという者がいればの話だが）、ここではバイエルン写本やアウグスブルク写本にあるものだけ扱いたい。この写本が流布本より

---

(92) 私は、これらを一七八七—八八年冬学期のライツの講義についてヘルマンが記した覚書から推量した。これはヘルマンが所有した現ケンブリッジ大学図書館蔵 Adv.d.83.10 のエルネスティ版にある。

(93) *Opuscula Ruhnkeniana*, ed. Thomas Kidd（London, 1807）, praefatio, lix: sect. 12.

(94) Johann Philipp Siebenkees, "Nachricht von einer merkwürdigen Handschrift der Iliade des Homer, in der venetianischen S. Markusbibliothek," *Bibliothek der alten Litteratur und Kunst* 1（1786）, 70-71.

(95) *Graeca scholia scriptoris anonymi in Homeri Iliados lib. I*, ed. Antonio Bongiovanni（Venezia, 1740）. *Graeca D. Marci Bibliotheca codicum manuscriptorum per titulos digesta*（Venezia, 1740）, 243-244 に収録された古注Aと古注Bについての彼の記述を参照。これをはじめとした初期のホメロス古注公刊については *Scholia Graeca in Homeri Iliadem*（*Scholia Vetera*）, ed. Hartmut Erbse（Berlin: de Gruyter, 1969）, I: lxvii を参照。

(96) Christian Daniel Beck, *De ratione qua Scholiastae... adhiberi recte possint*（Leipzig, 1785）, viii-ix.

すぐれているというわけではなく（ほとんど同じだ）、そうした方がより目新しさがあり、よく売れると思えるからだ［…］[97]。

一七八八年までにドイツの学者たちは、古注Aや古注Bの歴史的な重要性を理解できるようになっていた。近刊の告知が好奇心をそそることにもなった[98]。そうしてヴォルフやハイネをはじめとする幾人かは史料を入念に検討するなかで、まるで牛乳から乳清を抽出するように、史料から有益なものをとりだせた[99]。一例として『古代文学・芸術叢書』の匿名書評家は、ヴィロワゾン版を活字になっているホメロスの古注すべてを調査する息の長い探究の出発点とみなしている。そして、それらの古注は幾つかの源泉にさかのぼることができると主張した[100]。エルランゲン大学のハーレス（Gottlieb Christoph Harles, 1738-1815）は、一七九〇年に出版されたファブリキウス（Johann Albert Fabricius, 1668-1736）の『ギリシア文庫』*Bibliotheca Graeca* 新版の第一巻で、ヴィロワゾンの見解とその批判者たちのものを驚くほど詳しく収集している。彼はあらゆる種類の古注をとりあげ、古代アレクサンドリアの学者たちの生涯やその散逸した著作について古注が伝える知見を収集した。そして、ファブリキウスによるエウスタティウスの扱いにならって、新しく作成された注に対応した索引をつけた[101]。

他の人たちと同様に、ヴォルフもヴェネツィア古注について興奮を隠しきれなかった。しかし、彼の扱いはハーレスによる要約とは著しく異なっている。一七九六年に『文芸新聞』の書評者シュッツ（Christian Gottfried Schütz, 1747-1832）が記しているように――

ファブリキウスのハーレス版とヴィロワゾンの『序説』を比べれば一目瞭然だが、ヴォルフ氏は研究をすすめるにあたり、「収集熱」Sammlerfleiss の競争以上のことをしていた。これは作品の背後にある意図を考えれば、きわめて評価できるものだ。歴史にもとづく論理だてをし、［諸事実を］たくみに関連づけたことで、彼は新たな成果をうちたて大きく傑出した存在となった。[102]

違いをより正確に表現するなら、ヴォルフは古注の歴史というよりも学問の歴史を書いたことになる。彼は古注が分析を必要とし、古代アレクサンドリアの各学者の活動時期と書誌の確定が必要となることを知っていた。しかし彼は、古代の批評家たちの技術的な手法を再構築することに心血を注ぎ、それによってホメロスの命運についての物語を復元した。すでにみたように、ヴィロワゾンをはじめとする学者たちもこの物語を古注に語らせなければならないことを理解していた。しかし彼らはそれをしなかった。[103] 逆説的なことだが、ヴォルフの興味は古注そのものには向け

---

(97) Johann Jacob Reiske, *Oratorum Graecorum, quorum princeps est Demosthenes, quae supersunt monumenta ingenii*, 2 (Leipzig, 1770): pt. 2, 4.

(98) たとえば Beck, *De ratione*, ix n. 21; Siebenkees, "Nachricht," I: 63 を参照。

(99) Volkmann (1874), 40–43.

(100) *Bibliothek der alten Litteratur und Kunst* 5 (1789), 26–55: 41–51.

(101) Johann Albert Fabricius, *Bibliotheca Graeca*, ed. Gottlieb C. Harles, 4. ed. (Leipzig, 1790), I.

(102) *Allgemeine Literatur-Zeitung*, 30 January 1796, col. 271. この書評における称賛の論調にハイネはひどく腹をたてた。*Von und an Herder*, ed. Heinrich Duntzer & Ferdinand Gottfried von Herder (Leipzig, 1861), II: 232 に収録されたハイネの一七九六年二月一八日付ヘルダー宛書簡を参照。

られていなかった。まさにそのおかげで、彼は他の誰よりも古注から多くを学びとることができたのだ。

モデル

先の引用が指摘したヴォルフの著作を際立させる「論理だて」と「関係づけ」には、じつは手本が存在した。ルネサンス期の宗教改革以来、『旧約聖書』を中心とする聖書のテクスト変遷史が大きな関心の対象となっていた。それは幾つかの厄介な問題を提起していた。モーセやダヴィデの時代からみれば、現存の写本や印刷版のヘブライ語テクストが根本的な改変をうけているということだ。聖ヒエロニムスらが指摘したように、四角い字形のヘブライ語アルファベットは、もともとの文字ではない。語の区切りや母音符号、アクセント、異読についての欄外注といったものは、西暦一〇〇〇年ごろまでにオリエントのヘブライ人文法家である「マソラ学者」たちが導入したようだ。

こうした事実から、ギリシア語の七十人訳の方がヘブライ語版よりも信頼できると考えた新教徒たちもいた。なんといっても七十人訳は、すぐれた写本から「神の手助け」によって翻訳されたものだからだ。不実なユダヤ人たちが意図的に写本に改変をくわえたため、ギリシア語とヘブライ語のテクストには矛盾があるということだ。また、他の人々は教父たちの証言とユダヤ人たちの証言の双方を否定して、マソラ学者たちによる現存のモーセ五書のテクストは母音記号から異形のつづりまで全部がモーセの時代にさかのぼるので信頼できると主張した。さらに、カトリック教徒の学者たちは、伝統的なラテン語のウルガタ聖書がヘブライ語テクストや七十人訳をも凌駕すると主張する傾向にあった。(104)

「神学的な憎悪」odium theologicum だけではなく「文献学上の憎悪」odium philologicum にもあおられて、論争は熾烈なものとなった。スカリゲルやカゾボン、ヘブライ学者ブクストルフ（Johann Buxtorf, 1564–1629）の一派や新教徒の神学者カペッル（Louis Cappel, 1585–1658）の一派、フランスの神学者モラン（Jean Morin, 1591–1659）、そしてヴォシウスの支持者たちなどが論争に加わった。

一六七八年には、前章で出会ったオラトリオ会のリシャール・シモンが『旧約聖書の校訂史』を出版した。これは教父たちの著作やタルムード、ユダヤの学問的な伝統において生みだされた一連の注釈などを利用して、起源から当代にいたるまで何世紀にもわたる聖書テクストの変遷を復元しようとしたものだった。これによってシモンは、完璧で信頼のおける版など存在しないことを示そうとした。だからこそ、聖書の欠陥を埋めるためにも、「無謬の伝統」に導かれた「母なる教会」に頼らなくてはならないというのだ。[105]

聖書の研究と論争の伝統は、一八世紀にも生彩を失っていなかった。ヴォルフもホメロスと格闘しているとき、この伝統をしっかり念頭においていた。さらなる写本の校合を求めて、彼は「ホメロスはいまもケニコットのような人物を待っている」と記した。[106] これは、病的なまでに執拗な校合をおこなってヘブライ語聖書の決定版を、一七七六年から八〇年にかけてオクスフォードで出版した英国のベンジャミン・ケニコット（Benjamin Kennicott, 1718–1783）を指していた。また、ヴィロワゾン版を論評するさい、ヴォルフはあきらかに古代アレクサンドリアの学者たちをマソ

（103） ウルピアヌスによるデモステネス古注についてのヴォルフの議論は Wolf, *Prolegomena in Leptineam*, 210–211 を参照。
（104） Cf. *The Massoreth Ha-Massoreth of Elias Levita*, ed. Christian David Ginsburg (London, 1867), 40–61; Olender (1989).
（105） Paul Hazard, *The European Mind, 1680–1715* (New York: Penguin University Book, 1963), 180–197 = P・アザール『ヨーロッパ精神の危機』野沢協訳（法政大学出版局、一九七三年）を参照。
（106） Wolf, *Prolegomena*, ch. 4, 11.

ラ学者たちに比している。[107]『ホメロス序説』では、ヴェネツィア古注をマソラ聖書の注釈と結びつけて——

マソラを誇るオリエント学の達人たちは、われわれの不運を嘆いていた。ホメロスのテクスト校訂のために、こんな後世の写本に依拠しなければならないと。しかし、そんな時代は終わりだ［…］。いまやわれわれにも、マソラのテクストに類するものがギリシア語にあるからだ。

そしてヴォルフは、つぎのように明確に述べた。古代アレクサンドリアの学者たちの手法を復元する彼の努力は、史料が貧困で思うようにいかなかったが、オリエント研究者たちが古代ユダヤの学問を再構成しようとしたことに似ている——

私が思うに、ラビのガマリエル（Gamaliel, 1c AD）といった古代ユダヤの博士たちが、モーセや預言者たちの数行のテクストに読んだことを明確に知ることができたら、オリエント学の達人たちはどんなに喜んだだろう。一方われわれは、ゼノドトスがホメロスの四〇〇行で読んだこと、アリストファネスが二〇〇行で、アリスタルコスが一〇〇〇行をこえる詩節のなかで読んだことを知っているのだ。[108]

さらにヴォルフは、ホメロスの標準テクストの真正性を擁護しようとする人々を、マソラ版の旧約聖書が「神の息吹をうけている」theopneustia と擁護したブクストルフ派になぞらえている。[109]

ヴォルフがこうした研究の蓄積を知っていたのも不思議はない。彼の親友には、歴史学の手法を採用する神学者たちが多数いたからだ。彼が慕っていたゲッティンゲン大学の少数の人間のなかに、上述のミハエリスがいた。この人物は旧約聖書に批判技術を適用した草分けだった。また、ハレ大学時代の若きヴォルフの盟友ゼムラー（Johan Salomo Semler, 1725–1791）は急進的な神学者で新約聖書のテクスト批評家だった。そしてヴォルフは、その弟子グリースバッハ（Johann Jakob Griesbach, 1745–1812）とも知遇をえて尊敬していた。この人物による新約聖書の校訂は、ヴォルフの入魂作であるホメロス校訂の手本だった。[110]

しかし、こうした全般的な類似や伝記的な逸話以上に、ヴォルフの仕事を聖書学者たちのそれと結びつけるものがある。証拠を照合してわかるのは、『ホメロス序説』が当時のドイツ聖書学でもっとも論争的な著作を直接の手本としていたことだ。それは、一七八〇年に刊行のはじまったアイヒホルン（Johann Gottfried Eichhorn, 1752–1827）による『旧約聖書序説』*Einleitung ins Alte Testament* だ。ヴォルフと同様にアイヒホルンも、ゲッティンゲン大学のハイネとミハエリスのもとで学んだ。一七八八年に彼は、教授としてゲッティンゲン大学に凱旋している。[111] 旧約聖書と新約聖書についての彼の著作は、さまざまな知識人層を魅了した。本書の第四章で出会ったコールリッジは、自分の所蔵本の余白に肯定的なメモをびっしりと書きこんでいる。[112] ヴォルフは、アイヒホルンが新約聖書について著した本

---

(107) *Allgemeine Literatur-Zeitung*, 1 February 1791, col. 246.
(108) Wolf, *Prolegomena*, ch. 4, 9–10; ch. 42, 153.
(109) Wolf, *Prolegomena*, ch. 3, 7.
(110) Johann Friedrich Julius Arnoldt, *Fr. Aug. Wolf* (Braunschweig, 1861–1862), II: 387–406. グリースバッハについては Reiter (1935), I: 320, 322, 335, 339, 354, 366 を参照。ゼムラーについては Reiter (1935), I: 50, 68, 84, 92, 95, 96, 99–100, 101, 102; II: 345 を参照。
(111) Eberhard Sehmsdorf, *Die Prophetenauslegung bei J. G. Eichhorn* (Göttingen: Vandenhoeck, 1971).
(112) Elinor S. Shaffer, *"Kubla Khan" and the Fall of Jerusalem* (Cambridge: Cambridge University Press, 1975).

を模範的だと考えた。旧約聖書の研究の方は『ホメロス序説』で話のついでに引用し、友人や学生たちに一読を勧めている。[113] しかし、ヴォルフが明言している以上に、彼の研究とアイヒホルンの著作との関係は密接なものなのだ。

ヴォルフと同様に、アイヒホルンも対象とするテクストを歴史的かつ人類学的な文書とみなしている。人間文化の発達の初期段階のなごりをとどめるものだが、大きく手がくわえられているという。[114] ヴォルフと同様に、原典は根本的な改変をうけていて、真摯な学者ならば「テクストの歴史」を再構築しなければならないと主張している。[115] やはり同じく、テクストの真の歴史というのは、現存の標準的な写本がつくられた以前の古代史のことだと考えている。アイヒホルンによれば、マソラ学者たちの仕事によって——

まさしく文字テクストの歴史が終わったのだ。主要な仕事が完遂し、いまやヘブライ語テクストの決定版が確立され、わずかな変更をのぞいて、すべての本が正しい姿になったのだから。ケニコットによる「異同集成」からも、それは明白だ。[116]

ケニコットと違うのは、印刷版のヘブライ語テクストには紙幅をほとんど割かなかった点だ。アイヒホルンはマソラ学者たちの手法をあきらかにするために、マソラ版をくまなく調査した。その無慈悲なまでの徹底さは、ヴォルフによるヴェネツィア古注批判と共通するものがある。アイヒホルンの分析は、多くの文献にもとづいて各論点が示されていて、ヴォルフのやり方ときわめて類似している。古典文献学の分野にかぎれば他に例がない。たとえば、古代アレクサンドリアの学者たちはホメロスのテクストにおける異読を評価するために特殊な記号を使用したが、ヴォルフはそれらの記号をたくみに識別した。アイヒホルンは、マソラ版の余白を埋めつくしている注解にそれと同様な作業をすでに遂行していた。これは、古代アレクサンドリアの記号と同様に、標準テクストが尊重されるべきだということを示していた。

たとえば、マソラ版の欄外にある指示「書かれないが読まれるべき」（ケレとケティヴ）Qerê velo Cethib についての章をとりあげよう。この欄外指示は、聖書のある一節のテクストを筆写するときはなにもしないが、音読や分析するときにはある語を挿入する指示だ。アイヒホルンはこれらの指示の目的を説明する――

タルムードには「ケレとケティヴ」が七例あることが知られている。マソラ版はモーセ五書の第五巻の冒頭で一〇の例をあげている。最終的にわれわれの版ではそれ以上を数えるが、数が相違するのは「ケレとケティヴ」が省かれた箇所だ。マソラ版であげられる箇所は『士師記』第二〇章第一三節、『ルツ記』第三章第五節、『サムエル記』第二巻の第八章第三節、第一六章第二三節、第一八章第二〇節、『列王記』第二巻の第一九章第三一節と第三七節、『エレミヤ書』第三一章第三八節、第五〇章第二九節だ。われわれのテクストでは以下を参照のこと。『列王記』第二巻の第二〇章第一三節、『エゼキエル書』第九章第一一節、『イザヤ書』第五三章第四節と第九節、『詩篇』第四六篇第二節、『ヨシュア記』第二二章第二四節［…］。かつて「ケレとケティヴ」は異読のことだと思われていたが、そうではない。解釈上の語句注解だ［…］。というのも、「ケレ」でくわえられた語をすべて省

(113) Wolf, *Prolegomena*, ch. 15, 46–47, 47 n. 25; idem, *Vorlesungen*, I: 305.

(114) Johann Gottfried Eichhorn, *Einleitung ins Alte Testament*, 2. ed. (Leipzig, 1787), I: 14.

(115) 『旧約聖書序説』第二章には「旧約聖書のテクスト史」という題がつけられている。Eichhorn, *Einleitung*, I: 133.

(116) Eichhorn, *Einleitung*, I: 260–261. ここや他の数箇所で、私はゴロップ（George Tilly Gollop, fl. 1888）による一八八八年の私家版の部分訳を使用した。

いても文意を損なうことがない。おそらく解釈者は、意味を明確化するためにそれらをくわえたのだろう。さらに、試しに幾つかの箇所を調べてみたが、古代の翻訳者たちがこれらを読んだ証拠を見出せなかった。結局、これはたんなる解釈上の語句注解なのだ［…］。[117]

徹底的だったオランダの古典学者たちでさえ、古注からえられる知見をこれほどまでに体系的に使用したことはなかった。

これらの類似はきわだっているが、ヴォルフがアイヒホルンを模倣した証拠にはならない。マソラ版の批判法を類別して分析したのは、アイヒホルンが最初ではなかったからだ。まずマソラ学者たち自身が、しばしば欄外指示の場所を指摘していた。[118] たとえば、『申命記』第一章第一節への『大マソラ』*Masora magna* は一〇例の「ケレとケティヴ」をあげている。一六世紀になると、ヘブライ学者のヤコブ・ベン・ハジーム（Jacob ben Chajim, c. 1470–c. 1538）とエリアス・レヴィタ（Elias Levita, 1469–1549）が、マソラ版にある多様な異読の起源や性質について論じた。[119] また上述のカペッルは、一六五〇年の『聖なる批判』*Critica sacra* でこれらの点を再考した。他の問題と同様に、彼は「ケレとケティヴ」についてアイヒホルンが収集することになる事例を整理した。[120] 彼より若いブクストルフは、『聖なる批判』にたいする応答である『反批判』*Anticritica* で、おなじ問題を正反対の観点から分析した。[121] そして一六五七年にブライアン・ウォルトン（Brian Walton, 1600–1661）が有名なロンドン版多国語聖書《ポリグロット》によせた「序説」のなかで、ブクストルフ派とカペッル派の主張を要約した。ウォルトンいわく、「ケレ」をシナイ山のモーセの伝統に帰する者は「真面目な論駁には値しない。一笑に付すべきだ」。「ケレ」はあきらかに後代の学者たちの手によるものであり、写本のさまざまな読みと「座りの悪い語」voces obscoeniores をおきかえるためにラビが提案した読みから構成され

ている。(122)

一八世紀にヘブライ語聖書のテクスト批判にもっとも積極的だった英国のケニコットとイタリアのデ・ロッシ（Giovanni Bernardo de Rossi, 1742-1831）は当然のことながら、「ケレ」がどのくらい校合や推測に由来するかという典型的な問題を解決しようとした。(123) そしてフランスのシモンが、聖書テクストの変遷史のなかにマソラ版の体系的な分析をどう挿入すべきかを示した。それはアイヒホルンよりずっと以前のことだった。ヴォルフは自力でマソラ版を研究できるほどヘブライ語の能力をもっていなかったが、アイヒホルンの『旧約聖書序説』を読んでいなかったとしても、こうした文芸共和国の学問が彼の『ホメロス序説』に多くの知見と部分的な見本を提供できただろう。

それでも、アイヒホルンがヴォルフの典拠であることは、ほぼ確実なように思える。古注がヴォルフに提示した技術的な諸問題に、アイヒホルンが公式と解の両方を与えているからだ。ふたつの例をあげたい。第一に、ヴェネツィ

---

(117) Eichhorn, *Einleitung*, I: 299-300.『イザヤ書』第五三章第九節については第五五章第一一節のこと。

(118) Johann Buxtorf, Jr., *Anticritica*（Basel, 1653）, 478 に引用されている。

(119) *Jacob ben Chajim ibn Adonijah's Introduction to the Rabbinic Bible*, ed. Christian David Ginsburg（London, 1867）, 42-57; *Elias Levita*（1867）, 102-119.

(120) Louis Cappell, *Critica sacra*, 3.2.4（Halle, 1775-1786）, I: 182-183.

(121) Buxtorf, *Anticritica*, 478-479.

(122) Brian Walton, *In Biblia Polyglotta Prolegomena*（Cambridge, 1828）, I: 474; cf. 480-483.

(123) *Vetus Testamentum Hebraicum*, ed. Benjamin Kennicott（Oxford, 1776-1780）, I: 16-17; Giovanni Bernardo de Rossi, *Variae lectiones Veteris Testamenti*（Parma, 1784）, I: iii. William McKane, "Benjamin Kennicott: An Eighteenth-Century Researcher," *Journal of Theological Studies* n.s. 28（1977）, 445-464 を参照。

ア古注は古代アレクサンドリアの学者たちが写本を校合して異読を分析するときに使用した手法を完全には説明してくれない。ヴォルフはいう――

もっとも重要な事実――すなわち、アリスタルコスはホメロスの叙事詩をどれくらい刷新したのか、古写本の扱いはどれくらい綿密だったのか、ゼノドトスやアリストファネスらの版をどのくらい使用したのか――これらの問題はいまや、確固とした議論によって確かめることはできない。(124)

ヴォルフは、古注家たちが与える情報にある欠落を古代の文法学者たちがおかれていた文化的な状況から歴史的に説明した。異読について批評家たちがおこなっている推論の詳細は、単純に彼らの関心を引かなかったのだ――「どうやら古代人たちは「われわれの問題」に頭を悩ませることはなかったようだ(125)」。すでにアイヒホルンは、類似した問題を類似した方法で解決していた。すなわち、なぜ標準テクストを完成させたマソラ学者たちは、作業のもとにした不明瞭な古写本の異読を保存しなかったのかという疑問だ――

手本となった古代の諸版は、批判のための価値があるので保存に値する。しかし、当時は現在とは違った観点から批判をとらえていた。ユダヤ人たちは自分たちが先人たちよりも情報量が多くてすぐれた写本を提供し、先人たちのテクストのなかの価値のあるものをすべて新しいテクストに移植したと考えた。彼らは自分たちのつくった写本が選ばれ好まれたことを喜んだ。このような状況下では、古い写本が顧みられなくなったとしても当然だろう。(126)

第二に、古注家たちの諸見解がヴェネツィア古注では混ざりあっていて、それぞれを復元することができないのは、古代アレクサンドリアの人々がそれらを区別して保存する価値を感じなかったからだ。ヴォルフはいう――

アリスタルコスの「読み」anagnôsis が定本となると、まもなく新たな修正や注記がこれにくわえられた。異読を提案した人の名前は、意見の不一致がみられる箇所をのぞいて、たいてい省かれてしまった。(127)

だから、どれほど証拠が揃っていても、もっとも流布したアリスタルコスによる版であろうとも、一字一句そのままの姿で復元することはできない。まさにこの点を、アイヒホルンがマソラ聖書について説明したのだ――

マソラ版では、新旧さまざまなユダヤ人たちの校訂が入り混じっている。どのユダヤ人も批判の成果を単独で公刊したり、自分の貢献を明示したりしなかった。つまり、われわれは古い校訂と新しい校訂をもはや区別できないということだ。なんとも残念なことではないか。(128)

ふたつの例のどちらにおいても、アイヒホルンの議論は既存の手法群を斬新に結びつけていた。彼の師ミハエリスは、マソラ研究のための技術だけではなく、マソラ学者たちがテクストに改変と間違いを混入させたという考えも教えた。(129) ルター派の常識によれば、マソラ学者たちは「もはや名もわからず」、その議論はしばしば「ユダヤ人の戯言」

(124) Wolf, *Prolegomena*, ch. 47, 186.
(125) Wolf, *Prolegomena*, ch. 47, 186 n. 26.
(126) Eichhorn, *Einleitung*, I: 260 (tr. Gollop).
(127) Wolf, *Prolegomena*, ch. 47, 186–187.
(128) Eichhorn, *Einleitung*, I: 309.

jüdische Grillen だから、彼らへの共感を捨てることでしかマソラ版は信用できないものだった。[130] しかしミハエリスは、この偏見から解放されていた。

アイヒホルンの別の師ハイネは日頃から、過去のすべての人物や現象にたいして想像的な共感を抱くように教えていた。ごく初期のテクスト批評家たちでさえ「彼らが生きていた時代を考えれば」、その学識と才覚は称賛に値するというのだ。[131] つまり、アイヒホルンは師ミハエリスが提供した史料に、もう一人の師ハイネの歴史主義を適用したのだ。ヴォルフが自分の嗜好や興味にあう手法を見出せたのは、このアイヒホルンの『旧約聖書序説』のなかだけだったろう。

これで明確になったと思うが、近代の多くの「テクスト史」Textgeschichten と同様に、ヴォルフとアイヒホルンの手法は歴史家たちの大きな関心を呼んだが、テクストの校訂家たちには大きな有用性を与えなかった。両者とも、古代の学者たちの仕事を完全に復元することは不可能であり、真に決定的なテクストを生みだせないことを史料の綿密な調査から示した。異なる分野の史料を使用しながら、その扱い方がここまで酷似することは他にはないだろう。

ヴォルフがアイヒホルンを手本にしたという仮説を裏づける証拠が、さらに三つある。第一に、アイヒホルンは学術誌『聖書・オリエント文学総覧』にすぐれた論考を発表した。そこで、プトレマイオス二世フィラデルフォス(Ptolemaios II Philadelphos, 309–246 BC)と七二人の訳者の逸話は、七十人訳聖書の信頼性を擁護するために別々なふたつの要素を合成したものだと主張した。そして彼は、これをある古注家が文法学者ディオニュシオス・トラクス(Dionysios Thrax, 170–90 BC)に伝えた逸話と比較した。この逸話によると、僭主ペイシストラトスが七二人の文法学者たちの助けをえてホメロスの叙事詩を集成したという。[132] ヴォルフは、この逸話に触れながら同じ類推を逆方向に適応した。彼によれば、ホメロスの七二人の文法学者たちというのはヘレニズム期の創作であり、歴史から削除されるべきだ。ギリシア語版聖書の「七〇人の翻訳家たちというユダヤの創作」が、「学識ある人々」viri docti によってすでに否定されたのと同様に。ヴォルフは『ホメロス序説』の脚注で、アイヒホルンがこの問題を「誰よりも鋭く」acutissime omnium 指摘したと明示している。[133] この例が示すように、彼自身が歴史にたいする洞察をアイヒホルンに負っていたことを認めていた。

第二に、すくなくとも一人の同時代人がヴォルフとアイヒホルンの類似を認識していた。一八二七年に古典学者アイヒシュテット（Heinrich Karl Abraham Eichstädt, 1772–1848）は、アイヒホルンが「ホメロス批判におけるヴォルフの業績と同等の成功を聖書批判でなしとげた」と証言している。[134] アイヒシュテットは、両者とも確立したものより破壊したものの方がずっと多かったが、それが校訂者たちに期待されることだと述べている。彼の表現は年代順が逆になっているが、このような細部に拘泥しない人物にあっては驚くことではない。[135]

第三に、古代の学問史に関心をいだく万人が、聖書学を手本としなければならないとヴォルフ自身がさまざまな仕

---

(129) Michaelis, *Vorrede*, in *Deutsche Übersetzung des Alten Testaments* (Göttingen & Gotha, 1769), I: sig. b2 v-b3 r; Sehmsdorf, *Prophetenauslegung*, 121–124.

(130) Michaelis, *Vorrede*, sig. b v.

(131) *Tibulli Carmina*, ed. Heyne, xlvi-xlvii; Sehmsdorf, *Prophetenauslegung*, 125–128.

(132) Johann Gottfried Eichhorn, "Über die Quellen, aus denen die verschiedenen Erzählungen von der Entstehung der alexandrinischen Übersetzung geflossen sind," *Repertorium für Biblische und Morgenländische Litteratur* 1 (1777), 266–280.

(133) Wolf, *Prolegomena*, ch. 33, 112–114 & n. 12.

(134) Heinrich K. A. Eichstädt, *Oratio de Io. Godofr. Eichhornio, in Opuscula oratoria*, 2. ed. (Jena, 1850), 607; cf. 634–635 n. 13.

(135) Cf. *Crabb Robinson in Germany 1800–1805*, ed. Edith J. Morley (London: Oxford University Press, 1929), 161–162.

方でほのめかしている。『ホメロス序説』の第四章では、「こうしたギリシア語による寄せ集めとヘブライ語による寄せ集めを比較して」こそ、古代における校訂作業の本来の性質が明確になるだろうと記している。[136]『ホメロス序説』第二部の二章のうち一章が、旧約聖書とホメロスの叙事詩のテクスト史、そしてマソラ版とヴェネツィア古注の起源を詳しく比較することに割かれている――

聖書のヘブライ語テクストはある「伝承」paradosis に由来するものだ。あきらかにホメロスの定本もそうだ。どちらの「伝承」の場合も、複数の候補からひとつの読みが選択されていて、われわれはその読みをさらに改訂しているのかもしれない。どちらのテクストでも、「伝承」自体がなんらかの改変や改悪をうけている［…］。マソラ版は、内容のない無意味なものや迷信ぶかい捏造でみちている。このホメロスの古注も似たものだ。ギリシア人たちもユダヤ人たちも、それぞれの仕方で騒いでいるのだ［…］[137]。

そして、ギリシアのテクスト批判を理解したければ、ユダヤのテクスト批判を参考にするよう学生たちに助言している――

さらに深奥にすすみたい者は、マソラ写本群の歴史に目を向けなければならない。マソラはギリシアのテクスト批判よりも後に成立したが、最初期のギリシアの批判とよく類似している。すくなくとも、マソラ学者たちがギリシアの学者たちほど大胆ではなかったことは明確だが、われわれの手にしている『旧約聖書』が原初のものだと考えてはならない。[138]

この一節を自伝的なものと理解しても、拡大解釈にはならないだろう。ヴェネツィア古注を読むために、ヴォルフ自身がアイヒホルンによるマソラ版の分析から手法を学んだのだ。

さらに、一八〇四年に出版したホメロスの著作集の序言でも、ヴォルフは「『聖なる批判』のすぐれた実践者であるグリースバッハの確立した」技術を採用していると述べている。[139] そのグリースバッハは、新約聖書の現存写本は三つの大きな系譜に区別できると主張し、それぞれの系譜が提示している読みの選択について規則を定めていた。[140] ヴォルフは、この規則がホメロス研究者たちにも導き手となるに違いないと主張した。ホメロス研究者たちもまた、複数の写本から選ぶというだけではなく、異なる校訂から選択をしなければならないのだ。そしてヴォルフは、これらの古代の校訂を復元していた。この一節は、彼が他の学問分野から研究のための道具を意図的に借用していたことを示している。旧約聖書と新約聖書の研究を手本にしてホメロス研究を確立するというのが、彼の壮大な計画であったと考えられる。旧約聖書の研究が古代の校訂を復元する方法を教え、新約聖書の研究がその使用法を教えるものとなったのだろう。

(136) Wolf, *Prolegomena*, 10.

(137) 一八七六年ベルリン版の Wolf, *Prolegomena*, 178–179 にある *Prolegomena*, 2.2 を参照。

(138) Wolf, *Vorlesungen*, I: 311.

(139) Wolf, *Kleine Schriften*, I: 252.

(140) Bruce M. Metzger, *The Text of the New Testament*, 2. ed.（Oxford: Oxford University Press, 1968）, 119–121＝B・M・メツガー『新約聖書の本文研究』橋本滋男訳（日本キリスト教団出版局、一九九九年）; Timpanaro（1963）, 22; *J. J. Griesbach: Synoptic and Text-Critical Studies 1776–1976*, ed. Bernard Orchard & Thomas R. W. Longstaff（Cambridge: Cambridge University Press, 1978）.

したがって、ヴォルフは文献学的な批判の新しい規範を創出したのではなかった。むしろ、当時の聖書研究が到達していた高度に洗練された手法を借用したのだ。この直後に、ラッハマン（Karl Lachmann, 1793–1851）が新約聖書のテクスト批判の手法を借用して大成功をおさめたのと同様だ。(141) なるほど、ヴォルフが利用した聖書研究は一八世紀の古典研究から強力な応援をえていた。しかし、この点ではヴォルフではなく、ハイネこそが栄誉をうけるのにふさわしい。

結論

こうしたすべてを差し引いたあとで、『ホメロス序説』にはなにが残るだろうか。たくさんある。ヴォルフの貢献は、当時流行していた広範な文学的な問題にテクスト批判の厳密な研究を結びつけたことにある。ルネサンス末期からつづく伝統ある文献学は、彼のおかげで知的な好奇心の対象となった。フンボルトが別の文脈で示したのと同様に、ヴォルフは綿密な文法の研究が「豊かな精神」geistvoll を人類にもたらしうることを示した。(142) 衒学を嘲笑する啓蒙期の「哲学者たち《フィロゾーフ》」にたいする応答としては、これが最良のものとなろう。

また、ヴォルフは表現の達人だった。一八世紀の人文学で流布していた考えを、彼は洗練された文体で叙述することができた。新約聖書の研究においてベンゲル（Johann Albrecht Bengel, 1687–1752）やグリースバッハが獲得した洞察を、彼ほど強力に表現できた人物はいなかった——

写本の新しさとは、人間の若さのようなもので、それが悪いというわけではない。しかし歳月が人を賢くするわけではないように、写本がすぐれた証言になりえるのは、それがすぐれた古い源泉にしっかりと依拠している場合だけだ[143]。

そして、ヴォルフほどたくみに謙遜の態度をあらわして、学者たちよりも詩人たちの方が叙事詩の発展について理解していると認めた者はいなかった――

私にできることは、すでにした［…］。しかし、これは多くの人によって研究される価値のある主題だ。異なる道を歩もうとする人々によって、そしてとりわけ人間精神の詩的な能力をみずからの知性の基準ではかることができ、古典文学を研鑽して判断力を備えた人々、つまりクロップシュトック（Friedrich Gottlieb Klopstock, 1724-1803）やヴィーラント（Christoph Martin Wieland, 1733-1813）、ヴォシウスといった人々がふさわしい[144]。

さらにヴォルフほど強力に歴史的な思考をすること、「過去のもっている過去性」を認識することの意味を説明できた人物はいなかった――

ここでわれわれは、研究の対象を保存している現代の文書庫や図書館を完全に忘れて、異なる時代や異なる世界

---

(141) Cf. Pasquali（1971）, 3-12; Timpanaro（1963）.

(142) *Allgemeine Literatur-Zeitung*, 16 June 1795 = Humboldt, *GS*, I: 370-376.

(143) Wolf, *Prolegomena*, ch. 2, 4. 先行例については Timpanaro（1963）, ch.2 を参照。

(144) Wolf, *Prolegomena*, ch. 27, 87-88. 先例についてはミハエリスの編集した Robert Lowth, *De sacra poesi Hebraeorum*（Göttingen, 1758）, sig. a2 v を参照。

に自分をおかなければならない。そこでは、われわれが快適な生活のために必要だと考える多くのものが賢者にも愚者にも知られていないのだ。(145)

こうした考えはよく知られていたとしても、採用されている表現とイメージはヴォルフ独自のものだ。すくなくとも、当時あった素材から練りあげられた彼の『ホメロス序説』は文芸の大作として、英国の彫刻家フラックスマン(John Flaxman, 1755–1826)、文豪ゲーテ、イタリアの詩人レオパルディ(Giacomo Leopardi, 1798–1837)といった文体の目利きに熱狂的に支持された。それにふさわしい傑作だったのだ。

『ホメロス序説』は、その起源や真価とはあまり関係のない命運をたどることになった。それはヴォルフ自身の著作家としての大きな命運を、ある意味で象徴するようでもある。『ホメロス序説』は、文献学的なテクスト批判の模範となった。ニーブールやファルンハーゲン・フォン・エンゼ(Karl August Varnhagen von Ense, 1785–1858)といった「歴史学派」Historische Schule の黎明期を生きてきた人物でさえ、この『ホメロス序説』のことを「高等批判がその極みに到達した」作品、あるいは古典学にも聖書学にも革命を起こした作品だと考えるようになった。(146)アメリカのバンクロフト(George Bancroft, 1800–1891)のようなドイツ文献学の新参者も、「一にヴォルフ、二にヴォルフ、三四がなくて、五にヴォルフ」と教えられていた。(147)『ホメロス序説』は一九世紀に幾度も重版され、じかに学生たちが入手できるようになった。

哲学者シュレーゲル(Friedrich Schlegel, 1772–1829)の『インド人の言語と知恵について』といった他のドイツ人文学の古典と同様、ヴォルフの成果も細部を批判されることはあまりなかった。(148)アイデアの斬新さを否定した人たちも、技術的な厳密さと独創性を称賛した。(149)これは驚くにはあたらない。技術的な発見においてヴォルフに先例があったと認めることは、「歴史学派」が一八世紀後半の「疾風怒濤」Sturm und Drang の運動だけから生まれたのではないことを示唆するかもしれない。

それよりも驚くべきは、ヴォルフの仕事を継承した人々でさえ、彼が古代アレクサンドリアの学者たちとマソラ学者たちを比較した点は採用せず、言及もしていないことだ。一八三〇年代に改宗ユダヤ人のレールスは、ヴォルフが古代アレクサンドリアのテクスト批判がもつ一貫性と厳密さをあまりにも過小評価していたことを示そうとした。しかし、彼はマソラ版を使用しないし、自分はオリエントの事物と言語についてなにも知らないと公言していた。(150) 古代

---

(145) Wolf, *Prolegomena*, ch. 22, 71. 先行例として Wood, *Essay*, 259-260:「しかし、ある時代の口承伝統について考えるときに、他の判断材料が歴史に残されていないからといって、学問がすすみ啓蒙された時代の口承伝統にもとづいて判断をくだそうとするならば、大きく道を誤るだろう。このことについてさらに公正に判断しようとするなら、パルミラで観察したことが助けとなる。辞典やその他の記憶を助ける道具の時代である今日では、人間が知ることのできるすべては記憶できることだけだった時代の口承の使用と威力を判断できない」。

(146) Barthold Georg Niebuhr, "Die Sikeler in der Odyssee," *Rheinisches Museum* 1 (1827), 257; Karl August Varnhagen von Ense, *Tagebücher* (Leipzig, 1861), I: 106; II: 68.

(147) Carl Diehl, *Americans and German Scholarship, 1770–1870* (New Haven: Yale University Press, 1978), 71 に引用されている。Cf. Eric R. Dodds, *Missing Persons: An Autobiography* (Oxford: Clarendon, 1977), 27.

(148) Hans Aarsleff, *The Study of Language in England, 1780–1860* (Princeton: Princeton University Press, 1967), 134, 154–159.

(149) たとえば Karl Lehrs, *Einleitung zu Homer*, in idem, *Kleine Schriften* (Königsberg: Hartungsche Verladdruckerei, 1902), 21–25 を参照。

(150) Karl Lehrs, *De Aristarchi studiis Homericis* (Königsberg, 1833), 36–38.

アレクサンドリアの研究機関ムセイオンを研究していた歴史家パルタイ（Gustav Parthey, 1798-1872）は、テクスト批判ではレールスではなくヴォルフにしたがった。しかし、ユダヤ関係の史料に言及したり、使用したりしなかった。パルタイを批判したリチュル（Friedrich Ritschl, 1806-1876）は、比較すること自体に関心が薄かった[151]。また、総合的な著作『古典古代における文献学の歴史』において一八三〇年代なかばまでに知られていた論題すべてを要約したグレーフェンハン（August Gräfenhan, 1794-1836）でさえ、ギリシアの手法を復元するのにギリシア語の史料のみを使用した[152]。最近になってようやく、ユダヤ教史の研究者たちがヴォルフの立てた問いを扱いはじめているが、おおよそ彼の業績を理解しているようには思えない[153]。旧約聖書とホメロスという「ふたつの寄せ集め」の双方を同時に詳しく比較する研究は、いまだなされていないのだ。

ヴォルフの計画がこれまで実行されなかった理由を見出すのは、それほど難しくない。啓蒙主義時代の後期に比べれば、フランス革命が収束したあとの一九世紀のドイツでは、ユダヤ人たちやユダヤ教への関心は低くなっていた。ホメロスについての問題を扱うためにユダヤの史料を使用することなど、一八四〇年にはおそらく矛盾してみえただろう。より一般的にいえば、ヴォルフの得意技となっていた比較文化の手法が、純然たる歴史主義の時代には疑念の目でみられるようになっていたのだ。古典学者たちは職業的な専門家になり、セム系言語の文献を研究することなど思ってもみなかったし、期待もされなかった。ヴォルフのユダヤ文献への小旅行が非難されることはなかったが、認識されてもいなかったからだ。彼らにとっては、正統な「文献学者」としてドイツ文献学の祖があまりにも型破りなことをするはずがなかった。学者たちは何世代にもわたって、ヴォルフの『ホメロス序説』を読み消化してきた。しかし、マソラ版の聖書についての記述に目をとめることはなかったし、それをもとに議論を発展させることなど論外だったのだ。

一九世紀の読者たちは、ヴォルフが近代人としての自意識をもっている一方で、ラテン語を話す伝統的な「文芸共和国」のよき市民でもありつづけたことを理解しそこなっていた。この豊かな精神の大陸である「共和国」のバロック的な輪郭は、いまだ地図にすらなっていない。ヴォルフが歴史に占める本当の位置については、彼の専門分野における後継者たちよりも、この「共和国」の同胞であるヴィーラントの方がずっと鮮やかに描きだすことができている——

ずっと私は、『プリニウス演習』*Exercitationes Plinianae* で知った人文主義者サルマシウスの博学ぶりと私の崇敬するオランダのヘムステルフイスの優美さが、ひとつの精神に結合しているところをみたいと思ってきた。いまや私は、これらがヴォルフのなかで本当に結合していることを見出したのだ。(154)

(151) Gustav Parthey, *Das Alexandrinische Museum* (Berlin, 1838), 111-135; Friedrich Ritschl, *Die Alexandrinischen Bibliotheken unter den ersten Ptolemäern und die Sammlung der Homerischen Gedichte durch Pisistratus* (Breslau, 1838).

(152) Ernst August Wilhelm Gräfenhan, *Geschichte der klassischen Philologie im Alterthum* (Bonn, 1843-1850).

(153) たとえば Saul Lieberman, *Hellenism in Jewish Palestine* (New York: Jewish Theological Seminary of America, 1950), 28-37; Birger Gerhardsson, *Memory and Manuscript: Oral Tradition and Written Transmission in Rabbinic Judaism and Early Christianity* (Lund: Erdmans, 1961) を参照。

(154) Peters (1890), 36.

初出一覧と謝辞

本書に収められた各論考は、以下が初出となる論文として執筆した。

第一章　*Renaissance Quarterly* 38（1985）, 615–649.

第二章　*Journal of the Warburg and Courtauld Institutes* 40（1977）, 150–188.

第三章　*The Transmission of Culture in Early Modern Europe*, ed. Anthony Grafton & Ann Blair（Philadelphia: University of Pennsylvania Press, 1990）, 8–38.

第四章　*Journal of the Warburg and Courtauld Institutes* 48（1985）, 100–143.

第五章　*Journal of the Warburg and Courtauld Institutes* 46（1983）, 78–93.

第六章　*The Uses of Greek and Latin: Historical Essays*, ed. Anna Carlotta Dionisotti et al.（London: The Warburg Institute, 1988）, 155–170.

第七章　*Literary Culture in the Holy Roman Empire*, ed. James A. Parente et al.（Chapel Hill: University of North Carolina Press, 1991）, 19–45.

第八章　*Times Literary Supplement*, 12–18 February 1988, 151–152.

第九章　*Journal of the Warburg and Courtauld Institutes* 44（1981）, 101–129.

これらの論考を本書に所収することを許可してくれた『ルネサンス・クォータリー』、『ウォーバーグ研究所紀要』、『タイムズ文芸付録』の各誌に感謝したい。わずかな加筆・修正をおこなってはいるが、全面的な改訂はしなかった。幾つかの論考の電子データ入力のために費用を拠出してくれたプリンストン大学歴史学部にも心から感謝したい。ジュリー・ピーターソン、フェイ・アンジェロッツィ、ペギー・ライリーの各氏は驚くべきスピードと正確さでテクストを電子化してくれた。

ジョン・オマリーとキャサリン・パークの各氏からは、本書の計画段階から貴重なコメントをもらった。リチャード・クロル氏はベントリーの世界について教示してくれた。ジョセフ・レヴァインやデヴィッド・クイント、ナンシー・シライシ、ノエル・スウェドロー、リンゼイ・ウォーターズの各氏は、本書のために執筆した序章の草稿を読んでくれた。あわせて感謝したい。しかし、本書は他のだれよりもJ・B・トラップ氏に多くを負っている。最初にウォーバーグ研究所の秘奥へと私を導いてくれたのは彼であった。また本書に収められた幾つかの論考を最初に『研究所紀要』に寄稿したとき、たしかな手腕で編集してくれた。感謝と友情の証とするには不十分なのだが、本書を彼に捧げることにしたい。

インテレクチュアル・ヒストリーの新しい時代——解題にかえて

ヒロ・ヒライ

本書はAnthony Grafton, *Defenders of the Text: The Traditions of Scholarship in an Age of Science, 1450–1800*（Cambridge MA: Harvard University Press, 1991）の全訳だ。副題をそのまま訳せば「科学の時代における学問の諸伝統（1450–1800）」だろう。しかし科学という言葉で現代科学と混同する読者がいるかも知れないという考慮から、射程のひろい「近代ヨーロッパにおける人文学の誕生」とした。

著者アンソニー・グラフトンはアメリカのプリンストン大学の歴史学教授で、現在のところ世界でもっとも成功し、もっとも忙しいルネサンス学者の一人だ。彼の数ある著作のうち、本邦でもすでに『カルダーノのコスモス：ルネサンスの占星術師』（勁草書房、二〇〇七年）と『アルベルティ：イタリア・ルネサンスの構築者』（白水社、二〇一二年）が紹介されている[1]。しかし本書第四章の主人公スカリゲルをあつかった博士論文と、そこから出版された著作『ヨセフス・スカリゲル：古典学史の研究』（一九八三年）に並行するように、一九七〇年代なかばから書きためた論考群を

（1）*Cardano's Cosmos: The Worlds and Works of a Renaissance Astrologer*（Cambridge MA: Harvard University Press, 1999）; *Leon Battista Alberti: Master Builder of the Italian Renaissance*（Cambridge MA: Harvard University Press, 2000）を参照。

まとめた本書は、間違いなくグラフトンの主著だといえる。(2) 驚くほど博識でユーモアにとみ、悩ましいまでに複雑な本書を一言で表現するのは難しい。

誤解を招かないように最初に断っておきたいのは、本書が哲学史や思想史を従来のように記述しようとする書物ではないことだ。たしかに本書にも多数の哲学者たちの名前や学説が登場する。とりわけ古代末期に成立した偽書『ヘルメス文書』の「最期」を議論する第五章や第六章では、その傾向が顕著だ。しかし、およそ哲学者とみなすことはできない文筆家や歴史家、宗教家たちの方がはるかに多く登場する。内容をしっかりと見渡せば、ルネサンス期イタリアで隆盛をきわめた人文主義、そこで盛んに議論された古代ギリシア・ローマの古典の再生と受容、それらの読解、さらに旧約聖書の記述と各国史を結びつけて天地創造から世界の終末までの記述を試みる普遍史や年代学、真正作と偽作の問題、聖書やホメロスの叙事詩のテクストの歴史など、つねに考察の俎上にあがっているのはテクストとその解釈の歴史だ。こうした問題をめぐる知識人たちの知的な営みの諸伝統を、イタリア・ルネサンスの人文主義者たちから説きおこして、現代の人文諸学や大学教育の基礎を与えたと考えられている一九世紀ドイツの歴史主義や教養主義にまであとづけるのが、本書のおもな目的となっている。

さまざまな知の領域にまたがる多様な問題をあつかう本書は、学問の一分野の通史を記述する伝統的な学問の成立史でもない。本書のなかで何度も言及されるレイノルズとウィルスンの『古典の継承者たち：ギリシア語・ラテン語テクストの伝承にみる文化史』（国文社、一九九六年）とは好対照をなしているだろう。本書が提起するのは、幅広い「テクストの科学」の歴史であり、テクストへの対峙を基礎におく人文学のすべての領域にとって重要なものだ。

より専門的に表現すれば、『テクストの擁護者たち』はインテレクチュアル・ヒストリー intellectual history と呼ばれる「知の営みの歴史」をあつかった書物だ。本邦ではなじみの薄い「インテレクチュアル・ヒストリー」という用語は、これまで精神史や知性史とも訳され、ときに思想史や観念史、心性史といった近隣分野と並列されてきた。これらの諸分野は、それぞれが重なりあう部分もあるので明確な線引きをするのは困難だ。むしろ既存の学問の壁をこえて、分野横断的かつ多角的に問題の分析をおこなうのが、この手法の特徴でもある。

インテレクチュアル・ヒストリーという歴史学の一分野は、長い伝統をもっている。しかし一九九〇年代以降にみられる驚くべき急展開は、それまでのものとは一線を画している。まさにこの転機となったのが、『テクストの擁護者たち』の出現なのだ。つまり本書は、この領域に新しい時代を切り開いたといっても過言ではない。本書とそれにつづく一連の作品によってグラフトンが九〇年代以降の歴史学に与えた影響は、ルネサンス学を震源として中世史や近代史の研究者たちを巻きこみ、科学史や医学史、書物・印刷史、文学・芸術史をはじめとする多様な分野に波及していった。そしてこの四半世紀にわたる研究・執筆・教育活動をとおして、グラフトンは欧米における歴史学の一大権威となった。

残念ながら、この歴史学における大変革は一部だけしか本邦には伝わっていない。しかしすくなくともP・フィンドレンの一九九四年の主著『自然の占有：ミュージアム、蒐集、そして初期近代イタリアの科学文化』（ありな書房、二〇〇五年）が紹介されていることは、特筆に値する。A・ブレアのデビュー作『自然の劇場：ジャン・ボダンとルネサンス科学』（一九九七年）は、より直接的な影響をグラフトンの仕事からうけた作品だ。(3) 同様に、グラフトンの影響下に成立したK・パークとL・ダストンによる野心作『驚異と自然の秩序（1150–1750）』（一九九八年）は、多大な

（2） Anthony Grafton, *Joseph Scaliger: A Study in the History of Classical Scholarship, I: Textual Criticism and Exegesis* (Oxford: Clarendon, 1983).

インパクトを世界の歴史家たちに与えた(4)。こうした研究者たちが一堂に会した『自然の細目：ルネサンス期ヨーロッパの自然と諸学』（二〇〇〇年）は、まさに記念碑的な論集だ(5)。さらにそのスピリットは、論集『ヒストリア：初期近代ヨーロッパにおける経験主義と博識』（二〇〇五年）に受けつがれている(6)。またN・シライシの入魂作『歴史、医学、そしてルネサンスにおける諸学の伝統』（二〇〇七年）も、グラフトンの影響を抜きにして語ることはできない(7)。こうした歴史学に大変革をもたらした潮流の源が、まさに『テクストの擁護者たち』なのである。

さて、本書のなかでグラフトン自身は、インテレクチュアル・ヒストリーがなんであるのか明確な定義をしていない。なかなか手短に説明するのが難しい領域であるし、現在でもこの分野で活躍する研究者たちのあいだで意見の一致があるわけではない。むしろこの多様性は、将来にわたって研究の多彩さと豊かさを生む原動力だとさえ考えられる。

ひとつ明確にいえるのは、グラフトンが知の営みの歴史を非合理から合理性へとむかう単線的な発展とは考えていないことだ。本書では、現代的な価値観から知の山脈を形成すると目される山頂群、つまり「巨人たち」を点と点で結んでいくような記述はされず、そうした巨人たちの陰に隠れていた、しかし歴史上では重要な働きをしたポリツィアーノやアンニウス、スカリゲルやカゾボンといった人物たちに光があてられる。

グラフトン自身の言葉を借りれば、「これらを結びつける究極的なものは、思いがけないこと、逆説的なことにたいする関心だ」（序章）。「必要となるのは、ひとつの科学や学問の体系がかたちを変えてしまう前の姿を再構成することだ。［…］いまでは奇妙にみえる問いに与えられた的外れな解答の意味を理解しなくてはならない」（第四章）。「分析対象となる著作を、先行する時代あるいは同時代の多くのテクストと体系的に比較してこそ、現代の読者は過去の著者がもちいた専門的な概念や問題に精通できる。そうしなければ、斬新なもの［…］と伝統的なものを区別できない。また、当の著作が同時代や後世の学者たちにどのような反応をおこしたか、それを注意ぶかく観察することによってのみ、現代の読者は［過去の問題がもっていた］本来の目的を発見できる。そうした要因のそれぞれにしかるべき注意をはらう研究のみが、［…］正当といえる歴史的な評価を与えられる」（序章）のだ。

　こうした独特な手法から、なにが見出されるのだろうか。本書を構成する各章をケース・スタディとして、グラフトンは「テクストの科学」に内在する時代や文化の違いをこえた普遍的な問題を提起している。それは読解という作業における典型的なふたつの態度の相克だ。それらの態度の一方は、時空を超越した生きた鑑《かがみ》として過去のテクストを読み手の関心やニーズに引きつけて解釈し、そこから教訓さえも導出しようとする。この態度の極北には、古代ローマの詩人オウィディウスによる『変身物語』が中世ヨーロッパではキリスト教的な教訓譚として読まれた例があげられる。もうひとつの態度は、いかなるテクストも歴史の産物ととらえ、それが成立した背景・文脈に置きなおし、

（3）Ann Blair, *The Theater of Nature: Jean Bodin and Renaissance Science*（Princeton: Princeton University Press, 1997）. 最新作『知るには多すぎる：近代以前の学知の管理』*Too Much To Know: Managing Scholarly Information before the Modern Age*（New Haven: Yale University Press, 2011）の邦訳が準備されている。

（4）Lorraine Daston & Katharine Park, *Wonders and the Order of Nature, 1150–1750*（New York: Zone Books, 1998）.

（5）Anthony Grafton & Nancy G. Siraisi（eds.）, *Natural Particulars: Nature and the Disciplines in Renaissance Europe*（Cambridge MA: MIT Press, 2000）.

（6）Gianna Pomata & Nancy G. Siraisi（eds.）, *Historia: Empiricism and Erudition in Early Modern Europe*（Cambridge MA: MIT Press, 2005）.

（7）Nancy G. Siraisi, *History, Medicine, and the Traditions of Renaissance Learning*（Ann Arbor: University of Michigan Press, 2007）.

受容される過程で生じた論争や誤読さえも考慮にいれて読解しようとする。後者の態度の成長とともに、西洋における人文諸学の基礎となった歴史主義が築かれていった。こうしたテクストにたいする批判的な歴史感覚の展開をあとづけるうえでカギとなるのが、本書で考察されるアンニウスやスカリゲル、カゾボンといった人々なのだ。

一方、グラフトンの手法をもちいて本書を分析してみれば、一見して独創的にみえる彼の作品にも、それぞれの章にヒントを与えた著作が存在することに読者は気がつくだろう。紙幅の関係ですべてを指摘するわけにはいかないが、第三章と第四章はA・クレンプトの『世界史記述の世俗化』(一九六〇年)、第五章と第六章はF・イェイツの『ジョルダーノ・ブルーノとヘルメス主義の伝統』(一九六四年)、第七章ではR・エヴァンズの『ルドルフ二世とその世界』(一九七三年)、第八章はR・ポプキンの『ラ・ペイレール』(一九八七年)といった具合だ。[8] しかしこうした書物の陰でより大きな影響を与えているのは、彼がロンドンで師事したA・モミリアーノの仕事だ。今後この人物の歴史方法論との比較がなされれば、本書をさらによく理解できるだろう。[9]

『テクストの擁護者たち』の邦訳を所収する bibliotheca hermetica 叢書は、インテレクチュアル・ヒストリーをあつかう国内外の良書を読者にひろく紹介することを狙いとしている。その企画・運営および執筆や講演をとおして、私自身もこの手法を説明することを試みてきた。[10] そうしたなかで本書はつねに規範であり、よき手本となっている。

しかし正直なところ私自身、本書の真価を理解するには時間がかかった。最初の出会いは、一九九四年に渡欧して間もなく博士論文のための研究で駆け足に読破したときだった。目先の研究テーマに縛られていた私の理解は、十分なものではなかったと思う。その十五年後に翻訳計画がスタートしてから、再度じっくりと読みこむことになった。本書の端から端まで、さらに注記の隅々まで何度も読みかえすなかで本当に多くのことを学び、多くのことに目が開かれた。そして本書は、私にとって真の意味での宝物となった。

最初に『テクストの擁護者たち』の邦訳を提案することで、こうした素晴らしい発見の機会を与えてくれたアダム・タカハシ君、そして私の集中講義での議論に参加してくれた学生諸君に心から感謝したい。邦訳を仕上げるまでには、ほかにも多くの仲間たちの手助けがあった。大阪大学の加藤浩・桑木野幸司、慶応義塾大学の赤江雄一、立教大学の小澤実、東京基督教大学の加藤喜之、ナイメーヘン大学の坂本邦暢の各氏には、訳文の確認および専門用語やギリシア語・ラテン語の問題など、いろいろとお世話になった。超有名ブログ『石版！』の紺野正武さんには、訳出の終わった全原稿をとおして表記の不統一などの指摘をお願いした。勁草書房の関戸詳子さんには、素晴らしい書物としてプロダクトが読者に届くよう最善の配慮をしていただいた。毎度のことながらとても美しい装丁は、岡澤理奈さんによるデザインだ。しかしもっとも称賛に値するのは、忙しい教育者としての本業のかたわらで、五年の歳月をかけて根気よく下地となる訳稿をつくりあげた福西亮輔さんの不断の努力と訳者としての類まれな才能だ。なにか特別な訓練は受けていないというが、博識かつ多言語にわたる難解な原著をとても巧みに翻訳していただいた。シリーズ内での統一性を重視するために、彼の古風で味のある文体を修正したことで不具合が生じたのであれば、それはひとえに私の責任だ。

（8）ブリル書店の有名な「インテレクチュアル・ヒストリー叢書」Studies in Intellectual History は、R・ポプキンを編集主幹として、この『ラ・ペイレール』からスタートした。ポプキン一派とグラフトンの関係も探求されるべき課題だ。
（9）bibliotheca hermetica 叢書では、A・クレンプトとA・モミリアーノの主要作も紹介する予定だ。
（10）二〇一四年七月に東京大学の科哲講座の一環として開催した集中講義と公開講演「科学革命の史的コンテクスト：インテレクチュアル・ヒストリーの方法と実践」をあげておく。『知のミクロコスモス』（中央公論新社、二〇一四年）の序文と「インテレクチュアル・ヒストリーとはなんですか？」『UP』（二〇一四年一二月）、七—一〇頁も参照。

悩ましいほどに高度で複雑なシンフォニーのような内容であるからこそ、文体や表現はできるだけ平易になるように心がけた。訳文の確認には細心の注意を傾けたが、著者特有のユーモアにあふれた言葉遊びや隠されたトリックを見抜けずに訳し損なっている部分もまだまだあるかも知れない。読者諸氏には寛容をもって臨んでいただければ幸いだ。

訳者あとがき

福西亮輔

まさに交響曲のような作品である。解題では本書を「シンフォニー」と呼んでいるが、翻訳を進めるなかで奇しくも同じことを感じていた。グラフトンの文章は凝縮され、密度が高い。議論の道筋も単純明快ではなく、ときに迂遠である。入りくんだ構造は、一見してわかりづらく読むに手ごわい。しかし辛抱づよく味読すれば、主題がさまざまに変奏されて多彩な響きをもたらし、全体がひとつの壮大な物語となっていることがわかる。本書を読む醍醐味は交響曲を聴く喜びに共通するものがあるのではないか。

浅学非才の身には手にあまる大著であったが、歴史を「わかりやすい物語」に単純化してしまわずに、断絶と連続の実相をとらえようとするグラフトンの姿勢に接し、高等学校で歴史を教える者として自己の歴史理解を顧みることになった。ルネサンス期にかぎらず歴史に関心のある読者ならば、本書から多くのものを得るだろう。

音楽の比喩をつづけるならば、訳者とは聴衆に音楽を届ける指揮者のようなものかもしれない。原曲の魅力を伝えそこねているとすれば、それは指揮者の責といわなければならない。完璧な翻訳というものは存在しないのだろうが、拙訳が原著のもつ豊かな響きを少しでも伝えられていることを願う。

本訳書は、多くの方の指導・助言によって完成をみた。アカデミズムに身をおかない私に、翻訳の貴重な機会を与えてくださったのはヒロ・ヒライ博士である。内容理解の面でたくさんのことをご教示くださり、日々の忙しさにかまけて遅々として作業が進んでいなかった私を叱咤激励し、下訳の一字一句に目を通していただいた。訳語・文体の統一など細かく根気のいる作業を担っていただいたのも博士である。また、紺野正武さんをはじめとする「ヘルメスの図書館」bibliotheca hermetica につどう皆さんには、訳文について貴重な助言をいただいた。勁草書房の関戸詳子さんは、忍耐づよく訳の完成を待ってくださったが、「楽しみにしています」という笑顔の言葉が何よりの励みとなった。この場を借りて各位に感謝申し上げたい。

著者：アンソニー・グラフトン（Anthony Grafton）
ルネサンス文化や古典の伝統、書物の歴史。1950年生まれ。シカゴ大学にて博士号取得。プリンストン大学教授。アメリカを代表する歴史学者。主著に、*Joseph Scaliger: A Study in the History of Classical Scholarship*, 2vols.（Oxford University Press, 1983–1993）; *What Was History?: The Art of History in Early Modern Europe*（Cambridge University Press, 2006）他。邦訳に『カルダーノのコスモス：ルネサンスの占星術師』（勁草書房、2007年）、『アルベルティ：イタリア・ルネサンスの構築者』（白水社、2012年）。

監訳・解題：ヒロ・ヒライ
ルネサンス思想史。*Early Science and Medicine* 誌編集補佐。1999年より学術ウェブ・サイト bibliotheca hermetica（略称 BH）を主宰。同年にフランスのリール第三大学にて博士号（哲学・科学史）取得。その後、欧米各国の重要な研究機関における研究員を歴任。現在、オランダ・ナイメーヘン大学研究員。著作に *Le concept de semence dans les théories de la matière à la Renaissance: de Marsile Ficin à Pierre Gassendi*（Brepols, 2005）; *Medical Humanism and Natural Philosophy: Renaissance Debates on Matter, Life and the Soul*（Brill, 2011）。編著に『ミクロコスモス：初期近代精神史研究』（月曜社、2010年）。ほかに英仏伊語による著作・論文多数。2012年に第九回日本学術振興会賞受賞。

訳者：福西亮輔（ふくにし・りょうすけ）
哲学・思想史。1981年生まれ。東京都立大学人文学部を経て、同大学大学院人文科学研究科哲学専攻修士課程修了。修士（文学）。現在は、高等学校教諭として地理歴史・公民を教えている。おもな関心領域は、マルシリオ・フィチーノやジョルダーノ・ブルーノを中心とする15・16世紀ヨーロッパの哲学・思想史だが、最近はユダヤやイスラームをふくめた地中海世界の歴史・文化にも関心をひろげている。

人名索引

本書には、膨大な数の実在および伝説・架空の人物が登場する。ここでは主要なものにかぎってとりあげた。

ア 行

カ　行

サ　行

タ　行

ナ　行

ハ　行

マ　行

ヤ　行

ラ　行

文献一覧

原著に文献一覧はつけられてない。以下のリストは、読者の参考のために傍注で言及された文献を中心に編纂したが、網羅的なものではない。とくに古代の著作家の作品については、書誌が明示されているものに限定した。原典の邦訳は、実際に引用したものだけをリストにあげた。

1. 欧文の原典

Aeschylus, *Agamemnon*, ed. Eduard Fraenkel (Oxford: Clarendon, 1950).

Aitzing (Michael von), *Pentaplus regnorum mundi* (Antwerpen, 1579).

Alciato (Andrea), *In tres libros posteriores Codicis Iustiniani annotatiunculae* (1513).

——, *Le lettere di Andrea Alciato giureconsulto*, ed. Gian L. Barni (Firenze: Le Monnier, 1953).

Ammonius, *In Aristotelis De interpretatione commentarius*, ed. Adolf Busse (Berlin: Reimer, 1897).

Anastasius Sinaita, *Quaestiones et responsiones*, in *Sacrae bibliothecae sanctorum tomus sextus*, ed. Marguerin de la Bigne (Paris 1575).

Annius (Johannes), *Commentaria... super opera diversorum auctorum de antiquitatibus loquentium conficta* (Roma, 1498).

——, *Viterbiae historiae epitoma*, in *Annio da Viterbo: documenti e ricerche*, ed. Giovanni Baffioni (Roma: Consiglio nazionale delle ricerche, 1981).

Apianus (Petrus), *Astronomicum Caesareum* (Ingolstadt, 1540).

Bacon (Francis), *The Works of Francis Bacon*, ed. James Spedding (London, 1879-1890).

Barbaro (Ermolao), *Castigationes Plinianae et in Pomponium Melam*, ed. Giovanni Pozzi (Padova: Antenore, 1973-1979).

Barreiros (Gaspar), *Censura in quendam auctorem qui sub falsa inscriptione Berosi Chaldaei circunfertur* (Roma, 1565).

Baudouin (François), *De institutione historiae universae et eius cum iurisprudentia coniunctione prolegomenon* (Paris, 1561).

Beck (Christian Daniel), *De ratione qua Scholiastae... adhiberi recte possint* (Leipzig, 1785).

Bede, *Opuscula cumplura de temporum ratione*, ed. Johannes Noviomagus (Köln, 1537).

Ps.-Bede, *Canones annalium, lunarium ac decennovenalium circulorum*, in *Patrologia latina*, ed. Jacques-Paul Migne (Paris, 1850), XC: cols. 877-882.

——, *Bedae pseudepigrapha: Scientific Writings Falsely Attributed to Bede*, ed. Charles W. Jones (Ithaca: Cornell University Press, 1939).

Bellièvre (Claude), *Souvenirs de voyages en Italie et en Orient, notes historiques, pièces de vers*, ed. Charles Perrat (Genève: Droz, 1956).

Bently (Richard), *Epistola ad Joannem Millium* (Toronto: University of Toronto Press, 1962).

——, *Correspondence*, ed. Christopher Wordsworth (London, 1842; repr. Hildesheim: Olms, 1977).

Beroaldo (Filippo), *Annotationes centus* (Bologna, 1488).

Beroaldus (Matthaeus), *Chronicum,Scripturae Sacrae autoritate constitutum* (Genève, 1575).

Bibliander (Theodore), *De ratione temporum* (Basel, 1551).

Bodin (Jean), *Methodus ad facilem historiarum cognitionem* (Paris, 1566/1572).

——, *Colloquium Heptaplomeres* (Schwerin, 1857; repr. Hildesheim: Olms, 1970).

——, *Œuvres philosophiques*, ed. Pierre Mesnard (Paris: PUF, 1951).

Bongiovanni (Antonio) (ed.), *Graeca scholia scriptoris anonymi in Homeri Iliados lib. I* (Venezia, 1740).

——, *Graeca D. Marci Bibliotheca codicum manuscriptorum per titulos digesta* (Venezia, 1740).

Borghini (Vincenzo), *Discorsi* (Firenze, 1584-1585).

Brucker (Jacob), *Institutiones historiae philosophicae* (Leipzig, 1756).

Buchholzer (Abraham), *Isagoge chronologica* (s.l., 1580).

——, *Chronologia* (s.l., 1594).

Bulenger (Julius Caesar), *Diatribae ad Isaaci Casauboni exercitationes adversus illustrissimum Cardinalem Baronium* (Lyon, 1617).

Burgess (Thomas), *Appendix,* in Richard Dawes, *Miscellanea critica*, 2. ed. (Oxford, 1781).

Buxtorf (Johann), *Anticritica* (Basel, 1653).

Caius (John), *De antiquitate Cantabrigiensis Academiae* (London, 1568).

Calderini (Domizio), *Commentarioli in Ibyn Ovidii* (Roma, 1474).

——, *Elucubratio in quaedam Propertii loca quae difficiliora videantur* (Brescia, 1476).

Callimachus, *Callimachus*, ed. Rudolf Pfeiffer (Oxford: Clarendon, 1953).

Campanella (Tommaso), *De libris propriis*, in *Grotii et aliorum dissertationes* (Amsterdam, 1645).

——, *Articuli Prophetale*s, ed. Germana Ernst (Firenze: La Nuova Italia, 1977).

Cano (Melchior), *Opera* (Venezia, 1776).

——, *L'autorità della storia profana*, tr. Albano Biodi (Torino: Giappichelli, 1973).

Cappel (Jacques), *Vindiciae pro Isaaco Casaubono* (Frankfurt, 1619).

Cappel (Louis), *Critica sacra* (Halle, 1775-1786).

Cardano (Girolamo), *In Cl. Ptolemaei Pelusiensis IIII de astrorum iudiciis aut, ut vulgo vocant, Quadripartitae constructionis libros Commentaria* (Lyon, 1555).

Casaubon (Isaac), *Notae,* in *Diog. Laert. De vitis, dogm. et apophth. clarorum philosophorum* (Genève, 1593).

——, *Emendationes ac notae,* in *Historiae Augustae scriptores* (Paris, 1603).

—— (ed.), *B. Gregorii Nysseni ad Eustathiam, Ambrosiam et Basilissam episto-la* (Paris, 1606).

——, *De rebus sacris et ecclesiasticis exercitationes* (Genève, 1654).

——, *De satyrica Graecorum poesi et Romanorum satira,* ed. Johannes Jacobus Rambach (Halle, 1774).

——, *Ephemerides,* ed. John Russell (Oxford, 1850).

Casaubon (Meric), *Epistolae,* in Isaac Casaubon, *Epistolae,* ed. T. Janson van Almeloveen (Rotterdam, 1709).

Censorinus, *Liber de die natali,* ed. Elie Vinet (Poitiers, 1568).

Cesarotti (Melchior), *Prose edite e inedite,* ed. Guido Mazzoni (Bologna, 1882).

Chladenius (Johannes Martinus), *De praestantia et usu scholiorum Graecorum in poetas diatribe secunda* (Wittenberg, 1732).

Christ (Johann Friedrich), *Noctes academicae* (Halle, 1727).

Conring (Hermann), *De Hermetica Aegyptiorum vetere et Paracelsicorum nova medicina* (Helmstedt, 1648).

Conway (Anne), *Conway Letters,* ed. Marjorie H. Nicolson (New Haven: Yale University Press, 1930).

Copernicus (Nicolaus), *De revolutionibus orbium coelestium* (Nürnberg, 1543).

Cortesi (Paolo), *De hominibus doctis dialogus,* ed. Maria Teresa Graziosi (Roma: Bonacci, 1973).

Crinito (Pietro), *De honesta disciplina,* ed. Carlo Angeleri (Roma: Bocca, 1955).

Crusius (Martinus), *Diarium Martini Crusii 1598–1599* (Tübingen: Laupp, 1931).

Crusius (Paulus), *De epochis seu aeris temporum et imperiorum* (Basel, 1578).

Cudworth (Ralph), *The True Intellectual System of the Universe* (London, 1678).

Curio (Jacob), *Chronologicarum rerum libri duo* (Basel, 1557).

Demosthenes, *The Speech of Demosthenes against the Law of Leptines,* ed. John E. Sandys (Cambridge: University Press, 1890).

de Rossi (Giovanni Bernardo), *Variae lectiones Veteris Testamenti* (Parma, 1784).

Ps.-Dionysius Areopagita, *Opera quae extant* (Paris, 1561–1562).

Diplovatacius (Thomas), *De claris iuris consultis,* ed. Hermann Kantorowicz et al. (Berlin: de Gruyter, 1919).

Eichhorn (Johann Gottfried), "Über die Quellen, aus denen die verschiedenen Erzählungen von der Entstehung der alexandrinischen Übersetzung geflossen sind," *Repertorium für Biblische und Morgenländische Litteratur* 1 (1777), 266–280.

——, *Einleitung ins Alte Testament*, 2. ed. (Leipzig, 1787).

Eichstädt (Heinrich K. A.), *Oratio de Io. Godofr. Eichhornio,* in *Opuscula oratoria*, 2. ed. (Jena, 1850).

Elias Levita, *The Massoreth Ha-Massoreth of Elias Levita*, ed. Christian David Ginsburg (London, 1867).

Emmius (Ubbo), *De origine atque antiquitatibus Frisiorum*, in *Rerum Frisicarum historia* (Leiden, 1616).

Ennius, *The Tragedies of Ennius*, ed. Henry David Jocelyn (Cambridge: Cambridge University Press, 1967).

Erasmus (Desiderius), *Opera omnia*, ed. Jean Le Clerc (Leiden, 1703–1706).

——, *Opus epistolarum*, ed. Percy S. Allen et al. (Oxford: Clarendon, 1906–1958).

——, *Ausgewählte Werke*, ed. Hajo & Annemarie Holborn (München: Beck, 1933/1964).

——, *Opera Omnia* (Amsterdam: North Holland Publishing, 1971).

——, *Collected Works of Erasmus* (Toronto: University of Toronto Press, 1982).

Ernesti (Johann August) (ed.), *Aristophanis Nubes* (Leipzig, 1753).

Estienne (Henri) (ed.), *Poetae Graeci* (Genève, 1566).

Eudaemon-Joannes (Andreas), *Refutatio exercitationum Isaaci Casauboni* (Köln, 1617).

Eusebius, *Chronicon* (Venezia, 1483).

——, *Ecclesiastica historia* (Basel, 1570), repr. in Johann Jacob Grynaeus, *Epistolarum selectarum (quae sunt ad pietatem veram incentivum) libri duo* (Offenbach, 1612), 44–84.

Fabricius (Johann Albert), *Bibliotheca Graeca*, ed. Gottlieb C. Harles, 4. ed. (Leipzig, 1790).

Freigius (Johannes Thomas), *Mosaicus, continens historiam Ecclesiasticam, 2494 annorum* (Basel, 1583).

Fuhrmann (Manfred), "Friedrich August Wolf," *Deutsche Vierteljahrsschrift für Literaturwissenschaft und Geistesgeschichte* 33 (1959), 187–236.

Funck (Johann), *Commentariorum in praecedentem chronologiam* (Wittenberg, 1601).

Gale (Theophilus), *The Court of the Gentiles* (Oxford, 1669).

Génébrard (Gilbert), *Chronographiae libri quatuor* (Paris, 1580).

Giraldi (Lilius Gregorius), *De annis et mensibus... dissertatio*, in *Opera omnia* (Leiden, 1696).

Goropius Becanus (Johannes), *Origines Antwerpianae* (Antwerpen, 1569).

Gräfenhan (Ernst August Wilhelm), *Geschichte der klassischen Philologie im Alterthum* (Bonn, 1843–1850).
Greogory of Nyssa, *Gregorii Nysseni Epistulae*, ed. Georgius Pasquali (Berlin: Weidmann, 1925).
Griesbach (Johann Jakob), *J. J. Griesbach: Synoptic and Text-Critical Studies 1776–1976*, ed. Bernard Orchard & Thomas R. W. Longstaff (Cambridge: Cambridge University Press, 1978).
Gronovius (Jacobus) (ed.), *Thesaurus Graecarum antiquitatum* (Leiden, 1701).
Haguelon (Pierre), *Calendarium trilingue* (Paris, 1557).
Hatvany (Ludwig), *Die Wissenschaft des nicht Wissenswerten: Ein Kollegienheft*, 2. ed. (München: Müller, 1914).
Heinsius (Daniel), *Aristarchus Sacer* (Leiden, 1627).
Hemsterhuys (Tiberius) (ed.), *Aristophanis comoedia Plutus* (Harlingen, 1744).
Hermes Trismegistus, *Mercurii Trismegisti Poemander, seu de potestate ac sapientia divina*, ed. Adrian Turnèbe (Paris, 1554).
——, *Mercurii Trismegisti Pimandras utraque lingua restitutus*, ed. François de Foix de Candale (Bordeaux, 1574).
——, *Hermetis Trismegisti Poemander*, ed. Gustav Parthey (Berlin, 1854).
——, *Hermetica*, ed. Walter Scott (Oxford: Clarendon, 1936).
——, *Corpus Hermeticum*, ed. Arthur D. Nock (Paris: Les Belles Lettres, 1945).
Heyne (Christian Gottlob), *Opuscula academica* (Göttingen, 1785).
—— (ed.), *Albi Tibulli Carmina*, 3. ed. (Leipzig, 1798).
Hieronymus, *Commentariorum in Danielem libri III [IV]*, in *Opera* (Turnhout: Brepols, 1964).
Holstenius (Lucas), *Passio sanctarum martyrum Perpetuae et Felicitatis* (Roma, 1663).
Homer, *Homeri Ilias seu potius omnia eius quae extant opera*, ed. Obertus Giphanius (Strasbourg, 1572).
Howell (James), *Epistolae Ho-Elianae: The Familiar Letters of James Howell*, ed. Joseph Jacobs (London: David Nutt, 1890).
Humboldt (Karl Wilhelm von), *Gesammelte Schriften* (Berlin: Akademie, 1903–).
Iamblichus, *De mysteriis Aegyptiorum, Chaldaeorum, Assyriorum* (Lyon, 1549).
Jablonski (Paul Ernst), *Pantheon Aegyptiorum* (Frankfurt, 1750–1752).
Jacob ben Chajim, *Jacob ben Chajim ibn Adonijah's Introduction to the Rabbinic Bible*, ed. Christian David Ginsburg (London, 1867).
Josephus, *The Latin Josephus*, ed. Franz Blatt (Copenhagen: Munksgaard, 1958).
Julius Caesar, *C. Iulii Caesaris quae extant ex emendatione Ios. Scaligeri* (Leiden, 1635).
Kennicott (Benjamin) (ed.), *Vetus Testamentum Hebraicum* (Oxford, 1776–1780).
Kepler (Johannes), *Gesammelte Werke* (München: Beck, 1937–).

——, *The Six-Cornered Snowflake*, tr. Colin Hardie (Oxford: Clarendon, 1966).
Kidd (Thomas) (ed.), *Opuscula Ruhnkeniana* (London, 1807).
King (William), *Dialogues of the Dead*, in *A Miscellany of the Wits*, ed. Kenneth N. Colville (London, Philip Allan, 1920).
Kircher (Athansius), *Prodromus Coptus sive Aegyptiacus* (Roma, 1636).
Küster (Ludolf), *Historia critica Homeri* (Frankfurt an der Oder, 1696).
Lalamant (Jean), *Exterarum fere omnium et praecipuarum gentium anni ratio et cum Romano collatio* (Genève, 1571).
La Peyrère (Isaac), *Prae-Adamitae* (s. l., 1655).
——, *Systema theologicum* (s. l., 1655).
——, *Men before Adam* (London, 1656).
——, *A Theological Systeme* (London, 1655).
Lazius (Wolfgang), *De aliquot gentium migrationibus* (Basel, 1572).
Le Clerc (Jean), *Ars critica*, 4. ed. (Amsterdam, 1712).
Lehrs (Karl), *De Aristarchi studiis Homericis* (Königsberg, 1833).
——, *Einleitung zu Homer*, in *Kleine Schriften* (Königsberg: Hartungsche Verlagsdruckerei, 1902), 21–25.
Leovitius (Cyprianus), *De coniunctionibus magnis* (1564).
Le Prieur (Philippe), *Animadversiones in librum Praeadamitarum* (s. l., 1666).
Levi della Vida (Giorgio), *Documenti intorno alle relazioni delle chiese orientali con la S. Sede durante il pontificato di Gregorio XIII* (Vatican: Biliotheca apostolica Vaticana, 1948).
Lipsius (Justus), *Ad Annales Corn. Taciti liber commentarius sive notae* (Antwerpen, 1581).
——, *Epistolarum selectarum centuria quarta miscellanea postuma* (Antwerpen, 1611).
Lowth (Robert), *De sacra poesi Hebraeorum* (Göttingen, 1758).
Lucanus, *Anneus Lucanus cum duobus commentis Omniboni et Sulpitii* (Venezia, 1505).
Lucretius, *T. Lucretii Cari De rerum natura libri sex* (Lyon, 1576).
Luther (Martin), *D. Martin Luthers Werke: Kritische Gesammtausgabe* (Weimar: Böhlau, 1883–).
Manilius, *M. Manilii Astronomicon liber I*, ed. Alfred E. Housman (Cambridge: Cambridge University Press, 1937).
Mann (Thomas), *Mythology and Humanism: The Correspondence of Thomas Mann and Karl Kerényi*, ed. Alexander Gelley (Ithaca: Cornell University Press, 1975).
Manuzio (Aldo), *De quaesitis per epistolam* (Venezia, 1576).
Marsham (John), *Chronicus canon Aegyptiacus, Ebraicus, Graecus et disquisitiones* (London, 1672).

Mencke (Johann B.), *De charlataneria eruditorum declamationes* (Amsterdam, 1727).
Mercator (Gerardus), *Chronologia* (Köln, 1569).
Mersenne (Marin), *Correspondance*, ed. Cornélis de Waard et al. (Paris: Beauchesne, 1932-).
Michaelis (Johann David), *Vorrede*, in *Deutsche Übersetzung des Alten Testaments* (Göttingen & Gotha, 1769).
Münster (Sebastian), *Kalendarium hebraicum* (Basel, 1527).
Newton (Isaac), *Papers and Letters on Natural Philosophy*, ed. I. Bernard Cohen (Cambridge MA: Harvard University Press, 1958).
Niebuhr (Barthold Georg), "Die Sikeler in der Odyssee," *Rheinisches Museum* 1 (1827), 255-257.
Oracula Sibyllina, *Sibyllinorum oraculorum libro octo*, ed. Xystus Betuleius (Basel, 1545).
——, *Sibyllinorum oraculorum libri viii*, ed. Sebastian Castellio (Basel, 1555).
——, *Sibyllina oracula*, ed. Johannes Opsopoeus (Paris, 1599).
——, *Oracula sibyllina*, ed. Charles Alexandre (Paris, 1841).
——, *Die Oracula sibyllina*, ed. Johannes Geffcken (Leipzig: Hinricks, 1902).
Origenes, *Lettre à Africanus sur l'histoire de Suzanne*, ed. Nicolas de Lange (Paris: Cerf, 1983).
Ovid, *Fasti*, ed. James George Frazer (London: Macmillan, 1929).
——, *Scholia in P. Ovidi Nasonis Ibin*, ed. Antonio La Penna (Firenze: La Nuova Italia, 1959).
Panvinio (Onofrio), *Fastorum libri V* (Heidelberg, 1588).
Parthey (Gustav), *Das Alexandrinische Museum* (Berlin, 1838).
Pascal (Blaise), *Œuvres complètes*, ed. Louis Lafuma (Paris: Seuil, 1963).
Patin (Guy), *Lettres*, ed. Joseph-Henri Reveillé-Parise (Paris, 1846).
Patrizi da Cherso (Francesco), *Lettere ed opuscoli inediti*, ed. Danilo Aguzzi Barbagli (Firenze: Istituto nazionale di studi sul Rinascimento, 1975).
Paul van Middelburg, *Paulina* (Fossombrone, 1513).
Petit (Samuel), *Leges Atticae* (Paris, 1635).
Petrarca (Francesco), *Opera* (Basel, 1554).
——, *Prose*, ed. Guido Martellotti et al. (Milano: Riccardi, 1955).
——, *Opere*, ed. Giovanni Ponte (Milano: Mursia, 1968).
Petri (Suffridus), *Apologia... pro antiquitate et origine Frisiorum* (Franeker, 1603).
Philoponus, *In Aristotelis Categorias Commentarium*, ed. Adolf Busse (Berlin: Reimer, 1898).
Ps.-Phocylides, *The Sentences of Pseudo-Phocylides*, ed. Pieter W. van der Horst (Leiden: Brill, 1978).
Pico della Mirandola (Giovanni), *Disputationes adversus astrologiam divinatri-*

cem, in *Opera omnia* (Basel, 1572).
——, *Opera omnia* (Basel, 1572).
Pierre d'Ailly, *Vigintiloquium de concordia astronomice veritatis cum theologia* (Augsburg, 1490).
Pietro d'Abano, "De eccentricis et epicyclis," ed. Graziella Federici Vescovini, in *Medioevo* 11 (1985), 175–205.
Plotinus, *Enneads*, tr. Arthur H. Armstrong (Cambridge MA: Harvard University Press, 1966).
Poliziano (Angelo), *Opera* (Basel, 1553).
——, "Oratio super Fabio Quintiliano et Statii Sylvis," in *Prosatori latini del Quattrocento*, ed. Eugenio Garin (Milano: Riccardi, 1952), 870–885.
——, *Commento inedito all'epistola ovidiana di Saffo a Faone*, ed. Elisabetta Lazzeri (Firenze: Sansoni, 1971).
——, *Miscellaneorum centuria secunda*, ed. Vittore Branca & Manlio Pastore Stocchi (Firenze: Alinari, 1972).
——, *La commedia antica e l'Andria di Terenzio: appunti inediti*, ed. Rosetta Lattanzi Roselli (Firenze: Sansoni, 1973).
——, *Commento inedito alle* Selve *di Stazio*, ed. Lucia Cesarini Martinelli (Firenze: Sansoni, 1978).
——, *Letters*, ed. Shane Butler (Cambridge MA, Harvard University Press, 2006).
Pontac (Arnaud de), *Chronica trium illustrium auctorum* (Bordeaux, 1602).
Postel (Guillaume), *De originibus seu de varia... Latino incognita historia totius Orientis* (Basel, 1553).
——, *Cosmographicae disciplinae compendium* (Basel, 1561).
——, *Le thrésor des prophéties de l'univers*, ed. François Secret (Den Haag: Nijhoff, 1969).
——, *De Etruriae regionis originibus, institutis, religione et moribus*, ed. Giovanni Cipriani (Roma: Consiglio nazionale delle ricerche, 1986).
Proclus, *Commentary on the First Alcibiades of Plato*, ed. Leendert G. Westerink (Amsterdam: North-Holland Publishing, 1954).
Ptolemaeus, *Mathematicae constructionis liber primus*, ed. Erasmus Reinhold (Wittenberg, 1549).
Ramus (Petrus), *Prooemium mathematicum* (Paris, 1567).
Reinhold (Erasmus), *Prutenicae tabulae* (Tübingen, 1551).
Reiske (Johann Jacob) (ed.), *Oratorum Graecorum, quorum princeps est Demosthenes, quae supersunt monumenta ingenii* (Leipzig, 1770).
Rhenanus (Beatus), *Rerum Germanicarum libri tres*, 2. ed. (Basel, 1551).
Rheticus (Georg Joachim), *Narratio prima*, ed. Heni Hugonnard-Roche et al. (Warszawa: Ossolineum, 1982).

Richard de Bury, *Philobiblon*, ed. Ernst C. Thomas (Oxford: Blackwell, 1960).

Ritschl (Friedrich), *Die Alexandrinischen Bibliotheken unter den ersten Ptolemäern und die Sammlung der Homerischen Gedichte durch Pisistratus* (Breslau, 1838).

Rosweyde (Heribert), *Lex talionis XII. Tabularum Cardinali Baronio ab Isaaco Casaubono dicta* (Antwerpen, 1614).

Rudiger (Horst), *Sappho, Ihr Ruf und Ruhm bei der Nachwelt* (Leipzig: Dieterich, 1933).

Sabellico (Marco Antonio), *Annotationes in Plinium* (Venezia, 1503).

Salutati (Coluccio), *Il trattato* De tyranno *e lettere scelte*, ed. Francesco Ercole (Bologna: Zanichelli, 1942).

Samotheus (Johannes Lucidus), *Opusculum de emendationibus temporum*, 2. ed. (Venezia, 1546).

Saumaise (Claude), *De annis climactericis et antiqua astrologia diatribae* (Leiden, 1648).

Savile (Henry), *Prooemium mathematicum*, Bodleian Library MS Savile 29.

Scaliger (Joseph), *Poesis philosophica* (Genève, 1573).

——, *Commentarius et castigationes*, in *M. Manilii Astronomicôn* (Paris, 1579).

——, *De emendatione temporum* (Paris, 1583).

——, *Elenchus utriusque orationis chronologicae D. Davidis Parei* (Leiden, 1607).

——, *Epistolae*, ed. Daniel Heinsius (Leiden, 1627).

——, *De emendatione temporum*, 3. ed. (Genève, 1629).

——, *Thesaurus temporum*, 2. ed. (Amsterdam, 1658).

——, *Scaligerana* (Köln, 1695).

——, *Secunda Scaligerana*, ed. Pierre Desmaizeaux (Amsterdam, 1740).

——, *Lettres françaises inédites*, ed. P. Tamizey de Larroque (Agen, 1879).

Scaliger (Julius Caesar), *Poetices libri septem* (Lyon, 1561).

Schedius (Elias), *De diis Germanis... syngrammata quatuor* (Amsterdam, 1648).

Selden (John), *The Reverse... of the English Janus* (London, 1683).

Sepulveda (Juan Ginés de), *De correctione anni mensiumque Romanorum... commentatio* (Paris, 1547).

Siebenkees (Johann Philipp), "Nachricht von einer merkwürdigen Handschrift der Iliade des Homer, in der venetianischen S. Markusbibliothek," *Bibliothek der alten Litteratur und Kunst* 1 (1786), 70–71.

Simon (Richard), *Lettres choisies* (Rotterdam, 1704).

Simplicius, *In Aristotelis de coelo commentaria*, Johann Ludwig Heiberg (Berlin: Reimer, 1894).

Sixtus Senensis, *Bibliotheca sancta* (Venezia, 1566).

Sleidanus (Johannes), *De quatuor monarchiis* (Leiden, 1669).

Sossus (Gulielmus), *De numine historiae liber* (Paris, 1632).

Stadius (Johannes), *Tabulae Bergenses* (Köln, 1560).
Stanley (Thomas), *Historia philosophiae* (Leipzig, 1711).
Stillingfleet (Edward), *Origines sacrae* (London, 1701).
Syncellius (Georgius), *Ecloga chronographica*, ed. Alden A. Mosshammer (Leipzig: Teubner, 1984).
Temporarius (Johannes), *Chronologicarum demonstrationum* (Frankfurt, 1596; 2. ed. La Rochelle, 1600).
Tourreil (Jacques de), *Œuvres de Mr. de Tourreil* (Paris, 1721).
Trithemius (Johannes), *Primae partis opera historica* (Frankfurt, 1601).
Tycho Brahe, *Opera omnia*, ed. John L. E. Dreyer (Copenhagen: Swets & Zeitlinger, 1919).
Valkenaer (Lodewijk Caspar) (ed.), *Hectoris interitus carmen Homeri sive Iliadis liber xxii cum scholiis vetustis Porphyrii et aliorum* (Leeuwarden, 1747).
—— (ed.), *Euripidis Tragoedia Hippolytus* (Leiden, 1768).
Valla (Lorenzo), *Collatio Novi Testamenti*, ed. Alessandro Perosa (Firenze: Sansoni, 1970).
——, *Oratio in principio sui studii 1455*, in Michael Baxandall, *Giotto and the Orators: Humanist Observers of Painting in Italy and the Discovery of Pictorial Composition, 1350–1450* (Oxford: Clarendon, 1971).
Varnhagen von Ense (Karl August), *Tagebücher* (Leipzig, 1861).
Vico (Giambattista), *Scienza nuova*, ed. Fausto Nicolini (Bari: Laterza, 1911).
Villoison (Jean-Baptiste Gaspard d'Ansse de), *Prolegomena*, in *Homeri Ilias* (Venezia, 1788).
Vossius (Gerard Johannes), *Etymologicon linguae Latinae* (Amsterdam, 1662).
——, *De theologia gentili et physiologia Christiana* (Frankfurt, 1668).
Vossius (Isaac), *De Sibyllinis aliisque quae Christi natalem praecessere oraculis* (Oxford, 1680).
Walton (Brian), *In Biblia Polyglotta Prolegomena* (Cambridge, 1828).
Wettestein (Johann Rudolf), *Pro Graeca et genuina linguae Graecae pronunciatione... orationes apologeticae* (Basel, 1686).
Witsius (Hermann), *Aegyptiaca* (Amsterdam, 1683).
Wolf (Friedrich A.) (ed.), *Theogonia Hesiodea* (Halle, 1783).
——, *Prolegomena*, in *Demosthenis oratio adversus Leptinem cum scholiis veteribus et commentario perpetuo*, ed. Friedrich August Wolf (Halle, 1789).
——, *Vorlesungen über die Alterthumswissenschaft* (Leipzig, 1839).
——, *Prolegomena ad Homerum*, 3. ed. (Halle, 1884; repr. Hildesheim: Olms, 1963).
——, *Kleine Schriften* (Halle, 1869).
——, *Prolegomena to Homer*, tr. Anthony Grafton et al. (Princeton: Princeton

University Press, 1985).
Wood (Robert), *An Essay on the Original Genius of Homer* (*1769 and 1775*) (Hildesheim: Olms, 1976).
Worm (Ole), *Fasti Danici* (Copenhagen, 1633).
Woverius (Janus), *De polymathia tractatio* (Hamburg, 1604).
Wyttenbach (Daniel), *Opuscula* (Leiden, 1821).
Zarlino (Gioseffo), *De vera anni forma* (Venezia, 1580).

2. 邦語訳の原典

ヴァッラ『「コンスタンティヌスの寄進状」を論ず』高橋薫訳（水声社、2014 年).
ウェルギリウス『アエネーイス』岡道夫・高橋宏幸訳（京都大学学術出版会、2001 年).
カリマコス『賛歌集』、『世界名詩集大成 1』松平千秋訳（平凡社、1960 年).
キケロ『縁者・友人宛書簡集』、『キケロー選集　15』高橋宏幸他訳（岩波書店、2002 年).
ケプラー（榎本恵美子訳）「新年の贈り物あるいは六角形の雪について」、『知の考古学』（社会思想社、1977 年 9 月号)、276-296 頁.
ニカンドロス『有毒生物詩』、『ギリシア教訓叙事詩集』伊藤照夫訳（京都大学学術出版会、2007 年).
ピンダロス『イストミア祝勝歌集』、『祝勝歌集・断片選』内田次信訳（京都大学学術出版会、2001 年).
ペトラルカ『わが秘密』近藤恒一訳（岩波文庫、1996 年).
モンテーニュ『随想録』関根秀雄訳（国書刊行会、2014 年).
ルカヌス『内乱』大西英文訳（岩波文庫、2012 年).

3. 欧文の研究文献

Aarsleff (Hans), *The Study of Language in England, 1780-1860* (Princeton: Princeton University Press, 1967).
Abel (Günter), *Stoizismus und frühe Neuzeit: Zur Entstehungsgeschichte modernen Denkens im Felde von Ethik und Politik* (Berlin: de Gruyter, 1978).
Adorisio (Antonio M.) & Albio C. Cassio, “Un nuovo incunabolo postillato da Angelo Poliziano,” *Italia medioevale e umanistica* 16 (1973), 263-287.
Allen (Don Cameron), *The Legend of Noah: Renaissance Rationalism in Art, Science and Letters* (Urbana: University of Illinois Press, 1949).
——, *Mysteriously Meant: The Rediscovery of Pagan Symbolism and Allegorical Interpretation in the Renaissance* (Baltimore: Johns Hopkins Press, 1970).
Allen (Michael J. B.), “The Sibyl in Ficino's Oaktree,” *Modern Language Notes* 95 (1980), 205-210.

——, *Marsilio Ficino and the Phaedran Charioteer* (Berkeley: University of California Press, 1981).
——, *The Platonism of Marsilio Ficino* (Berkeley: University of California Press, 1984).
Almagià (Roberto), *L'opera geografica di Luca Holstenio* (Vatican: Bibliotheca apospolica Vaticana, 1942).
Antoni (Carlo), *La lotta contro la ragione*, 2. ed. (Firenze: Sansoni, 1968).
Arnold (Klaus), *Johannes Trithemius (1462–1516)* (Würzburg: Schöningh, 1971).
Arnoldt (Johann Friedrich Julius), *Friedrich August Wolf* (Braunschweig, 1861–1862).
Ascheri (Mario), *Saggi sul Diplovatazio* (Milano: Giuffrè, 1971).
Asher (Robert E.), "Myth, Legend and History in Renaissance France," *Studi francesi* 39 (1969), 409–419.
Aspelin (Gunnar), *Ralph Cudworth's Interpretation of Greek Philosophy* (Göteborg: Elander, 1943).
Baron (Hans), *The Crisis of the Early Italian Renaissance: Civic Humanism and Republican Liberty in an Age of Classicism and Tyranny* (Princeton: Princeton University Press, 1966).
——, *From Petrarch to Leonardo Bruni* (Chicago: University of Chicago Press, 1968).
——, *In Search of Florentine Civic Humanism* (Princeton: Princeton University Press, 1988).
Bartlett (John R.), *Jews in the Hellenistic World: Josephus, Aristeas, the Sibylline Oracles, Eupolemus* (Cambridge: Cambridge University Press, 1985).
Bartlett (Thomas C.), *Ku Yen-wu's Thought in the Mid-Seventeenth-Century Context*, Ph. D. diss. (Princeton University, 1985).
Bassett (Edward L.) et al., "Silius Italicus," *Catalogus translationum et commentariorum* 3 (1976), 341–398.
Baxandall (Michael), *Giotto and the Orators: Humanist Observers of Painting in Italy and the Discovery of Pictorial Composition, 1350–1450* (Oxford: Clarendon, 1971).
——, *Painting and Experience in Fifteenth Century Italy* (Oxford: Clarendon, 1977) = M・バクサンドール『ルネサンス絵画の社会史』篠塚二三男訳（平凡社、1989 年).
——, *The Limewood Sculptors of Renaissance Germany* (New Haven: Yale University Press, 1980).
Beller (Manfred), *Philemon und Baucis in der europäischen Literatur* (Heidelberg: Winter, 1967).
Bentley (Jerry H.), *Humanists and Holy Writ: New Testament Scholarship in*

the Renaissance (Princeton: Princeton University Press, 1983).
Bernays (Jacob), *Joseph Justus Scaliger* (Berlin, 1855).
——, *Phokion und seine neuere Beurtheiler* (Berlin: Phocion, 1881).
——, *Gesammelte Abhandlungen*, ed. Hermann Usener (Berlin, 1885).
Bernays (Michael) (ed.), *Goethes Briefe an F. A. Wolf* (Berlin, 1868).
Berriot (François), "Hétérodoxie religieuse et utopie politique dans les 'erreurs estranges' de Noël Journet (1582)," *Bulletin de la Société de l'histoire du protestantisme français* 124 (1978), 236-248.
Bertelli (Sergio), *Ribelli, libertini e ortodossi nella storiografia barocca* (Firenze: La Nuova Italia, 1973).
Bezold (Friedrich von), *Aus Mittelalter und Renaissance* (München: Oldenbourg, 1918).
Bickerman (Elias Joseph), *Studies in Jewish and Christian History* (Leiden: Brill, 1976-1986).
Bidez (Joseph) & Franz Cumont, *Les mages hellénisés* (Paris: Les Belles Lettres, 1938/1973).
Bignami Odier (Jeanne) & José Ruysschaert, *La Bibliothèque Vaticane de Sixte IV à Pie XI* (Vatican: Biblioteca apostolica vaticana, 1973).
Billanovich (Giuseppe), "Petrarch and the Textual Tradition of Livy," *Journal of the Warburg and Courtauld Institutes* 14 (1951), 137-208.
Birrell (T. A.), "The Reconstruction of the Library of Isaac Casaubon," in *Hellinga Festschrift* (Amsterdam: Israël Press, 1980), 59-68.
Bischoff (Bernhard), "Living with the Satirists," in *Classical Influences on European Culture, A.D. 500-1500*, ed. Robert Ralph Bolgar (Cambridge: Cambridge University Press, 1971).
Bleicher (Thomas), *Homer in der deutschen Literatur, 1450-1740* (Stuttgart: Metzler, 1972).
Blok (Frans F.), *Nicolaas Heinsius in dienst van Christina van Zweden* (Delft: Ursulapers, 1949).
Blumenberg (Hans), *Die Lesbarkeit der Welt*, 2. ed. (Frankfurt: Suhrkamp, 1983) = H・ブルーメンベルク『世界の読解可能性』山本尤・伊藤秀一訳（法政大学出版局、2005 年）.
Bock (Gisela), *Thomas Campanella* (Tübingen: Niemeyer, 1974).
Böckh (August), *Encyklopädie und Methodologie der philologischen Wissenschaften*, ed. Ernst Bratuscheck (Leipzig: Teubner, 1877).
Bödeker (Hans E.) et al. (eds.), *Aufklärung und Geschichte* (Göttingen: Vandenhoeck, 1986).
Bolger (Robert), *The Classical Heritage and Its Beneficiaries from the Carolingian Age to the End of the Renaissance* (Cambridge: Cambridge University Press, 1954).

Bolisani (Ettore), "Vergilius o Virgilius? L'opinione di un dotto umanista," *Atti dell'Istituto Veneto di Scienze, Lettere ed Arti*, classe di scienze morali e lettere, 117 (1958–1959), 131–141.
Boll (Franz), *Sphaera* (Leipzig: Teubner, 1903).
Bolter (Jay), "Friedrich August Wolf and the Scientific Study of Antiquity," *Greek, Roman and Byzantine Studies* 21 (1980), 83–99.
Bonicatti (Maurizio), *Studi sull'umanesimo: secoli XIV-XVI* (Firenze: La Nuova Italia, 1969).
Borchardt (Frank), *German Antiquity in Renaissance Myth* (Baltimore: Johns Hopkins Press, 1970).
Borghero (Carlo), *La certezza e la storia: Cartesianesimo, Pirronismo e conoscenza storica* (Milano: FrancoAngeli, 1983).
Borst (Arno), *Der Turmbau von Babel* (Stuttgart: Hiersemann, 1957–1963).
Bouché-Leclercq (Auguste), *L'astrologie grecque* (Paris: Leroux, 1899).
Bouwsma (William James), *Concordia Mundi: The Career and Thought of Guillaume Postel, 1510–1581* (Cambridge MA: Harvard University Press, 1957) = W・J・ブースマ『ギヨーム・ポステル：異貌のルネサンス人の生涯と思想』長谷川光明訳（法政大学出版局、2010 年）.
Branca (Vittore), *Poliziano e l'umanesimo della parola* (Torino: Einaudi, 1983).
Bravo (Benedetto), *Philologie, histoire, philosophie de l'histoire* (Wrocław: Polish Academy Press; repr. Hildesheim: Olms, 1968).
Brink (C. O.), *English Classical Scholarship: Historical Reflections on Bentley, Porson, and Housman* (Cambridge: Clarke, 1986).
Broccia (Giuseppe), *La questione omerica* (Firenze: Sansoni, 1979).
Brugmans (Henri L.), *Le séjour de Christian Huyghens à Paris et ses relations avec les milieux scientifiques français* (Paris: Droz, 1935).
Brugnoli (Giorgio), "La *praefatio in Suetonium* del Poliziano," *Giornale italiano di filologia* 10 (1957), 211–220.
Burke (Peter), *The Renaissance Sense of the Past* (New York: Arnold, 1969).
——, "Tacitism," in *Tacitus*, ed. Thomas Alan Dorey (London: Routledge, 1969b), 149–171.
Burstein (Mayer), *The Babyloniaca of Berussus* (Malibu: Undena, 1978).
Butterfield (Herbert), *Man on His Past: The Study of the History of Historical Scholarship* (Cambridge: Cambridge University Press, 1955).
Caplan (Harry), *Of Eloquence: Studies in Ancient and Mediaeval Rhetoric* (Ithaca: Cornell University Press, 1970).
Cardini (Roberto), *La critica del Landino* (Firenze: Sansoni, 1973).
Casella (Maria Teresa), "Il metodo dei commentatori umanistici esemplato sul Beroaldo," *Studi medievali* ser. 3, 16 (1975), 627–701.
Casey (Philip Maurice), "Porphyry and the Origin of the Book of Daniel," *Jour-*

nal of Theological Studies n.s. 27 (1976), 15–33.

Castellani (Girogio), "Un traité inédit en grec de Cyriaque d'Ancone," *Revue des études grecques* 9 (1896), 225–230.

Cesarini Martinelli (Lucia), "In margine al commento di Angelo Poliziano alle *Selve* di Stazio," *Interpres* 1 (1978), 96–145;

——, "Un ritrovamento polizianesco: il fascicolo perduto del commento alle *Selve* di Stazio," *Rinascimento* 22 (1982), 183–212.

Champlin (Edward), "Serenus Sammonicus," *Harvard Studies in Classical Philology* 85 (1981), 189–212.

Cipriani (Giovanni), *Il mito etrusco nel Rinascimento fiorentino* (Firenze: Olschki, 1980).

Clark (George N.), *War and Society in the Seventeenth Century* (Cambridge: Cambridge University Press, 1958).

Cochrane (Eric W.), *Tradition and Enlightenment in the Tuscan Academies, 1690–1800* (Chicago: University of Chicago Press, 1961).

——, *Historians and Historiography in the Italian Renaissance* (Chicago: University of Chicago Press, 1981).

Colie (Rosalie L.), *Light and Enlightenment: A Study of the Cambridge Platonists and the Dutch Arminians* (Cambridge: Cambridge University Press, 1957).

Constable (Giles), "Forgery and Plagiarism in the Middle Ages," *Archiv für Diplomatik, Schriftgeschichte, Siegel- und Wappenkunde* 29 (1983), 1–41.

Copenhaver (Brian P.), "Jewish Theologies of Space in the Scientific Revolution: Henry More, Joseph Raphson, Isaac Newton and Their Predecessors," *Annals of Science* 37 (1980), 489–548.

Coppini (Donatella), "Filologi del Quattrocento al lavoro su due passi di Properzio," *Rinascimento* 16 (1976), 219–229.

Courcelle (Pierre Paul), *Late Latin Writers and Their Greek Sources*, tr. Harry E. Wedeck (Cambridge MA: Harvard University Press, 1969).

Cozzi (Gaetano), *Paolo Sarpi tra Venezia e l'Europa* (Torino: Einaudi, 1979).

Croll (Morris W.), *Style, Rhetoric and Rhythm* (Princeton: Princeton University Press, 1966).

D'Amico (John F.), "The Progress of Renaissance Latin Prose: The Case of Apuleianism," *Renaissance Quarterly* 37 (1984), 351–392.

——, *Theory and Practice in Renaissance Textual Criticism* (Berkeley: University of California Press, 1988).

Danielsson (Olof A.), "Annius von Viterbo über die Gründungsgeschichte Roms," in *Corolla Archaeologica* (Lund: Gleerup, 1932), 1–16.

Dear (Peter R.), *Mersenne and the Learning of the Schools* (Ithaca: Cornell University Press, 1988).

de Caprio (Vincenzo), "Retorica e ideologia nella *Declamatio* di Lorenzo Valla sulla donazione di Costantino," *Paragone* 29 (1978), 36–56.

de Jonge (Henk Jan), "Die Patriarchentestamente von Roger Bacon bis Richard Simon," in *Studies on the Testaments of the Twelve Patriarchs*, ed. Marinus de Jonge (Leiden: Brill, 1975a), 3–42.

——, "J. J. Scaliger's *De LXXXV canonibus apostolorum diatribe*," *Lias* 2 (1975b), 115–124.

Demerson (Geneviève), "Dorat, commentateur d'Homère," in *Etudes seiziémistes offertes à V.-L. Saulnier* (Genève: Droz, 1980), 223–234.

de Nolhac (Pierre), *Pétrarque et l'humanisme*, 2. ed. (Paris: Champion, 1907).

Diehl (Carl), *Americans and German Scholarship, 1770–1870* (New Haven: Yale University Press, 1978).

Dionisotti (Anna Carlotta), "Polybius and the Royal Professor," in *Tria Corda: scritti in onore di Arnaldo Momigliano*, ed. Emilio Gabba (Como: Edizioni New Press, 1983), 179–199.

——, "From Stephanus to Du Cange: Glossary Stories," *Revue d'histoire des textes* 14–15 (1984–1985), 303–336.

Dionisotti (Carlo), "'Lavinia venit litora': polemica virgiliana di M. Filetico," *Italia medioevale e umanistica* 1 (1958), 283–315.

——, *Geografia e storia della letteratura italiana* (Torino: Einaudi, 1967).

——, "Calderini, Poliziano e altri," *Italia medioevale e umanistica* 11 (1968), 151–185.

Dodds (Eric R.), *Missing Persons: An Autobiography* (Oxford: Clarendon, 1977).

Domandi (Mario), *Maxims and Reflections of a Renaissance Statesman* (Philadelphia: University of Pennsylvania Press, 1965).

Dreitzel (Horst), "Die Entwicklung der Historie zur Wissenschaft," *Zeitschrift für historische Forschung* 3 (1981), 257–284.

Drews (Robert), *The Greek Accounts of Near Eastern History* (Cambridge MA: Harvard University Press, 1973).

Duhain (Georges), *Un traducteur de la fin du XVIIe siècle et du commencement du XVIIIe siècle: Jacques de Tourreil, traducteur de Démosthène (1656–1714)* (Paris: Champion, 1910).

Dunston (Arthur John), "A Student's Notes of Lectures by Giulio Pomponio Leto," *Antichton* 1 (1967), 86–94

——, "Studies in Domizio Calderini," *Italia medioevale e umanistica* 11 (1968), 71–150.

Eddy (Samuel K.), *The King Is Dead: Studies in the Near Eastern Resistance to Hellenism, 334–31 B.C.* (Lincoln: University of Nebraska Press, 1961).

Elman (Benjamin A.), *From Philosophy to Philology: Intellectual and Social Aspects of Change in Late Imperial China* (Cambridge MA: Harvard Univer-

sity's Council on East Asian Studies, 1984) = B・A・エルマン『哲学から文献学へ：後期帝政中国における社会と知の変動』馬淵昌也他訳（知泉書館、2015 年）.
Engels (Joseph), "Les commentaires d'Ovide au XVIe siècle," *Vivarium* 12 (1974), 3-13.
Erasmus (Hendrik J.), *The Origins of Rome in Historiography from Petrarch to Perizonius* (Assen: Van Gorcum, 1962).
Erbse (Hartmut) (ed.), *Scholia Graeca in Homeri Iliadem* (*Scholia Vetera*) (Berlin: de Gruyter, 1969).
Erskine-Hill (Howard), *The Augustan Idea in English Literature* (London: Arnold, 1983).
Ettinghausen (Henry), *Francisco de Quevedo and the Neostoic Movement* (Oxford: Oxford University Press, 1972).
Evans (Robert J. W.), *Rudolf II and His World* (Oxford: Clarendon, 1973) = R・エヴァンズ『魔術の帝国：ルドルフ二世とその世界』中野春夫訳（平凡社、1988 年；ちくま学芸文庫、2006 年）.
Fera (Vincenzo), "Il primo testo critico di Valerio Flacco," *Giornale italiano di filologia* n.s. 10 (1979), 230-254.
——, *Una ignota expositio Suetoni del Poliziano* (Messina: Centro di studi umanistici, 1983).
——, "Polemiche filologiche intorno allo Svetonio di Beroaldo," in *The Uses of Greek and Latin: Historical Essays*, ed. Anna Carlotta Dionisotti et al. (London: The Warburg Institute, 1988), 71-87.
Field (Arthur), *The Origins of the Platonic Academy of Florence* (Princeton: Princeton University Press, 1988).
Flashar (Helmut) et al. (ed.), *Philologie und Hermeneutik im 19. Jahrhundert* (Göttingen: Vandenhoeck, 1979).
Flitner (Andreas), *Erasmus im Urteil seiner Nachwelt* (Tübingen: Niemeyer, 1952).
Ford (Philippe), "Conrad Gesner et le fabuleux manteau," *Bibliothèque d'Humanisme et Renaissance* 47 (1985), 305-320.
Fotheringham (Jerome K.), *The Bodleian Manuscript of Jerome's Version of the* Chronicle of Eusebius (Oxford: Clarendon, 1905).
Fowden (Garth), *The Egyptian Hermes* (Cambridge: Cambridge University Press, 1986).
Franklin (Julian H.), *Jean Bodin and the Sixteenth-Century Revolution in the Methodology of Law and History* (New York: Columbia University Press, 1963).
Frei (Hans W.), *The Eclipse of Biblical Narrative: A Study in Eighteenth and Nineteenth Century Hermeneutics* (New Haven: Yale University Press,

1974).
Freudenthal (Jacob), *Alexander Polyhistor* (Breslau, 1875).
Friedman (John B.), *Orpheus in the Middle Ages* (Cambridge MA: Harvard University Press, 1970).
Fumagalli (Edoardo), "Aneddoti della vita di Annio da Viterbo O.P.," *Archivum Fratrum Praedicatorum* 50 (1980), 167–199 & 52 (1982), 197–218.
——, "Un falso tardo-quattrocentesco: la pseudo-Catone di Annio da Viterbo," in *Vestigia: studi in onore di Giuseppe Billanovich*, ed. Rino Avesani et al. (Roma: Stora e Letteretura, 1984), I: 337–360.
Fumaroli (Marc), *L'Age de l'éloquence* (Genève: Droz, 1980).
Funaioli (Gino), *Studi di letteratura antica* (Bologna: Zanichelli, 1946).
Gamrath (Helge), *Roma sancta renovata: studi sull'urbanistica di Roma* (Roma: L'Erma di Bretschneider, 1987).
Garin (Eugenio), "*Endelecheia e Entelecheia* nelle discussioni umanistiche," *Atene e Roma* ser. 3, 5 (1937), 177–187.
——, *L'educazione umanistica in Italia* (Bari: Laterza, 1953).
——, *Medioevo e Rinascimento: studi e ricerche* (Bari: Laterza, 1954/1980).
——, *La cultura filosofica del Rinascimento italiano* (Firenze: Sansoni, 1961).
——, "Note in margine all'opera di Filippo Beroaldo il Vecchio," in *Tra Latino e Volgare*, ed. Gabriella Bernardoni Trezzini et al. (Padova: Antenore, 1974), II: 439–441.
——, *Ermetismo del Rinascimento* (Roma: Riuniti, 1988).
Geffcken (Johannes), *The Last Days of Greco-Roman Paganism* (Amsterdam: Elsevier, 1978).
Gelzer (Heinrich), *Sextus Julius Africanus und die byzantinische Chronographie* (Leipzig: Teubner, 1880–1898).
Gerhardsson (Birger), *Memory and Manuscript: Oral Tradition and Written Transmission in Rabbinic Judaism and Early Christianity* (Lund: Eerdmans, 1961).
Gerretzen (Jan Gerard), *Schola Hemsterhusiana*, Diss. (University of Nijmegen, 1940).
Getty (Robert J.), "The Astrology of P. Nigidius Figulus (Lucan 1,649–65)," *Classical Quarterly* 35 (1941), 17–22.
Gilmore (Myron P.), "The Renaissance Conception of the Lessons of History," in *Facets of the Renaissance*, ed. William H. Werkmeister, 2. ed. (New York: Harper, 1963), 73–102.
——, *Humanists and Jurists: Six Studies in the Renaissance* (Cambridge MA: Harvard University Press, 1963).
Ginzburg (Carlo), *The Cheese and the Worms* (Baltimore: Johns Hopkins University Press, 1980) = C・ギンズブルグ『チーズとうじ虫：一六世紀の一粉

挽屋の世界像』杉山光信訳（みすず書房、2012年）.
Gliozzi (Giuliano), *Adamo e il nuovo mondo* (Milano: FrancoAngeli, 1977).
Glucker (John), "Casaubon's Aristotle," *Classica et Medievalia* 25 (1964), 274-296.
Goez (Werner), "Die Anfänge der historischen Methoden-Reflexion im italienischen Humanismus," in *Geschichte in der Gegenwart*, ed. Ernst Heinen & Hans Joachim Schoeps (Paderborn: Schöningh, 1972), 3-21.
——, "Die Anfänge der historischen Methoden-Reflexion in der italienischen Renaissance und ihre Aufnahme in der Geschichtsschreibung des deutschen Humanismus," *Archiv für Kulturgeschichte* 56 (1974), 25-48.
Gordon (Geoffrey), *The Discipline of Letters* (Oxford: Clarendon, 1946).
Gossman (Lionel), *Medievalism and the Ideologies of the Enlightenment* (Baltimore: Johns Hopkins Press, 1968).
Grafton (Anthony), "Joseph Scaliger's Edition of Catullus (1577) and the Traditions of Textual Criticism in the Renaissance," *Journal of the Warburg and Courtauld Institutes* 38 (1975), 155-181.
——, "On the Scholarship of Politian and Its Context," *Journal of the Warburg and Courtauld Institutes* 40 (1977), 150-188.
——, "Rhetoric, Philology and Egyptomania in the 1570s: J. J. Scaliger's Invective against M. Guilandinus's Papyrus," *Journal of the Warburg and Courtauld Institutes* 42 (1979), 167-194.
——, "*Prolegomena* to Friedrich August Wolf," *Journal of the Warburg and Courtauld Institutes* 44 (1981), 101-130.
——, "Protestant versus Prophet: Isaac Casaubon on Hermes Trismegistus," *Journal of the Warburg and Courtauld Institutes* 46 (1983), 78-93.
——, *Joseph Scaliger: A Study in the History of Classical Scholarship*, I: *Textual Criticism and Exegesis* (Oxford: Clarendon, 1983).
——, "Polyhistor into *Philolog*: Notes on the Transformation of German Classical Scholarship, 1780-1850," *History of Universities* 3 (1983 [1984]), 159-192.
——, "Joseph Scaliger's Collation of the *Codex Pithoei* of Censorinus," *Bodleian Library Record* (Spring, 1985a).
——, "From *De die natali* to *De emendatione temporum*: The Origins and Settings of Scaliger's Chronology," *Journal of the Warburg and Courtauld Institutes* 48 (1985b), 100-143.
——, "The World of the Polyhistors: Humanism and Encyclopedism," *Central European History* 18 (1985c), 31-47.
——, "Renaissance Readers and Ancient Texts: Comments on Some Commentaries," *Renaissance Quarterly* 38 (1985d), 615-649.
—— & Noel Swerdlow, "Technical Chronology and Astrological History in Var-

ro, Censorinus and Others," *Classical Quarterly* 35 (1985), 454–465.

——, "Sleuths and Analysts," *Times Literary Supplement*, 8 August 1986, 867–868.

—— & Lisa Jardine, *From Humanism to the Humanities* (Cambridge MA: Harvard University Press, 1987).

——, "Higher Criticism, Ancient and Modern: The Lamentable Deaths of Hermes and the Sibyls," in *The Uses of Greek and Latin: Historical Essays*, ed. Anna Carlotta Dionisotti et al. (London: The Warburg Institute, 1988a), 155–170.

——, "The Availability of Ancient Sources," in *The Cambridge History of Renaissance Philosophy*, ed. Charles B. Schmitt et al. (Cambridge: Cambridge University Press, 1988b), 767–791.

——, "A Vision of the Past and Futur," *Times Literary Supplement*, 12–18 February 1988, 151–152.

——, "Invention of Traditions and Traditions of Invention in Renaissance Europe: The Strange Case of Annius of Viterbo," in *The Transmission of Culture in Early Modern Europe*, ed. Anthony Grafton & Ann Blair (Philadelphia, University of Pennsylvania Press, 1990), 8–38.

——, "Humanism and Science in Rudolphine Prague: Kepler in Context," in *Literary Culture in the Holy Roman Empire*, ed. James A. Parente et al. (Chapel Hill: University of North Carolina Press, 1991), 19–45.

——, *Cardano's Cosmos: The Worlds and Works of a Renaissance Astrologer* (Cambridge MA: Harvard University Press, 1999) = A・グラフトン『カルダーノのコスモス：ルネサンスの占星術師』榎本恵美子・山本啓二訳（勁草書房、2007 年）.

——, *Leon Battista Alberti: Master Builder of the Italian Renaissance* (Cambridge MA: Harvard University Press, 2000) = A・グラフトン『アルベルティ：イタリア・ルネサンスの構築者』森雅彦・足立薫他訳（白水社、2012 年）.

Gray (Hanna H.), "Renaissance Humanism: The Pursuit of Eloquence," in *Renaissance Essays*, ed. Paul O. Kristeller & Philip P. Wiener (New York: Harper, 1968), 199–216.

Gruppe (Otto), *Geschichte der klassischen Mythologie und Religionsgeschichte* (Leipzig: Teubner, 1921).

Gruys (Jan A.), *The Early Printed Editions (1518–1664) of Aeschylus: A Chapter in the History of Classical Scholarship* (Nieuwkoop: De Graaf, 1981).

Guenée (Bernard), *Histoire et culture historique dans l'Occident médiéval* (Paris: Flammarion, 1980).

Haebler (Konrad), *The Study of Incunabula*, tr. Lucy E. Osborne (New York: The Grolier Club, 1933).

Haeusler (Martin), *Das Ende der Geschichte in der mittelalterlichen Weltchronistik* (Wien: Böhlau, 1980).

Hankins (James), *Plato in the Italian Renaissance* (Leiden: Brill, 1991).

Hannaway (Owen), *The Chemists and the Word: The Didactic Origins of Chemistry* (Baltimore: Johns Hopkins University Press, 1975).

Hardtwig (Wolfgang), "Die Verwissenschaftlichung der Geschichtsschreibung und die Ästhetisierung der Darstellung," in *Formen der Geschichtsschreibung*, ed. Reinhart Koselleck et al. (München: Deutscher Taschenbuch, 1982), 147-191.

Harnack (Adolf von), "Porphyrius, *Gegen die Christen*, 15 Bücher: Zeugnisse, Fragmente und Referate," *Abhandlungen der königlich preussischen Akademie der Wissenschaften*, philosophisch-historische Klasse (Berlin: Akademie der Wissenshaften, 1916), 1-284.

Harrie (Jeanne), "Duplessis-Mornay, Foix-Candale and the Hermetic Religion of the World," *Renaissance Quarterly* 31 (1978), 499-514.

Hartfelder (Karl), *Melanchthoniana paedagogica* (Leipzig, 1892).

Hassinger (Erich), *Empirisch-rationaler Historismus* (Bern: Francke, 1978).

Hazard (Paul), *The European Mind, 1680-1715* (New York: Penguin University Book, 1963) = P・アザール『ヨーロッパ精神の危機』野沢協訳（法政大学出版局、1973年）.

Heldmann (Konrad), *Antike Theorien über Entwicklung und Verfall der Redekunst* (München: Beck, 1982).

Heninger (Simeon K.), Jr., *Touches of Sweet Harmony: Pythagorean Cosmology and Renaissance Poetics* (San Marino: Huntington Library, 1974) = S・K・ヘニンガー『天球の音楽：ピュタゴラス宇宙論とルネサンス詩学』山田耕士他訳（平凡社、1994年）.

Hertenstein (Bernhard), *Joachim von Watt (Vadianus), Bartholomäus Schobinger, Melchior Goldast* (Berlin: de Gruyter, 1975).

Hirai (Hiro) & Jan Papy (eds.), *Justus Lipsius and Natural Philosophy* (Brussels: Royal Academy of Belgium, 2011).

Holladay (Carl R.) (ed.), *Fragments from Hellenistic Jewish Authors* (Chico: Scholars Press, 1983).

Housman (Alfred E.), "Astronomical Appendix," in *M. Annaei Lucani Belli civilis libri decem*, ed. Alfred E. Housman (Oxford: Blackwell, 1950), 325-337.

Hulshoff Pol (Elfriede), *Studia Ruhnkeniana*, Ph. D. diss. (Leiden, 1935).

Hunter (Michael), "Ancients, Moderns, Philologists, and Scientists," *Annals of Science* 39 (1982), 187-192.

Hutin (Serge), *Henry More: essai sur les doctrines théosophiques chez les Platoniciens de Cambridge* (Hildesheim: Olms, 1966).

Iversen (Erik), *The Myth of Egypt and Its Hieroglyphs in European Tradition*

(Copenhagen: Gad, 1961).
——, *Obelisks in Exile,* I: *The Obelisks of Rome* (Copenhagen: Gad, 1968).
Jacob (Margaret C.), "John Toland and the Newtonian Ideology," *Journal of the Warburg and Courtauld Institutes* 32 (1969), 307–331.
Jacoby (Felix), "Zur Entstehung der römischen Elegie," *Rheinisches Museum für Philologie* n.s. 60 (1905), 38–105.
—— (ed.), *Die Fragmente der griechischen Historiker* (Berlin: Weidmann, 1923–1958).
Jardine (Lisa), *Francis Bacon: Discovery and the Art of Discourse* (Cambridge: Cambridge University Press, 1974).
Jardine (Nicholas), *The Birth of History and Philosophy of Science* (Cambridge: Cambridge University Press, 1984).
Jebb (Richard C.), *Bentley* (London: Macmillan, 1882).
——, *Homer: An Introduction to the Iliad and the Odyssey* (Glasgow: Maclehose, 1894).
Joachimsen (Paul F.), *Geschichtsauffassung und Geschichtsschreibung in Deutschland unter dem Einfluss des Humanismus* (Leipzig: Teubner, 1910; repr. Aalen: Scientia, 1968).
Joy (Lynn S.), *Gassendi the Atomist: Advocate of History in an Age of Science* (Cambridge: Cambridge University Press, 1987).
Kahn (Victoria), "The Figure of the Reader in Petrarch's *Secretum,*" *PMLA* 100 (1985), 154–166.
Kaltenbrunner (Ferdinand), *Die Polemik über die Gregorianische Kalenderreform* (Wien, 1877).
Kaufmann (Thomas DaCosta), *L'école de Prague: la peinture à la court de Rodolphe II* (Paris: Flammarion, 1985).
——, *The Mastery of Nature: Aspects of Art, Science and Humanism in the Renaissance* (Princeton: Princeton University Press, 1993) = T・D・カウフマン『綺想の帝国：ルドルフ二世をめぐる美術と科学』斉藤栄一訳（工作舎、1995 年）.
Kelley (Donald R.), *Foundations of Modern Historical Scholarship* (New York: Columbia University Press, 1970).
Kendrick (Thomas D.), *British Antiquity* (London: Barnes and Noble, 1950).
Kenney (Edward John), *The Classical Text: Aspects of Editing in the Age of the Printed Book* (Berkeley: California University Press, 1974).
Kessler (Eckhard), "Das rhetorische Modell der Historiographie," in *Formen der Geschichtsschreibung*, ed. Reinhart Koselleck et al. (München: Deutscher Taschenbuch, 1982), 37–85.
Kirner (Giuseppe), "Contributo alla critica del testo delle *Epistolae ad Familiares* di Cicerone (1. IX-XVI)," *Studi italiani di filologia classica* 9 (1901),

369–433.

Knudsen (Jonathan B.), *Justus Möser and the German Enlightenment* (Cambridge: Cambridge University Press, 1986).

Koselleck (Reinhart), "Historia magistra vitae: Über die Auflösung des Topos im Horizont neuzeitlich bewegter Geschichte," in idem, *Vergangene Zukunft: Zur Semantik geschichtlicher Zeiten* (Frankfurt: Suhrkamp, 1984).

Krauss (Andreas), "Grundzüge barocker Geschichtsschreibung," in *Bayerische Geschichtswissenschaft in drei Jahrhunderten* (München: Beck, 1979), 11–33.

Krautter (Konrad), *Philologische Methode und humanistische Existenz* (München: Fink, 1971).

Kraye (Jill), "Cicero, Stoicism and Textual Criticism: Poliziano on *katorthôma*," *Rinascimento* 23 (1983), 79–110.

——, "The Pseudo-Aristotelian *Theology* in Sixteenth- and Seventeenth-Century Europe," in *Pseudo-Aristotle in the Middle Ages: The Theology and Other Texts*, ed. Jill Kraye et al. (London: The Warburg Institute, 1986), 265–286.

Kroll (Richard W. F.) et al. (eds.), *Philosophy, Religion and Science in England, 1640–1700* (Cambridge: Cambridge University Press, 1992).

Kühlmann (Wilhelm), *Gelehrtenrepublik und Fürstenstaat: Entwicklung und Kritik des deutschen Späthumanismus in der Literatur des Barockzeitalters* (Tübingen: Niemeyer, 1982).

Ladner (Gerhard), *The Idea of Reform: Its Impact on Christian Thought and Action in the Age of the Fathers* (Cambridge MA: Harvard University Press, 1959).

Lebram (Jürgen-Christian H.), "Ein Streit um die Hebräische Bibel und die Septuaginta," in *Leiden University in the Seventeenth Century*, ed. Theodor H. Lunsingh Scheurleer (Leiden: Brill, 1975), 21–63.

Lehmann (Paul J. G.), *Pseudo-antike Literatur des Mittelalters* (Leipzig: Teubner, 1927; repr. Darmstadt: Wissenschaftliche Buchgesellschaft, 1964).

Lemmi (Charles W.), *The Classic Deities in Bacon: A Study in Mythological Symbolism* (Baltimore: Johns Hopkins Press, 1933).

Levine [Rubinstein] (Alice), "The Notes to Poliziano's *Iliad*," *Italia medioevale e umanistica* 25 (1982), 205–239.

Levine (Joseph M.), "Reginald Pecock and Lorenzo Valla on the Donation of Constantine," *Studies in the Renaissance* 20 (1973), 118–143.

——, *Dr. Woodward's Shield: History, Science and Satire in Augustan England* (Ithaca: Cornell University Press, 1977).

——, *Humanism and History: Origins of Modern English Historiography* (Ithaca: Cornell University Press, 1987).

——, *The Battle of the Books: History and Literature in the Augustan Age*

(Ithaca: Cornell University Press, 1994).
Lieberman (Saul), *Hellenism in Jewish Palestine* (New York: Jewish Theological Seminary of America, 1950).
Lilge (Frederic), *The Abuse of Learning: The Failure of the German University* (New York: MacMillan, 1948).
Lodge (David), *The British Museum Is Falling Down* (New York: Holt, Rinehart and Winston, 1965) = D・ロッジ『大英博物館が倒れる』高儀進訳（白水社、1982年）.
Lowry (Martin), *The World of Aldus Manutius: Business and Scholarship in Renaissance Venice* (Ithaca: Cornell University Press, 1979).
Maclean (Ian), "Montaigne, Cardano: The Reading of Subtlety, the Subtlety of Reading," *French Studies* 37 (1983), 143–156.
——, "The Place of Interpretation: Montaigne and Humanist Jurists on Words, Intention and Meaning," in *Neo-Latin and the Vernacular in Renaissance France*, ed. Grahame Castor & Terence Cave (Oxford: Clarendon, 1984), 252–272.
Maïer (Ida), "Une page inédite de Politien: la note du Vat. lat. 3617 sur Démétrius Triclinius, commentateur d'Homère," *Bibliothèque d'Humanisme et Renaissance* 16 (1954), 7–17.
Mandrou (Robert), *Des humanistes aux hommes de science* (*XVI*^{e} *et XVII*^{e} *siècles*) (Paris: Seuil, 1973) = *From Humanism to Science, 1480–1700* (Harmonsworth: Penguin, 1973).
Mansfield (Bruce), *Phoenix of His Age: Interpretations of Erasmus, c. 1550–1750* (Toronto: University of Toronto Press, 1979).
Manuel (Frank E.), *Isaac Newton, Historian* (Cambridge MA: Belknap, 1963).
Martin (Alfred von), *Coluccio Salutati's Traktat* Vom Tyrannen (Berlin: Rothschild, 1913), 77–98.
McClelland (Charles E.), "The Aristocracy and University Reform in Eighteenth-Century Germany," in *Schooling and Society*, ed. Lawrence Stone (Baltimore: Johns Hopkins University Press, 1976), 146–173.
McGuire (James E.) & Piyo M. Rattansi, "Newton and the 'Pipes of Pan,'" *Notes and Records of the Royal Society of London* 21 (1966), 108–143.
McKane (William), "Benjamin Kennicott: An Eighteenth-Century Researcher," *Journal of Theological Studies* n.s. 28 (1977), 445–464.
Meneghin (Vittorino), *Bernardino da Feltre e i monti di pietà* (Vicenza: LIEF, 1974), 545–550.
Menze (Clemens), *Wilhelm von Humboldt und Christian Gottlob Heyne* (Ratingen: Henn, 1966).
Mercati (Giovanni), "Tre dettati universitari dell'umanista Martino Filetico sopra Persio, Giovenale, ed Orazio," in *Classical and Mediaeval Studies in*

Honor of Edward Kennard Rand, ed. Lesslie Webber Jones (New York: Jones, 1938), 221-230.
Meter (J. H.), *The Literary Theories of Damiel Heinsius* (Assen: Van Gorcum, 1984).
Mettler (Werner), *Der Junge Friedrich Schlegel und die griechische Literatur: Ein Beitrag zum Problem der Historie* (Zürich: Atlantis, 1955).
Metzger (Bruce M.), *The Text of the New Testament*, 2. ed. (Oxford: Oxford University Press, 1968) = B・M・メツガー『新約聖書の本文研究』橋本滋男訳（日本キリスト教団出版局、1999 年）.
Mitchell (Charles), "Archaeology and Romance in Renaissance Italy," in *Italian Renaissance Studies*, ed. Ernest F. Jacob (London: Farber & Farber, 1960), 455-483.
Momigliano (Arnaldo), "Ancient History and the Antiquarian," *Journal of the Warburg and Courtauld Institutes* 13 (1950), 285-315.
——, *Contributo alla storia degli studi classici* (Roma: Storia e letteratura, 1955).
——, "Polybius' Reappearance in Western Europe," in *Polybe* (Genève: Fondation Hardt, 1974a), 345-372.
——, "Un appunto di I. Casaubon dalle 'Variae' di Cassiodoro," in *Tra Latino e Volgare per Carlo Dionisotti*, ed. Gabriella Bernardoni Trezzini et al. (Padova: Antenore, 1974b), II: 615-617.
Mommsen (Theodor E.), *Medieval and Renaissance Studies* (Ithaca: Greenwood, 1959).
Monfasani (John), *George of Trebizond* (Leiden: Brill, 1976).
Morley (Edith J.), *Crabb Robinson in Germany 1800-1805* (London: Oxford University Press, 1929).
Moss (Ann), *Ovid in Renaissance France: A Survey of the Latin Editions of Ovid and Commentaries Printed in France before 1600* (London: The Warburg Institute, 1982).
Mosshammer (Alden A.), *The Chronicle of Eusebius and Greek Chronographic Tradition* (Lewisburg: Bucknell University Press, 1979).
Most (Glenn W.), "Rhetorik und Hermeneutik: Zur Konstitution der Neuzeitlichkeit," *Antike und Abendland* 30 (1984), 62-79.
Mout (Nicolette), *Bohemen en de Nederlanden in de zestiende eeuw* (Leiden: Universitaire Pers Leiden, 1975).
Muhlack (Ulrich), "Empirisch-rationaler Historismus," *Historische Zeitschrift* 232 (1981), 605-616.
——, "Klassische Philologie zwischen Humanismus und Neuhumanismus," in *Wissenschaften im Zeitalter der Aufklärung*, ed. Rudolf Vierhaus (Göttingen: Vandenhoeck, 1985), 93-119.
Müller (Carl Werner), "Die neuplatonischen Aristoteleskommentatoren über

die Ursachen der Pseudepigraphie," *Rheinisches Museum für Philologie* N.F. 112 (1969), 120–126, repr. in *Pseudepigraphie in der heidnischen und jüdisch-christlichen Antike* (Darmstadt, Wissenschaftliche Buchgesellschaft, 1977), 264–271.

——, *Die Kurzdialoge der Appendix Platonica* (München: Fink, 1975), 12–16.

Müller (Karl O.), *Kleine deutsche Schriften* (Breslau, 1837/1847).

Mund-Dopchie (Monique), *La survie d'Eschyle à la Renaissance* (Louvain: Peeters, 1984).

Murrin (Michael), *The Veil of Allegory: Some Notes toward a Theory of Allegorical Rhetoric in the English Renaissance* (Chicago: University of Chicago Press, 1969).

——, *The Allegorical Epic: Essays in Its Rise and Decline* (Chicago: University of Chicago Press, 1980).

Myres (John L.), *Homer and His Critics* (London: Routledge, 1958).

Nadel (George H.), "Philosophy of History before Historicism," *History and Theory* 3 (1964), 291–315.

Neugebauer (Otto), *Ethiopic Astronomy and Computus* (Wien: Austrian Academy of Sciences Press, 1979).

Nisbet (Robin G. M.), "Virgil's Fourth Eclogue: Easterners and Westerners," *Bulletin of the Institute of Classical Studies* 25 (1978), 59–78.

Nivison (David S.), *The Life and Thought of Chang Hsüeh-ch'eng (1738–1801)* (Stanford: Stanford University Press, 1966).

——, "Protest against Conventions and Conventions of Protest," in *Confucianism and Chinese Civilization*, ed. Arthur F. Wright (Stanford: Stanford University Press, 1975), 227–251.

North (John D.), "Astrology and the Fortunes of Churches," *Centaurus* 24 (1980), 181–211.

Nutton (Vivian), "John Caius and the Eton Galen: Medical Philology in the Renaissance," *Medizinhistorisches Journal* 20 (1985), 227–252.

——, *John Caius and the Manuscripts of Galen* (Cambridge: Cambridge Philological Society, 1987).

——, "'Prisci dissectionum professores': Greek Texts and Renaissance Anatomists," in *The Uses of Greek and Latin: Historical Essays*, ed. Anna Carlotta Dionisotti et al. (London: The Warburg Institute, 1988), 111–126.

Oestreich (Gerhard), *Neostoicism and the Early Modern State* (Cambridge: Cambridge University Press, 1982).

Olender (Maurice), *Les langues du Paradis: aryens et sémites, un couple providentiel* (Paris: Gallimard, 1989).

Oliver (Revilo P.), "New Fragments' of Latin Authors in Perotti's *Cornucopiae,*" *Transactions of the American Philological Association* 78 (1947), 376–424.

Owen (Aneurin L.), *The Famous Druids: A Survey of Three Centuries of English Literature on the Druids* (Oxford: Clarendon, 1962).

Pagel (Walter), "The Position of Harvey and Van Helmont in the History of European Thought," *Journal of the History of Medicine and Allied Sciences* 13 (1958), 186–199.

Panizza (Letizia A.), "Textual Interpretation in Italy, 1350–1450: Seneca's Letter I to Lucilius," *Journal of the Warburg and Courtauld Institutes* 46 (1983), 40–62.

——, "Biography in Italy from the Middle Ages to the Renaissance: Seneca, Pagan or Christian?," *Nouvelles de la République des Lettres* 4–2 (1984), 47–98.

Panofsky (Erwin), *Studies in Iconology: Humanistic Themes in the Art of the Renaissance* (New York: Harper, 1962) = E・パノフスキー『イコノロジー研究』浅野徹訳(美術出版社、1971 年;ちくま学芸文庫、2002 年).

Parente (James A.), Jr., *Religious Drama and the Humanist Tradition: Christian Theater in Germany and in the Netherlands, 1500–1600* (Leiden: Brill, 1987).

Parry (Glyndwr J. R.), "Puritanism, Science, and Capitalism: William Harrison and the Rejection of Hermes Trismegistus," *History of Science* 22 (1984), 245–270.

Pasquali (Girogio), *Storia della tradizione e critica del testo*, 2. ed. (Firenze: Le Monnier, 1952).

——, *Filologia e storia*, 2. ed. (Firenze: Le Monnier, 1964).

Pastine (Dino), "Le origini del poligenismo e Isaac La Peyrère," in idem, *Miscellanea Seicento* (Firenze: La Nuova Italia, 1971), 7–234.

Pattison (Mark), *Isaac Casaubon, 1559–1614* (London: Longmans, 1875; 2. ed. Oxford: Clarendon, 1892).

——, "F. A. Wolf," in Friedrich August Wolf, *Essays*, ed. Henry Nittleship (Oxford: Oxford University Press, 1889), I: 337–414.

——, *Essays* (London: Routledge, 1909).

Perosa (Alessandro), "Febris: A Poetic Myth Created by Poliziano," *Journal of the Warburg and Courtauld Institutes* 9 (1946), 74–95.

——, *Mostra del Poliziano* (Firenze: Sansoni, 1955).

—— et al. (eds.), *Giovanni Rucellai ed il suo Zibaldone*, I: "*Il Zibaldone quaresimale*" (London: The Warburg Institute, 1960).

——, "Due lettere di Domizio Calderini," *Rinascimento* ser. 2, 13 (1973), 3–20.

Perotto Sali (Laura), "L'opuscolo inedito di Giorgio Merula contro i *Miscellanea* di Angelo Poliziano," *Interpres* 1 (1978), 146–183.

Perrat (Charles), "Les humanistes amateurs de papyrus," *Bibliothèque de l'Ecole des Chartes* 109 (1951), 173–192.

Peter (Rodolphe), “Noël Journet détracteur de l'Ecriture Sainte (1582),” in *Croyants et sceptiques au XVIe siècle: le dossier des ‘Epicuriens’*, ed. Marc Lienhard (Strasbourg: Istra, 1981), 147–156.

Peters (Wilhelm), *Zur Geschichte der Wolffschen Prolegomena zu Homer* (Frankfurt: Enz, 1890).

Pfeiffer (Rudolf), *History of Classical Scholarship from 1300 to 1800* (Oxford: Clarendon, 1976).

——, *Geschichte der klassischen Philologie: Von den Anfängen bis zum Ende des Hellenismus*, 2. ed. (München: Beck, 1978).

——, *Die klassische Philologie von Petrarca bis Mommsen* (München: Beck, 1982).

Pope (Maurice), *The Story of Archaeological Decipherment: From Egyptian Hieroglyphs to Linear B* (London: Scribner, 1975) = M・ポープ『古代文字の世界：エジプト象形文字から線文字Ｂまで』唐須教光訳（講談社学術文庫、1995 年).

Popkin (Richard H.), *Isaac La Peyrère (1596–1676): His Life, Work and Influence* (Leiden: Brill, 1987).

Porro (Antonietta), “Pier Vettori editore di testi greci: la *Poetica* di Aristotele,” *Italia medioevale e umanistica* 26 (1983), 307–358.

Potts (Alexander), *Winckelmann's Interpretation of the History of Ancient Art in Its Eighteenth-Century Context*, Ph. D. Diss. (London, 1978).

Purnell (Frederick), Jr., “Francesco Patrizi and the Critics of Hermes Trismegistus,” *Journal of Medieval and Renaissance Studies* 6 (1976), 155–178.

——, “Hermes and the Sibyl: A Note on Ficino's *Pimander*,” *Renaissance Quarterly* 30 (1977), 305–310.

Questa (Cesare), *Per la storia del testo di Plauto nell'umanesimo*, 1: *La* recensio *di Poggio Bracciolini* (Roma: Ateneo, 1968), 7–21.

Quint (David), *Origin and Originality in Renaissance Literature: Versions of the Source* (New Haven: Yale University Press, 1983).

Rambach (Johan J.), “Entwurf der künftig auszuarbeitenden Litterairhistorie,” in *Versuch einer pragmatischen Litterairhistorie* (Halle, 1770), 182–183.

Reeves (Marjorie), *The Influence of Prophecy in the Later Middle Ages* (Oxford: Clarendon, 1969) = M・リーヴス『中世の預言とその影響：ヨアキム主義の研究』大橋喜之訳（八坂書房、2006 年).

Rehm (Walther), *Der Untergang Roms im abendländischen Denken* (Leipzig: Dieterich'sche Verlagsbuchhandlung, 1930).

Reill (Peter Hans), *The German Enlightenment and the Rise of Historicism* (Berkeley: University of California Press, 1975).

Reiter (Siegfried), *Friedrich August Wolf: Ein Leben in Briefen* (Stuttgart: Metzler, 1935).

Reynolds (Leighton D.) & Nigel G. Wilson, *Scribes and Scholars: A Guide to the Translation of Greek and Latin Literature*, 2. ed. (Oxford: Clarendon, 1974) = L・D・レイノルズ、N・G・ウィルスン『古典の継承者たち：ギリシア語・ラテン語テクストの伝承にみる文化史』西村賀子・吉武純夫訳（国文社、1996年）.

Ribuoli (Riccardo), *La collazione polizianea del Codice Bembino di Terenzio* (Roma: Storia e letteratura, 1981).

Rice (Eugene F.), Jr., "Humanist Aristotelianism in France: Jacques Lefèvre d'Etaples and His Circle," in *Humanism in France at the End of the Middle Ages and in the Early Renaissance*, ed. Anthony H. T. Levi (Manchester: Manchester University Press, 1970), 132–149.

——, *The Prefatory Epistles of Jacques Lefèvre d'Étaples and Related Texts* (New York: Columbia University Press, 1971).

——, *St. Jerome in the Renaissance* (Baltimore: Johns Hopkins University Press, 1985).

Rizzo (Silvia), *II lessico filologico degli umanisti* (Roma: Storia e letteratura, 1973).

Robathan (Dorothy M.), "Flavio Biondo's *Roma Instaurata*," *Mediaevalia et Humanistica* n.s. 1 (1970), 203–216.

Rosen (Edward), *Three Imperial Mathematicians: Kepler Trapped between Tycho Brache and Ursus* (New York: Abaris Books, 1986).

Ross (David O.), *Backgrounds to Augustan Poetry: Gallus, Elegy and Rome* (Cambridge: Cambridge University Press, 1975).

Rossi (Paolo), *Francis Bacon: From Magic to Science* (Chicago: University of Chicago Press, 1968) = P・ロッシ『魔術から科学へ』前田達郎訳（みすず書房、1999年）.

——, *La scienza e la filosofia dei moderni* (Torino: Boringhieri, 1989).

Ruberto (Luigi), "Studi sul Poliziano filologo," *Rivista di filologia e di istruzione classica* 12 (1884), 212–260: 235–237.

Rubinstein (Nicolai), "Il Poliziano e la questione delle origini di Firenze," in *Il Poliziano e il suo tempo* (Firenze: Sansoni, 1957), 101–110.

Rutherfold (William G.), *Scholia Aristophanica* (New York: MacMillan, 1905).

Sabbadini (Remigio), *La scuola e gli studi di Guarino Guarini Veronese* (Catania: Galati, 1896).

——, *Le scoperte dei codici latini e greci nei secoli XIV e XV* (Firenze: Sansoni, 1914).

——, *Il metodo degli umanisti* (Firenze: Le Monnier, 1922).

——, *Classici e umanisti da codici Ambrosiani* (Firenze: Olschki, 1933).

——, *Storia e critica di testi latini*, 2. ed. (Padova: Antenore, 1971).

Salmon (John H. M.), "Cicero and Tacitus in Sixteenth-Century France," *Ameri-*

can Historical Review 85 (1980), 307–331.

Sandkühler (Bruno), *Die frühen Dantekommentare und ihr Verhältnis zur mittelalterlichen Kommentartradition* (München: Hueber, 1967).

Santoro (Mario), "La polemica Poliziano-Merula," *Giornale italiano di filologia* 5 (1952), 212–233.

Saxl (Fritz), "Veritas filia temporis," in *Philosophy and History: Essays Presented to Ernst Cassirer* (Oxford: Clarendon, 1936), 197–222.

Schama (Simon), *The Embarrassment of Riches* (Berkeley: University of California Press, 1987).

Schindel (Ulrich), *Demosthenes im 18. Jahrhundert* (München: Beck, 1963).

Schmidt (Erich), *Lessing*, 3. ed. (Berlin: Weidmann, 1909).

Schmidt (Paul Gerhard), *Supplemente lateinischer Prosa in der Neuzeit* (Göttingen: Vandenhoeck, 1964).

——, "Kritische Philologie und pseudoantike Literatur," in *Die Antike-Rezeption in den Wissenschaften während der Renaissance*, ed. August Buck et al. (Weinheim: Acta Humaniora, 1983), 117–128.

Schmitt (Charles B.), "Theophrastus," *Catalogus translationum et commentariorum* 2 (1971), 239–322.

Schoell (Franck L.), *Etudes sur l'humanisme continental en Angleterre* (Paris: Champion, 1926).

Schoeps (Hans Joachim), *Philosemitismus im Barock: Religions- und geistesgeschichtlishe Untersuchungen* (Tübingen: Mohr, 1952).

Schrijvers (Piet H.), "Justus Lipsius: Grandeur en misère van het pragmatisme," in *Voordrachten Faculteitendag 1980*, ed. M. F. Fresco (Leiden: Rijksuniversiteit te Leiden, 1981), 43–54.

Schwaiger (Georg) (ed.), *Historische Kritik in der Theologie* (Göttingen: Vandenhoeck, 1980).

Screech (Michael A.), "The Magi and the Star (Matthew 2)," in *Histoire de l'exégèse au XVIe siècle*, ed. Olivier Fatio (Genève: Droz, 1978), 385–409.

Seck (Friedrich), "Johannes Kepler als Dichter," in *Internationales Kepler-Symposium Weil der Stadt 1971*, ed. Fritz Krafft et al. (Hildesheim: Gerstenberg, 1973), 427–450.

Sehmsdorf (Eberhard), *Die Prophetenauslegung bei J. G. Eichhorn* (Göttingen: Vandenhoeck, 1971).

Setz (Wolfram), *Lorenzo Vallas Schrift gegen die Konstantinische Schenkung* (Tübingen: Niemeyer, 1975).

Seznec (Jean), *The Survival of the Pagan Gods* (New York: Panthenon, 1953) = J・セズネック『神々は死なず：ルネサンス芸術における異教神』高田勇訳（美術出版社、1977 年).

Shaffer (Elinor S.), *"Kubla Khan" and the Fall of Jerusalem* (Cambridge: Cam-

bridge University Press, 1975).
Sicherl (Martin), *Griechische Erstausgaben des Aldus Manutius: Druckvorlagen, Stellenwert, kultureller Hintergrund* (Paderborn: Schöningh, 1997).
Smalley (Beryl), *English Friars and Antiquity in the Early Fourteenth Century* (Oxford: Blackwell, 1960).
Smith (Logan P.), *Life and Letters of Sir Henry Wotton* (Oxford: Clarendon, 1907).
Smith (Wesley D.), *The Hippocratic Tradition* (Ithaca: Cornel University Press, 1979).
Sondheim (Moriz), *Thomas Murner als Astrolog* (Strasbourg: Elsass-Lothringische Wissenschaftliche Gesellschaft, 1938).
Speyer (Wolfgang), *Die literarische Fälschung im heidnischen und christlichen Altertum* (München: Beck, 1971), 99-102.
Spiller (Michael R. G.), *"Concerning Natural Experimental Philosophie": Meric Casaubon and the Royal Society* (Den Haag: Nijhoff, 1980).
Stadler (Peter B.), *Wilhelm von Humboldts Bild der Antike* (Zürich: Artemis, 1959).
Stephens (Walter E.), Jr., "The Etruscans and the Ancient Theology in Annius of Viterbo," in *Umanesimo a Roma nel Quattrocento*, ed. Paolo Brezzi et al. (Roma: Istituto di Studi Romani, 1984a), 309-322.
——, "*De historia gigantum*: Theological Anthropology before Rabelais," *Traditio* 40 (1984b), 43-89.
Stephenson (Bruce), *Kepler's Physical Astronomy* (Princeton: Princeton University Press, 1987).
Stolleis (Michael), *Arcana imperii und Ratio status: Bemerkungen zur politischen Theorie des frühen 17. Jahrhunderts* (Göttingen: Vandenhoeck, 1980).
Stopp (Frederick J.), *The Emblems of the Altdorf Academy: Medals and Medal Orations, 1577-1626* (London: Modern Humanities Research Association, 1974).
Strohmaier (Gotthard), "Übersehenes zur Biographie Lukians," *Philologus* 120 (1976) , 117-122.
Swerdlow (Noel M.), "Pseudodoxia Copernicana: or, Enquiries into very many received tenets and commonly presumed truths, mostly concerning spheres," *Archives internationales d'histoire des sciences* 26 (1976), 108-158.
——, "Long-Period Motions of the Earth in *De revolutionibus*," *Centaurus* 24 (1980), 239-241.
—— & Otto Neugebauer, *Mathematical Astronomy in Copernicus's* De Revolutionibus (Berlin: Springer, 1984).
Tate (Robert B.), "Mythology in Spanish Historiography of the Middle Ages and Renaissance," *Hispanic Review* 22 (1954), 1-18.

——, *Ensayos sobre la historiografia peninsular del siglo XV* (Madrid: Gredos, 1970), 13–32.

Tigerstedt (Eugene N.), "Ioannes Annius and *Graecia Mendax*," in *Classical, Mediaeval and Renaissance Studies in Honor of Berthold Louis Ullman*, ed. Charles Henderson, Jr. (Roma: Storia e Letteratura, 1964), II: 293–310.

Timpanaro (Sebastiano), "Atlas cum compare gibbo," *Rinascimento* 2 (1951), 311–318.

——, "Noterelle su Domizio Calderini e Pietro Giordani," in *Tra Latino e Volgare*, ed. Gabriella Bernardoni Trezzini et al. (Padova: Antenore, 1974), II: 709–716.

——, *La genesi del metodo del Lachmann*, 2. ed. (Padova: Liviana, 1985), 13–16 = *The Genesis of Lechmann's Method* (Chicago: University of Chicago Press, 2005).

——, *Per la storia della filologia virgiliana antica* (Roma: Salerno, 1986).

Troje (Hans Erich), *Graeca leguntur: Die Aneignung des byzantinischen Rechts und die Entstehung eines humanistischen* Corpus iuris civilis *in der Jurisprudenz des 16. Jahrhunderts* (Köln: Böhlau, 1971).

Ullman (Berthold L.), *The Humanism of Coluccio Salutati* (Padova: Antenore, 1963).

Vasoli (Cesare), *I miti e gli astri* (Napoli: Guida, 1977).

Venturi (Franco), "History and Reform in the Middle of the Eighteenth Century," in *The Diversity of History: Essays in Honour of Sir Herbert Butterfield*, ed. John H. Elliott & Helmut G. Koenigsberger (Ithaca: Cornell University Press, 1970), 223–244.

Vivanti (Corrado), *Lotta politica e pace religiosa in Francia fra Cinque e Seicento* (Torino: Einaudi, 1963).

Volkmann (Richard von), *Geschichte und Kritik der Wolffschen Prolegomena zu Homer* (Leipzig: Teubner, 1874).

Wach (Joachim), *Das Verstehen* (Tübingen: Mohr, 1926).

Wagner (Fritz), *Die Anfänge der modernen Geschichtswissenschaft im 17. Jahrhundert* (München: Beck, 1979).

Walker (Daniel P.), *The Ancient Theology: Studies in Christian Platonism from the Fifteenth to the Eighteenth Century* (London: Duckworth, 1972) = D・P・ウォーカー『古代神学：十五—十八世紀のキリスト教プラトン主義研究』榎本武文訳（平凡社、1994 年）.

——, *Il concetto di spirito o anima in Henry More e Ralph Cudworth* (Napoli: Bibliopolis, 1986).

Wallace-Hadrill (Andrew), "The Golden Age and Sin in Augustan Ideology," *Past and Present* 95 (1982), 19–36.

Wansink (Harm), *Politieke wetenschappen aan de Leidse universiteit, 1575–*

1650 (Utrecht: HES, 1981).
Waquet (Françoise), *Le modèle français et l'Italie savante (1660-1750)* (Roma: Ecole française de Rome, 1989).
Wataghin Cantino (Gisella), "Roma sotterranea: Appunti sulle origini dell'Archeologia cristiana," *Ricerche di storia dell'arte* 10 (1980), 5-14.
Waterbolk (Edzo H.), "Zeventiende-eeuwers in de Republiek over de grondslagen van het geschiedverhaal: Mondelinge of schriftelijke overlevering," *Bijdragen voor de Geschiedenis der Nederlanden* 12 (1957), 26-44.
——, "Reacties op het historisch pyrrhonisme," *Bijdragen voor de Geschiedenis der Nederlanden* 15 (1960), 81-102.
Wear (Andrew) et al. (eds.), *The Medical Renaissance of the Sixteenth Century* (Cambridge: Cambridge University Press, 1985).
Wedel (Christine Christ von), *Das Nichtwissen bei Erasmus von Rotterdam* (Basel: Halbing, 1981).
Wegner (Max), *Altertumskunde* (Freiburg: Alber, 1951).
Weiss (James M.), "Ecclesiastes and Erasmus: The Mirror and the Image," *Archiv für Reformationsgeschichte* 65 (1974), 83-108.
Weiss (Roberto), "An Unknown Epigraphic Tract by Annius of Viterbo," in *Italian Studies Presented to E. R. Vincent*, ed. Charles Peter Brand et al. (Cambridge: Heffer, 1962a), 101-120.
——, "Traccia per una biografia di Annio da Viterbo," *Italia Medioevale e Umanistica* 5 (1962b), 425-441.
——, *The Renaissance Discovery of Classical Antiquity* (Oxford: Blackwell, 1969).
Wilken (Robert L.), *The Christians as the Romans Saw Them* (New Haven: Yale University Press, 1984) = R・L・ウィルケン『ローマ人が見たキリスト教』三小田敏雄他訳（ヨルダン社、1987年）.
Wilson (Nigel Guy), *Scholars of Byzantium* (London: Duckworth, 1983).
Witt (Ronald G.), *Hercules at the Crossroads: The Life, Works, and Thoughts of Coluccio Salutati* (Durham NC: Duke University Press, 1983).
Wittkower (Rudolf), *Allegory and the Migration of Symbols* (London: Thames and Hudson, 1977) = R・ウィトカウワー『アレゴリーとシンボル』大野芳材・西野嘉章訳（平凡社、1991年）.
Woody (Kennerly M.), "Dante and the Doctrine of the Great Conjunctions," *Dante Studies* 95 (1977), 119-134.
Yates (Frances A.), *Giordano Bruno and the Hermetic Tradition* (London: Routledge, 1964) = F・A・イェイツ『ジョルダーノ・ブルーノとヘルメス教の伝統』前野佳彦訳（工作舎、2010年）.
Zabughin (Vladimiro), *Vergilio nel Rinascimento italiano da Dante a Torquato Tasso* (Bologna: Zanichelli, 1921).

Zetzel (James E. G.), "*Emendavi ad Tironem*: Some Notes on Scholarship in the Second Century A.D.," *Harvard Studies in Classical Philology* 77 (1973), 225–243.
——, "The Subscriptions in the Manuscripts of Livy and Fronto and the Meaning of *Emendatio*," *Classical Philology* 75 (1980), 56–57.

4. 邦語の研究文献（補足として追加）

伊藤博明『ヘルメスとシビュラのイコノロジー：シエナ大聖堂舗床に見るルネサンス期イタリアのシンクレティズム研究』(ありな書房、1992 年).
榎本恵美子『天才カルダーノの肖像：ルネサンスの自叙伝、占星術、夢解釈』(勁草書房、2013 年).
小澤実「ゴート・ルネサンスとルーン学の成立：デンマークの事例」ヒロ・ヒライ、小澤実編『知のミクロコスモス：中世・ルネサンスのインテレクチュアル・ヒストリー』(中央公論新社、2014 年)、69–97 頁.
菊地原洋平『パラケルススと魔術的ルネサンス』(勁草書房、2013 年).

bibliotheca hermetica 叢書
テクストの擁護者たち
近代ヨーロッパにおける人文学の誕生

2015年 8 月25日　第 1 版第 1 刷発行
2017年 8 月20日　第 1 版第 2 刷発行

著　者　アンソニー・グラフトン
訳　者　福《ふく》　西《にし》　亮《りょう》　輔《すけ》
監訳・解題　ヒロ・ヒライ
発行者　井　村　寿　人

発行所　株式会社　勁《けい》　草《そう》　書　房
112-0005 東京都文京区水道2-1-1　振替　00150-2-175253
（編集）電話 03-3815-5277／FAX 03-3814-6968
（営業）電話 03-3814-6861／FAX 03-3814-6854
本文組版 プログレス・日本フィニッシュ・松岳社

ISBN978-4-326-14828-8　　Printed in Japan

http://www.keisoshobo.co.jp